W0188894

# Die Gottestänzerin

Cornelia Canady

# Die Gottestänzerin

Mein Leben bei den Pygmäen

WILHELM HEYNE VERLAG
MÜNCHEN

Umwelthinweis:
Dieses Buch wurde auf chlor- und säurefreiem Papier
gedruckt.

Copyright © 2002 by
Wilhelm Heyne Verlag GmbH & Co. KG, München
Redaktion: Gertrud Bauer
Sämtliche Illustrationen im Innenteil: Cornelia Canady
Satz: Franzis print & media, München
Druck und Bindung: Franz Spiegel Buch GmbH, Ulm
Printed in Germany 2002

ISBN 3-453-21170-7

# Inhalt

## 3. Heilkunst, Jagd und Zauber

## 4. Mein Kampf für die Pygmäen

## 5. Neue Hoffnungen, neue Enttäuschungen

Anhang

# Vorwort

Ich bin wieder in München. Nach genau zwölf Jahren und sechs Monaten Afrika bin ich wieder in München. Ich habe eine schöne Wohnung und einen interessanten Job und führe ein ganz normales Leben – jedenfalls äußerlich. Doch innerlich bin ich in Afrika geblieben.

Zwölf Jahre lang ist die Zentralafrikanische Republik meine Heimat gewesen, ein Staat im schwärzesten Innern Afrikas, doppelt so groß wie Deutschland und umgeben von Tschad, Sudan, Zaire, Kongo und Kamerun. Dort habe ich Freunde gefunden, die mein Leben aus der Bahn warfen, es dann neu ordneten und ihm eine ganz neue Richtung gaben: die Bayaka-Pygmäen. Immer wieder habe ich sie aufgesucht und mit ihnen gelebt, so dass im Lauf der Jahre eine tiefe Freundschaft entstanden ist.

Ich bin wohl eine der Letzten, die das Leben der Pygmäen in seiner ursprünglichen Form kennen gelernt haben und eine der Ersten, die ihre Odyssee in die vermeintliche Zivilisation hautnah miterlebten. Denn alle Fachleute sind sich hierin einig: Diese traditionelle Lebensform kann sich nicht mehr lang erhalten. Die steinzeitliche, nomadisierende Jäger- und Sammlergesellschaft braucht viel Lebensraum. Wenn die Männer der Gruppe (es leben immer so etwa 15–20 Menschen zusammen) in der Umgebung ihres Laubhüttendorfes alles jagdbare Wild erlegt und die Frauen alles Essbare gesammelt haben und sich Ungeziefer wie Läuse, Flöhe, Zecken und Würmer im Dorf breit macht, zieht der Clan weiter, damit sich auch der Wald regenerieren kann.

Nun aber wird dieser Lebensraum unaufhaltsam und in rasender Geschwindigkeit zerstört. Vom Flugzeug aus sieht man deutlich, dass die hellgrünen Rodungsflächen von Jahr zu Jahr größer und zahlreicher werden. Schwere Maschinen arbeiten sich in den Urwald vor, um die wertvollsten Bäume zu schlagen. Jeder Holzkonzessionär schlägt bedeutend mehr Holz ein, als er dürfte. Und jeder rodet sich seine eigene Piste zum Abtransport des Holzes. So rückt die Zivilisation den kleinen Waldmenschen immer näher und bringt sie in Kontakt mit ihren fragwürdigen Segnungen. Dazu gehören vor allem Krankheiten, die den Pygmäen unbekannt sind und gegen die sie keine Naturheilmittel kennen. Obendrein gerät die Urwaldmedizin langsam in Vergessenheit, weil die Pygmäen inzwischen auf unsere Pillen genau so scharf sind wie auf Zigaretten.

Ich fühle mich den Bayaka in Dankbarkeit verpflichtet und versuche ihnen auf jede mögliche Weise zu helfen. Aber wie? Ich hatte einmal ein wenig naiv versucht, »meine« Bayaka sesshaft zu machen, damit sie Geld und Unabhängigkeit erwerben konnten. Dazu hatte ich ihnen Setzlinge gebracht und ihnen bei der Anlage einer kleinen Plantage geholfen. Aber dann ließen sie die Plantage schon vor der Ernte im Stich, weil sie ihrer Tradition gemäß weiterzogen, um zu jagen und zu sammeln, wie es die Saison gebot: Die Raupenzeit kam, die Honigzeit, die Jagdzeit oder auch einfach nur die Besuchszeit in entlegenen Dörfern, wo noch Familienmitglieder lebten.

Auch der Kampf gegen die Holzmoguln erwies sich leider als aussichtslos. Im noch tief geschlossenen Feuchtwaldgebiet, das sich vom Kongo bis in die Zentralafrikanische Republik zieht, verwirklichte der World Wildlife Fund (WWF) ein Schutzgebietsprogramm, bei dem ich einsteigen konnte, was ich voller Begeisterung tat. 3359 Quadratkilometer umfasst das Dzanga-Sangha-Waldschutzgebiet und 1220 der Ndoki-Nationalpark. Mit Unterstützung der Regierung wurde das einmalige Projekt tatsächlich ausgeführt; es wurden Forschungsstationen errichtet, von denen aus die scheuen Flachlandgorillas und Waldelefanten beobachtet werden konnten, der Ökotourismus wurde gefördert und die Pygmäen wurden in das Programm eingebunden. Sie weihten neugierige Touristen im großen Regenwald in die Geheimnisse der Urwaldapotheke ein, sie gingen mit ihnen zur Jagd, führten sie in ihre Dörfer und erlaubten wertvolle Einblicke in ihre Traditionen und Techniken.

Das sah wie eine Ideallösung aus, aber das Böse findet immer einen Weg. Das Wild fühlte sich allmählich so sicher in den Schutzgebieten, dass es dort starken Zulauf gab. Das wiederum lockte Wilderer an, und die Wilderei nahm schnell unkontrollierbare Ausmaße an. Die schmale, langgezogene Form des Parks war für die Verbrecher vorteilhaft: Bevor die Wildhüter, insgesamt vierzig an der Zahl, sie stellen konnten, waren sie schon wieder jenseits der Parkgrenzen.

Aber ich will nicht resignieren. Im Gegenteil. Als der hochgeachtete Dorfälteste Djele, mein verehrter Freund, starb, war seine letzte Bitte an mich, ich solle seinen Leuten helfen. Dafür setze ich mich seitdem mit allen meinen Kräften ein, und deshalb schreibe ich auch dieses Buch. Es soll die Aufmerksamkeit der Öffentlichkeit auf das Schicksal der Pygmäen, der letzten Regenwaldbewohner Zentralafrikas, lenken und den zivilisierten Teil der Menschheit sensibilisieren für die Probleme eines der wenigen verbliebenen Naturvölker.

Lebensraum der Aka-Pygmäen

# 1. Zeitreise

## Zurück in die Steinzeit

Seit vier Tagen stolperte ich durch den Urwald, und meine Stimmung war weit unter dem Nullpunkt. Auf was hatte ich mich da bloß eingelassen?

Schon mit der Ankunft in Bangui, der Hauptstadt der Zentralafrikanischen Republik, hatte der Ärger angefangen. Der Leiter der Expedition, der uns am Flughafen erwartete, war mir auf Anhieb herzlich unsympathisch gewesen, was übrigens auf Gegenseitigkeit beruhte. Er war der Meinung, Frauen hätten auf Expeditionen nichts zu suchen, aber wenn ich schon dabei wäre, könnte ich wenigstens kochen und abspülen.

Dabei war ich selbst auch überhaupt nicht scharf gewesen auf diesen Abstecher in den Dschungel. Mein Professor, Dr. Eibl-Eibesfeldt, für den ich in München arbeitete, hatte mich mühsam dazu überreden müssen, mit Ethnologen und Biologen hierher ins Lobaye-Gebiet zu reisen, wo wir das Leben der Pygmäen in seiner ursprünglichen und traditionellen Form erforschen sollten. Eigentlicher Initiator der Expedition war der mir ebenfalls bekannte Direktor des Hauses der Natur in Salzburg gewesen, der noch vor unserer Abreise gedroht hatte: »Und dass wir ja mit guten Berichten und Dokumentationen zurückkommen, auch wenn es ein paar Wochen länger dauert! Die Bayaka-Pygmäen haben bei den derzeitigen umfassenden Regenwaldrodungen keinerlei Überlebenschancen, und ich will ihr Leben als Erster umfangreich dokumentieren!«

Wäre ich doch bloß in meinem Münchner Uni-Archiv geblieben und hätte weiterhin brav meine Kommentare zu ethnologischen Filmen geschrieben! Dann könnte ich jetzt im Café Roma sitzen und Vanilleeis mit heißen Himbeeren essen oder mich am prasselnden Kamin in einen Sessel kuscheln und einen spannenden Expeditionsbericht lesen ...

Ich hatte mich nicht aus Ziererei so lange gesträubt, diese Expedition mitzumachen: Vor dem Urwald hatte ich seit eh und je ungeheure Angst gehabt. Meine Horrorvisionen vom afrikanischen Dschungel und die damit verbundene Angst vor Panthern, Schlangen, Skorpionen und anderem unberechenbarem wildem Getier, egal ob groß oder klein, giftig oder gefräßig, waren lange Zeit stärker gewesen als Neugierde und Abenteuerlust. Und wer weiß, vielleicht waren diese Pygmäen ja auch Kannibalen ... Dabei hatte ich damals so manches noch gar nicht gewusst, zum Beispiel, wie nass so ein Regenwald ist. Und wie dunkel. Und wie schwül. Und wie voller Insekten, die anscheinend alle nur auf mich gewartet hatten, um mich anzubeißen, zu stechen, auszusaugen, mir unter die Kleidung und in Nasenlöcher und Ohren zu kriechen.

Aber trotz allem: Als es in unserer Gruppe zum großen Krach kam und wir uns wegen unüberwindlicher Abneigung trennten, dachte ich keinen Augenblick daran, das Unternehmen abzubrechen und in mein trockenes, insektenfreies, angenehmes Münchner Leben zurückzukehren. Der Urwald hatte mich gepackt, seine Großartigkeit hatte mich überwältigt, und außerdem erwachte mein Ehrgeiz mit einem hinterhältigen Bohren. Ich beschloss, diese verfahrene Expedition eben alleine anzugehen. Denen würde ich es zeigen! Zu Hause sollten alle weinen und lachen, wenn sie meine Schilderungen über das Leben dieser vom Aussterben bedrohten Pygmäen hörten und lasen.

Zum Glück schlugen sich Lundi, unser Fährtenleser, und Sangui, ein dunkelhäutiger Professor aus Bangui, auf meine Seite und waren bereit, mich zu begleiten.

»Ich bewundere deinen Mut, Cornelia«, sagte Lundi und musterte mich mit einem nachdenklichen Blick.

Nun, Mut ... Eigentlich war es mehr Trotz als wirklicher Mut, aber das spielte schließlich keine Rolle.

So kam es, dass wir jetzt als Kleinstexpedition unterwegs waren, immer in der gleichen Ordnung: Lundi voraus, ich in der Mitte, dann ein Träger und Sangui als Nachhut. Alle schwer bepackt. Durch das dichte Blätterdach fielen ein paar karge Sonnenstrahlen schräg durch die Zweige auf ein breitfächriges Gebüsch, wo uns auf langen Stängeln hellviolette Blüten entgegenleuchteten. Es musste schon später Nachmittag sein. Demnach war ich wieder einmal seit zehn Stunden unterwegs, doch an Rast war nicht zu denken. Wir blieben höchstens einmal kurz stehen, wenn Lundi mir etwas zeigen wollte.

»Schau!«, sagte er zum Beispiel, indem er auf eine unauffällige Mulde zwischen einigen angebrochenen Zweigen und überhängendem Laub wies. »Der Schlafplatz einer Gazelle!«

Ich war Lundi tief dankbar, dass er mir voller Stolz seinen Wald erklärte und mich akzeptierte. Zwar sah er in mir eindeutig eine tollpatschige und unwissende Europäerin, aber er hatte schnell erkannt, dass ich empfänglich war für die Schönheiten und Besonderheiten dieses unerschöpflichen Paradieses.

Während ich weiter hinter Lundi herhechelte, beklagte ich innerlich, wie wenig Ähnlichkeit so ein Urwaldpfad mit unseren heimischen Waldwegen hat. Man muss seine Augen überall haben, um all den Zweigen, Lianen und Insekten auszuweichen, die den »Weg« versperren, und um gleichzeitig den Boden zu prüfen, der praktisch nur aus Gefahrenstellen besteht: Wurzeln, Löcher, Schlangen …

Nicht zu vergessen das Wasser. Gerade stapften wir wieder einmal durch tiefen Matsch, das Wasser mitsamt seiner ganzen Fauna sickerte mir von oben in die Stiefel. Bei jedem Schritt sank ich rutschend und schlingernd ins Ungewisse und hoffte nur, irgendwo da unten festen Grund zu finden.

Laut surrende schwarze Fliegen und farbenprächtige Libellen mit schlanken Leibern standen über dem Wasser, das allmählich seichter wurde. Endlich hatten wir wieder festen Boden unter den Füßen, da wollte ich mich an dem merkwürdigen stechend-muffigen Geruch, der mir in die Nase stieg, nicht groß stören.

Während der vergangenen Tage war mir aufgefallen, dass es hier im Urwald die unterschiedlichsten Duftetappen gab; wie verschiedene Stadtviertel grenzten sie aneinander, ohne sich dabei zu vermischen. Wehte eben noch eine herbe Laubschwade um mich herum, war die Luft im nächsten Moment erfüllt von süßlichen Blütenwolken, die einem die Sinne schärften. Auf den frischen Geruch nach kühlem, feuchtem Moos waberte plötzlich ein widerlicher Gestank nach faulendem Aas heran.

Ein langer Ast schnalzte hinter Lundi zurück und traf mich mitten im Gesicht. Schmerzerfüllt schrie ich auf, dabei bereiteten mir die roten Striemen und das geschwollene Auge nicht einmal die größten Sorgen. Angewidert streifte ich mir die glitschigen Äste samt den darauf befindlichen Bewohnern von der verschwitzten Stirn. Plötzlich kribbelte es am ganzen Körper und ich sah förmlich vor mir, wie sich die Insekten mit dem seit zehn Stunden kultivierten Schweiß vermischten und mir die Beine entlang über die Kniekehlen und Waden bis in die Stiefel rannen, um dort an dem rohen Fleisch meiner Hacken endlich den Schmerz des Jahrhunderts auszulösen.

Während wir nach dem kurzen Zwischenfall unbeirrt weiterliefen, stellte sich allmählich eine gewisse Apathie ein, Schmerz und Gefühle ließen nach, mechanische Abläufe, die nichts mehr mit meinem Körper zu tun hatten, trieben mich wie einen Automaten voran.

In Gedanken aber war ich schon wieder in München. Meine Freunde waren mir ständig in den Ohren gelegen, ich dürfe diese einmalige Chance, von der angeblich jeder träumte, nicht sausen lassen und hatten mich schließlich wegen meiner Feigheit dermaßen beschimpft, dass ich mich langsam schämte. Also hatte ich beschlossen, meinen angsterfüllten inneren Schweinehund am Kamin zu lassen und mich – wenn auch mit sehr gemischten Gefühlen – zu diesen neuen Abenteuern aufzumachen. Vielleicht konnte ich ja auch mit eigenen interessanten Forschungsergebnissen zurückkehren.

Hätte ich mich bloß weiter geschämt, dann müsste ich mir jetzt nicht dauernd Sorgen machen, wie die Pygmäen uns empfangen würden. Würden sie uns gleich massakrieren? Oder bei sich dulden? Oder sich vielleicht gar mit uns anfreunden? Ob ich je das Glück hätte, ihr Leben näher kennen zu lernen? Vielleicht waren wir sogar auf einer Wellenlänge, und sie lachten gar über ähnliche Dinge wie ich?

Eine Affenschar kreischte neugierig vorbei, lange schaute ich den Tieren nach, sie wirkten so unbeschwert, doch kam ich schnell wieder auf den Boden der Tatsachen zurück ... hier und da ein unheimliches Rascheln, lange, farnartige Monsterfinger, die sich um meine Hosenbeine schlangen: Mir war durchaus nicht geheuer zumute in dieser neuen Umgebung, die nun für einige Zeit die meine sein sollte.

Fast schon wütend beobachtete ich, wie Lundi noch immer leichtfüßig vorwärts eilte. Sollte er doch ruhig einen neuen Rekord aufstellen, ich wollte mich nicht mehr hetzen lassen. Ein fremdes Geräusch ließ mich nach oben schauen, und ich sah, wie sich ein Adler pfeilschnell aus den unendlich hohen Baumwipfeln herabstürzte.

»Hast du das gesehen?«, rief ich erschrocken.

Lundi blieb stehen und drehte sich zu mir um. »Sie verfehlen ihre Beute so gut wie nie«, erklärte er mir und schaute kurz in den Himmel.

»Bei uns ist das ganz genauso. Sogar viel kleinere Vögel reißen manchmal das Wild«, fügte ich fachmännisch hinzu.

»Die Adler sind unglaublich schlau«, fuhr Lundi fort. »Durch ihre leisen Pfiffe locken sie sogar neugierige Affen an und schnappen sich dann den dümmsten. Manchmal folgt einem jagenden Adler ein Panther am Boden, um den Affen zu stehlen, falls er im Kampf vom Baum fällt.«

»Willst du damit sagen, dass vielleicht sogar ein Panther in der Nähe ist, Lundi?«

Das durfte doch wohl alles nicht wahr sein, er sagte das so beiläufig, als wollte er mich auf eine neue Currybude an der Ecke hinweisen.

Mein Begleiter sah sich nach allen Seiten um, wobei er einige kleine geknickte Äste betrachtete. Mich überging er völlig, sogar meine lächerliche Frage nach dem Panther. Alle meine Sinne waren geschärft für die kleinste Veränderung, angestrengt horchte ich auf unvorschriftsmäßige Katzenlaute ... und plötzlich wich die ganze Harmonie und einmalige Schönheit des Urwaldes wieder dieser nackten, kriechenden Angst.

Ich hatte keine Ahnung, was ich tun sollte, falls wir angegriffen würden. Lundi würde uns sicher nicht ausreichend verteidigen können und machtlos zusehen müssen, wie ich mit hysterischem Geschrei in die Büsche rannte – und der Panther hinter mir her.

Lundi blieb so plötzlich stehen, dass ich beinahe auf ihn aufgeprallt wäre.

»Seht ihr? Da vorne kommt eine Lichtung; dort ist das Lager der Bayaka. Ganz still jetzt!«

Und tatsächlich vernahmen wir jetzt die üblichen Geräusche menschlichen Lebens: Rufen, Lachen, Kindergeschrei. Wir schlichen vorsichtig näher, und etwa 20 Meter vor der kleinen Lichtung machte uns Lundi Zeichen, wir sollten zurückbleiben. Sangui blieb stehen, aber ich ließ mich fallen, meinen Körper zog es fast von alleine nach unten, so fertig war ich von dem endlosen Marsch, meine bleischweren Füße spürte ich sowieso schon nicht mehr. Wir warteten gut geschützt hinter einem Riesenbrettwurzelbaum, dessen in der Form eines Dreiecks aus der Erde strebende Wurzeln fast die Höhe eines einstöckigen Hauses hatten, von dem Rest ganz zu schweigen. Vielleicht waren es 80 Meter – grob geschätzt.

»Bleibt hier«, sagte Lundi. »Ich gehe voraus und bereite sie auf eure Ankunft vor.«

Als Lundi aus dem Schutz des Waldes heraus das Lager betrat, verstummten die Geräusche, als sei jedes Leben erstorben. Ich schielte aus der Deckung hinter ihm her und sah ein paar kleine, runde Blätterhütten, genau wie Halbkugeln geformt, und dazwischen einen freien Platz. Dort traten zwei steinzeitliche Gestalten auf Lundi zu, zwei Männer von vielleicht ein Meter fünfzig Körpergröße, die nichts am Leib trugen als eine Lianenschnur mit einem kleinen Schamschurz; sie hatten kräftige, sehnige Gestalten und, wie mir schien, finstere Mienen. Einer hatte sich eine Steinaxt auf die Schulter gehängt, der andere hielt einen Speer in der Hand. Sie palaverten mit Lundi und führten ihn dann zu einem genauso nackten alten Mann, der vor einer der Hütten bei einer Feuerstelle am Boden saß. Dort ging das Palaver weiter.

Ich kam mir vor wie in einem Hollywoodfilm. Gleich wür-

# Die Zentralafrikanische Republik

**Staatsgebiet:** Die *République Centrafricaine (RCA)*, wie das Land offiziell heißt, ist ein Binnenstaat, der sich zwischen dem 2. und 11. Grad nördlicher Breite über ca. 800 Kilometer sowie zwischen dem 14. und 27. Grad östlicher Länge über etwa 1 400 Kilometer erstreckt. Das Land ist zweimal so groß wie die Bundesrepublik Deutschland.

    **Hauptstadt:** Bangui (ca. 600 000 Einwohner).

    **Währung:** 1 CFA Franc = 100 Centimes.

    **Bevölkerung:** 3 540 000. Das bedeutet eine Bevölkerungsdichte von ca. 5,7 Einwohnern pro Quadratkilometer. Es gibt über 80 ethnische Gruppen, hauptsächlich Ubangi-Gruppen: ca. 30 Prozent Banda, 24 Prozent Gbaya, 11 Prozent Gbandi, 10 Prozent Azande, Yakoma u. a., außerdem Bantu. (»bantu«, »Menschen«, bezeichnet die größte afrikanische Sprach- und Völkerfamilie, also keine einzelne Ethnie.) Die Pygmäen spielen zahlenmäßig keine Rolle. Es leben nur sehr wenige Europäer in der RCA, hauptsächlich Franzosen und Portugiesen. (Zahlenangaben aus dem Fischer Weltalmanach 2002)

    **Religionszugehörigkeit:** Von den Einwohnern sind ca. 57 Prozent Animisten, also Anhänger von Naturreligionen, 35 Prozent Christen, 8 Prozent Muslime. (Fischer Weltalmanach 2002)

    **Sprache:** Amtssprache ist Französisch; Umgangssprache ist Sango, eine Sprache, die seit Jahrhunderten längs des Ubangi gebräuchlich ist und im Laufe der Zeit mit französischen, portugiesischen und arabischen Elementen angereichert wurde.

    **Klima und Vegetationszonen:** Im Südwesten des Landes herrscht immerfeuchtes tropisches Klima; das ist die Zone des immergrünen tropischen Regenwalds. Ansonsten überwiegt wechselfeuchtes tropisches Klima mit einer kleinen und einer großen Regenzeit. Im Nordwesten gibt es eine ausgeprägte Trockenperiode von vier Monaten. Dort herrscht die Vegetation der Trockensavanne, und die Sahelzone ist nicht mehr fern. Der größte Teil der Zentralafrikanischen Republik wird jedoch von Feuchtsavanne mit Galeriewäldern eingenommen.

**Wirtschaft:** Die Zentralafrikanische Republik ist ein Entwicklungsland; sie gehört zu den 25 ärmsten Ländern der Welt. Der Lebensstandard ist sehr niedrig, das durchschnittliche Jahreseinkommen liegt bei 390 US-Dollars. Die Infrastruktur ist miserabel. Bodenschätze unter anderem: Diamanten, Uranerz, Eisen, Nickel, Kupfer. Die Hauptexportgüter sind Kaffee, Baumwolle, Erdnüsse und Diamanten.

**Gesundheit:** Das Gesundheitswesen ist allgemein unbefriedigend, von einzelnen Kliniken und Ärzten in den größeren Städten einmal abgesehen. Die Gesundheitsrisiken für Einwohner und Touristen sind beträchtlich. Weit verbreitet sind Aids, Malaria, Gelbfieber, Geschlechtskrankheiten, Bilharziose, Schlafkrankheit, Tuberkulose, Durchfallerkrankungen und manches andere; auch Typhus und Cholera kommen vor. Die durchschnittliche Lebenserwartung der Frauen liegt bei 48, die der Männer bei 45 Jahren. Die Sterblichkeit bei Kindern (bis zum Alter von fünf Jahren) beträgt 15 Prozent.

**Geschichte und Politik:** Am 1. Dezember 1958 wurde die französische Kolonie Oubangui-Chari (Ubangi-Schari) zur République Centrafricaine. 1960 erreichte die RCA unter dem katholischen Abbé Barthélémy Boganda die Unabhängigkeit von Frankreich. Der Schuldirektor David Dacko war der erste Präsident; er wurde bei einem Putsch 1966 von Generalstabschef Jean Bedel Bokassa gestürzt. 1977 krönte sich Bokassa zum Kaiser. Wegen seiner monströsen Exzesse unterstützte Frankreich 1979 einen Staatsstreich unter Führung von David Dacko, und danach wurde die RCA wieder eine Republik. 1981 gelang es dem General Kolingba mit einem Putsch, Dacko zu stürzen. 1993, bei den ersten freien Wahlen, wurde Ange-Félix Patassé zum Staatspräsidenten gewählt.

Im Jahr 2001 kam es zu einer Meuterei von Soldaten, die sich mit den regierungstreuen Truppen Gefechte lieferten. Rund 60 000 Menschen in den besonders gefährdeten Gebieten verließen ihre Häuser. Lebensmittel wurden knapp, Schulen und Geschäfte blieben geschlossen. Im Juni 2001 schickte UN-Generalsekretär Kofi Annan den ehemaligen malischen Staatschefs Amadou Toumani Touré als Krisenberater nach Bangui.

Von einem geordneten und stabilen Staatswesen kann im Fall der RCA keine Rede sein. Die staatliche und kommunale Verwaltung ist ineffektiv, und die allgegenwärtige Korruption zieht das Land immer tiefer ins Chaos. Sie trägt auch einen großen Teil der Schuld an der Zerstörung des Regenwalds, weil sich jede Vorschrift, jedes Gesetz, jede Kontrolle durch Schmiergeld aushebeln lässt.

den diese steinzeitlichen Menschenfresser auf uns zustürmen, ich würde kreischen wie die nächstbeste Filmblondine und die Männer würden mich retten müssen. Sangui schien zu ahnen, was in mir vorging.

»Keine Angst, Cornelia«, sagte er halb belustigt. »Mir scheint, sie haben heute schon gegessen.«

Was war ich froh, dass er bei mir war! Ich schaute an ihm hoch, und seine hünenhafte, magere Gestalt mit den sehnigen Gliedern und vorgebeugten Schultern kam mir noch größer vor als sonst. Aus seinen wachen und interessierten Augen, denen nichts zu entgehen schien, schaute er mich mitleidig an; tröstend legte er mir die Hand auf die Schulter.

Sangui barg einen immensen Wissensschatz über dieses Land, ethologisch, ethnologisch und biologisch, den er seit seiner Universitätszeit in Bangui durch ausgedehnte Expeditionen ständig bereichert hatte. Er war halb Franzose, halb Bantu, sprach mindestens vier Sprachen und war früher Dozent an der Universität von Bangui gewesen.

Ich hatte mit ihm bereits das Savannengebiet von La Gounda bereist, ebenso den Norden des Landes, außerdem hatten wir schon mal eine Löwensafari und einige Abenteuer mit wildgewordenen Nashörnern gemeinsam überstanden. Aber er beeindruckte mich immer wieder aufs Neue.

Endlich kam Lundi zurück.

»Wir dürfen bei ihnen übernachten«, sagte er. »Morgen werden wir dann weitersehen.«

Mir war ziemlich blümerant, als ich hinter Lundi her auf den kreisrunden Platz trat, um den sich die Laubhütten gruppierten. Die Lichtung war gar nicht um so viel heller als der restliche Urwald; sie war zwar völlig vom Unterwuchs befreit, aber hoch oben schloss sich das Blätterdach der Urwaldriesen. Über der Szene lag ein ganz eigenartiger Zauber, der mich sofort gefangen nahm und nie wieder loslassen sollte.

Lundi führte uns zu dem alten Mann, den er uns als Djele vorstellte. Er war der Dorfälteste. Wir hockten uns zu ihm. Nun traten auch der Lanzenmann und der mit der Axt, die aus einem Holzstiel mit einem schmal zugeschliffenen Stein gefertigt war, dicht an uns heran. Ich fühlte mich um Jahrtausende zurückversetzt und ahnte, wie viel Unglaubliches in den nächsten Tagen und Wochen noch auf mich zukommen würde. Meine Angst mischte sich mit Vorfreude. Wenn ich mich so umsah, gewann ich den Eindruck, als wäre die Zeit stehen geblieben – als befänden wir uns tatsächlich in der Steinzeit!

Der Lanzenmann blickte mich mit funkelnden schwarzen Augen recht frech an. Er hieß Mopo.

»Da hast du eine Eroberung gemacht«, sagte Sangui. »Kàmàz kádí à páè«, wandte er sich dann an den sehnigen Krieger Mopo.

Ich staunte nicht schlecht. »Und was heißt das?«

»So viel wie ›Guten Tag, Bruder‹«, antwortete er und grinste angesichts meiner überraschten Miene.

Na, diese Aka-Sprache würde ich wohl so schnell nicht lernen, schließlich musste ich mich schon anstrengen, um einigermaßen passable Sätze in meinem Schulfranzösisch hervorzubringen, wenn ich nicht wollte, dass Sangui mich den lieben langen Tag auslache.

22

Die Pygmäenaugen blickten wieder anerkennend auf den Hünen, wobei uns Mopo durch ein bedächtiges und anerkennendes Nicken zu verstehen gab, dass zumindest die erste Hürde genommen war.

»Da staunst du, Cornelia, was? Vor dir stehen die echten Herren des Waldes. Die alten Ägypter haben für sie den schönen Namen Gottestänzer erfunden, der auch bis heute erhalten geblieben ist.«

Ich hatte Zeit, mich umzusehen. Auf den Dächern der Blätterhütten lagen die verschiedensten Gegenstände herum, ich entdeckte einen alten, verbeulten Kochtopf, ein aufgerolltes Netz, Lianenseile, die in großen Schlaufen aufgewickelt waren, und einige undefinierbare Fleischstücke und Blätterbündel. Ein großer Holzmörser mit Stößel ruhte verlassen neben einer flackernden Feuerstelle, als wäre er vor Schreck umgefallen, als wir heranmarschierten. Nun stellte er sich wohl ebenso tot wie alle anderen auch, denn dieses geheimnisvolle, kleine Dorf wirkte wie ausgestorben, mal abgesehen von der feinen, blauen Rauchwolke über dem Feuer rührte sich nichts. Die Kinderstimmen waren verstummt, und auch sonst war kein Ästeknacken oder Rascheln zu hören.

Dennoch spürte ich die Geschichten der einzelnen Hütten, ich spürte, dass sich in ihrem Innern sehr wohl Leben verbarg, ebenso, dass wir auf Schritt und Tritt durch all die Laubritzen belauert und begutachtet wurden. Gesichter, die neugierig aus den Eingangslöchern lugten, verschwanden blitzschnell, wenn man hinsah. Na gut, die anderen hatten also auch Angst! Sollten sie sich ruhig unbehaglich fühlen, mir ging es schließlich genauso. Wir saßen in gemächlicher Unterhaltung um die Feuerstelle, das heißt, an mir lief die Unterhaltung natürlich vorbei, da mir keiner was übersetzte. Wir nahmen Anzeichen von Geschäftigkeit wahr und hörten vom Waldrand her Axtschläge. Als Mopo und Mowe – das war der Mann mit der Axt – uns zu dem Platz brachten, an dem wir unser Nachtlager aufschlagen sollten, bemerkte ich, dass die Geschäftigkeit uns gegolten hatte.

Ich fragte Sangui neugierig: »Warum haben die Pygmäen

denn hier alles kahl geschlagen? Wir wollen hier doch bloß schlafen?«

Er grinste. »Das machen sie seit eh und je so. Obwohl hier alles sauber ist, bringen die Menschen Parasiten ein, und nach mehreren Wochen in einem Camp, vor allen Dingen in der Trockenzeit, ist die Gefahr von Krankheiten groß. Um diesem Kreislauf entgegenzuwirken, schlagen die Bayaka alles frei und fegen es lupenrein, bevor sie ihr Lager errichten. Außerdem ziehen sie vorsichtshalber nach einiger Zeit weiter, sie sind also ein nomadisierendes Volk.«

»Tatsächlich?«, rief ich. Das würde meinen Professor zu Hause sicher interessieren. Ich beschloss, von nun an Tagebuch zu führen, damit mir auch ja keine Einzelheit über diese außergewöhnlichen Menschen entging.

Sangui fuhr mit seinen Erläuterungen fort. »Sie ziehen auch deshalb weiter, damit sich die Natur dort wieder regenerieren kann, wo sie gesammelt und gejagt haben. Sie kehren nie zu einem alten Lager zurück, sondern bauen sich immer wieder neue Hütten auf immer neuen Plätzen. Das Territorium einer solchen Gruppe erstreckt sich jeweils auf ungefähr 300 Quadratkilometer.«

»Ist ja hochinteressant«, murmelte ich, noch immer beeindruckt.

Wir gingen daran, uns für die Nacht einzurichten. Sangui packte geschäftig seine Kiste aus, während Lundi die Hängematten festband. Inzwischen hatten wir außer Mopo und Mowe noch andere neugierige Zuschauer bekommen, und als ich zum Dorfplatz hinübersah, erwachte dieser allmählich auch zum Leben. Ich konnte ein paar Personen ausmachen, die um die hintere Feuerstelle hockten und uns beobachteten. Noch immer traute sich jedoch keiner zu uns heran, aus sicherer Entfernung verfolgten sie die einmalige Vorstellung, die wir ihnen lieferten. Vor allem der Inhalt unserer Kisten erregte nach wie vor größte Aufmerksamkeit, denn sie stießen sich ständig an und deuteten ehrfurchtsvoll darauf. Wahrscheinlich hielten sie unsere Sachen für geheime Zauberutensilien.

Sangui riss mich aus meinen Gedanken.

»Cornelia, komm doch mal her, wir müssen unbedingt noch

schnell den Proviant und die Lampen herrichten, sonst finden wir gleich gar nichts mehr im Dunkeln.«

»Komme gleich! Ich kann meine Taschenlampe nirgends finden, und ich weiß nicht mal, ob ich genügend Vorräte dabei habe. Soweit ich weiß, ist die große Kiste nämlich mit dem Biologen zurück nach Bangui gegangen.« Mein Gott, dieser Biologe! Bei jeder Made, bei jeder Spinne hatte er Hurra geschrieen. Er fehlte mir nicht. Ich fluchte noch ein wenig vor mich hin, während ich meinen Rucksack durchwühlte.

»Keine Sorge, ich habe noch einmal nachgefüllt, damit können wir einige Wochen durchhalten, so wie wir es eigentlich geplant hatten«, sagte Sangui.

Plötzlich war es finster, von einer Minute zur anderen. An dieses Phänomen hatte ich mich immer noch nicht gewöhnt, obwohl ich es jetzt schon mehrfach hatte miterleben dürfen. Aus der Richtung, in der ich Lundi vermutete, glühte jedoch – welcher Zauber – eine schwache Gasflamme und drüben im Pygmäenlager spendeten zwei kleine Holzfeuerstellen vor den Hütten gemütliches Licht.

Zum Essen war ich eigentlich schon zu müde, aber einen Tee hätte ich gerne noch getrunken. Ich versuchte, eine alte Frau, die beherzt hinter einem Baum hervorgetreten war, von wo aus sie mich bereits die ganze Zeit über mit großen Augen beobachtet hatte, mit beredten Gesten zu fragen, ob wir ihre Kochstelle benutzen dürften, denn sie schien mir aufgeschlossener als die anderen, und siehe da, mein Eindruck bestätigte sich. Freundlich nickte sie mir zu: »Èe – aỳ.«

»Vergelt's Gott, vielen Dank«, erwiderte ich freundlich und war sicher, dass sie den Sinn des Gesagten begriff, auch wenn sie meine Worte nicht verstehen konnte.

Erwartungsvoll kauerte sie sich in ihren Hütteneingang und wartete, bis ich mit meinem Proviantsack nachkam. Als ich vor ihr stand, fiel mir auf, wie viele Falten die welke Haut ihres Gesichts zierten. Ich sah ihren kahl geschorenen Kopf und dachte, dass sie vielleicht Trauer trug. Sangui, der zu uns getreten war, erklärte mir auf meinen fragenden Blick hin, dass es einfach nur eine Maßnahme zum Schutz vor Läusen sei.

Ein wenig beschämt entsann ich mich meiner guten Manieren und stellte mich der alten Frau vor, deren selbstsichere Art mich sehr beeindruckte. »Cornelia, balâo.« Dabei zeigte ich auf mein Gesicht und wiederholte meinen Namen noch einmal.

Sie lachte nur und rückte ihre Laubmatte etwas zurecht, zum Zeichen, dass ich mich setzen sollte. Anscheinend hatte sie nicht verstanden, dass ich mich vorstellte, und wollte einfach nur freundlich sein. Da lugte ein neugieriger Kinderkopf aus dem Eingang, doch als ich mich vorsichtig näherte, ertönte – wie konnte es auch anders sein – lautes Geschrei, und das Gesicht verschwand wieder. Ich machte eine hilflose Geste zu der Frau, die verständnisvoll abwinkte. Das ist nicht weiter schlimm, schien sie zu sagen. Na ja, wenigstens bei einer Person fielen meine angestrengten Kommunikationsbemühungen offensichtlich auf fruchtbaren Boden. Nun hockten sich auch die anderen Frauen vor ihre Hütten und beobachteten kichernd unsere Taubstummensprache.

Die Männer waren hingegen mehr an ausstattungstechnischen Abläufen interessiert und scharten sich um Sangui und Lundi – ohne dabei ihren Sicherheitsabstand aufzugeben, versteht sich.

Müde und mit schmerzenden Fersen, die Schuhe hatte ich wohlweislich noch nicht ausgezogen, kochte ich schnell meinen Tee, schenkte der Alten ein paar Kekse und bedankte mich: »À demain, kekereke. Bis morgen.«

Lächelnd hob sie beide Hände zum Gruß und nickte, da entdeckte ich zufällig im schwachen Lichtschein der flackernden Holzscheite ein halb verdecktes, faltiges Männergesicht, das uns aus dem Innern ihrer Hütte interessiert beobachtete. Ich war eindeutig das Dorfereignis schlechthin, so viel war klar.

»Bonjour«, grüßte ich freundlich, und das körperlose Wesen grüßte mit einem Nicken zurück. Na siehst du, Cornelia, sprach ich mir Mut zu, einige vertraute Verhaltensweisen gibt es hier ja doch. Mit bleischweren Beinen schlich ich zu meiner Hängematte, ließ das Blechgeschirr einfach fallen und versuchte, mich aus den Stiefeln zu quälen. Doch ich hatte mittlerweile offene Blasen, die dermaßen an Socken und Innenfutter festklebten, dass mir gleich beim ersten Versuch die Tränen in die Augen schossen. Verdammt, tat das weh! Ich beschloss, mir diese Tortur zu ersparen und rollte mich schmutzig und verschwitzt, wie ich war, in meinen schwebenden Schlafsack und hüllte mich mit letzter Kraft in das Moskitonetz. Geheuer war mir der Gedanke, die Nacht hier so ungeschützt im Freien zu verbringen, nicht – im Beisein von bewaffneten Kriegern, Schlangen, Spinnen und Skorpionen. Die Furcht erregendsten Gedanken schwirrten mir durch den Kopf. Was würden sie heute Nacht mit uns machen? Etwa neue Schlachtpläne entwerfen – nachdem sich der erste Angriffsversuch wegen unüberbrückbarer Müdigkeit in Wohlgefallen aufgelöst hatte –, vielleicht neue Schnellröstverfahren für weiße Touristinnen entwickeln oder mittels geheimen Urwaldspuks meine ach so wundervollen Schätze wie lange Hose, Haarbürste, den Rucksack mit Reißverschluss oder gar meinen Kugelschreiber erbeuten? Ach, verdammte Fantasie!

»Bonne nuit, Sangui et Lundi, à demain.«

## Leben im Regenwald

Der nächste Morgen begrüßte mich kalt und feucht und holte mich gegen Viertel nach fünf aus den nicht vorhandenen Federn. Zunächst wusste ich gar nicht so recht, wo ich war und was ich hier eigentlich sollte. Tau tropfte von den Blättern, und die klamme Luft rief in mir unweigerlich unangenehme Erinnerungen an das nasskalte heimische Novemberwetter wach. Ich fror so sehr, dass ich am liebsten in meinem kuscheligen Schlafsack liegen geblieben wäre, doch andererseits musste ich ganz dringend mal aufs Klo. Und dann waren da noch die Pygmäen, derentwegen ich schließlich hergekommen war und über die ich einfach alles erfahren wollte. Als ich mich zögerlich aufrichtete, sah ich bereits schwache Rauchschwaden von den Feuerstellen in der Mitte des kleinen Lagers aufsteigen, das zu der frühen Stunde so irreal und verlassen schien wie eine in Braun- und Grüntöne getauchte, längst vergessene Filmkulisse.

Ich sprang aus der Hängematte, wobei ich mir fast die Beine gebrochen hätte. Meine Glieder waren so steif, dass ich mich kaum rühren konnte. »Autsch!«, entfuhr es mir, als ich gekrümmt und wegen der höllischen Schmerzen leicht grantig ins Gebüsch humpelte, um meine Blase zu erleichtern. Nachdem ich alle dringenden Bedürfnisse erledigt hatte, warf ich einen kurzen Blick zu Sangui und Lundi hinüber, die jedoch noch seelenruhig schlummerten, und starrte angestrengt durch die Bäume in Richtung Dorf.

Gespannt verfolgte ich die Routine des Tagesablaufes, der für die Frauen mit Feuermachen, Hofplatzfegen und Körperpflege begann. Ich beschloss, eine kleine Runde im Lager zu drehen, doch zunächst einmal wollte ich nach den beiden Jungs sehen. Sie hatten meiner Meinung nach lange genug geschlummert.

»Bonjour, Sangui, gut geschlafen?«, rief ich zu meinem Expeditionsführer hinüber.

»Bis auf die Kälte ging es«, ertönte es leicht mürrisch aus dem Schlafsack. »Kann es sein, dass es hier nach Kaffee riecht?«

»Du träumst wohl noch«, neckte ich ihn, doch dann lenkte ich ein. »Wenn du dich noch einen Moment geduldest, ist das Frühstück fertig.«

»Dürfen wir denn hier überhaupt bleiben?«, fragte ich Sangui beim Kaffee.

»Wärst du gestern nicht so früh schlafen gegangen, hättest du mitbekommen, dass Lundi sich noch lange mit den Dorfbewohnern unterhalten hat. Sie haben uns eingeladen, so lange zu bleiben, wie wir wollen.«

»Das ist ja schön!« In Gedanken sah ich schon meinen sensationellen Bericht vor mir, den ich daheim vorlegen würde.

Nach dem Frühstück wollte ich das Dorf näher inspizieren. Ich drehte mich im Kreis und staunte wie Alice im Wunderland – zumindest kam ich mir genauso groß vor wie sie. Direkt vor dem Dorfeingang blitzten unsere dunkelblauen Hängematten durch die Äste, dann eröffnete die erste Hütte den runden Dorfplatz, der sich bei der siebenten Hütte wieder schloss. Gegenüber der ersten Hütte, zwischen der dritten und vierten Behausung, führte ein schmaler Pfad wieder aus dem Lager hinaus. Dort hatten sich drei Kinder eng aneinander gedrängt, wahrscheinlich um sich vor dem weißen Ungeheuer zu verstecken, und erwarteten offensichtlich aufregende Dinge von mir. Bei ihrem Anblick musste ich lachen und nickte ihnen freundlich zu. Sofort verschwanden sie schreiend in das Dickicht hinter der letzten Hütte.

Die Erwachsenen, die mir schon viel weniger scheu vorkamen als am Abend zuvor, saßen vor ihren Hütten, wo sie entweder Matten flochten, Gemüse schnitten oder ein Schwätzchen hielten. Auch wenn sie recht harmlos aussahen, hielt ich diese geheimnisvollen und fremden Menschen nach wie vor für unberechenbar. Ich war mit einem Mal gar nicht mehr so selbstsicher und warf Sangui einen ängstlichen Blick zu. Plötzlich spürte ich ganz stark, dass wir hier nicht zu Hause waren, dass ich völlig unbekanntes Terrain betrat und alle unsere Vorhaben auch ganz anders ausgehen konnten als geplant. Und da war sie wieder, die tief sitzende Angst, die mich schon bei den ersten Schritten in die grüne Hölle erfasst hatte. Ich fühlte mich fremden Einflüssen ausgeliefert, und dieser Gedanke gefiel mir ganz und gar nicht.

Während ich später neben Sangui die letzten Kleinode meines Seesacks heraussortierte, beobachtete ich zwischendurch die Dorfgemeinschaft, die kleine Pygmäengruppe, die sich wohl fragte, was wir eigentlich hier wollten. Mein Blick fiel dabei auf eine unscheinbare, auffallend kleine Frau am Ende des Dorfes, die mir besonders sympathisch war. Sie hockte breitbeinig vor ihrer Laubhütte und warf gerade irgendwelche weiße Brocken in einen ausgehöhlten Baumstamm, der ihr wohl als Mörser diente. Ein winziger, ziemlich hellhäutiger Säugling krabbelte derweil fröhlich krähend um ihre Beine herum und zeichnete mit dem Mund und dem kleinen Penis eine Zickzackspur in den Sand. Diese Frau war ja noch kleiner als die anderen! Scheu blickte sie sofort zur Seite, wenn sich unsere Blicke trafen, doch immer mit einem leichten Lächeln. Dabei stülpte sich ihr hoher Oberkiefer mit der nach vorn gewölbten Lippe noch weiter vor und bewegte sich zuckend hin und her, als würde sie etwas lutschen. Auch ich war verlegen, weil ich nicht wußte, wie ich ihre Freundschaft würde erringen können. Ich schaute sie also nur an und nickte ihr schließlich freundlich zu. Das löste jedoch zu meiner Enttäuschung einen sofortigen Abgang aus. Sie grapschte hastig nach ihrem Säugling und verschwand mit ihm in der Hütte.

»Aller Anfang ist schwer, Cornelia!«, tröstete mich Sangui, der die kleine Szene beobachtet hatte. »Aber es gibt noch ein anderes Sprichwort: Kleine Geschenke erhalten die Freundschaft.«

Er deutete lachend auf die grellfarbige Bonbontüte, deren Inhalt mit seinen verschiedenen Farben und Konsistenzen bereits innig miteinander verschmolzen war. Ja, warum nicht! Noch weiter weg, als sie jetzt schon war, konnte sie ja nicht.

Ich schnappte mir die Tüte und ging langsam durch das Dorf, hielt dabei gut sichtbar die Bonbons vor mich hin und nickte den Leuten freundlich zu.

»Sie heißt so ähnlich wie Ngonga oder Nokanda und ist Witwe«, rief mir Sangui nach.

Die schöne junge Frau vor der zweiten Laubhütte, die gerade ihren Säugling an der langen Hängebrust stillte, schrie erschrocken auf, als ich auf sie zukam, und flüchtete in ihre Blätterbehausung. Im Nu waren auch fast alle anderen Frauen verschwunden. Der Dorfplatz wirkte verlassen, nur die dünnen Rauchsäulen, die von einer Feuerstelle aufstiegen, und ein paar Pygmäenmänner, die mit unbeweglichen Gesichtern von den Büschen am Rand der Lichtung herüberstarrten, belebten das Bild. Trotzdem setzte ich meinen Weg unbeirrt fort, bis ich zur letzten Hütte kam. In höflichem Abstand hockte ich mich vor den kleinen Rundeingang, der eine weitere Einsicht ins Hütteninnere verhinderte, und hielt die Tüte hinein.

»Ngonga, cadeau! Ein Geschenk!« Keine Reaktion, doch sah ich nicht allzu weit entfernt das Weiß zweier Augen. Also jedenfalls Neugier! Das ermunterte mich sehr, und so nahm ich etwas von dieser fürchterlichen Bonbonmasse und steckte es gut sichtbar in den Mund. Das kostete mich einige Überwindung, denn ich hasse Bonbons, und dieses zusammengeklumpte Zeug natürlich erst recht.

»C'est bon!«, sagte ich ermunternd und hielt die Zellophantüte noch etwas dichter hin. Und siehe da, eine kleine

Hand näherte sich vorsichtig und wühlte mit lautem Geraschel in der Tüte, bis sie kleben blieb.

»Èe – aỳ«, tönte es erschrocken aus der Hütte. Ich musste herzlich lachen und hörte auch von innen ein Prusten. Vorsichtig half ich, die Hand aus der Tüte zu befreien, wobei sich unsere Hände plötzlich berührten. Für mich war das ein wunderbarer und verheißungsvoller Augenblick, weil die Hand verweilte und nun auch das Gesicht Ngongas aus dem Dunkel herauskam. Wir schauten uns kurz an, und dabei entdeckte ich feine Tätowierungen auf den Wangenknochen und reichlich Haarflaum im ganzen Gesicht. Sehr fremd war das alles, doch es stieß mich nicht ab, weil diese Frau mir Herzlichkeit vermittelte, trotz aller Zurückhaltung. Ich bedankte mich bei ihr: »Merci, Ngonga, merci.«

Einen leichten Schock erlebte ich aber trotzdem noch, denn das kleine Lächeln, das über ihr Gesicht huschte, entblößte sekundenlang eine Reihe spitz geschliffener Zähne.

Es war wohl besser, wenn ich mich jetzt zurückzog, bevor noch mehr Überraschungen kamen und vielleicht Missverständnisse verursachten. So hatte ich Gelegenheit, mich auf unsere nächste Begegnung zu freuen. Ein Anfang war jedenfalls gemacht – ein kleiner Anfang zu einer großen Freundschaft.

An unserem ersten Abend hatte Lundi, der sich gut auszukennen schien, uns nur den Dorfältesten Djele und dazu Mopo und Mowe vorgestellt. Im Lauf dieses Tages machte er uns nach und nach, wie es sich gerade traf, mit den übrigen Dorfbewohnern bekannt.

»Das ist Mbouka, Djeles Tochter, Mopos Frau«, sagte er und wies auf eine junge Frau, die eben aus ihrer Hütte kam. Ihr Mund war leicht geöffnet, sodass man die rosig schimmernde Innenseite ihrer vollen Lippen sehen konnte. Ein seidiger, lockiger, rotbrauner Haarflaum wuchs von den Wangenknochen bis hinauf zum spitz zulaufenden Stirnansatz. Mbouka war eine atemberaubend schöne kleine Frau, ich konnte mich kaum an ihr satt sehen. Sie hatte einen Sohn, Madzou, und eine Tochter, Mambelene.

Nun legte sie sich eine mehrreihige Kette aus hellgrauen Kernen um und zog sie stolz nach allen Seiten, wobei sich ihre glänzende Haut straff über ihre Schultern und die kegelförmigen Brüste spannte. Ihre Taille war mit einem kurzen Lianenrock umwickelt, der bei jeder Bewegung einen Blick auf ihre festen, wohlgeformten Pobacken freigab.

Ich fragte mich, ob sie sich wohl ihrer Schönheit bewusst war, und malte mir aus, wovon sie wohl träumte und woran sie dachte, da trafen sich unsere Blicke. Verwundert sah sie mir in die Augen, dann mussten wir beide lachen.

»Mopo war heute früh schon unterwegs, hat allerdings nur eine Waldratte gefangen«, ergänzte Lundi.

»Wie denn gefangen?«, staunte ich, »etwa mit den Händen?«

»Nein«, lautete die einstimmige Antwort meiner Begleiter, »die Bayaka-Pygmäen legen täglich Fallen aus. Das macht fast jede Familie.«

»Sie fangen also Ratten«, meinte ich und musterte unsere Gastgeber eingehend, während mir beim Gedanken an die Biester ein Schauer über den Rücken lief.

»Ja, auch«, erwiderte Sangui. »Sie fangen aber auch schon mal Antilopen. Im Augenblick, so sagen sie, ist allerdings nicht viel los.«

Auf meinen Wunsch hin stellte er mir eine weitere Frau vor, Ndokanda. Sie trug ein schmales, geflochtenes Lianenband um die hohe Stirn, hatte ein extrem langgezogenes Ohrläppchen und, wie ich jetzt erst sah, eine tiefe Narbe unter der Nase, was ihr einen leicht verwegenen Anschein verlieh.

Die ältere Frau wirkte auf mich irgendwie geheimnisvoll. Vielleicht war sie ja eine Heilerin und kannte sich mit Kräutern und Zaubertränken aus. Fasziniert musterte ich sie. »Kennt sie noch alte Märchen von ihrer Mutter?«, wollte ich nun wissen. »Fragst du sie bitte mal danach, Lundi?«

Nachdem Ndokanda seinen Worten gelauscht hatte, lachte sie und nickte eifrig. »Ja«, gestand sie zu meiner großen Freude, »es gibt ein paar überlieferte Geschichten und Märchen, die ich noch kenne.«

»Oh, wie schön!«, rief ich begeistert. »Die muss sie mir unbedingt einmal erzählen.«

Sie wirkte sehr zart und zerbrechlich und auch irgendwie elegant mit ihrem feingeschnittenen Gesicht. Zufrieden schaute sie nun zu ihrem Mann hinüber, Somba, der ohne auf unsere Unterhaltung zu achten gerade mit seiner Tagesarbeit begann und aus Binsen eine Matte knüpfte. Dabei hielt er mit den Zehen des linken Fußes einige lange, grüne Fasern fest, während er durch die bereits zu einem Gitter verschlungenen Binsen mit den Händen weitere Halme schob.

Er wirkte auf mich wie ein gutmütiger Großvater, daher erstaunte es mich umso mehr zu erfahren, dass er erst kürzlich noch einmal Vater geworden war.

Ndembo schaute mich bei der Vorstellung neugierig-höflich an, sie war ebenso wie Mbouka sinnlich schön. An den Oberarmen hatte sie auffällige Tätowierungen, und ihren Oberbauch zierten mehrere kleine, graublaue Dreiecke, die sich zu einem geschlossenen Muster zusammenfügten. Das erhöhte ihren exotischen Reiz noch. Ihr Mann hieß Eko, und sie hatten eine schüchterne kleine Tochter, Boyemba, und einen Sohn, Ngoja.

Wer hat mir eigentlich erzählt, dass die Pygmäen hässlich sind, dachte ich schuldbewusst. »Sie sind zwar winzig klein, aber verdammt hübsch, die Damen, findest du nicht, Sangui?«

Ich wollte nun genau wissen, wie er sie fand, und sah ihn erwartungsvoll an. Männer sehen so etwas ja bekanntlich ganz anders. Wer hatte mir eigentlich das nun wieder erzählt?

»Da hast du Recht«, stimmte Sangui mir zu. »Normalerweise haben die Bayaka-Pygmäen gröbere Gesichtszüge, und ihr eckiger Körper ist in der Regel auch nicht gerade sehr attraktiv. Aber das ist alles eine Frage der Sichtweise«, fuhr er grinsend fort.

»Wieso?« Ich konnte seinen schlauen Gedanken mal wieder nicht folgen.

»Na ja, dich werden sie wahrscheinlich extrem hässlich finden.« Ich beschloss, ihn zu ignorieren.

Djele, der Dorfälteste, war schlau, bedacht und wachsam, mit einer schmalen Nase, feinen Lippen und einer großen fächerförmigen Narbe an der rechten Augenbraue. Am auffälligsten fand ich jedoch seine intelligenten und erfahren wirkenden Augen, die irgendwie etwas Melancholisches hatten.

Er hatte ein stark zerfetztes Ohrläppchen und völlig vernarbte Tattoos an den Wangenknochen – alles deutete auf ein ereignisreiches Leben hin.

»Lundi, bitte frag ihn doch mal, ob er schon mal mit einem wilden Tier gekämpft oder sich heftig geprügelt hat. Sieh dir nur mal dieses ausgerissene Ohr an.« Ich konnte diese Frage nicht für mich behalten, ich war zu neugierig, welche Bewandtnis es damit hatte.

Djele lachte und nuschelte eine kurze Erklärung: Es handelte sich um ein Initiationszeichen. Ins Ohrläppchen wird ein Loch gebohrt, durch das kleine Stäbe aus Nussschalen gesteckt werden. Und weil man diese Schalen ab und zu herausgezogen hatte, war das Ohr wohl mit der Zeit ausgerissen.

»Heute macht man das allerdings nicht mehr«, beendete Lundi seine Ausführungen.

Djele war Witwer und hatte vier Kinder, den Sohn Boboko und die Töchter Mbouka, Ngouluma und Mouboma, die mir durch ihr neugieriges Wesen schnell näher kommen sollte.

Inzwischen nahm das Dorfleben seinen gewohnt ruhigen Gang. Einige der jüngeren Bewohner verschwanden mit Tragekörben, die sie sich an Lianenschnüren um den Kopf hängten, in Richtung Dschungel, während Somba, Ndokandas Mann, und Mopo ein langes, engmaschiges Netz aus Mopos Hütte holten, um sich anschließend mit der Reparatur der ausgerissenen Löcher zu beschäftigen. Das zweite Netz spannte ein weiterer Jäger, Eko, gerade um ein paar Bäume, die zwischen Sanguis und meiner Hängematte standen. Mowe, der Axtmann, kam mit einem Bündel Lianenschnüre hinzu, die er nun am Boden sorgfältig zum Ausbessern miteinander verwob.

Aus unserer Ecke, in die wir uns unsere Kisten als Sitzgelegenheiten gestellt hatten, wehte eine verführerische Kaffeewolke herüber und erinnerte mich wieder an das versprochene Frühstück. Doch davor musste ich noch einem anderen, äußerst dringenden Bedürfnis nachgehen. Wo immer es stattfinden sollte, es musste schnell gehen. Also hastete ich halb hüpfend zwischen den beiden Pygmäen hindurch, krallte mir die letzten Taschentücher und schlug mich eiligst seitlich in die

Büsche. Als ich mich noch einmal vergewisserte, dass mir auch ja niemand folgte, begegnete ich Mopos neugierigem Blick und ging lieber noch ein bisschen tiefer in den Urwald.

Sangui reichte mir, als ich zurückkam, einen Kaffeebecher und holte dann die Medikamentenkiste zwecks Überprüfung des Inhalts, weil er meinen Finger verarzten wollte, den ich mir gestern an Dornen verletzt hatte und in dem es jetzt heftig pochte. Wir hatten ursprünglich alles sorgfältig zusammengestellt mit Mückenspray, Wasserergänzungsweißnichtwas und diversen exotischen *Specials in case of emergency*. Ich hatte sogar ein Schlangenserum gegen den Biss der grünen Mamba mitgenommen, der innerhalb von 25 Minuten tödlich ist, und holte die kleine Ampulle im rotbestreiften Styroporkästchen stolz aus dem Köfferchen. Sangui grinste etwas abschätzig. »Weißt du, dass es noch so viele andere schöne Schlangenbisse gibt, die auch tödlich sind, aber ohne entsprechendes Serum den Vorteil haben, dass man noch ein wenig mehr Zeit zum Leiden hat?«

Ich winkte ab, so genau wollte ich das gar nicht wissen. Danach übertraf Sangui sich selbst: Er baute eine Art Urwalddusche, eine wilde Kanister- und Eimerkonstruktion, die vielleicht nicht jedes moderne Bad geziert hätte, aber unseren Ansprüchen voll genügte. Außerdem richtete er eine Art Wasserstation ein, einen großen Tank, wo wir laufend mit einem Filter und chemischen Tabletten Wasser desinfizierten und so gut gerüstet waren für den täglichen Bedarf.

Bald gewann ich den Eindruck, dass Lundi noch einen privaten Grund gehabt hatte, mit uns hierher zu kommen. Er stand neben einer jungen Frau, die gerade das Dach ihrer Hütte reparierte. Lundi war zwar ein halber Bantu, aber trotzdem kaum größer als sie. Im Moment entwickelte er gerade dermaßen viel Charme, dass ich unschwer ahnte, was ihn hier tatsächlich interessierte. Er sah wohlgefällig auf die junge Frau, die sich nun verlegen die Hand vor den Mund hielt. Genau die gleichen Verlegenheitsgesten wie bei uns! Hier, wie bei allen Menschen aus einem anderen Kulturkreis, können wir uns selbst an den Ähnlichkeiten erkennen – eine interessante Frage nach der Herkunft der Gemeinsamkeiten! Plötzlich wird man vertraut, findet so genannte Exoten gar nicht mehr so fremd. Die Frau schleppte nun längliche, flach geschichtete Blätter heran und befestigte sie an den Ruten, welche die bogenförmig gewölbten Streben der Hütte quer verbanden. Während sie sich drehte und bückte, sah ich nun auch deutlich, wie der kurze Rock konstruiert war. Mehrere Bastschichten lagen übereinander, mindestens sechs, und wie ich später erfuhr, wurde jeweils die unterste Lage entfernt, wenn sie schmutzig war.

Ich hatte den Namen der Frau vergessen und fragte Ndembo noch einmal, indem ich auf mich zeigte, »Cornelia« sagte, anschließend auf sie zeigte, »Ndembo« sagte, dann auf Mouboma, deren Namen nannte und desgleichen bei Mbouka. Dann zeigte ich fragend auf die kleine Frau.

Prompt kam die Antwort: »Ngouluma.«

Sie war die Schwester Mboukas und Moubomas, wie ich erfuhr, also auch eine Tochter von Djele.

Von weit her trällerte ein wunderschöner Vogelruf herüber, er wiederholte sich ständig und erhielt schließlich eine Antwort von fern her. Ein kleiner Refrain, der von der anderen Seite des Waldes kam. Das Echo stand noch lange über dem Dorf, auch Stimmen und andere Geräusche empfand ich hier besonders klar, und stets hallten sie ein wenig nach.

Sangui hatte sich zu den palavernden Männern bei Djeles Hütte verzogen. Er schien bereits heimisch bei den Jägern, die inzwischen auch die Netzarbeit beendet hatten und gemütlich auf einem morschen Baumstumpf beisammen hockten und Sanguis Sprint-Zigaretten rauchten. Bei mir ging das Anbandeln nicht so schnell, nicht einmal 24 Stunden zuvor hatte mir noch die Angst vor Menschenfressern in allen Gliedern gesteckt. Müde und in philosophischer Stimmung döste ich vor mich hin und sah zu, wie die Frauen zurück ins Lager kamen mit Knollen in den Körben, die sofort geschnitten und in Blätterrollen im offenen Feuer gegart wurden.

Es fiel mir immer wieder auf, wie prompt die Kinder auf Zurufe der Mütter reagierten und ihnen gehorchten, ohne zu murren, als wäre es das Selbstverständlichste auf der Welt. Väter griffen anscheinend weniger in die Erziehung ein. Weiter vorne sah ich nun Ndokanda, die ältere Mutter aus der dritten Hütte, die etwas zurückgezogen mit ihren Kindern unter einem breitfächerigen Baum in einer freundlichen Sonnennische saß. Sie trug ein längliches Blatt als Sonnenschutz auf dem Kopf und wischte gerade ihrem kleinen Mbio den Po mit etwas Grünzeug ab. Und als wäre das Bedürfnis ansteckend, verrichtete Ndokanda selbst ihre Notdurft an einem Baum, ganz dicht mit den Hinterbacken an der Rinde, den Säugling fest umklammert. Dann, nach offensichtlichem »Geschäftsende«, wurden die Pobacken an der Rinde so lange auf und ab gerieben, bis sie wohl einigermaßen sauber waren. Mir hätte das verdammt weh getan, und ich hätte mich auch im Gegensatz zu Ndokanda in ein Versteck zurückgezogen, aber hier war es ein natürlicher Vorgang im üblichen Tagesablauf.

Den Höhepunkt der schönen Mittagsstimmung lieferte Mowe, der mit seiner Frau Makano und den zwei Jungs Limboko und Bokayo aus der Hütte kam und auf einem Instrument leise Musik anstimmte. Er spielte feine, einfache Saitenlaute, während er bedächtig zu den anderen Männern am Baumstumpf vortrottete und seine Frau zum Dorfausgang ging. Dort unterhielten sich bereits zwei Mütter und machten Zeichen in den Wald. Ihre Babys schlenkerten dabei heftig in der breiten Lianenschlaufe um die Hüften. Mowe zupfte monoton mit zwei Fingern, wohl um sich einzustimmen auf dem relativ flachen Holzinstrument, das er links unter den Arm geklemmt hatte. Er entlockte den sechs Saiten und dem dreieckigen Holzklangkörper eine einfache, aber eindringliche Melodie. Dazu entwickelte er eine Art Sprechgesang. Sangui, Eko und Somba nickten im Takt mit dem Kopf und summten leise mit. Ganz versunken waren diese sonst fast unnahbaren Jäger, innig beschäftigt mit einem kleinen Lied. Es berührte mich sehr, und ich empfand viel Sympathie für diese wilden Burschen und ihren sensiblen Männergesangsverein. Mir schien, dass die Menschen hier die Muße genossen und nur so viel taten, wie nötig war. Reparieren, Kochen, Hausputz, Jagen – und viel Soziales wie Singen und Tratschen und sich gegenseitig Lausen. Die Melodie wechselte die Tonart, was ich äußerst reizvoll fand, sie machte besinnlich, Ruhe kehrte ein und brachte mich in Einklang mit mir selbst. Ich gab mich voll der Stimmung hin, fühlte mich wohl und dachte über nichts weiter nach. Das Dorf leuchtete freundlich auf in den senkrechten Sonnenstrahlen, es war lebendig und strahlte trotzdem Ruhe aus. Ich schloss die Augen und sog alles auf: die Geräusche, entfernte Tierstimmen, Schnattern und Summen, einen lockenden kehligen Ruf und die Essensgerüche, vermischt mit brenzligem Geruch der Holzscheite. Ich fühlte mich wohl. Zusammen mit der feinen Musik gab mir das alles ein Gefühl von Vertrautheit und fast Geborgenheit. Die Zeit verging, und ich war wohl eingedöst, als plötzlich der Gesang stockte und Lachen sich mit hineinmischte. Und als ich nun zu mir kam, sah ich, wie Sangui und Eko schadenfroh kicherten, wobei sich Sangui die Hand vor das Gesicht hielt und zum Dorfausgang schielte. Dort waren zwei Besucherinnen zu sehen, die mit Ndembo und Makano, der Frau von Mowe, plauderten, während sie ihre prall mit Grünzeug gefüllten Körbe abstellten. Auch mit viel gutem Willen fand ich nichts Komisches dabei, doch die Männer hörten nicht auf zu lachen. Mowe sang leise kichernd irgendetwas, und nun verstand ich, dass es dabei um die Frauen dort drüben ging. Sangui erklärte mir später etwas genauer, dass man sehr intensiv die Vorzüge der jeweiligen Besucherin besang.

»Haben sie auch schon über mich gesungen, Sangui?«

Er schmunzelte: »Nein. Sie werden dich wie jede Beute erst beobachten, und wenn es dann so weit ist, sage ich es dir.«

Einer der Krieger nickte zu mir herüber und stellte Sangui eine Frage.

»Er will wissen, wer dein Mann ist«, dolmetschte mein Freund.

Uhhhh, ich drohte ihm scherzhaft mit dem Finger und beschloss, nun doch zur Feuerstelle der Frauen hinüberzugehen.

Über die Schulter rief ich zurück: »Sag ihm, dass ich vier Männer habe und dass alle auf dem Weg hierher sind.«

Sangui erzählte mir später, dass mir alle sehr lange und sehr beeindruckt hinterhergeschaut hätten.

Mbouka legte ein grünes Paket auf das Feuer. »Bómbá«, erklärte sie mir mit hochgezogenen Augenbrauen. Ich nahm an, dass dies der Name für das Gericht war. Sie deutete auf mich und machte eine einladende Geste.

»Sangui, bitte frag sie doch, was da drin ist, vielleicht ist es auch für mich genießbar? Ich möchte der Einladung folgen, du hast ja schon mit ihr gegessen und scheinst alles gut überstanden zu haben.«

»Nach mir darfst du dich nicht richten, ich habe einen Magen wie ein Schwein, der verdaut alles«, grinste er mich an. Dann wandte er sich zu Mbouka und nach einem kurzen Wortwechsel erklärte er: »Du sollst bitte mit ihr essen. Hier hat sie kleine Vögel mit Blattgemüse gegart. Doch kann man genauso andere Lebensmittel wie Raupen, Waldratten, Samen und jede Art von Gemüse in diese Marantaceenblätter einwickeln, und dann werden sie ganz einfach auf dem Feuer gegart.«

»Die Variante mit Vogel hört sich schon verlockender an.«

»Na Cornelia, dann mal los.«

Ich nahm allen Mut zusammen und nickte Mbouka zu, machte ihr Zeichen, dass ich nur ein ganz kleines Stückchen probieren möchte.

»Èe – aỳ«, das war für sie in Ordnung, und ich beobachtete genau, ob nicht irgendwelche schließlich für mich doch unmöglichen Dinge mit gebraten würden, während ich mich neben sie kauerte. Der umliegende Wald tarnte sich bereits mit bläulichem Abenddunst und teilte mir mit, dass es bald Zeit würde, ins Bett zu gehen. Ngouluma kauerte sich noch zu mir, Mboukas Schwester, und legte mir ein kleines Blatt vor die Füße, wohl der Teller. Mbouka gab noch eine knappe Anweisung, worauf Ngouluma eine kleine Rute holte und den Platz noch einmal sauberfegte.

Ich legte die Hand auf Mboukas Arm. »Merci, merci beaucoup, pour l'amitié.«

Spontan kam eine neue Frage auf. Und was mich interessiert, das muss ich sofort wissen. Diesmal war es der Sex: »Macht sie Liebe mit ihrem Mann in der Hütte oder im Wald?«

Fast schämte ich mich nun doch, aber ich fragte die Dinge eben, wann sie mir einfielen.

»Ist das nicht ein bisschen viel für den Anfang, Cornelia, und ein bisschen direkt?«, fragte Sangui mit einem unsicheren Grinsen.

»Mein Lieber, das Leben währt nicht ewig, vielleicht beißt mich morgen ein Dschungelmonster und die Welt wird nie erfahren, wie die Pygmäen es mit dem Sex halten.«

»Bitte, also gut.«

Er hockte sich ein wenig umständlich zu den Frauen, inzwischen war auch Ndembo gekommen; Ngonga, die Witwe aus der letzten Hütte, gab noch etwas Gemüse zu dem Essen ins Feuer, und die neuen Frauen wurden uns als Tanten aus dem nächsten Dorf vorgestellt. Auch Makano kam zu uns und fächelte die Feuerstelle auf. Es war richtig gemütlich, und ich merkte, wie auch die fremden Frauen etwas näher an mich heranrückten, als Sangui mit knappen Worten meine Frage wiederholte. Mbouka lachte schallend los und schnippte mit den Fingern, auch die anderen lachten und schlugen sich dabei gegenseitig klatschend in die Hände. Ndembo fragte Mbouka etwas, und dann grinsten alle vier Frauen. Sangui schaute mich hilfesuchend an.

»Was sagen sie denn nun?«, drängte ich.

»Ach, sie genieren sich vor mir, aber Ndembo meinte schließlich, dass es überall Spaß macht.«

Nun musste ich auch laut loslachen und drückte die kleine Frau freundschaftlich an mich.

»Das ist bei uns ganz genauso.«

Sofort wollten sie wissen, was ich gesagt hatte, und dann kicherten wir zusammen wie alberne Hühner. Doch mir war nicht entgangen, dass Ndembo den Körperkontakt mit mir nicht so positiv empfand wie ich, sie blieb angespannt, als ich sie berührte. Auch miteinander neigten sie nicht zu Zärtlichkeiten wie Streicheln, Küssen, leichten Berührungen. Er sei jetzt wohl überflüssig, stellte Sangui erleichtert fest, erhob sich und zeigte zum zweiten Feuerplatz nebenan bei Ndembo, die dort bereits angefangen hatte, eine Art Blättertopf zu basteln. Noch eine kleine Anmerkung zur Küche, die so farbenprächtig war mit satt-roten Beeren, tief dunkelgrünen Blättern, hellgelben wilden Ignams (eine Art Kartoffel), gestößelten braunen, rosa-, lindgrün- und goldfarbenen Samen oder Körnern. Und erst der Duft, der durch das Lager zog: nach wildem Ingwer und kleinen Knoblauchnüssen, spritzig wie frischer Paprika, und zuweilen herb nach frischem Blattwerk. Ich musste spontan an Salbei und Basilikum denken. Direkt im Feuer gegart wurden auch die stärkehaltigen Nahrungsmittel wie Kochbananen, Maniok, Ignams mit oder ohne Haut, die dann mit Gewürzbeiwerk diesen herrlich exotischen, vanille-curry-ähnlichen Duft verströmten. Nicht selten fanden auch Schalentiere wie Schnecken oder Schildkröten den Weg in den Kochtopf beziehungsweise in die Blätterrolle. Manchmal hängten die Frauen sie, wie jetzt Ndembo, in einem Blättertopf über das Feuer. Ich sah nun ein gut verschnürtes Blattpäckchen von etwa dreißig Zentimetern Durchmesser, das mit stabilen Lianenschnüren zu einer Kugel gebündelt war und gerade von ihr an zwei Ästen mit Querverstrebung mittig über das Feuer gehängt wurde wie ein ungarischer Gulaschtopf. Diese Konstruktion sollte ein wenig höher hängen als andere, ungefähr 20 Zentimeter über der Feuerstelle, die nur leicht glimmen durfte, um den Blättertopf nicht mit den Flammen zu berühren. Wenn dann die Blätter trocken waren, war auch das Essen gar.

»So, meine Liebe, ich bin bei Lundis Köchin eingeladen, bis später.«

Damit ging Sangui endgültig und wie mir schien erleichtert zu Lundi hinüber, der bereits mit Ngoulouma vor deren Hütte saß. Ndembo winkte mir zu, dass ich zu ihr kommen und essen sollte, wozu ich mit gemischten Gefühlen bereit war. Ich schaute Mbouka an, die mir ja bereits einen Vogel-Mac angeboten hatte. Doch sie nickte, dass das in Ordnung war, und gab mir den kleinen grünen Happen auf dem Blatt in die Hand. Ich balancierte ihn vorsichtig hinüber. Das Gedünstete hier bei Ndembo müsste recht gut schmecken, und ich hatte ja gesehen, dass immerhin nur Schnecken in die Verpackung kamen, also nichts so Ungenießbares wie Raupen oder Würmer. Doch erst mal biss ich zaghaft in den Vogel – und er schmeckte. Ein bisschen rauchig, zart, irgendwie auch zimtig merkwürdigerweise, doch die Blattzutaten fand ich persönlich etwas zu glibberig. Währenddessen nahm Ndembo den Kukulu, ihren Blätter-Kochtopf, ab, und als sie ihn öffnete, kam ein richtig appetitanregender Duft aus den Blättern.

Ich nickte freundlich zu Mbouka hinüber und deutete auf meine gefüllte Backe:

»Sehr gut, très bien! Wirklich, sehr zart.«

Mbouka lächelte kurz zurück und arbeitete weiter, schüttete weiße Brocken in einen Holzmörser, offensichtlich Yamswurzelstücke, und zerstampfte sie mit ein paar daumengroßen Nüssen. Bei diesen beiden Frauen und Mouboma fühlte ich mich inzwischen sehr wohl. Andere wieder, wie zum Beispiel Mbeli, die da hinten ein wenig zurückgezogen saß und gerade ihren großen Holzmörser säuberte, in dem viele Fliegen auf den restlichen Sumakrümeln saßen, waren mir nicht allzu sympathisch. Ndokanda hatte sie mir vorgestellt, sie war eine Tante ihres Mannes Somba. Sie hatte schmale, dicht zusammenstehende Augen, und es umgab sie irgendwie etwas Böses, das sich noch verdichtete in ihrer merkwürdigen Kopfform, länglich-breit zu den Schläfen hin mit einer sehr hohen, vorstehenden Stirn. Makano kam gerade zu ihr, mit frisch gewaschenen weißen Knollen, die sie in den länglichen Holzbehälter warf. Sie hockte sich daneben, und zwar mit dem breiten Hintern auf die Waden, griff sich einen dicken Stößel und hieb gewaltig in die Sumaknollen. Weiße Brösel stoben auseinander und wurden weiter zu feinem Mehl verarbeitet. Makano sah satt und zufrieden aus, sie hatte eine winzig kleine Tonsur am Vorderkopf und im Gegensatz zu Mbeli ein sehr mütterliches Gesicht.

Es war inzwischen dunkel geworden, wobei es hier nie so richtig finster wird, das Zikadenorchester hatte ohrenbetäubend Stellung bezogen und über mir schrie es herzerweichend. Wohl ein nächtlicher Aktivist, der die Urwaldnacht einstimmte. Gegenüber zischte es leise fauchend eine Antwort und vor mir knackten ein paar Äste.

Sangui legte ein paar Holzscheite auf die Feuerstelle und setzte sich dann gemütlich rauchend auf die Geschirrkiste, während ich mich müde und endgültig in meine Hängematte zurückzog. Diesmal wickelte ich mich fest in meine Regenhaut ein. Da entdeckte ich Djele und Mopo, die auf dem kleinen Pfad fast neben mir ins Dorf zurückkamen. Jetzt standen sie direkt zwischen meiner Hängematte und Sanguis Kiste; sie waren mit einem Netz und einer kleinen Lanze ausgerüstet. Auch sie beobachteten uns. Sangui schmunzelte zu mir herüber.

»Für sie ist das wie eine spannende Fernsehserie aus der Science-Fiction-Reihe«, erklärte er. Dann aber fragte er mich ernsthaft: »Sag mal, wenn du bestimmte Vorstellungen hast vom Aufenthalt hier, brauchst du da eine Art Programm, irgendwas Spezielles?«

Ich rollte mich wieder ein bisschen aus der Verschalung.

»Nein, brauche ich nicht. Ich möchte so lange wie möglich hier im Lager bleiben und so viel wie möglich über ihr natürliches soziales Leben erfahren, ihre Riten und Mythen interessieren mich auch außerordentlich.«

Ich fand diese Anfangszeit unglaublich aufregend, die Bayaka fremd und trotzdem vertraut. Dass es eine tolle Expedition würde, da war ich mir inzwischen ganz sicher. Am nächsten Tag wollte ich auch endlich mein kleines Zelt aufstellen, in dem ich mich auf Dauer wohler fühlen würde. Auf einmal war ich wieder putzmunter und voller Unternehmungslust.

»Vielleicht kannst du dieses ältere Paar nach den alten Geschichten befragen, und ob es besondere Ursprünge der Tänze gibt. Und dann frage bitte auch die Jäger, ob wir mit zur Jagd dürfen. Aber sie sollen nichts unseretwegen ändern, auch wenn ich so oft wie möglich mit ihnen zusammen sein möchte! Bitte erkläre ihnen das. Wir werden uns ihnen einfach anschließen und ihrem Lebensrhythmus folgen.«

Nach einigen Tagen der Eingewöhnung überlegte ich, wie ich bei den technischen Dokumentationen vorgehen sollte, ohne die Pygmäen oder auch Sangui wegen dauernder Übersetzungshilfe zu belästigen. Ich wollte messen, wie groß die Pygmäen im Durchschnitt tatsächlich sind, und meinem Bericht genaue Daten beilegen. Eindringlich schaute ich auf mein Maßband und erwartete die Lösung von ihm. Doch sie kam in Gestalt Lundis.

»Kannst du nicht mal schauen, wie groß ich bin? Meine Freundin sagt immer, ich sei nur so klein wie ein Pygmäe, aber das stimmt nicht. Mein Papa war schließlich auch sehr groß!«

# Gottestänzer

Im Herzen Afrikas, da, wo der Urwald am unzugäng-
lichsten ist, lebt ein Zwergenvolk, das über geheimnisvolle Kräfte verfügt, so raunte man sich in der Antike zu.
In Ägypten findet man auf vielen Grabbildern des Alten
Reichs Abbildungen von Zwergen, die manchmal als
Tänzer mit einer Art Zepter in der Hand dargestellt sind.
Das deutet darauf hin, dass sie Macht haben, und zwar
über die bösen Geister. Auch die Tiermasken, die sie gelegentlich tragen, weisen auf diese Abwehrfunktion der
Zwerge hin. Man kann aus den Abbildungen schließen,
dass sie bei den verschiedensten kultischen Handlungen,
zum Beispiel auch bei Begräbnissen, rituelle Tänze auf-
führten. Aber sie kamen auch als Hundeführer, Verwal-
ter der Kleiderkammer und Spaßmacher zum Einsatz. Es
ist jedoch gut möglich, dass es sich bei den Dargestellten
nicht immer um Pygmäen handelt, sondern zum Teil auch
um kleinwüchsige Einheimische. Für diese Annahme
spricht ein Brief des Pharao Neferkarê (2269–2184 v. C.),
aus dem hervorgeht, welch eine Kostbarkeit und Rarität
ein echter Pygmäe war.

Eine ägyptische Expedition unter Leitung eines gewissen Herkhuf war weit über Ägypten hinaus nach Süden
vorgedrungen, und Herkhuf hatte dem Pharao die Nachricht zukommen lassen, er bringe ihm einen echten Gottestänzer mit. Der Antwortbrief des Pharao ist erhalten
geblieben, weil er in die Stelen des Herkhuf-Grabes ein-
geritzt ist. In Armin Heymers Buch *Die Pygmäen* ist der
Brief vollständig abgedruckt. Ich bringe im Folgenden
einige Auszüge.

»Du erwähntest (weiter) in diesem deinem Briefe, daß
du *einen Zwerg (dng)* der Gottestänze aus dem Geisterlande gebracht hast (...)

Komme, nordwärts fahrend, unverzüglich und eilends
zur Residenz, wobei du diesen Zwerg mitbringen mögest,

den du aus dem Geisterlande holtest!

Heil und Gruß dem Gottestänzer, dem Herzerfreuer, ihm, nach dem der König von Ober- und Unterägypten, Neferkarê, der ewig lebt, verlangt!

Wenn er mit dir an Bord geht, lass zuverlässige Leute hinter ihm und an beiden Bootsrändern sein, die ihn davor bewahren, daß er ins Wasser fällt! Wenn er nachts schläft, sollen zuverlässige Leute hinter ihm in der Kajüte schlafen! Revidiere zehnmal des Nachts! Meine Majestät wünscht diesen Zwerg dringender zu sehen als ein Geschenk aus dem Erzlande und aus Punt.

Wenn du zum Palast gelangst, soll dieser Zwerg – lebend, heil und gesund – bei dir sein. Meine Majestät wird dich dann reichlicher beschenken, als einst der Gottessiegelbewahrer Ba-wer-Djed zur Zeit des Asosi bedacht wurde, da meine Majestät Wert darauf legt, diesen Zwerg zu sehen.«

So viel zum Wert eines Pygmäen. Nicht so klar ist, auf welche Weise Herkhuf in seinen Besitz gekommen ist und wo das Land Yam lag, aus dem er angeblich stammte. Herkhuf kann mit seiner Expedition ziemlich weit den Nil hinaufgekommen, aber niemals bis in die zentralafrikanischen Regenwälder vorgedrungen sein, in denen die Pygmäen lebten. Man nimmt an, dass der fragliche Gottestänzer nicht direkt aus dem Wald kam, sondern verschleppt worden war und nach mancherlei Zwischenstationen am Hof eines nubischen Stammesfürsten lebte, dem Herkhuf ihn abkaufte.

Seefahrer und Händler verbreiteten die Kunde von einem Zwergenvolk rund ums Mittelmeer. Aber weil sie die Pygmäen selbst nicht zu Gesicht bekommen hatten und weil in solchen Berichten sowieso gern übertrieben wird, wurden aus kleinen Menschen schnell Fabelwesen. In den Beschreibungen sind sie einmal nur drei Spannen lang, ein andermal haben sie nur ein Auge oder einen Hundskopf. Homer schildert in der *Ilias*, dass Kraniche »das

Geschlecht der kleinen Pygmäen mit Mord und Verderben bedrohen«. Dem Mittelalter waren sie schon so unwirklich wie geflügelte Löwen oder Kentauren. Der heilige Augustinus nannte die Pygmäen (die er natürlich auch nur aus Überlieferungen kannte) »menschliche Ungeheuer«, Albertus Magnus betrachtete sie als Mittelding zwischen Mensch und Tier. Die Frage, ob die Pygmäen Menschen seien, wurde auch von den Scholastikern mit großer Ausdauer erörtert – und mit negativem Ergebnis.

Erst zu Beginn der Neuzeit erwachte der Drang, fremde Länder und Völker wirklich zu erforschen. Aber den Afrikareisenden wurde noch im 19. Jahrhundert so mancher Bär aufgebunden, weil fantastische Geschichten immer gut ankamen. Doch nicht nur deshalb. Die Waldvölker, die als Jäger und Sammler lebten, wurden von den Ackerbauern und Hirtenvölkern immer über die Schulter angesehen. Von der hohen Wertschätzung, welche die Pygmäen bei den alten Ägyptern genossen, ist bei ihren Nachbarn keine Spur zu bemerken. Verschiedene Bantustämme, die mit Pygmäen Kontakt haben, teilen die Lebewesen in vier Kategorien ein: 1. Menschen (das sind sie selbst), 2. Pygmäen, 3. Schimpansen, 4. Alle übrigen Lebewesen. Und das Recht des Stärkeren erlaubt ihnen, jeden Pygmäen, den sie erwischen, als Leibeigenen zu behalten.

Auch die europäischen Forschungsreisenden des 19. Jahrhunderts waren erpicht darauf, Pygmäen in ihren Besitz zu bringen, um sie ihren Mäzenen als Geschenk zu überreichen, der Wissenschaft zu überlassen oder sie auf Wanderschauen auszustellen.

Ernstzunehmende wissenschaftliche Untersuchungen über die Pygmäen gibt es erst seit den sechziger oder siebziger Jahren des 20. Jahrhunderts. Das hat auch damit zu tun, dass ihr Lebensraum allmählich besser zugänglich wurde. Und so kämpfen alle Forscher mit der Zeit, um eine Lebensweise zu dokumentieren, zu deren Verschwinden auch sie beitragen.

Noch eine Bemerkung zum Namen der Bayaka, um die es hier geht: Die korrekte Schreibweise wäre BaAka. Aka ist die Einzahl, und die Vorsilbe ba zeigt an, dass es sich um einen Plural handelt. Also ein Aka, mehrere BaAka. Das Gleiche gilt für die BaBinga, die BaMbuti, die BaBensélé, die BaNtu und so weiter. Für die BaAka ziehe ich die auch von Heymer verwendete Schreibweise »Bayaka« vor.

*Literatur zu diesem Thema:*
Serge Bahuchet, *Les Pygmées Aka et la forêt centralafricaine.* Paris 1985.
Armin Heymer, *Die Pygmäen.* München 1995.

---

Damit stellte er sich bereits keck neben den Baum und reckte sich erwartungsvoll in die Höhe. Freudig sprang ich auf. Ja, das war die Lösung! Ich schielte unauffällig zu Ngonga, ob sie auch zusah. Ja! Alles bestens, sie reckte den Hals neugierig durch die Blätter, zwei weitere Frauen hatten sich dazugesellt, und auch der kleine Ngoja lugte gespannt aus der Deckung. Ich klappte langsam das Metermaß auseinander und hielt es Lundi an den Körper.

»Ein Meter bis zur Brust, mein Lieber, und noch 59 Zentimeter bis zum Scheitel.« Zufrieden falte ich es wieder zusammen und schreibe die Maße auf. »Damit bist du so groß wie ich, und ich bezeichne mich keinesfalls als Pygmäe!«, beruhigte ich ihn lachend.

Lundi war vollauf zufrieden: »Kannst du mir das bitte aufschreiben, ich will es Lucie mitbringen, damit sie mich endlich in Ruhe lässt!«

Beschwingt ging er zurück ins Dorf, und ich winkte aufmunternd ins Gebüsch, von wo aus uns mehrere Frauen die ganze Zeit beobachtet hatten. Und tatsächlich, mit zaghaften Schritten und verlegen zu Boden schauend, trat Ngonga aus dem Gebüsch hervor und zeigte verlegen auf das Metermaß, wobei Kimbi, ihr kleiner Sprössling, auf ihrer Hüfte heftig ins Schaukeln geriet. Ich hätte sie am liebsten umarmt. Zu ihr hatte ich von Anfang an einen guten Draht, und ich träumte schon vom Beginn einer wunderbaren Freundschaft. Denn das war mein eigentliches Ziel: Die Menschen hier möglichst intim kennen zu lernen. Ich hielt mich aber jetzt mit zu starken Gefühlswallungen zurück, um den zarten Keim des Vertrauens nicht zu gefährden. Stattdessen schlug ich wie selbstverständlich mein Heft auf, zeigte ihr die Zeichnungen mit den Frauenfiguren, die ich bereits als Tabelle vorbereitet hatte, und schrieb ihren Namen neben die erste Gestalt. Sie nickte ernst dazu und fand das offensichtlich in Ordnung. Sie ließ es auch zu, dass ich sie am Arm zum Baum führte und vorsichtig ihre Größe maß. Ich klopfte ihr lobend auf die Schulter:

»Dankeschön, du bist richtig mutig!«

Dazu erntete ich nur ein knappes Nicken, doch dann schaute sie mir höchst interessiert über die Schulter, als ich alles genauestens in das Heft schrieb. Ich machte Zeichen, dass sie sich neben mich setzen solle, und legte zur Bekräftigung noch zwei Zigaretten auf den Platz. Grapsch – waren sie weg, und genauso schnell saß sie auf dem Kanister.

»Sehr schön, wir werden bald gute Freundinnen werden!«

Zufrieden strahlte ich sie an, und dabei fielen mir wieder die schönen Gesichtstattoos auf, die sich um ihre Wangen zogen.

»Ich will auch so was haben!« Wie eine Taubstumme machte ich ihr verständlich, was ich wollte. Sie beobachtete äußerst konzentriert meine Gesten, die niedrige, leicht behaarte Stirn in dicke Falten gelegt. Ihre Nase war selbst für Pygmäenmaßstäbe sehr breit, trotzdem war sie richtig hübsch in ihrer sanften Art. Auch die anderen Frauen kamen mir gutmütig und freundlich vor. Sie würden halt ein anderes Mal zum Messen kommen, für heute war der Erfolg schon sehr befriedigend. Ngonga musterte eingehend meine grünen Augen und die kleine Kette, die ich trug.

»Von Mami!« Ich zeigte das kleine Amulett und deutete dabei in den Himmel und auf mein Herz. »Es soll Glück bringen!«

»È.símbó«, bestätigte sie mir weise nickend. Was ich mir sofort zu den anderen Wörtern schrieb, die mir schon so im Laufe der Zeit begegnet waren. Später konnte ich es ergänzen, es hieß tatsächlich »Talisman, Glücksbringer«.

Ngonga saß noch lange Zeit unbeweglich auf dem Kanister und beobachtete genau, was ich machte, bis hin zum Naseputzen, und als wir uns endlich trennten, geschah es in neuer Verbundenheit.

»À demain!«

»Balâo«, antwortete sie.

## Die Elefantentränke

Schon bald trat ein, was ich teils ersehnt, teils gefürchtet hatte: Die Jäger wollten zur Elefantentränke, und wir durften mit. Zuerst bekam ich natürlich noch ein paar Verhaltensregeln von Sangui. »Bevor ich es vergesse, Cornelia! Du musst unbedingt beachten: Wenn wir Elefanten begegnen, verstecke dich hinter einem Baum und bewege dich nicht. Ansonsten folgst du bitte genau den Zeichen der Jäger, sie werden gut auf dich aufpassen, haben sie gesagt. Falls wir Gorillas begegnen, darfst du ihnen auf keinen Fall in die Augen schauen. Sieh zu Boden und mach dich klein, einfach hinhocken.«

»Einfach hinhocken«, wiederholte ich blöd. Ich bekam pochendes Herzklopfen, es wurde aufregend.

Am nächsten Morgen um 5 Uhr 30 standen wir versammelt am Dorfausgang. Mopo an der Spitze mit einem Netz um die Schultern, dann Eko mit zwei langen Speeren, Mowe mit Armbrust und Pfeilen in einem Fellköcher, Sangui mit seinem Armeerucksack und rosa Hut und Lundi mit Proviantkiste und Macheten. Ich reihte mich zwischen Mowe und Sangui ein. Unsere Jäger waren barfuß, in Lendenschurz und mit ihrem jeweiligen Fetisch an der Hüftschnur, Mopo zum Beispiel trug einen ausgedörrten, hellbraunen Antilopenfuß, sicherlich gefüllt mit diversen unglückabweisenden Kleinigkeiten wie Pantherzahn, Affenbart in Pythonöl oder Elefantenschweifquaste. Mowe trug einen Miniköcher an langer Lianenkordel über der Schulter. Ich durfte natürlich nicht hineinsehen, aber Lundi, der meine neugierigen Blicke bemerkte, erlöste mich. »Da ist ein Rindenstück drin, das für die Jagd Glück bringen soll, und etwas zum Einreiben, damit er schneller laufen kann«, erklärte er leise und geheimnisvoll und reihte sich hinter mir ein. Eine exotische Gruppe, die mir auf einmal wieder völlig fremd war, allwissende Medizinmänner, heilige Wächter der unendlichen Natur. Mit kargen Gesten bestanden sie darauf, Sangui und mir das Gepäck abzunehmen. Während ich mich noch zweimal um mich selbst drehte, um in meiner Fototasche das Gewicht der Apparate gut zu verteilen, waren die ersten bereits fast verschwunden. Sie waren verdammt flink in ihren Bewegungen und Beobachtungen und so gut durchtrainiert, dass mein letzter Marsch mit Lundi mir wie ein Kinderspiel vorkam. Unglaublich, in welcher Geschwindigkeit sie die Beine bewegten. »Merde, ils vont trop vite«, murmelte ich vor mich hin und spurtete hastig hinterher. Zuerst versuchte ich es mit großen Schritten, wobei ich unter Wurzelwerk hängen blieb und auf schlüpfrigem Laub ausrutschte, doch nach ein paar Stunden hatte ich die Lösung gefunden und tippelte im gleichen Rhythmus wie sie. Das hatte natürlich den Nachteil, dass ich bei dem Tempo kaum etwas um mich herum wahrnehmen konnte.

Plötzlich öffnete sich der Wald und vor mir tat sich eine Art Marslandschaft auf, fahle, entlaubte und zum Teil umgestürzte Baumriesen, staksige Astreste, die aus graubraunem Boden ragten, ein flacher Sumpf, der sich in einen kleinen Bach verjüngte. Sangui und Mowe standen bereits bis zu den Knien im Morast, da sträubte ich mich. »Sangui, hier soll ich allen Ernstes durch? Da gibt es doch sicher diese Wasserlarven?« Ich geriet allmählich in Panik.

»Ach was«, belächelte er mich. »Die sind nur in stehenden Gewässern. Du musst übrigens die Stiefel ausziehen, sonst zieht sie dir der Schlick aus und du findest sie nie wieder.« Er hatte bereits die Schuhe und Socken in der Hand und schaute mich auffordernd an.

Ich resignierte und folgte brav seinen Anweisungen. Vorsichtig setzte ich einen Fuß vor den anderen. »Und Schlangen?«

»Ach Cornelia, wenn du an alles denken willst, kommst du nicht weit! Schlangen sind schon längst getürmt bei den Erschütterungen, die wir auslösen.«

Ich gab nach. Schließlich fand ich es auch gar nicht so schlimm, in Europa zahlte man viel Geld für Schlickbehandlungen. Mit diesen aufmunternden Gedanken sackte ich Zentimeter um Zentimeter tiefer, doch nun wagte ich keinen Hilferuf mehr nach hinten. Mein kleiner Bruder fiel mir ein, der mir in brenzligen Situationen zu sagen pflegte: »Ehh, bleib cool, Alte!« Äußerst cool also schaute ich nun auf Bäume, die so schräg standen, dass sie sicher beim nächsten Sturm niederschlagen würden. Lange Gräser wuchsen am Übergang zum Wasser und plötzlich sah ich auch Blumen, kleine blaue Blüten wie Löwenmaul und gelbe, etwas flachere mit großen, platten, runden Blättern, auf denen Insekten und Langbeiniges herumwuselte. Kleine Libellen schossen mit ihren schlanken, bunt glitzernden Leibern knapp über dem Wasser dahin. Und da war auch schon heller Sand unter meinen Füßen und klares Wasser umspülte mich. Welch eine Wohltat. Erfreut drehte ich mich zu Sangui um. »Hier macht es wieder richtig Spaß.«

Doch der feixte nur und deutete süffisant grinsend nach vorne. Ja, mein Spaß war von kurzer Dauer, als ich sah, was vor mir geschah: Unsere Bayaka standen bis zum Halse im Wasser des Baches, während sie sich mit einer Hand rudernd vorwärts bewegten und mit der anderen die Rucksäcke auf dem Kopf festhielten. Kleine Wellen bildeten sich hinter ihnen. Auch das noch. Doch meine größte Sorge war, dass Lundi mir nicht davonlief. »Lundi, pas si vite, s'il te plaît.«

»Keine Angst, Cornelia, wir müssen nur bis zu der Biege da vorne, dann geht es wieder in den Wald«, beruhigte mich jetzt Sangui hinter mir. Ich wollte ja nur, dass Lundi nicht zu weit vor mir war, sodass ich immerhin in seiner Spur bleiben konnte und nicht in irgendein abfallendes Sumpfloch, einen unterirdischen Strudel oder sonst etwas Ungeheuerliches hineinverschwand. Schließlich waren unsere Jäger doch stehen geblieben; ich dachte, weil sie endlich auf uns warten wollten, doch völlig falsch. Wie versteinert standen sie da, das Wasser nun bis zur Nase, und schauten zu der Stelle, an der sich der Bach krümmte und wo es wieder waldiger wurde. Genau dort, wo wir eigentlich wieder aus dem Wasser sollten. Vorsichtshalber erstarrte ich auch. Doch ich bemerkte nichts, was mir zu denken hätte geben können. Leise zischte ich nach hinten: »Was ist denn los?«

»Da vorn sind zwei Elefanten!«, zischte es zurück. »Beweg dich nicht.«

Ich war verwirrt, und langsam wurde ich wütend. Wieder sah ich überhaupt nichts, es war zum Verrücktwerden. Und wo war jetzt der Baum, hinter dem ich mich verstecken sollte? Angestrengt starrte ich in dieselbe Richtung wie alle anderen, und endlich sah ich das Wunder. Genau an der Stelle, an der wir an Land gehen sollten, stand ein Elefant und schwenkte seinen Rüssel in unsere Richtung. Es war unglaublich beeindruckend. Ein Wunder, dachte ich und versank fast vor Andacht, wie konnte man nur solch große Tiere erschaffen? Mein erster Elefant! Daneben das Jungtier, das der Kuh ungefähr bis zum Bauch reichte und genüsslich Wasser aus dem Bach rüsselte. Plötzlich ruckte es unter meinen Füßen und langsam sackte ich tiefer in den Bachgrund, das Wasser reichte mir bereits bis zur Brust. Sangui hatte da keine Schwierigkeiten, bei seiner Größe ragten noch alle lebensnotwendigen Körperteile über den Wasserspiegel.

Nun trompetete es aus dem Wald, mehrmals hintereinander, und die Elefantenkuh bekam Gesellschaft. Eine Tante – nahm ich mal an, weil Elefanten mit Jungen meistens im Familienverband durch Tanten und Cousinen unterstützt werden – kam ans Wasser und berührte kurz das Junge mit ihrem Rüssel, eine Art Streichelgeste, und dann drehten sie langsam ab und trotteten gemeinsam in den Wald zurück, wobei der Kleine in die Mitte genommen wurde. Ich atmete tief aus, war schwer beeindruckt und schaute ihnen noch lange nach, bis auch die letzte kleine Schweifquaste verschwunden war. Ein großartiges Bild, so unerhört neu und einmalig, dass ich es gerne länger aufgenommen hätte, doch schon ging es weiter und ich wollte nun auch endlich wieder vorwärts, raus aus dem Bach, er war mir trotz aller Reinheit nicht geheuer. Doch keiner rührte sich. Vorsichtig drehte ich mich zu Sangui und wollte fragen, doch der legte blitzschnell mit warnend hochgezogenen Augenbrauen den Finger an die Lippen. Ich sah mich um: Waldsilhouette, daneben Buschwerk, eine Schar Graupapageien mit ihren plumpen, kurzen Leibern, die lustig pfeifend und krächzend vorbeiflogen, ein offener Platz. Weiter rechts drei breite, abgestorbene, graue Bäume. Doch halt, der dritte Baum lief plötzlich zur Seite! Aha, endlich – und gar nicht so hoffnungslos, man musste mir nur Zeit geben. Begeistert zeigte ich in die Richtung, worauf ich sofort ein ermahnendes Räuspern von hinten hörte. Da stand ein wahrer Monsterbulle, wunderschön und majestätisch, die runden Riesenohren leicht vorgestellt, mit kurzen, etwas gelblichen Stoßzähnen. Jetzt angelte er nach irgendwelchen Leckereien; wie ich später feststellte, handelte es sich um die Früchte des Makorébaums, welche die Dickhäuter von weit her anziehen. Vor mir im Wasser war jedes Leben erloschen, die Bayaka waren zu Salzsäulen erstarrt. Doch ich hatte irgendwie das Gefühl, dass gar nicht so viel geschehen könnte, denn schließlich waren wir doch im tiefen Bach in Sicherheit. Gott sei Dank erfuhr ich erst später, dass weder Wasser noch Wassertiefe Elefanten abschreckt! Manchmal, höchst selten allerdings, schwimmen sie sogar und benutzen den Rüssel als eine Art Teleskop und können so auch breitere Flüsse überqueren.

Vorne trompetete es wieder, mit Antwort aus dem Wald. Ich fragte mich, wie wir da jemals auf der anderen Seite weiterkommen sollten, es schien ja eine ganze Horde auf dem Weg zu sein. Der graue Riese drehte ab und trottete in die gleiche Richtung wie die anderen drei. Gemächlich schaukelnd verschwand er im Wald. Nun kam Leben in den Fluss, die Jäger zeigten in die Richtung neben unserer Anlegestelle und vorsichtig, fast geräuschlos ging es weiter, teils schwimmend, teils mit den Armen rudernd, teils laufend. Wir waren nun alle höchst konzentriert und beobachteten die Wasserströmung, die hier stark zunahm, und die andere Uferseite. Ich musste mich mächtig gegen die Strömung wehren, um nicht abgetrieben zu

# Der Afrikanische Waldelefant und seine Bedrohung

Der Afrikanische Elefant teilt sich in zwei Arten auf, den Savannenelefanten (*Loxodonta africana africana*) und den Waldelefanten (*Loxodonta africana cyclotis*).

Mit dem Begriff »Waldelefant« wird die in den tropischen Waldgebieten Afrikas vorkommende kleinere Form bezeichnet. Neben der Körpergröße – er erreicht eine Schulterhöhe von maximal 2,80 Meter – unterscheidet sich der Waldelefant auch in anderen Merkmalen vom Savannenelefanten.

Der Körperbau ist insgesamt gedrungener, sein Kopf trägt schwach gebogene Stoßzähne, deren Elfenbein dunkler und härter ist als das seines großen Bruders. Das Haarkleid ist stärker ausgebildet, die Haut feiner und der Rücken weniger auffällig gekrümmt. Die Ohren sind relativ klein, rundlich bis oval. Die rundliche Gestalt der Ohren hat ihm auch den Namen »Rundohrelefant« (*cyclotis*) eingetragen.

*Raubbau an den Wäldern*
Der Mensch drängt die ursprünglichen, weitgehend unbeeinflussten Regenwälder immer mehr zurück. Motorsägen und Buschmesser haben allein in Westafrika die intakte Regenwaldfläche auf weniger als zehn Prozent ihrer einstigen Ausdehnung schrumpfen lassen. In Kamerun verschwinden jedes Jahr 1300 Quadratkilometer, in der Zentralafrikanischen Republik mehr als 1200 Quadratkilometer, im Kongo 420 Quadratkilometer und in Gabun 910 Quadratkilometer.

Die Tage des Waldelefanten sind gezählt – wenn die Waldzerstörung anhält. In Zaire, Gabun und im Kongo wurde der Waldelefantenbestand zu Beginn der 80er Jahre auf 332 000 Tiere geschätzt. Anfang der 90er Jahre lag er nur noch bei 165 000 Tieren. Innerhalb von nur zehn

Jahren nahm der Gesamtbestand in diesen Ländern um mindestens 50 Prozent ab. Ein alarmierendes Zeichen! Und dieser Trend hält an. Es muss gehandelt werden. Die besten Voraussetzungen für das Überleben des Waldelefanten liegen in der Ausweisung, der Stabilisierung und der Vernetzung von großflächigen Schutzgebieten.

*Auszug aus: WWF Deutschland, Patenschaftsprogramm. Mehr Informationen zu diesem Programm und zu Spendenmöglichkeiten im Anhang.*

werden, und fragte mich, wie die Bayaka dem widerstanden. Sie mussten sicherlich unter Wasser kräftig gegenpaddeln. Endlich wurde es seichter und wir erreichten das Ufer etwas abseits von der Elefantenstelle.

Lundi drehte sich zu mir und Sangui um, sein Gesichtsausdruck war ernst und besorgt. Er machte uns Zeichen, unbedingt aufzuschließen und keinen Laut von uns zu geben. Mir wurde mulmig in der Bauchgegend und ich strengte mich ungeheuer an, meine Sinne zu schärfen, um die Umgebung besser wahrnehmen zu können. Im Klartext suchte ich nach grauen Riesen, die sich harmlosen Reisenden nähern wollten. Vor lauter Aufregung zog ich erst meine Schuhe falsch herum an und wäre fast gestolpert. Als ich endlich fertig war, schlichen wir weiter, ohne dass auch nur der leiseste Knacks zu hören war, einer in des anderen Fußabdruck; die Jäger sicherten zur seitlichen Richtung.

Schließlich gelangten wir an eine sternförmige Kreuzung, an der offensichtlich mehrere Elefantenpfade zusammenliefen.

»Über 40 Prozent aller Bäume dieses Gebietes werden durch die Waldelefanten verbreitet: Die großen Nüsse vieler Bäume können nur im Verdauungstrakt des Waldelefanten aufgebrochen werden; sie landen dann mit dem Kot im Wald, und der Keimling sprießt in seiner Dunginsel«, erklärte Sangui. »Das wertvolle Nutzholz Makoré wächst entlang der Elefantenpfade und wäre ohne sie wohl schon ausgestorben.«

Wir waren inzwischen in Deckung gegangen, während Mowe die Gegend sicherte. Irgendwo knackten Äste, man hörte auch ein Schnauben, Trompeten und Heulen. Eigentlich wollte ich sie gar nicht mehr aus der Nähe sehen, mir war die erste Begegnung mehr als genug. Außerdem bekam ich mit einem Mal heftiges Ohrensausen, während ich endlich fast alle meine Körperteile hinter einem Makorébaum in Sicherheit gebracht hatte. Ich sah mich zu Sangui um und kam mal wieder aus dem Staunen nicht heraus. Hatten die anderen denn gar keine Angst? Offensichtlich doch! Ich sah, dass es ihm eindeutig nicht besser ging, was mich merkwürdigerweise beruhigte. Ich konzentrierte mich voll auf die Jäger vor mir, bereit, auch dem kleinsten Zeichen zu folgen, und da kam auch schon ein leiser Wink aus Sanguis Richtung, der nun die Führung übernommen hatte. In gebückter Haltung pirschte er geschickt und lautlos durch das Unterholz, wobei er darauf achtete, dass der Wind unsere Witterung nicht zu den Elefanten hinübertrug. Dann winkte er uns vorsichtig weiter. Alles, was nun folgte, geschah mehr oder weniger automatisch. Wir schlichen ungefähr noch eine halbe Stunde auf Umwegen an die angestrebte Saline. Immer wieder begegneten wir abgerissenen Ästen und geknickten Bäumen, doch langsam wurde der Wald durchsichtiger, die Bäume dünner, ihre Rinde war abgeschabt. Auf einmal tat sich eine große Lichtung auf, deren Oberfläche leicht wässerig schimmerte. Mehr konnte ich nicht erkennen, da auch zum Teil hohe Gräser die Sicht verdeckten. Sangui machte Zeichen, dass wir in Deckung gehen sollten, und dann schlug er sich mit Mowe seitlich in die Büsche. Ich blieb wie angewurzelt hinter einem abgeschabten Baum stehen, bei dem ich mich fragte, was er wohl von mir schützen sollte, denn er war so schmal, dass ein großer Teil meiner Pobacken an der Seite herausschaute – geradezu vorbildlich serviert für angriffswütige Stoßzähne! Ein kauziger Vogelruf ließ Lundi aufhorchen und sofort machte er uns Zeichen, ihm zu folgen. Nach ein paar Minuten hatten wir Sangui und Mowe erreicht, doch meine Aufmerksamkeit wurde von einem anderen Phänomen in Beschlag genommen. Einige alte Bäume, soweit ich erkennen konnte waren es fünf, waren so aufeinander gestürzt, dass sie sich als eine Art Pyramide ineinander verkeilt hatten. Lianen überwucherten und belaubten die abgestorbenen grauen Stämme. Nun sah ich auch auf halber Höhe, in bequemer Haltung und weise lächelnd, Sangui und Mowe hocken. Na, das war doch endlich mal eine sichere Sache, und ich beeilte mich, den anderen zu folgen. Lundi schob mich, Sangui zog mich, denn die Lianen waren äußerst glitschig unter den Stiefelsohlen. Sangui hatte die Schuhe bereits wieder ausgezogen und schließlich befanden wir uns alle auf der sicheren Höhe dieses wunderbaren Aussichtsturmes. Und hier nun tat sich mein Herz weit auf, ich hätte sterben können bei dem Anblick, so schön, so einmalig und außergewöhnlich unvergesslich war er; er ließ jedes Leid und Angstgefühl verblassen, es war, als ob ich den Atem Gottes spürte. Ich sah auf eine riesengroße Saline hinunter, auf der sich mindestens fünfzig Elefanten jeder Größe vergnügten, dazwischen ein paar Sitatunga-Antilopen, eine höchst seltene Gattung, ein paar Büffel und eine kleine Horde Stachelschweine. Ich kam aus dem Staunen nicht heraus und war tief ergriffen. Da berührte mich eine Hand, Eko zeigte zur anderen Seite, wo eine weitere Familie, zwei verschieden große junge Elefanten und eine Kuh, erschienen. Die Tiere blieben stehen und nahmen Witterung auf, dabei wedelten sie mit den Ohren, als wollten sie uns zuwinken. Ich schaute besorgt zu dem Pygmäen neben mir, doch der schüttelte den Kopf und bedeutete mir, es bestehe keine Gefahr. Später erklärte er mir, dass wir gegen den Wind saßen und die Elefanten uns somit nicht wahrnehmen konnten. Langsam trotteten die Tiere nun einen schmalen Pfad durch den Schlick zur Salinenmitte, an den Schweinen vorbei, die sich unter lautem Grunzen inzwischen fast völlig eingesuhlt hatten. In der Mitte standen vereinzelte Gruppen herum, zwei offensichtlich halbstarke Bullen, die ziemlich aggressiv die Rüssel ineinander verkeilt hatten und sich wild gebärdeten, dann wieder mit den Rüsseln drohten und schließlich wie mit Schlagstöcken aufeinander losdroschen. Andere standen bis zur Beinmitte im Schlamm und hatten die Rüssel tief in den Schlick gesteckt, ein anderer Elefant hielt unbeweglich den Rüssel tief unter den Schlamm, fast bis zum Maul war er eingetaucht, offensichtlich sog er sich aus einem Wasserloch voll.

Sie können ja bis zu zehn Liter aufsaugen. Manche Dickhäuter sahen geradezu komisch aus. Offensichtlich hatten sie sich aus dem Schlamm zurückgezogen und somit waren ihre Füße bis zur Mitte dunkel gefärbt und auch der Rüssel bis zur halben Höhe fast schwarz, im Gegensatz zu ihrer hellen, fast gelblichen übrigen Hauttönung. Ich grinste in mich hinein, ein so genannter zentralafrikanischer Streifenelefant, dachte ich, »elefantus raribus streifibus ad salinam«. Genau! Unter diesem Titel würde ich die Fotos von der Saline veröffentlichen. Ich war sicher, dass dies heiße Diskussionen auslösen würde über eine bisher unbekannte Gattung der Waldelefanten. Irgendeine Institution würde garantiert Untersuchungen starten, Expeditionen zu dieser neuen Elefantenspezies schicken und in kühnste Spekulationen verfallen.

Zwei ältere Tiere – so nahm ich an, weil sie mir runzeliger erschienen – standen nebeneinander und besprühten sich den Buckel mit Schlick, der an dieser Stelle hellgelb war. So waren mindestens 20 verschieden gefärbte Elefanten auf dieser Lichtung.

Auch die Riesenwaldschweine hatten ihre Farbe gewechselt, ihre schwarzen Borsten glänzten nun rotbraun und ihre kurzen Rüssel pechschwarz. Irgendwelche größeren schwarzen Vögel ließen sich elegant nieder, hüpften noch ein paar Meter albern auf dem unebenen Boden herum. Ein Elefant, offenbar verwundet, schleppte sich lahmend und wohl unter Schmerzen – denn er hielt nach jedem zweiten Schritt inne – durch den Schlick. Dann blieb er stehen, schaute sich lange nach allen Seiten um, beobachtete die jungen Bullen eine Weile und ließ sich ganz langsam nieder. Erst knickte er die Vorderbeine ein, anschließend sackte vorsichtig das Hinterteil nach, die Seite mit dem verletzten Bein nach oben, so dass er bis zum Bauch mit Schlick bedeckt war. So blieb er, wie es schien, zufrieden liegen. Ganz offensichtlich hatte er lange für diesen wunderbaren Moment gelitten! Ich konnte mich gar nicht satt sehen, auch unsere Jäger staunten mit offenem Mund, und ich war mir sicher, dass sie nicht nur an das viele Fleisch dachten, sondern dass sie genauso die Natur und ihre Wunder verehrten. Sicherlich war diese Lichtung über mehrere Elefantengenerationen entstanden.

Wie immer, wenn meine Neugierde geweckt war, musste Sangui dran glauben, und ich fragte ihn danach.

»Die Elefanten sind sozusagen die Architekten des Waldes«, erklärte er mir. »Sie verändern Strukturen und fördern Nützliches zu Tage. Vielleicht fing vor vielen Jahren alles mit einem verlassenen Termitenhügel an, den sie hier zerstörten, und ging dann weiter, als sie in der Erde nach Mineralstoffen suchten.«

»Wirklich?«, warf ich ungläubig ein.

»Ja, wirklich! Dann erweiterten sie diese kleine Lichtung, indem sie junge Bäume herausrupften und anderen die Rinde abzogen. So wurde der Lichteinfall vergrößert und die Lichtung ausgedörrt und vergrößert. Nun wurde sie auch für andere Tiergattungen zum Anziehungspunkt, etwa Vögel und Reptilien.«

»Das ist ja unglaublich!«, entfuhr es mir.

»Durch das Graben und Schlammbaden ermöglichen die grauen Riesen auch diesen Tieren den notwendigen Zugang zu den Salzleckstellen. Natürlich lockt dies auch Räuber an wie die Ginster- oder Goldkatzen.«

Erstaunt blickte ich mich um und entdeckte tatsächlich noch weitere Tiere. Jetzt kamen noch ein paar schokoladenfarbene Antilopen dazu, wateten höchst elegant und sehr scheu zu den abseits stehenden Gräsern und kauten daran herum. Ein dritter kleiner Elefantenbulle mischte sich nun unter die beiden Ringer, doch wurde er nicht weiter beachtet und trottete beleidigt zu seiner Familie zurück. Wieder erschien eine neue Gruppe gegenüber, laut trompetend kündigten sich zwei Kühe mit ihren Jungen an. Sie blieben wie alle Neuankömmlinge am Waldrand stehen und verharrten reglos.

»Sie wägen wohl die Gefahren ab«, wandte ich mich an Sangui, der nur nickend zustimmte.

Dann trotteten sie gemächlich, die Erwachsenen voran, in einen noch unbesetzten Pfuhl, das Jüngste klemmte sich eng an die Hinterbacken seiner Mutter und wurde von der nachfolgenden Kuh auch noch mit dem Rüssel abgetastet. Das andere, etwas größere, vielleicht dreijährige Junge überholte nun mutig mit hoch erhobenem Rüssel alle anderen, wobei es laut trompetete. Dann hatten die Tiere ihren Platz gefunden. Die Alten wiegten sich auf ihren Säulenbeinen hin und her, ganz langsam und genüsslich, während die Kleinen die Nase bis zum Maul im Schlamm hatten und dann kohlrabenschwarz wieder zum Vorschein kamen.

Kichernd stieß ich Lundi in die Seite, die Szene war einfach zu komisch. Auch er gab mir sofort eine Nachhilfestunde in Sachen Elefantenkunde: »Dies ist die Zeit für den Nachwuchs. Hier, fast am Kongobecken, wird nämlich eine einmalige Elefantendichte erreicht. Der Waldelefant spielt deswegen eine entscheidende Rolle im komplizierten Ökosystem des hiesigen Regenwaldes.«

Ich musste mir ein Grinsen verkneifen, weil er sich so gestelzt ausdrückte. Die Saline war inzwischen dicht besiedelt; ich zählte 76 Elefanten. Einmalig, welch ein Schauspiel! »Ich danke dir, großer Urwaldgott, dass ich dies erleben durfte.«

Da richtete sich Mopo vorsichtig auf und winkte uns verhalten zu, also ging es wieder los. Sangui nickte zur Lichtung und flüsterte mir zu: »Die Burschen werden sich bald zurückziehen und dann gibt es für uns kein Durchkommen mehr. Sie drängen nämlich aus allen Richtungen hierher.«

Ich blickte noch einmal zurück, und nie im Leben werde ich dieses paradiesische Bild vergessen. Ich betete, dass es uns so erhalten bleiben würde, dass die Menschheit endlich begreifen würde, wie wenig Berechtigung sie hat, in dieses Gefüge einzudringen und es mutwillig zu zerstören, unwiederbringlich zu zerstören. Schweigend schlossen wir uns den Jägern an. Wenn wir nicht diese ausgezeichneten Führer gehabt hätten, hätten wir diese Bay nie erreicht, da war ich mir ganz sicher – zumindest nicht unverletzt. Denn erst jetzt, nachdem ich alles noch einmal überdacht hatte, wurde mir klar, welchen Gefahren wir ausgesetzt gewesen waren.

Kurz vor Einbruch der Dunkelheit waren wir zurück im Lager. Wunderbar, fantastisch, ich warf meine Tasche auf den Boden und bedankte mich überschwänglich bei Eko, Mopo, Mowe, Lundi und Sangui. Ich war unendlich begeistert von dieser Expedition und mindestens ebenso begeistert, wieder heil bei meinem kleinen Zelt zu sein. Home, sweet home! »Merci beaucoup, c'était fantastique!«

Wir schenkten den Jägern aus der Proviantkiste Zigaretten und einige Ölsardinenbüchsen, worüber sie sich riesig freuten. Djele kam mit seinem Sohn Boboko auf einen Stock gestützt, aber würdevollen Schrittes zu uns herüber. Wir begrüßten uns und Lundi erzählte unser Abenteuer. Djele nickte immer wieder bestätigend mit dem Kopf und machte dann ein paar knappe Bemerkungen dazu.

Lundi übersetzte: »Er meint, es sind in letzter Zeit sehr viele Elefanten geworden und es ist die Saison für den Nachwuchs. Jetzt darf man sie allerdings nicht jagen.«

»Wie gut, dass sie das berücksichtigen.« Ich war ziemlich erstaunt, dass hier alles geregelt schien, und nickte ihm zufrieden zu.

»Die Bayaka achten die Gesetze des Waldes ganz genau, schließlich sind sie von ihm abhängig«, ergänzte Lundi und fügte noch leise hinzu: »Außerdem glaube ich, dass der große Chef auch gerne eine Schachtel Zigaretten hätte.«

»Sag ihm bitte, dass wir in den nächsten Tagen Geschenke für alle besorgen und dass wir uns freuen würden, wenn er sie dann selber an seinen Clan verteilt. Jetzt gibt es leider nur noch eine kleine Ration.«

Wir hatten nämlich Sanguis Träger ausgeschickt, um allerlei Nötiges und Nützliches für die Bayaka im weit entfernten nächsten Dorf zu besorgen, weil wir ihre Gastfreundschaft nicht ohne Gegengabe ausnutzen wollten.

Nachdem Lundi übersetzt hatte, nickte Djele freundlich, Geschenke fand er offensichtlich angebracht. Dann zog er sich mit der Schachtel Sprint und seinen tapferen Jägern zurück.

Schön, dass er zu uns herübergekommen war, und wie mir schien, empfand er auch eine Art Verantwortung für uns. »War das nicht ein toller Tag?«, wandte ich mich an Sangui. Erschöpft hockten wir uns auf unsere Couch – die Proviantkiste.

»Ja, wirklich einmalig! Nur einmal habe ich etwas Ähnliches gesehen. Das war in Bayanga an der südwestlichen Grenze der Republik Zentralafrika zum Kongo zu, in einer ähnlich großen Saline, die allerdings anfangs vom WWF mit Salz angelegt wurde, um Elefanten anzulocken.«

»Ach, und das hat geklappt?«

»Ja, und nach ein paar Jahren, durch ständiges Suhlen und Graben, sind tatsächlich Salze und Mineralien zum Vorschein gekommen. Da habe ich einmal 145 Elefanten gezählt.« Dabei schaute er jetzt erwartungsvoll zu mir und dann zu den Kochutensilien und stocherte demonstrativ im Feuer herum.

»Schon verstanden«, sagte ich. »Ich werde uns jetzt Reis mit Tomatensuppe kochen, dazu haben wir noch Würstchen, ist das okay?«

»Wunderbar!« Lundi gesellte sich zu uns. »Wenn Cornelia Küchendienst hat, kann ich da mit euch essen?«

Sangui drehte sich leicht entrüstet zu ihm um. »Soll das etwa heißen, dass dir meine Küche nicht schmeckt?«

»Doch, aber bei Cornelia gibt es mehr Fleisch«, erwiderte er, und schon hatte er die Würstchenbüchse entdeckt.

Ich schüttelte sie provozierend vor seiner Nase und begann mit dem Balanceakt, den vollen Wassertopf auf der Feuerstelle mit den ungleichen Scheiten zu platzieren. »Wisst ihr, der Tag heute war für mich wirklich das schönste Erlebnis meines Lebens, ich bin so glücklich, dass ich sofort nach Hause reisen könnte.«

Die beiden nickten zustimmend und Sangui wurde nachdenklich. »Ich finde es immer wieder erstaunlich, wie alles auf der Welt geregelt ist. Diese Tierapotheke, die Saline! Das ist doch das reinste Wunder, das sich da im Kreislauf mit Pflanzen, Tieren und Klima entwickelt hat. So können die Elefanten auch giftige Früchte fressen, wie zum Beispiel die Kanonenkugelfrüchte, weil sich im Schlamm der Saline das Gegengift findet.«

»Und da gibt es doch auch noch eine Liane, die angeblich bei Elefanten Rauschzustände auslöst«, ergänzte ich stolz.

Doch Lundi schüttelte den Kopf und Sangui verneinte ebenfalls. »Die Rauschzustände kommen, soviel ich weiß, daher, dass sie gerne angegorene Früchte fressen. Aber dieser kaolinhaltige Boden, der sich durch die untere Vulkanmasse gebildet hat, hat sich bei fast allen Tieren als wertvolles Heilmittel herausgestellt. Und der Schlamm, mit dem sie sich so gern besudeln, säubert die dicke Haut von Parasiten.«

»Und ohne dein Wissen wäre dieses Abenteuer nicht einmal halb so ergiebig, lieber Sangui«, schmeichelte ich ihm. »Ich danke dir.« Ich fand ihn wirklich großartig. Außerdem hatte ich vollstes Vertauen zu ihm, in jeder Beziehung.

Er schätzte gerade ab, wie viel Zeit die Vorbereitungen für das Abendessen noch in Anspruch nehmen würden, und monierte leicht verstimmt, dass es wohl noch eine Weile dauern würde.

»Auch Bangui ist nicht an einem Tag erbaut«, belehrte ich ihn. »Ich geh' mich inzwischen duschen.« Sprach's und verschwand in den Wald.

## Die Frauen und das Sammeln

Ich hatte den großen Wunsch, den Frauen etwas näher zu kommen, und fragte mich, ob das umgekehrt genauso war, ob sie sich mit mir anfreunden wollten. Das konnte ich noch nicht beurteilen, denn sie waren von Natur aus ungemein freundlich. So oft als möglich saß ich mit ihnen zusammen, bewunderte ihre Sanftmut, ihre Fröhlichkeit und ihre Liebe zu den Kindern, und ich lernte viel durch die Geduld, mit der sie immer wieder auf die Kinder eingingen. Mbouka, Ndembo und Ngouluma hockten vor Mboukas Hütte und alberten herum. Kichernd arbeiteten sie an ihren Körben und fächerten die feinen Lianenbinsen auf. Doch als ich dazukam, verstummte die Unterhaltung, schade! Ich hatte leider noch nicht die verbale Möglichkeit, sie mit meinen Interessen vertraut zu machen. Eine beschämende Lage für mich, so abhängig von Übersetzungen zu sein. Trotzdem hockte ich mich zu ihnen. Die Kinder kreischten und balgten sich an der Lianenschaukel, die in schwindelnder Höhe von etwa 15 Metern schwang.

Und plötzlich stand der kleine, forsche Träger Sanguis mit einem Helfer und vielen Kartons im Lager, als wäre er aus den Blättern gefallen. Nun kam Bewegung ins eben noch so friedliche Dorf. Die Bayaka kamen zur Begutachtung des Einkaufs näher und die Frauen unter ihnen schauten mit glänzenden Augen auf die kleinen Seifestückchen und das Salz. Doch wir beschlossen, die Geschenke nicht einzeln zu verteilen, sondern die Verwaltung in Djeles Händen zu lassen, wie versprochen. Jeden Morgen sollte er die Rationen verteilen. Ihm war das recht und wir hatten kein schlechtes Gewissen mehr, wenn wir bei den kleinen Freunden aßen. Ich zahlte die Träger aus, jeder bekam 1000 Zentralafrikanische Francs, was für sie sehr viel war. Bei der Waldarbeit verdient man hier pro Tag zum Beispiel 300–500 Centimes; das ist zu wenig zum Leben. Aber mit den 1000 Francs konnten sie sich schon ein Säckchen Salz (das grobe, leicht rötliche des Landes) kaufen, Palmöl und sogar noch etwas geräuchertes Affenfleisch auf dem Markt.

Genauso unauffällig, wie der kleine Träger Sanguis angekommen war, verschwand er mit seinem Helfer auch wieder aus dem Lager. Ansonsten geschah nichts Aufregendes, der Vormittag verrann und ich setzte mich wieder zu den Frauen. Ich wollte nicht aufgeben, wollte irgendwie mit ihnen ins Gespräch kommen. Schließlich verabredeten wir gestenreich und umständlich, dass die Frauen mich am nächsten Tag zum Früchte- und Wurzelsammeln mitnehmen würden. Sie nickten zustimmend und kicherten dann miteinander, wohl über meinen Vorschlag. Damit ich morgen nicht allzu blöd dastand, wollte ich mir von Sangui noch einiges erklären lassen, daher zog ich mich in unser »Wohnzimmer« zurück, das Sangui mit Mowe zusammen gebaut hatte: mit einer richtigen Sitzecke aus Holz. Ich musste lachen, denn dort saß Djele mit Sangui und feilschte um ein Taschenmesser. Ich holte mein Tagebuch und setzte mich dazu. Aufmunternd klopfte ich Djele auf die Schulter: »Viel Glück, ich bin sicher, dass du gewinnst.«

Als ihm Sangui das übersetzte, grinste Djele von einem Ohr zum anderen und hielt kurz entschlossen Sangui die offene Hand entgegen, in die dieser nun ergeben das Messer legte.

»Wo ihr hier so schön zusammen seid, kann man mich bitte ein bisschen zu den Jahreszeiten informieren, was wann bei wem wächst und warum? Damit ich meine Eintragungen vervollständigen kann und etwas schlauer bin, wenn ich mit den Frauen in den Wald gehe.« Sangui erklärte Djele meine Wünsche und bereitwillig begann der mit leiser Stimme zu erzählen. Sangui übersetzte: »Also, ungefähr im März beginnt die kleine Regenzeit, in Bangui nennt man sie Mangoregen, weil die Mangos zu der Zeit reif sind. Sie setzt ein mit einzelnen Gewittern und Regenschauern. Dann kommt die richtige Regenzeit von Juni bis Oktober ...« Hier unterbrach er sich und fragte wieder Djele. Der erzählte dann weiter, wobei er auf die Schachtel Sprint schielte. Schließlich kam die Erzählung ins Stocken und ging erst weiter, als Sangui die Zigaretten herausrückte.

»Diese Regenzeit teilen die Bayaka in mehrere Etappen auf: zuerst die Raupenzeit, dann die Früchtezeit, da gibt es sogar eine Art Weintraube, blutrot und fürchterlich süß, außerdem eine kleine Kirschenart, die sie tondo nennen. Die wird in zwei Teile geschnitten und man isst das stark duftende, leicht säuerliche, aber sehr erfrischende Fruchtfleisch heraus. Diese Früchte sind äußerst beliebt, ich fand, sie schmeckten nach Stachelbeere. Dann gibt es noch Früchte, die man kochen muss. Die Kerne vom Golo mit ihrem angenehmen Geschmack werden dann als Muntermacher geknabbert. Ich habe hier nur einen kleinen Teil der Früchte zusammengefasst, weil ich sie selber ausprobiert habe, natürlich gibt es noch unglaublich viel mehr, viele auch mit höchst stimulierenden Effekten.«

Erneut fragte er Djele, der fortfuhr zu erzählen: »Wurzeln und Knollen werden gesucht, verschiedene wilde Arten von Ignam zum Beispiel, die allerdings hauptsächlich in Sekundärwäldern zu finden sind und gleich auf Vorrat eingegraben werden, indem man an der Ignampflanze entlanggräbt und dann die Knolle bis auf ein kleines Stück herauszieht. Danach wird das Loch wieder mit der gleichen Erde aufgefüllt und man pflanzt die restliche Knolle etwas weiter weg, lässt nur einen kleinen Trieb aus der Erde schauen. So wächst aus der Knolle eine größere von bis zu zehn Kilo, die man dann im nächsten Jahr ausgraben kann.«

Ich unterbrach ihn. »Große, lilafarbene Knollen habe ich auch schon gesehen, zu denen die Bayaka-Frauen tiefe Löcher graben mussten.«

Sangui nickte und fuhr fort: »Eine Art Kartoffel gibt es noch, von der gerne auch die Triebe gegessen werden, dann weiß ich von einer Zwiebelart, deren Geruch und Würze sehr stark ist.«

Ich schrieb fleißig mit, Djele hatte an Sangui abgegeben, der sich ja außerordentlich gut auskannte. »Und natürlich gibt es noch die verschiedensten Wurzeln, von denen ich keine Ahnung habe, wie sie heißen, und ich kann nicht einmal den Geschmack beschreiben, weil ich sie kaum probiert habe.«

»Mein erster Probebiss in irgendwelche gelbliche Wurzeln fiel dermaßen säuerlich und glibberig aus, dass ich auf weitere Tests verzichtet habe«, ergänzte ich. Aber ich wusste, dass auch ganz süße Wurzeln dabei sind, welche die Bayaka roh aussaugen und sehr schätzen.

Sangui unterbrach meine Gedanken und Notizen abrupt und schloss etwas lahm: »So viel zur Regenzeit und dem Gemüse.«

Es war inzwischen Abend geworden, mir taten die Knochen weh vom Sitzen und die Finger vom Schreiben. Djele streckte sich steif an seinem Stock in die Höhe.

»Merci, mingi, Djele. Très bien«, bedankte ich mich halb auf Sango und halb auf Französisch, doch er wusste, was ich meinte, nickte mir ernsthaft zu und humpelte zu seiner Hütte hinüber. Ich kümmerte mich in aller Eile um die kleine Wäsche, während die Männer das Essen herrichteten. Ja, so sollte es sein, ich liebte diese Arbeitseinteilung und setzte mich schmunzelnd zu der dünnen Lauchcremesuppe, die mit labbrig-weichem Reis aufgepeppt war.

»Ihr kocht ausgezeichnet, vielen Dank, ihr beiden. Die nächsten Tage werde ich euch verwöhnen«, versprach ich und zog mich hungrig zurück.

Früh morgens, eigentlich noch in der Nacht, brachen wir sechs Frauen auf. Als kleine Kolonne suchten wir, fast verschwörerisch eine hinter der anderen, einen kleinen Weg entlang einen wohl sehr fruchtbaren Teil des Waldes auf. Ich sah so viele unterschiedliche Blätter, Sträucher, Beeren und Triebe wie sonst nie. Schweigend und ohne Rast zu machen, die Kinder vor den Müttern, sammelten, pflückten und gruben wir. Wir, das heißt, dass ich natürlich auch reichlich erntete. Voller Stolz zeigte ich schließlich alles Mbouka, die höflich lächelte, sich die man-

# Jäger und Sammler

Die Pygmäen des zentralafrikanischen Regenwaldes leben als Jäger und Sammler – eine andere Bezeichnung ist »Wildbeuter« – und repräsentieren damit die ursprünglichste Lebens- und Wirtschaftsform. Sie leben von Tag zu Tag von dem, was die Natur ihnen bietet. Sie pflanzen nichts an, halten keine Haustiere und betreiben keine Vorratshaltung. Nur überschüssiges Fleisch wird getrocknet und geräuchert.

Korrekter wäre die Bezeichnung »Jäger und Sammlerinnen«, denn die Aufgaben der Geschlechter sind klar getrennt. Die jüngeren Männer gehen auf die Jagd, die älteren regeln Verwandtschaftsfragen und schlichten Streitigkeiten zwischen den einzelnen Gruppen. Die Männer einer Gruppe jagen gemeinsam, und manchmal gibt es auch große Netzjagden, bei denen mehrere Gruppen zusammenarbeiten. Die Frauen sind zuständig für die Aufzucht der Kinder, den Hüttenbau, das Sammeln von Pflanzen, Knollen und Kleintieren, die Unterhaltung des Feuers und das Zubereiten der Nahrung. Manchmal nehmen sie aber auch an Netzjagden für Niederwild teil.

Zum Kochen und Essen brauchen sie keinerlei Gerätschaften außer einem Schneidewerkzeug, einem Mörser und einem Stößel. Das Fleisch – dazu gehören auch Vögel, Echsen, Schlangen, Raupen, Schnecken, Maden – wird zum Garen entweder auf Äste gesteckt, in Blätter gewickelt oder über dem Feuer aufgehängt.

Wildbeuter leben in Gemeinschaften von mehreren Familien. Das scheint die angemessene soziale Einheit zu sein. Die Struktur der Pygmäengruppen ist ziemlich egalitär, das heißt, es gibt keinen eigentlichen Häuptling. Jedoch hat der Älteste eine gewisse Autorität, die aus seiner Lebenserfahrung resultiert.

Jede Gruppe hat – oder hatte zumindest früher, in der traditionellen Lebensweise – ihre bestimmte räumliche

Basis. Bei den Regenwaldbewohnern ist das ein sehr ausgedehntes Waldgebiet.

Die Gruppen bleiben jeweils nur eine beschränkte Zeit, die sich nach Wochen oder allenfalls Monaten bemisst, im gleichen Lager. Wann sie weiterziehen, richtet sich danach, wie lang der umgebende Wald ihnen noch genug Nahrung liefert.

Es gibt aber noch einen weiteren Grund, warum so ein Lager aufgegeben werden muss: Das Ungeziefer – Läuse, Flöhe, Zecken, Milben und Würmer aller Art – vermehrt sich rasch bei längerem Aufenthalt am selben Platz, in Unrat und Exkrementen gedeihen Bakterien. Damit steigt die Gefahr von Erkrankungen. Dieser Gefahr entgehen die Pygmäen, indem sie weiterziehen und ihr Lager nie zweimal an derselben Stelle aufschlagen.

Der Umzug ist kein Problem, da die Pygmäen nicht mehr besitzen, als sie tragen können. Zum Umzugsgepäck gehören die Jagdutensilien, also Speere, Netze, Äxte, Pfeile und Bogen, dann die sonstigen Gerätschaften: Tragekörbe und Kalebassen. Die Megaphryniumblätter, mit denen die Hütten gedeckt sind, werden meist auch mitgenommen, weil man sie nicht überall findet. Dazu kommt bei den Frauen noch der Säugling, der in seinem Tragegurt auf der Hüfte sitzt. So machen sie sich auf den oft mehrtägigen Marsch bis zum nächsten Lagerplatz.

Leider geht die Lebensweise dieser Wildbeuter – völlig ohne Besitz und Ballast – unaufhaltsam dem Ende zu.

*Literatur zu diesem Thema:*
Serge Bahuchet, *Les Pygmées Aka et la forêt centrafricaine.* Paris 1985.
Luca Cavalli-Sforza, *African Pygmies.* New York 1986.
Armin Heymer, *Die Pygmäen.* München 1995.
Luca Cavalli-Szorza, *African Pygmies.* New York 1986.

goähnlichen drei Früchte, die blauen Beeren und die kleinen gelben Äpfel anschaute und sie dann, immer noch freundlich lächelnd, wegwarf! Dabei zuckte sie bedauernd mit den Schultern, als sie mein enttäuschtes Gesicht sah. Ich fand das alles sehr schön, erklärte ich ihr mit beredten Gesten, wobei ihr Blick auf meinen entzündeten Finger fiel. Sie erklärte mir etwas, die anderen Frauen kamen dazu und nickten zustimmend und dann machten sie Zeichen, dass ich abwarten sollte. Nun holte Mbouka ihren Korb und ich schaute bewundernd hinein, alles ordentlich umwickelt, verschiedene Blätter und kleine Sprossen, rosa Früchte, kleine Knollen, eine richtige schöne Ernte. Ich lobte sie und drückte freundschaftlich ihre Hand: »Du bist eine sehr gute Hausfrau!«

Als ich in ihr schönes, sanftes Madame-Butterfly-Gesicht sah und den hübschen, strammen Körper musterte, fügte ich in Gedanken hinzu: Sicher ist Mopo, der Strolch, sehr zufrieden mit dir in jeder Beziehung. Mbouka lachte und schüttelte den Kopf, weil sie nichts verstand – oder vielleicht doch? Bei ihr hatte ich nämlich oft das Gefühl, dass sie in ähnlichen Bahnen dachte wie ich. Ndembo streute auf einmal eine vertikale Linie aus irgendeinem Pulver über den Weg und Mbouka bedeutete mir, dass ich da nicht drübersteigen sollte. Ab hier wird Platz für den Guten Geist gelassen, so verstand ich es jedenfalls. Wie mir Lundi später im Lager erklärte, handelte es sich um eine Zeremonie mit magischen Pflanzen, die zum Gelingen der Ernte beitragen sollte. Feine Kokoblätter wurden gepflückt und kamen säuberlich geschichtet mit noch zwei gelbbraunen Früchten dazu. Wie eine Katze auf der Pirsch bog Mbouka nun vom Weg ab, begutachtete ein Gebüsch und darunter erst einen blassen kleinen Trieb, dann einen anderen – für mich kaum sichtbar –, der ihr offensichtlich besser gefiel, holte einen Grabstock aus dem Gemüsekorb und grub nun auf wundersame Weise eine Riesenwurzel aus. Sie drehte sich zu mir um und deutete auf das braune Monster, das jetzt wie ein Riesenzwerg mit Zipfelmütze vollends zum Vorschein kam, und sagte etwas, was ich nicht verstand. Ich notierte es mir mit einer kleinen Zeichnung in mein Buch, später wurde es mir als Name der Wurzel übersetzt. Der Zwerg verschwand zu den anderen Ausgrabungen in Mboukas länglichem, unten spitz zulaufendem Tragekorb, der an einer Rindenschlinge vom Hinterkopf über die Brust hing und später, nach dem Ende der Ernte, auf den Rücken gedreht wurde. Auf einer Hüfte hing ihr kleiner Sohn Madzou in der Lianenschlaufe und schlief, und an ihrer Hinterbacke klebte, mit kleiner Hand festgekrallt, ihre kleine Tochter Mambelene, die sich immer noch vor mir fürchtete. Freundschaftlich winkte Mbouka mich hinter sich, und genauso schweigend wie der Hinweg verlief auch der Rückweg. Um neun Uhr waren wir wieder im Dorf. Die Frauen verteilten sich ohne zu zögern in ihre Hütten und ich bat bei einer schönen Tasse Kaffee Sangui, mir noch mehr über diese Natur-Mensch-Symbiose zu erzählen.

»Der Wald hält alles bereit, was die Pygmäen brauchen; er ist für sie Supermarkt, Baumarkt und Apotheke in einem. Und sie nutzen alles, ohne dem Wald zu schaden: Nahrungsmittel, Tiere, Pflanzen, außerdem getrocknete Blätter und Samen, Heilpflanzen, Zaubermittel, Drogen, Tabak. Allein fünf verschiedene Blätter gelten als Räucherwerk gegen Mücken«, erklärte er bereitwillig.

»Ach, wirklich?«

»Ja, da werden Blätter in kleinen Termitenbauten unter dem Bett geräuchert und auch zum Geisterbeschwören oder Bauen verwendet.« Sangui nahm einen Schluck Kaffee.

»Ja, die Räuchergeräte habe ich schon in den Hütten gesehen, sie sehen aus wie Keramiktöpfchen.«

»Wurzeln und Knollen können eingegraben bis zu sieben Monate halten, bis zur nächsten Regenzeit«, fuhr er fort. »Das ist das einzige große Vorratslager, das sie anlegen. Denn gejagt und gesammelt wird hier nur zur direkten Nahrungsaufnahme, nicht zum Lagern oder Horten«, beendete Sangui seine aufschlussreichen Erklärungen und schaute mich mit hochgezogenen Augenbrauen an.

Ich bedankte mich bei dem großen Meister der Erzählkunst, der meine eigenen Erfahrungen mal wieder um vieles ergänzt hatte.

70

# Hütten und ihre Geheimnisse

Einige Tage später kamen Mouboma und Boyemba ins Lager, auf dem Kopf hoch aufgetürmt die großen Blätter, die zum Hüttenbau dienten. Graziös balancierten sie die schweren Lasten. Ndembo und Ngonga folgten dicht dahinter mit Brennholz, das sie in den geflochtenen Körben trugen, die an einer Lianenschnur am Kopf befestigt waren und bis über die Schultern hingen. So trugen auch die Frauen manchmal bis zum Dreifachen ihres Eigengewichtes! Ich bekam Lust, das Ganze zu malen, es war so eine schöne, intensiv-geschäftige Atmosphäre, und ich holte meine Utensilien. Ich begann mit der Zeichnung und sofort gesellte sich Sangui neugierig dazu und schaute mir über die Schulter.

»Du kannst ja wunderbar zeichnen, das wusste ich gar nicht. Solltest vielleicht mal eine Dorfstimmung malen und unseren Freunden schenken.« Anerkennend klopfte er mir auf die Schulter. »Das ist eine wirklich gute Idee, da werden sie sicher Spaß haben!«

»Für wen ist denn eigentlich die Hütte da drüben bestimmt?«, wollte ich nun wissen.

»Die Mädchen richten sich irgendwann zu zweit oder dritt eine eigene Hütte ein, um Probleme der Pubertät und kleine sexuelle Erfahrungen in Ruhe beschwatzen zu können. Später wird die Hütte dem Mädchen überlassen, das einen Auserwählten gefunden hat. Die Mädels sind hier besonders frühreif und sondern sich bereits im zehnten Lebensjahr von der elterlichen Hütte ab, außerdem wird es da auch viel zu eng, das hast du ja schon gesehen.«

»Aber wo bleiben die Freundinnen, wenn so ein Lover erscheint?«, hakte ich nach.

»Die bauen sich eine neue Hütte, erstens ist das lustig, zweitens praktisch. Schau mal den flachen Eingang an, das ist ganz raffiniert durchdacht von diesen kleinen Biestern. Man kann nur auf Knien hineinrutschen, denn kleine Geheimnisse sollen schließlich gewahrt werden und bleiben so den Blicken verborgen. Sie wollen diskret vertuschen, wer da noch mit ihnen in der Hütte ist. Wenn jedoch einmal eine Lanze gegen den

Hütteneingang lehnt, zeigt dies den Eltern, dass es da drinnen einen zukünftigen Schwiegersohn gibt.«

Ich hatte die Zeichnung beendet und skizzierte nun den kernigen Kopf Djeles, der seiner Tochter und ihrer Freundin Boyemba beim Hüttenbau zusah. Inzwischen schauten mir weitere neugierige Zuschauer über die Schulter, der kleine Boboko, der mit offenem Mund auf meine Skizzen starrte, Ngouluma und Makano, die große runde Augen bekamen, als sie langsam Djeles Züge erkannten. Ich sah, wie auch Ngonga vor ihrer Hütte neugierig zu mir schielte und Mowe bei Mbeli, doch sie hatten hier alle eine derart ausgeprägte Würde, dass sie sich selten mit spontaner Neugier vereinbaren ließ.

»Und es stimmt, dass die Mädchen entscheiden, ob der junge Mann ihren Ansprüchen genügt, auch sexuell?«, wollte ich weiter wissen, denn ich fand das Thema faszinierend.

»Ganz genau! Das entscheiden die Mädchen, manchmal hat der junge Mann gerade mal eine einzige Nacht und wird dann wieder verabschiedet, weil es oder er ihr nicht gefallen hat.«

»Also heißt das auch, dass Jungfräulichkeit keine Bedingung für eine Heirat ist?«

»Stimmt, das ist hier nebensächlich! Hauptsache, der Mann wird akzeptiert, wenn er endgültig in der Mädchenhütte gelandet ist.«

»Das ist ja hochmodern, unsere Frauenliga wäre begeistert.«

Unglaublich. Mit aufrichtiger Bewunderung sah ich die Mädels langsam in einem völlig anderen Licht: so viel Selbstbewusstsein, dachte ich bewundernd. Nicht, dass ich es genauso wollte, aber es zeigte mir mal wieder mein Vorurteil, bei einem unterprivilegierten Volk unvollkommene Strategien zu erwarten.

»Manchmal bauen die Mädchen auch einen längeren tunnelartigen Eingang mit einer anschließenden Hütte«, meldete sich Sangui wieder zu Wort. »Wie gesagt, das geht alles nach Laune. Wenn allerdings das Mädchen mit der Hochzeit zu dem Auserwählten zieht, ist es die Mutter des Bräutigams, die die erste Hütte für das Paar baut.«

»Wenn ich richtig gesehen habe, lebt immer ein Paar mit seinen Kindern in einer Hütte. Die größeren Kinder leben aber bei den Großeltern, oder?«

»Ja, das ist so. Wenn dagegen Kleinkinder oder Babys in der Hütte bei der Liebe stören, reibt man ihnen ein Pulver in die Nase und um die Augen, damit sie müde werden. Auch ältere Eheleute haben ihre persönlichen Bedürfnisse recht frei geregelt, sie bauen häufig eine einfache, aber recht hohe Hütte und im Falle von Bigamie des Ehemannes, die akzeptiert ist, kann die neue Ehefrau den gemeinsamen Eingang mit benutzen und baut sich im Anhang eine eigene flache Hütte. Die Architektur ist bestens durchdacht«, erläuterte Sangui nun weiter die praktische Seite, »und hält den stärksten Regenguss ab. Zur Bedachung wird besonderes Grün ausgesucht, am solidesten und am besten geeignet sind die Megaphryniumblätter; sie sind 70–80 Zentimeter lang und bis zu 50 Zentimeter breit. Man braucht bis zu 90 Stück für eine Hütte. Die gesamte Hüttenkonstruktion ist Aufgabe der Frau, vom Schnitt der Äste bis zur Endfertigung. Und beim Lagerwechsel werden die wertvollen Blätter sorgfältig abgedeckt, zusammengerollt in den Körben zum nächsten Camp getragen und dort wiederverwendet. Männer auf der Jagd dagegen bauen nur provisorische Jagdlager mit einer Blätterschutzseite, die locker auf Äste gesteckt wird, oder sie benutzen längere Äste mit Blättern, die sie ineinander stecken. Diese Blätter, von Loganiaceen oder Brechnussgewächsen, sind manchmal bis zu einem Meter lang, doch häufig auch sehr durchlöchert.«

Ich staunte nicht schlecht. »Sag mal, Sangui, du weißt wirklich bis ins letzte Detail genauestens Bescheid, Donnerwetter.«

Er lächelte. »Ich habe mal einen Vortrag für einen französischen Architekten eingeleitet und mir dazu dieses Thema ausgesucht. Da hast du Glück gehabt.«

»Also«, wechselte ich das Thema, »um zu den Männern zurückzukommen, deren Unterkünfte sind lediglich zur Jagd gedacht?«

»Ja, sie halten nur ein paar Tage. Aber es gibt auch hier so viele unterschiedliche Arten. Wie schon gesagt, sind die Varianten des Hüttenbaus auch von der Laune des Erbauers, dem Alter und der Familiensituation abhängig.« Sangui war mit seinem Vortrag fertig, als auch ich die letzten Striche zeichnete.

Ich lächelte ihm zu, ging zu den Mädchen hinüber und überreichte Mouboma die Skizze. »Für dich, ein Geschenk!« Ich musste sie dabei einfach an mich drücken, sie war so inbrünstig erstaunt, mit weit offenem Mund und hellem Freudenfeuer in den Augen, als ihre Blicke auf die Zeichnung fielen, und diesmal ließ sie es auch geschehen. Sie sah sich das Blatt an und brach in einen schrillen, begeisterten Schrei aus, sprang auf und zeigte ihr Bild stolz überall herum. Dann schaute sie dankbar zu mir herüber.

Ich winkte zurück. »Sangui, frag sie doch, ob sie sich erkennt, was glaubst du?«

»Sicher erkennt sie sich, sie sehen sich ja im Wasser, das brauche ich nicht zu fragen.« Sangui schüttelte den Kopf.

Djele ließ den Unterkiefer weit herunterklappen, als ich ihm sein Bild überreichte, und so saß er zu meiner großen Freude noch ziemlich lange, stumm erstaunt und in Ehrfurcht erstarrt. Das tat mir gut und unserer Gemeinschaft sicher auch. Denn wenn ich schon weder jagen noch ordentliche Hütten bauen konnte, geschweige denn anständig Raupen essen, so konnte ich wenigstens schön malen.

Djele und einige andere aus der Dorfgemeinschaft, darunter Mowe, Somba, Eko und Mopo, kamen nun langsam zu mir herübergeschlendert, und als sie den erstarrten Djele mit seiner Porträtzeichnung sahen, brachen sie in erstauntes Geschrei aus. Die kleine Mouboma hatte ich endgültig als Freundin gewonnen, als am Abend das Blatt durch alle Hände gegangen war und außer Knitterfalten nichts mehr zu erkennen war. Sie war ganz traurig und drückte den zerknüllten Rest ihres Schatzes fest in der Hand zusammen, damit nichts mehr passieren konnte. Ich nahm sie tröstend an der Hand mit zu uns auf die Bank und malte ein neues Porträt von ihr. Sie verstand auch sofort, als ich sie bat, dass sie sich nicht bewegen solle. Die Dorfbewohner hatten sich nun fast alle neugierig hinter mir versammelt, zum Teil so dicht, dass ich mich nicht rühren konnte, und kommentierten leise und andächtig den Fortschritt der Zeichnung. Ganz stolz schaute Mouboma zu Papa Djele. Als ich ihr schließlich das Blatt überreichte, drückte sie es sofort an sich und trug es in ihre neue Hütte. Dort blieb sie bis auf weiteres verschwunden.

## Die Freundschaft wird besiegelt

Am nächsten Vormittag machten sich Ngonga und Mbouka neben meinem Zelt zu schaffen und fegten den Boden rein. Sie hatten ein Bündel von langen Gerten und einen großen Stapel Blätter mitgebracht.

»Lundi, frag mal, was sie da vorhaben?«

Sie wollten mit der Sprache nicht recht heraus, kicherten und drucksten herum, aber schließlich konnte mir Lundi doch mitteilen: »Sie bauen eine Hütte für dich.«

Ich war begeistert. Ob ich wohl mitmachen durfte?

Die Frauen hatten inzwischen begonnen, die langen Ruten mit den Enden in den Boden zu stecken. Ich trat näher und nahm fragend eine Gerte in die Hand.

»Èe – aỳ«, lachten sie.

Ohne groß auszumessen, steckten sie die Ruten weiter zu einem vollkommenen Halbkreis. Das hätte ich niemals derart hingekriegt, trotz so mancher endlosen Stunde Geometrieunterricht.

Dann machte sich Mbouka daran, die im Boden steckenden Gerten der Quere nach mit anderen Ruten zu verweben. Das konnte ich nun auch, dachte ich, aber es war schwieriger, als es aussah. Doch schließlich würden die Blätter meine architektonischen Sünden bedecken.

Bald stand das Gerüst; es hatte die traditionelle Bienenkorbform und sah aus wie ein Vogelkäfig. Jetzt ging es ans Eindecken. An den großen Blättern waren die starken Stiele noch dran; die beiden Frauen knickten diese ein und hängten die Blätter versetzt in das Gerüst ein, neben- und übereinander.

Ich tanzte voller Freude um meine Hütte herum, umarmte die beiden Frauen überschwänglich und schenkte ihnen je eine Schachtel Zigaretten. Das war zwar nicht politically correct, aber was soll's.

Dennoch: Auf mein kleines Zelt wollte ich nicht verzichten.

Ich zerrte es durch den engen Eingang und baute es unter gewaltigen Verrenkungen in der Hütte auf. Das Ganze erinnerte mich an eine Reklame: »Ich bin zwei Öltanks«. Jetzt war ich doppelt geschützt und musste auch nicht meinen ganzen Kram mit ins Zelt nehmen.

Im Urwald vergisst man schnell, auf die Zeit zu achten, man schaut nicht mehr auf Uhr und Kalender. Wie lang waren wir nun schon da? Manchmal erschien es mir lang, und dann gab es Tage, die nur so verflogen. Insgesamt waren bislang gut zwei Monate in Bé.mbémà, so hieß das Dorf, vergangen. Wir hatten Wanderungen gemacht, verschiedene Gebiete durchforstet, Pflanzen und Tiere bestimmt, uns im Lager eingelebt und diverse Sorgen mit den Bayaka geteilt.

Nun war wieder einmal so ein Tag, der nur Gutes versprach. Es war morgens, frisch und angenehm, ein einsamer Sonnenstrahl beleuchtete die fedrig zarten, leicht behaarten Rippen eines hochstieligen Farnes. Ich saß zufrieden und aufgeräumt an dem kleinen Tisch vor meiner Hütte, legte eine Skizze des Dorfes und der Bewohner an und versuchte, ihnen ihr Alter zuzuordnen, was ich später genauer überprüfen wollte.

Als sich mehrere Dorfbewohner um mich versammelt hatten und sich darüber klar zu werden versuchten, wie alt sie waren, spürte ich plötzlich das Bedürfnis, ihnen zum Dank für ihre Hilfsbereitschaft eine Freude zu machen.

Mit Hilfe des Wörterbuchs, das ich inzwischen angelegt hatte, brachte ich meinen ersten flüssigen Aka-Satz zustande: »Ane a molinga losso na moko?«

»Èe– aỳ!«, schrie es vielstimmig zurück, begeistert nickten sie mit dem Kopf.

Sangui starrte mich bewundernd an. »Donnerwetter!«

Ich schielte auf mein Wörterbuch, das ich immer noch fest umklammert in der Hand hielt: »Wer will heute Abend Reis?«

Also machte ich mich an die Kochvorbereitungen – Folgen meines einzigen flüssigen Aka-Satzes … Zum Reis wollte ich Tomatensoße machen mit Thymian und Thunfischstückchen. Mouboma half mir mit dem Feuer – ich war immer noch zu ungeschickt, es richtig knacken und lodern zu lassen und dann auch noch den Topf waagerecht auf den ungleichen Ästen zu platzieren –, dann zeigte ich ihr, wie man die Büchsen aufmacht und daraus die Tomatensoße zubereitet. Erst das Tomatenmark mit Wasser aufkochen und ein bisschen Salz und Thymian zugeben, dann drei Büchsen Thunfisch vom Öl befreien und dazugeben, fertig. Mouboma war sehr stolz, dass sie kochen durfte, und war hoch konzentriert bei der Sache. Fast hätte sie sich auf die herausspitzende Zunge gebissen. Sie staunte auch nicht schlecht über die Büchsensoße.

»Probier, ob sie dir schmeckt«, forderte ich sie auf, als die Soße fertig war, machte entsprechende Zeichen zum Mund und gab ihr einen Löffel. Ja, es schmeckte ihr, nickte sie lachend. Schließlich kamen nach und nach die kleinen Freunde eingetrudelt und standen schüchtern in unserem »Wohnzimmer«. Lundi kam mit Blättern zurück, die uns als Teller dienen sollten. Ich machte ihnen lachend Zeichen, dass sie sich einfach hinsetzen sollten. »Lundi, erklär ihnen doch bitte, dass sie hier zu Hause sind und nicht wir. Wir freuen uns, dass sie gekommen sind. Außerdem möchten wir uns bedanken, dass sie uns so freundlich aufgenommen haben. Sag ihnen auch, dass ich sehr viel von ihnen gelernt habe.«

Nun stellten wir die Töpfe mit Reis und Soße in die Mitte, Blätter daneben, und jeder sollte sich nehmen. Doch keiner fing an. Also dachte ich, es wäre gut, wenn ich Djele, der lässig wie in einer Stammtischrunde auf Kommendes wartete, bediente. Ich füllte das Blatt voll und reichte es ihm, und das war das Zeichen. Die Frauen griffen zuerst zu, und wir bedienten uns gemeinsam aus den großen Töpfen. Es war richtig zünftig, die Frauen probierten erst zaghaft, dann herzhafter, sie diskutierten und nickten mir zu.

Sangui übersetzte: »Es schmeckt ihnen sehr gut. Wieso die Soße so rot ist, wollen sie wissen.«

»Sag ihnen, dass Mouboma die ganzen Geheimnisse erklären kann, sie hat heute gekocht.«

Die Frauen schauten sich erstaunt an und Mouboma erzählte mit leuchtenden Augen, was sie von der Soße wusste. Es war ein gelungener Abend, alle gingen zufrieden nach Hause und meine Freundschaft mit den Bayaka war endgültig besiegelt.

# Angriff der Treiberameisen

Abends wälzte ich mich manchmal schlaflos auf der Matte, wenn der Wald zu seinem nächtlichen Remmidemmi erwachte, und heute schien er mir verrückt geworden – vielleicht war irgendwo über den Wipfeln Vollmond, oder es wurde eine neue Disco eröffnet –, jedenfalls hatte ich das Gefühl, dass es von Nacht zu Nacht toller wurde. Doch wahrscheinlich wurde ich langsam sensibler und empfänglicher für meine Umgebung … obskure Stimmen, Ästeknacken, entfernte Lockrufe mit noch weiter entferntem Rückruf. In meinem Zelt tänzelnde Phosphatlichter, die sich suchten und zu einem eng nebeneinander liegenden Augenpaar wurden, sich neckten und wieder auseinander schwirrten. Trommelähnliche Schläge des kleinen Tengi, der mit den langen Vorderpfoten auf die Erde schlug, ein Musiker, der noch nicht nach Hause wollte, weil er grade gut drauf war. Ich hatte ihn mal in einem alten Termitenbau beobachten können und fand, dass er ganz witzig aussieht mit dem kleinen Rüssel und den großen Augen, die von einem weißen Ring umgeben sind. Doch am schlimmsten waren die Schreie des Baumschliefers; inzwischen wusste ich, dass diese fürchterlichen Babyschreie in den Mondnächten von ihm kamen. Und das Komischste ist, dass dieser Baumschliefer, obwohl nur kaninchengroß, der nächste Verwandte der Elefanten, Flusspferde, Nashörner und Tapire ist. Und immer wieder unerbittlicher Techno-Sound: das hundertköpfige Zikadenblechorchester. Ganz schön was los hier, dachte ich. Und während ich erfolglos versuchte, auf dem steinharten und unebenen Holzwerk meines Nachtlagers einzuschlafen, hörte ich plötzlich zwei aufgeregte Stimmen; die von Sangui war auch dabei.

»Was ist denn los?«, rief ich hinaus und wollte es mal wieder genau wissen. Ich war hellwach, blieb jedoch vorerst zur Sicherheit im Zelt.

»Du musst dir das anschauen, Cornelia, sonst glaubst du es mir nicht! Los, komm raus, du Feigling«, fügte Sangui leicht lachend hinzu, »es ist nicht allzu gefährlich.«

So richtig traute ich ihm nicht und zog den Reißverschluss

nur einen Spalt herunter und sah ... natürlich nichts, wie immer! Dann griff ich doch, neugierig geworden, zu meiner Taschenlampe und schlich vorsichtig zu den beiden hinüber, die hypnotisiert auf den Boden starrten.

»Hier musst du her.« Vorsichtig machte Sangui Zeichen zur Seite. »Das ist ein Späher der Treiberameisen. Er kundschaftet gerade unser Lager aus, und mit Sicherheit sind noch andere hier unterwegs. Dann kommen sie morgen zum Raubzug und dann Gnade uns Gott, wenn wir draußen sind oder Dinge herumliegen, die im weitesten Sinne essbar sind! Die fressen alles weg.«

Ich sah eine schwarz glänzende Ameise, die fast halb so groß war wie mein Daumen. »Was denn, dieses Biest soll Nachricht zu den anderen bringen und daraufhin kommen sie zu uns? Das ist ja eine Sience-Fiction-Story, Sangui!« Ich wollte das nicht glauben.

»Doch, es ist so«, widersprach er. »Die sind total durchorganisiert, mit Spähern, die dann melden, dass sie fündig geworden sind, und dann wird nachts das Lager von Soldaten umzingelt, die Riesenbeißwerkzeuge haben. Manchmal bilden sie sogar Brücken zum Schutz des Folgezuges der Arbeiter, der dann mühelos Hindernisse überwinden kann. Oder zur Verteidigung, da richten sie sich auf die Hinterbeine und stellen die Zangen gegeneinander, sodass der Zug beschützt unter ihnen durch kann! Später schleppen sie die Beute ab.«

Erstaunt und fast bewundernd schaute ich auf den Treiberspion, der bereits zu unserer Küche vorgedrungen war. Ganz unauffällig, der Bursche, so als würde er einen Verdauungsspaziergang machen. »Wir müssen die anderen suchen und zerquetschen, dann kann doch nichts passieren«, schlug ich vor.

»Das ist sinnlos, neue würden nachgeschickt werden. Sie wissen genau, dass hier was los ist, und mit Sicherheit beobachten sie uns schon länger.«

Djele war dazugekommen und deutete zu seiner Hütte, wo noch ein Rest der Maniokration lagerte. Also dort auch. Alle machten sie bedenkliche Gesichter. »Falls sie irgendwann kommen, lasst sie bloß durchziehen, keine Aktionen, denn wenn sie einmal verstreut sind und der Zug aufgebrochen ist, greifen sie panisch alles an, was sich bewegt, und fressen sich durch. Vergesst nicht, sie kommen zu Hunderttausenden! Es wurden schon Heere von mehreren Millionen gezählt.« Eindringlich schaute Sangui Lundi und mich an. »Und bringt euch dann schnellstens in Sicherheit.«

Mir wurde kalt und Gänsehaut kroch an den Armen hoch, noch dazu, als er das Ganze noch mal mit drastischen Gesten für Djele erklärte und auch für die anderen, die jetzt vereinzelt herumstanden. Doch ich war sicher, dass unsere kleinen Freunde ihre eigene Methode hatten, schließlich kannten sie diese Gefahr schon seit jeher. Aber, das sah ich ihnen an, ihnen war die Sache auch nicht geheuer.

Zwei Tage später, der Späher war längst vergessen, denn es war kein Angriff gefolgt, saßen Sangui und ich abends beisammen und machten eine Proviantaufstellung. Wir hatten noch 20 Erbsensuppentüten mit Speck ... »Apropos Erbsenzählen!«, wandte ich mich an ihn. »Ich finde, wir haben schon viel erreicht in der kurzen Zeit. Ich habe den Humor der Pygmäen kennen gelernt, ihr Ess- und Kochverhalten, und sogar einen Teil der Jagdabläufe verstanden.«

»Dein Professor kann schon recht zufrieden sein mit den Aufzeichnungen und Fotos«, bestätigte Sangui.

»Es bleibt aber noch viel zu tun, bis alles verständlich wird: Kindererziehung, soziales Verhalten, Ideale, ihre Herkunft.« Ich schaute zu meinem Begleiter hinüber, weil gar kein Einwurf kam, aber er zählte so konzentriert die Reserven, dass er mir nur einen kleinen bestätigenden Blick gönnte. So setzte ich meinen Monolog fort: »Ich bin froh, dass wir hier in diesem Dorf so gut aufgenommen wurden. Jetzt müssen wir nicht noch woanders hin. Schließlich ist es wichtig, dass wir die gleichen Personen beobachten können.«

»Na, gar nicht so schlecht!«, erklärte Sangui völlig unbeeindruckt von meinen Zukunftsplänen, als er die Bestandsaufnahme abgeschlossen hatte.

«Wie lange wird das reichen?«, wollte ich wissen.

Sangui zählte noch mal nach, betrachtete alles, was so am Boden lag. »Schätze, bis zur Regenzeit. Falls wir beide uns vorher zerstreiten und ich nach Hause gehe, kannst du noch länger bleiben.«

Ich musste lachen. »Ich glaube, die schlimmsten Prüfungen haben wir hinter uns, wir verstehen uns doch gut, oder?«

»Ja, für eine Frau bist du nicht schlecht.«

»Ohhh, du Ekel!«, rief ich entrüstet, sprang auf und wollte mich auf ihn stürzen, als ein Schrei vom Lagereingang herübergellte. »Les Fourmis!« Lundi stand in gebückter Haltung am Wegrand und schrie weiter: »Rettet euch, und macht bloß die Proviantkisten zu, sie haben uns schon eingekreist.«

»Aber das kann doch nicht sein! Wir haben gar nichts gesehen, wo sind sie denn?« Sangui hörte gar nicht mehr zu. »Los, fass mit an, sonst haben wir in zwei Minuten keinen einzigen Krümel mehr! Und von dir wird auch wenig übrig bleiben«, fuhr er mich an.

Entsetzt schaute ich zu ihm hoch und entdeckte dann hinter ihm das Fiasko. »Mon dieu!« Ein so mächtig dicker schwarzer Zug von Treiberameisen, der die letzte Hütte umkreiste, am Ende des Weges wieder auftauchte und sich mit Marschrichtung Proviantlager zu uns vorwärts bewegte. Das Blut gefror mir in den Adern, als nun eine weitere Kolonne Richtung Dorfplatz marschierte, um von dort in alle Richtungen auszuschwärmen. Ich sah, dass sie in diesem dicken Strang sogar mehrfach übereinander liefen, fünfspurig, eine weitere, dritte Kolonne hatte sich aus zig Leibern zu einer Art Stachelball formiert, dicht vor meinem Zelt, irgendetwas machten sie da nieder. Ich überlegte fieberhaft, ob ich etwas vergessen hatte, doch nun sah ich bereits, wie sie sich näher zum Proviant wälzten, und wusste nicht, was ich zuerst tun sollte. Sangui zerrte mich vorwärts, und in Windeseile warfen wir die Tüten und Dosen in die Metallkisten, die Gott sei Dank wasser- und luftdicht verschließbar waren. Den angebrochenen Proviant verstaute Sangui in dem Plastiksack, den wir mit einem Steinzug um einen hohen Ast geschlungen hatten. Lundi zog am anderen Ende, der Stein kam herunter, die Tüte sauste hoch. Sangui drehte sich zu mir um: »Los, Beeilung, hier ist alles in Ordnung.«

Doch dicht neben meinen Schuhen krochen die riesigen,

glänzenden Biester in einem faustdicken Strang so schnell und geschlossen vorwärts, als wäre es eine einzige Bewegung. Mit einem markerschütternden Schrei sprang ich auf den Tisch. Blödsinn, dachte ich jedoch im selben Moment, da sind sie ja sofort hinterher. Mein Zelt war zu weit weg, ich war verzweifelt. Da kamen Eko, Mowe und Mopo mit Feuerscheiten und Lunten angerannt und warfen sie gezielt an verschiedenen Stellen in den Ameisenstrang, so dass der Weg zum Dorf und unserer Behausung abgeschnitten schien. Sangui brüllte laut auf: »Non, non!«, aber es war zu spät. Im Nu wuselte es in allen Richtungen, was viel schlimmer war, nun wusste man gar nicht mehr, wo man hin sollte. Die Biester waren überall.

»Merde! Das war eine schlechte Idee«, schimpfte Sangui weiter und versuchte mir zugleich ein Sagrotanspray herüberzuwerfen. Er hatte sich schon seine Füße damit eingesprüht. »Mit dem Feuer werden sie nur noch aggressiver, dann versammeln sie sich später und greifen irgendwann wieder gezielt das Lager an.« Das Spray fiel mitten in einen fetten Ameisenhaufen vor meinen Tisch und ich kam nicht dran. Die ersten Biester waren bereits an den Tischbeinen, andere bevölkerten die Proviantkisten, die meisten krabbelten zum Lager, ein Teil formierte sich wieder zu einer Kolonne und zog sich ins Unterholz zurück. Gefährlich verteilte sich die schwarze Masse über den ganzen Boden. Durch Zufall war ein kleiner Weg zu meiner Hütte frei, jedenfalls sah ich keine Bodenbewegung. Angestrengt inspizierte ich die Richtung noch genauer, während die Bayaka aufgeregt diskutierten, denn die beiden anderen Züge könnten wohl auch zurück durch das Dorf kommen und dort angreifen.

Ich überlegte nicht mehr, nahm allen Mut zusammen, sprang in drei Riesensätzen vom Tisch, zum Zelt, ins Zelt, Reißverschluss zu! Doch nun hatte ich das äußerst ungute Gefühl, in der Falle zu sitzen. Ich sah nichts mehr und hörte nichts mehr, mir wurde auf einmal klar, dass sie mit Sicherheit das Zelt anfressen würden. Versteinert und mit angehaltenem Atem lauschte ich auf Fress- und Nagegeräusche! Doch mein Herz pochte so laut, dass ich nichts weiter wahrnehmen konnte. Ich wagte nicht einmal zu rufen oder zu fragen, wie es draußen aussah. Luftholen nicht vergessen, ermahnte ich mich selbst, doch das Pochen und Rauschen ließ langsam nach. Welch fürchterliche Stille auf einmal, angestrengt lauschte ich weiter ... nichts! Keine Stimmen, kein Ton, Totenstille! Unheimlich, das alles, fuhr es mir in den Sinn.

»Sangui, bist du in Sicherheit?«, rief ich mit gedrückter Stimme. Keine Antwort. Ich blieb wie erstarrt und höchst konzentriert, hielt den Atem an, um besser zu hören. Nichts! Schließlich rollte ich mich auf mein Lager und behielt angestrengt das Zeltdach im Auge, ob Kolonnen kurzer, dünner Beine ihre Schatten vorauswerfen würden, und versuchte, nicht einzuschlafen ... nicht zu schlafen ... schlafen ... schlaf ...

Irgendwann musste ich dann vor lauter Anstrengung, wach zu bleiben, doch eingeschlafen – oder vom Luftanhalten ohnmächtig geworden sein. Denn als ich wieder zu mir kam, war es wie jeden Morgen 5 Uhr 30 Aufwachzeit. Blitzartig fiel mir das Desaster von gestern ein, und vorsichtig öffnete ich einen kleinen Schlitz des Reißverschlusses, um Katastrophales zu sehen, Knochen, Metallreste, Kraterlandschaft ...

Doch nichts dergleichen, und ich zog den Reißverschluss weiter runter. Gegenüber hing Sangui in der Matte, über dem Dorf standen wie jeden Morgen kleine bläuliche Rauchkringel, leise Stimmen waren zu hören, ein Baby krähte, eine Frau rief etwas, Mädchenlachen, nichts Unübliches, ein friedlicher Bé.mbémà-Morgen. Na, da haben wir aber Glück gehabt. Ich schälte mich nun vollends aus dem Zelt und begegnete Lundi, der gerade Kaffeewasser aufsetzen wollte.

Ich zog mir schnell die lange Hose über mein T-Shirt und ging zu den Bayaka hinüber. Mopo hockte mit Mbouka vor der Hütte und sortierte Binsen für einen neuen Tragekorb, Ndembo schürte Feuer an, Ngonga war bereits mit Kind und Kegel am Dorfausgang, und Mowe, Eko und Djele palaverten in der Männerecke am Baumstumpf, als wäre überhaupt nichts geschehen. Na ja, es war ja eigentlich wirklich nichts geschehen.

»Ça va?«, fragte ich Mopo und machte kleine Krabbelbewegungen mit den Fingern dazu; er grinste zustimmend und

doch leicht zurückhaltend. Die anderen nickten bestätigend ...
alles in Ordnung. Vielleicht war ja diese Feuerlösung gar nicht
so schlecht gewesen, denn wie mir Sangui später sagte, hatten
sich die Treiber schon bald wieder teilformiert und in den Wald
zurückgezogen. Hätten wir den Zug gelassen, hätte es viel länger gedauert und wäre sicher übel ausgegangen.

## Von Haaren und Läusen

Einige Tage darauf beobachtete ich zwei Buben, die hinter dem
großen Sapellibaum Frisör spielten. Limboko, Mowes größerer Sohn, schabte mit rasanten Zügen dem kleinen Bokayo den
Kopf kahl. Geschickt fuhr er mit dem scharfen Bambusmesser
über den Vorderkopf und ließ künstlerisch eine kleine Haar-
insel auf der Mitte stehen, die zur Schläfe hin schmaler wurde und schließlich wie ein kleiner Kranz den Kopf einrahmte.
Donnerwetter, sehr gekonnte Arbeit! Begeistert nickte ich Limboko zu.
Anscheinend war heute Frisörtag, denn auch Mouboma zeigte sich im Dorf mit einer neuen, hübschen Frisur. Der Hinterkopf und die Schläfen waren bis oben hin kahl rasiert und
lediglich auf dem Oberkopf waren sechs schmale lange Haar-
streifen bis zum Hinterkopf stehen geblieben. Das ähnelte stark
der poppigen Frisur von Grace Jones und gab dem Kopf eine
eckige und sehr eigenwillige Form.
    Frisörspielen ist überhaupt sehr beliebt im Lager. Es gibt
ziemlich ausgefallene Haarschnitte zu bewundern. Man sagt,
die Pygmäen rasierten sich das Kopfhaar teilweise, um den
Läusen nicht so viel Lebensraum zu bieten, aber ich glaube, es
geht ihnen doch mehr um Schönheit und auch um den Spaß
an der Sache. Das »Grooming«, die gegenseitige Körperpflege, spielt eine große Rolle in ihrer Gemeinschaft.
    Das Lausen zum Beispiel: Wenn Frauen und Mädchen bei-
sammen sitzen und klönen, fängt oft eine an, sich für den Kopf
ihrer Nachbarin zu interessieren und die Haare nach Läusen
abzusuchen. Das wirkt ansteckend, und schließlich lausen sich
alle gegenseitig. Sie tun das sichtlich gern und genießen das

Lausen genau so wie das Gelaustwerden. Höhepunkt der Beschäftigung: Das erbeutete Opfer mit Genuss knacken und essen! Zu dieser Lausgemeinschaft gehören aber nur die Frauen und die kleinen Jungen, solange sie gestillt werden und sowieso immer bei der Mutter sind. Die Männer wollen ihre Läuse offenbar lieber behalten.

# 2. Abenteuer im Urwald

## Das Gemetzel in der Papageiensaline

Mittlerweile war ich heimisch geworden in dem kleinen Dorf. Ich hatte dort neue Freunde gewonnen und fühlte mich wohl. Doch der Urwald um das Dorf versetzte mich immer noch in den größten Schrecken. Um meiner Ängste Herr zu werden und vielleicht sogar die Schönheiten des Waldes zu entdecken, beschloss ich, mich mal allein auf den Weg zu machen. Man hatte mir von einer Papageiensaline erzählt, wo sich morgens angeblich Unmengen von Papageien aufhalten, Graupapageien und auch die kleineren grünen. Ich kannte die Richtung vom Wurzelnsammeln, und außerdem ging es immer den kleinen Weg am Bach entlang. Ich könne die Lichtung gar nicht verfehlen, meinte Sangui und ließ mich unbesorgt ziehen. Ich fühlte mich glücklich und frei und genoss die Wanderung wie einen Pilgergang, spürte den Atem Gottes und würdigte die Schöpfung. Ich nahm alle Eindrücke tief in mich auf, sah die sanft bewegten Gräser, sah flauschige Mooskissen, zartes Grün, rosa und blaue Schmetterlinge, Borken, Blätter und Gräser, und hörte meinem Lieblingsvogel zu, der Oriole. Ich ahmte ihren Ruf nach und dann noch einmal, und siehe da, schließlich kam sie neugierig näher und antwortete mir: uhuhuuu. Es war ein mittelgroßer Vogel, gelb mit schwarzem Kopf. Für mich war dieses Uhuhuuu mittlerweile der typische und vertraute Dschungelruf. Er gab mir das Gefühl, im Urwald schon ein bisschen heimisch zu sein.

Ich hatte tatsächlich keine Schwierigkeiten, den Weg zu finden, und war richtig stolz auf mich, als ich den ersten Trupp Graupapageien vorbeifliegen sah. Erstaunlich, wie sie die relativ plumpen Körper mit kurzen Flügelschlägen in der Luft hielten. Ich folgte ihrem Gepfeife und Geschnalze bis in die Nähe der Saline. Der kleine Bach hatte sich verbreitert und war wunderbar klar. Dicke, rosarote, sinnlich fleischige Blüten säumten das Ufer, um ihre gelblichen Staubgefäße flatterte und summte es, ein Waran schwänzelte davon, giftig schillernde Libellen flitzten über das Wasser.

Dann wurde das Gepfeife und Gekrächze lauter, und auf einmal tat sich ein Wunderland auf – die Papageiensaline. Umgeben von sattfarbigem Unterholz und hohen Bäumen, saßen überall, auf Ästen, am Boden, im Schlamm und im Gras, Hunderte von Papageien, kleine grüne mit roten Schnäbeln und graue mit schwarzen Schnäbeln und langen roten Schwanzfedern. Endlich sah ich sie mal aus der Nähe, und ich kam aus dem Staunen nicht heraus. Ich fand sie außerordentlich amüsant und liebenswert und obendrein ein bisschen komisch. Sie reckten die stark gebogenen Schnäbel nach oben und nach vorne, wenn sie pfiffen, kreischten und krächzten. Was konnten sie nicht alles für Laute von sich geben! Sie rangelten am Boden und turtelten, indem sie sich gegenseitig fütterten und die Hälse in die Höhe reckten.

Ich wuchs fast an einem alten Baumstamm an, damit ich bloß nicht auffiel und dieses wundervolle Schauspiel genießen konnte, ohne die Natur zu stören. Diese Saline hier sah so unwahrscheinlich ursprünglich aus, als wäre der liebe Gott mitten in der Schöpfung unterbrochen worden. Mitten im Urwald tat sich einfach diese Lichtung auf, ein offener, mit einer Art Schilfgras bewachsener Platz, der von hohen Bäumen umsäumt war. Ein alter Baumriese stand mit karg belaubten Ästen in der Mitte. Es roch nach klarem Wasser, so wie an der See; auch die leichte Brise passte dazu. Und darüber wölbte sich ganz vorschriftsmäßig der afrikanisch glatte Himmel, diesmal satt lila eingefärbt mit orangefarbigen Sonnenfetzen hinter einer einzigen Wolke.

Da flog gerade wieder so ein kleiner, pfeifender Trupp ein,

fiel auf den Boden und hoppelte auf dem unebenen Gelände herum. Das Gewatschel der Papageien bringt mich immer wieder zum Lachen. Ihre Füße sind offensichtlich zum Gehen nur schlecht geeignet; die Zehen stehen so o-beinig gegeneinander, dass ich mich an meine Mädchenzeit erinnert fühlte, wo alle Verwandten ständig versuchten, meinen Gang mit unerbetenen Ratschlägen zu korrigieren. Bis auf Tante Frieda, die selbst »über den großen Onkel« lief.

Genau diesen Tante-Frieda-Watschelgang sah ich hier in hundertfacher Ausführung vor mir. Manche Graupapageien legten sich außerdem noch schwer von einer Seite zur anderen, wenn sie den Fuß wechselten, wie betrunkene Seeleute. Direkt vor mir fiel eine Gruppe in dichtes Schilfgras ein und pickte sich dort die Samen heraus. Zwei von ihnen kletterten an den stabilen Halmen herunter, um am Boden einen sozialen Federputz vorzunehmen. Das Weibchen drehte dabei in verständlichem Stolz den leicht aufgeplusterten Hals um 180 Grad, und ich dachte, nun müsse der Kopf abfallen, so grotesk sah das aus. Aber sie wusste wohl besser als ich, was sie ihrem Hals zumuten konnte.

Das Männchen würgte irgendetwas längst Verdautes wieder hoch in den kräftigen schwarzen Schnabel, und da holte das Weibchen die Delikatesse auch schon heraus. Er würgte weiter, und sie rückte ihm gierig noch näher auf den Leib, schaute ihm starren Blicks in die Augen und pickte plötzlich fordernd in seinen Schnabel. Liebe geht eben durch den Magen, auch hier.

Er besann sich nun auf seine männliche Beschützerrolle, ruckte mit dem Kopf leicht zur Seite und warf einen Kontrollblick zu der Gruppe am anderen Ende der Lichtung. Dann ein weiterer Kopfruck zu den Gräsern … auch da war alles o.k. Sie waren so drollig, die Papageien, und die Welt war hier so offensichtlich in Ordnung, dass ich mir vorkam wie im Paradies.

Eine kleine Gruppe trank gerade aus dem seichten Rinnsal, das sich durch die Mitte der Saline schlängelte, schlug mit den Flügeln, spritzte, schüttelte sich und krähte übermütig dazu. Einige wateten bedächtig im Wasser herum, andere flogen auf, zogen mit schwerem Flügelschlag einen Kreis – sie wirkten dabei so plump, dass ich Angst hatte, sie könnten abstürzen – und fielen laut plappernd in den nächsten Baum ein. Es war ein großer Padoukbaum mit einer ungeheuren Blattkrone, der bis eben noch sehr würdevoll wirkte. Jetzt aber war in seinem Geäst die Hölle los. Überall wimmelte und flatterte und zitterte es, Laub, Äste und Papageien waren ein einziges buntes Durcheinander. Der gesamte Baum war in Bewegung und schien sich mit anschwellendem Gekreisch in die Luft erheben zu wollen.

Plötzlich drang das Böse in das kleine Paradies. Etwas Furchtbares war im Gange, aber ich konnte es noch nicht deuten. Ein Lärm wie die Schreie von hundert Kindern drang aus westlicher Richtung über die Lichtung zu mir herüber, und der Papageienschwarm, der gerade aufgestiegen war, drehte jäh ab und schwirrte kreischend davon. In der Saline bewegte es sich heftig; graues und grünes Gefieder flatterte in panischem Schrecken hastig auf, mit den gleichen entsetzten Kinderschreien. Auch aus dem Padoukbaum stoben die Vögel heraus.

Grässliches bahnte sich offenbar an. Ich war aufgesprungen und versuchte, etwas zu entdecken, einen Hinweis, eine Spur, suchte nach einer Erklärung für die Panik der Vögel. Doch außer den aufgescheuchten Papageientrupps war nichts Außergewöhnliches zu sehen. Aber das Schreien, das vom Westen kam, wurde stärker. Wieder flüchteten Schwärme von Papageien, einige flogen in westlicher Richtung, doch drehten sie gleich wieder ab, ruckartig, als hätten sie etwas Schreckliches gesehen. Mit Riesenschritten stürmte ich über die Saline, achtete kaum auf die schönen Blumen, die sich in sattgelben Inseln hier angesiedelt hatten. Ich fühlte mich unwiderstehlich vorwärts gedrängt, in den Wald und weiter den Schreien nach.

Nun bildete ich mir ein, eine Wagentür zufallen zu hören. Aber das war doch nicht möglich in dieser unzugänglichen, verlassenen Gegend! Ich wusste zwar, dass irgendwo dort drüben eine Piste verlief, aber ich dachte, sie wäre viel weiter weg. Der Lärm herabstürzender Äste drang zu mir, das laute Krachen, wenn sie auf dem Boden aufprallten, und dazu immer diese jämmerlichen Schreie. Meine Ohnmacht machte mich fast wahnsinnig, warum kam ich nicht schneller vorwärts?

Der Wald wurde wieder dicht und dunkel, roch nach Farn

und Schimmel. Geradeaus kam ich nicht mehr weiter, das Dickicht war undurchdringlich. Außerdem warteten dort eine Mückenwand und die allgegenwärtigen, verhassten kleinen Urwaldbienen, die mir das Leben so gründlich versauten. Trotzdem machte ich nur einen kleinen Umweg an der Viecherwand vorbei und kroch auf allen Vieren durch das verfilzte, mit messerscharfen Dornen bewehrte Unterholz.

Ich hustete ständig vor mich hin, um feindseligen Kriechtieren meine Ankunft zu signalisieren und sie zu verscheuchen. Die Wirkung auf das Ungeziefer konnte ich nicht beurteilen, aber mich beruhigte es jedenfalls. Ich kam dem Lärm und Geschrei näher und konnte jetzt auch menschliche Stimmen heraushören. Es klang nach Befehlen, Zurufen und knappen Antworten. Angestrengt spähte ich umher, aber der Wald war noch zu dicht. Ich hastete weiter, um nicht zu spät zu kommen, obwohl ich gar nicht wusste, was ablief. Ich brach kleine Äste am Rande meiner Spur, um später den Rückweg finden zu können. Ein bisschen hatte ich schließlich schon bei meinen Freunden gelernt. Es stand mir deutlich vor Augen, wie Mopo auf unseren Exkursionen immer wieder Zweige knickte, um den Weg zu markieren.

Langsam wurde der Wald durchlässig, es wurde heller. Die menschlichen Laute wurden leiser, als ob sie sich entfernten. Die Schreie dagegen waren so laut wie eh und je und gingen mir durch Mark und Bein. Im Endspurt brach ich nun durch die letzten Hindernisse, konnte wieder aufrecht gehen und erreichte den Schauplatz einer Tragödie. Vor mir lag eine kleine Lichtung, ähnlich der Saline, an der ich eben noch die lustigen Papageien beobachtet hatte. Büsche und Bäume ringsherum waren mit wild schreienden Papageien besetzt, die dort festgewachsen schienen. Sie schlugen wild mit den Flügeln, konnten sich aber nicht von der Stelle bewegen. Ein grausiges Bild: Hunderte von Papageien, die laut schreiend und wild flatternd versuchten, aus dem Laubwerk zu entkommen. Einige Äste lagen abgebrochen am Boden oder hingen geknickt vom Baum herunter. Auch daran klebten kreischende Papageien. Ich wagte gar nicht, mich zu nähern, weil ich die Panik der Vögel damit womöglich noch vergrößert hätte.

Ich hatte schon Berichte gelesen, dass hier in Zentralafrika Papageien gefangen wurden, indem man Leim auf die Bäume sprühte, auf denen sie sich mit Vorliebe niederließen. Diese Methode war ebenso brutal wie unwirtschaftlich: Die Vögel klebten fest und schlugen in ihrer Panik so wild um sich, dass sie sich häufig die Flügel brachen. Bei ihren verzweifelten Versuchen loszukommen rissen sie sich auch tiefe Fleischwunden. Die Wilderer sammelten sie dann ab oder warfen sie mitsamt den Ästen in Taxen oder Lastwagen. Wenn sie nach tagelanger Fahrt ohne Wasser und Futter ausgeladen wurden, waren nur noch die wenigsten am Leben, sodass sich das ganze Geschäft gar nicht lohnen konnte.

Nun musste ich hier ein solches Verbrechen mit eigenen Augen erleben. Ganz in der Nähe sah ich zwei Papageien, die sich im Kampf gegen den Leim das Bauchgefieder und die Brust aufgerissen hatten, und bei jedem weiteren Fluchtversuch riss das Fleisch weiter auf. Beim Anblick dieser Qualen übermannten mich Trauer und Verzweiflung. Und Wut über meine Machtlosigkeit. Ich konnte die Vögel nicht befreien, ohne ihnen schlimme Verletzungen zuzufügen, und außerdem, wo anfangen?

Ich entdeckte tiefe Reifenspuren und sah einen hellbraunen Pick-up zwischen den Bäumen. Ein schwarzer Mann rannte mit Ästen voller Papageien darauf zu. Ich stürzte ihm sofort hinterher.

»He, du Mistkerl, bleib stehen!«, brüllte ich, doch das Schreien der Vögel übertönte meine Stimme. Als ich über die Lichtung rannte, regten sich die Papageien noch mehr auf. Hektisch flatternd versuchten sie wieder, ihre Füße von den Ästen wegzuzerren. Dass ich nun auch noch zu ihrer Qual beitrug, tat mir in der Seele weh, aber ich musste weiter.

Ich erblickte ein zweites Auto und noch ein paar Schwarze. Sie fuhren zusammen, als sie mich sahen, und blieben schreckensstarr stehen. Mit Zuschauern hatten sie garantiert nicht gerechnet, und erst recht nicht mit einer Frau.

»Eh, vous salauds! Was macht ihr hier?«, schrie ich hinüber. Die Burschen mussten Einheimische sein, denn sie riefen sich ein paar Worte auf Sango zu. Sie sahen verwegen aus in ihren abgerissenen Uniformen, doch in ihren Augen las ich Angst.

»Wir arbeiten hier!«, schrie der mit den Ästen zurück. Er schmiss sie hastig auf die Ladefläche und warf ein Netz darüber. Dann eilte er zur Fahrertür.

Jetzt hatte ich freien Blick auf die Ladefläche des Pick-ups. Sie war voll mit zappelnden, mit Netzen verschnürten, ineinander verkeilten Papageien. Der Kleinlaster war geschlossen, sodass man die Fracht nicht sah, aber das jammervolle Geschrei, das herausdrang, bewies, dass da drin das gleiche Elend herrschte.

»Mon dieu! Was für Schweine seid ihr bloß!«

»Wir können nichts dafür, wir arbeiten für eine Firma!«, rief der kleinere Typ rüber. Wie in Trance ging ich auf sie zu, wusste aber nicht, was ich tun sollte. Selbst wenn es mir gelingen würde, den Trupp zu verscheuchen und die Vögel aus den Autos zu holen, war damit den Papageien nicht geholfen.

Ich hatte aber auch keine Zeit zum Überlegen, denn die Männer beeilten sich auf einmal sehr. Der Älteste schrie: »Die Frau ist bestimmt nicht allein. Weg jetzt, aber dalli!« Schon sprangen sie in die Autos, die Türen schlugen scheppernd zu, die Motoren heulten auf, die Autos brausten in irrer Geschwindigkeit auf der schmalen Piste davon und zogen einen Wirbel aus Blättern und abgerissenen Ästen hinter sich her. Meine Erstarrung löste sich, ich rannte fluchend hinterher und warf ihnen Steine nach. »Scheißbande!«, schluchzte ich verzweifelt. »Schweine!«

Heulend fiel ich auf den Boden und wollte nie mehr aufstehen. Mir fehlte die Kraft, den Ort des grausamen Gemetzels noch einmal zu durchqueren. Ich konnte den Schmerz und die Todesangst der zurückgebliebenen Vögel ja nicht lindern.

Wie ist es nur möglich, dass Menschen sich derart an der Natur versündigen, und das wegen eines Gewinns, der in keinem Verhältnis zum angerichteten Schaden steht? Gedankenlos und brutal werden Geschöpfe gequält und das Gleichgewicht der Natur zerstört, und wir bräuchten uns nicht zu wundern, wenn Strafen biblischen Ausmaßes auf uns herunterkämen.

Später versuchte ich zu helfen, so gut es ging, und sammelte noch ein paar unverletzte Papageien von den Ästen, doch das verursachte ihnen so viel Stress und Aufregung, dass auch diese Tiere verendeten.

Verzweifelt machte ich mich auf den Heimweg. So überflüssig und ohnmächtig hatte ich mich noch nie in meinem Leben gefühlt. Vorsichtig schob ich den einzigen kleinen Papagei, den ich hatte retten können, unter das T-Shirt an meinen Bauch, wo er noch lange jämmerlich vor sich hin schrie.

Als ich mich dem Lager näherte, schollen mir Gesang, Gelächter und Tamtam entgegen. Mir war jetzt gar nicht nach festlichem Trubel zumute, aber ich wollte unbedingt mit Sangui sprechen. Irgendetwas mussten wir unternehmen!

Im Dorf herrschte beschwingte Festlaune. Meine Freunde feierten und sangen, ein paar tanzten, die anderen klatschten beifällig.

Unauffällig näherte ich mich Sangui, der gerade unter seiner Hängematte Proviant verpackte. Bei meinem Anblick fielen ihm die Teebeutel aus der Hand: »Mein Gott, Cornelia, was ist denn passiert?«

Erschöpft fiel ich auf die Kiste, wobei der kleine Papagei unter dem T-Shirt wehleidig piepste. Mit tränenerstickter Stimme erzählte ich meine traurige Geschichte. Mopo hatte mich auch bemerkt und kam näher; meine Freundin Ngonga folgte ihm. Sie schien immer zu ahnen, was in mir vorging.

»Ngonga, grand problème!« Sie nickte und schaute kummervoll auf meine Tränen, dann auf mein ausgebeultes, piepsendes T-Shirt. Während Mopo mit Sangui beratschlagte, nahm Ngonga vorsichtig den kleinen Papagei an sich. Sie streichelte ihm zärtlich über das Köpfchen und pfiff ihm dabei leise Lockrufe vor. Doch der kleine Bursche ließ wie leblos den Kopf hängen.

»Bitte, Ngonga, kümmere dich um ihn«, bat ich.

Ich zitterte am ganzen Körper und war mit den Nerven ziemlich am Ende. Obwohl ich in feinstem Hochdeutsch mit Ngonga gesprochen hatte, verstand sie mich sofort und verschwand mit dem Papagei. Sie würde gut zu ihm sein; sie respektierte meine Tierliebe. Wie durch einen Schleier beobachtete ich die beiden Männer, die erregt gestikulierten.

»Hast du ein Nummernschild gesehen?«, wollte Sangui wissen.

»Nur die Buchstaben für Kamerun, die Stadtbezeichnung konnte ich in der Eile nicht mehr erkennen. Aber darüber können wir doch später nachdenken, ihr müsst zuerst etwas für die Vögel tun, Sangui!«, bat ich ihn eindringlich.

»Ja, Mopo hat schon einen Vorschlag. Aber retten können wir sie nicht, das ist unmöglich. Du hast es ja selbst versucht!« Er wirkte deprimiert und schaute mich unter seinen buschigen Augenbrauen besorgt an. In diesem Augenblick kam Ngouluma mit einer Kalebasse zu uns. Sie nickte mir ermunternd zu, reichte mir das Gefäß und richtete ein paar erklärende Worte an Sangui.

»Du sollst das trinken, Ngonga schickt es. Es wird dich beruhigen!«, übersetzte er. Trotz allen Elends musste ich lächeln. Liebe Ngonga!

Ich bat Sangui, mich aus den Rettungsaktionen heraus zu lassen. Ich musste erst einmal abschalten und mit diesem schrecklichen Erlebnis fertig werden. Er nickte ernst und versprach, mir dabei zu helfen.

Der Geruch von Ngongas Gebräu stieg mir in die Nase und erinnerte mich an frisch gegerbtes Leder. Neugierig schlürfte ich in kleinen Schlucken das herbe, hellgrüne Getränk. Schon nach wenigen Augenblicken flutete wohltuende Wärme durch meine Adern, und Friede senkte sich auf mein angeschlagenes Ego.

## Kinderspiele

An einem Nachmittag schleppte mich Mouboma mit einer sechsköpfigen Kindergruppe ab, die unbedingt zu einem Platz auf der anderen Seite des Baches wollte. Mouboma bestand darauf, dass ich mit ihnen käme, und erklärte mir mit freundlicher Aufmunterung den Rest einer Story, die ich nicht verstand. Na gut, jetzt erkläre ich dir mal was, dachte ich, denn ich merkte, dass meine Sprachfortschritte im Aka-Dialekt heute auf dem Nullpunkt waren. »Hört mal zu!«, forderte ich die Kinder auf, die mir tatsächlich ernsthaft lauschten. »Wir drehen den Spieß mal um, jetzt sollt ihr mal meine Sprache lernen.« Ich unterstrich die Worte mit Gesten, doch sah ich statt Verständnis nur verlegene Blickkontakte. Na gut, nun merkt ihr mal, wie es mir ständig mit euch geht, wie blöd ich mich fühle, wenn ich euch liebenswerte, lustige Wesen nicht verstehen kann! Und damit sie noch dümmer dastanden als jetzt, so ungefähr wie ich, sprach ich ihnen den ersten wichtigen deutschen Satz vor: »Ich möchte eine Maß Bier bestellen!« Lachend zeigte ich auf Mouboma, dass sie den Satz wiederholen sollte, doch sie schüttelte verschämt den Kopf. Ich zog die Schultern hoch, schaute fragend zum Himmel und dann kopfschüttelnd zu den Kindern. Die lachten jetzt auch und hatten ganz sicher meine Lektion begriffen. Sie berieten sich kurz, schnatterten durcheinander und schließlich machte mir Mouboma Zeichen, dass es schon ganz nah sei, und schielte dabei beschwichtigend auf meine Füße.

Also gut, ich raffte mich auf, wenn es nun so nah war. Doch dann waren wir geschlagene vier Stunden unterwegs, das hatte mir heute noch gefehlt! Ich bewunderte die Kinder, denen dieser lange Marsch nichts auszumachen schien und die mit ihren kleinen Kinderfüßen haarscharf an Gefahren vorbeitippelten: spitze Äste, Wurzelschlingen, stechendes Krabbelgetier, Dornen. Doch sah ich auch, dass ihre Beine reichlich Narben und Kratzer zeigten. Wir liefen in einen grünen, dichten Vorhang, bleiche Lianenarme rankten sich klebrig um meinen Hals, und hier hatte es besonders langbeinige Viecher, die richtig bissig durch die Haut stachen. Der Dschungel war so verwachsen, wie ich es seit der Ankunft nicht mehr erlebt hatte. Es gab weder Sonne noch Tageslicht. Die Ausflugsteilnehmer waren neben Mouboma: Boboko, der Augenkünstler; er hatte mir gestern gezeigt, dass er seine oberen Augenlider so zur Hälfte hochklappen konnte, dass der untere Teil senkrecht über dem Auge stehen blieb; dann Ngoja, der aufgeschossene älteste Sohn von Eko, der selten im Dorf war, weil er wohl bei Nachbars auf Balz ging; dann Boyemba, die Schüchterne, Limboko, der lustige, stets freundliche kleine Sohn Mowes mit dem winzigen Haarbüschel auf dem Vorderkopf, ungefähr sieben Jahre alt, und Makum, der größere Sohn von Somba. Schließlich landeten wir an einem ziemlich düsteren Ort, dicht bemoost und voller mannshoher Farne, zugewachsen bis auf einen winzigen Platz. Ich wunderte mich, was nun kommen sollte. Mouboma hatte scheu meine Hand gesucht und zeigte mit der anderen zu einem bestimmten Baum hinauf, denn Boboko hatte gefunden, was er gesucht hatte. Eine Art Kautschuk. Dann rief sie Boboko etwas zu. Er überlegte kurz, schaute sich um und schielte daraufhin besorgt zu dem hohen Baum hinauf, doch dann traf er eine Entscheidung. Wohl auch ermutigt durch den kleinen kecken Seitenblick Moubomas. Dieses Mädchen verstand sich aufs Flirten, unglaublich! Doch auch er hatte samtweiche Blicke für sie übrig ... Mutig nahm er seine kleine Axt vom Rücken, kraxelte langsam mit schräg gestellten Füßen, die den Stamm wie Klauen umklammerten, und indem er den Baum mit den Armen umschlang, hinauf und kerbte auf dem schwindelnden Weg nach oben mit leichten Axtschlägen die Rinde ein. Weißer Latexsaft trat heraus und sickerte zäh am Baum entlang. Auf dem Rückweg nach unten schmierte sich Boboko den weißen Brei in einer dünnen Schicht auf den Bauch, er schien sehr zäh zu sein, denn er erhärtete sich und haftete hart und fest auf der Haut, als er wieder unten war, nur die äußerste Schicht war noch elastisch.

Inzwischen hatten die Mädels Blätter und Gräser zu einem mittelgroßen homogenen Knäuel zusammengepresst, und als Boboko mit einem Satz zwischen sie sprang, kreischten sie auf und diskutierten dann heftig, wer anfangen sollte. Womit auch immer, war mir noch ein Rätsel, doch schließlich begann die Prozedur: Mouboma und Boyemba drückten die Blätterkugel in die Latexmasse auf Bobokos Bauch. Ich hatte das Gefühl, dass es den Mädels großes Vergnügen bereitete, vor allen Dingen Mouboma. Doch obwohl sich Boboko und Mouboma so nah waren, schauten sie sich nicht an. Mouboma konzentrierte sich voll auf Bobokos Bauch. Dann rollte sie alles vorsichtig ein, es durfte offensichtlich nicht reißen! Jedes Mal, wenn sie die hauchdünne Masse von der Haut ab und um die Kugel zog, verzog Boboko schmerzhaft den Mund und biss sich auf die Lippen, denn mit abgerissen wurden auch der Bauchflaum, die kleinen Härchen und die obersten Hautpartikel. Doch schließlich wurde mit einem letzten Ruck und viel Geschrei der Rest enthäutet und das Ergebnis war ein schöner, runder Spielball, der sehr hoch sprang, und ein wunder Bauch, der rot glühte.

»Bravo, Boboko, das hast du sehr gut gemacht, bist ein tapferer junger Mann.« Lobend streichelte ich über seinen Kopf und erntete einen dankbaren Blick aus großen glänzenden Kinderaugen. Von da an hatte ich einen kleinen Freund auf den Fersen. Fröhlich plappernd ging es nun zurück, die kleine Gruppe war zufrieden, und Boboko hielt das gelungene Objekt fest unterm Arm, damit es den beschwerlichen Weg durch den dichten Wald gut überstand. Wie ich später erfuhr, war dies eine fast vergessene Technik zur Herstellung eines Spielballes. Unterwegs wären wir fast noch über Eko gestolpert, der sich an einem Baumstumpf zu schaffen machte. Er stocherte in der morschen Borke eines abgestorbenen Baumes und brachte dicke weiße Larven zum Vorschein, zeigte sie mir stolz und warf sie grinsend in das zusammengerollte Blatt neben sich. Mit Grausen sah ich darin, dass der Boden bereits mit fetten, weißen, krabbelnden Leibern bedeckt war, Bockkäferraupen. Ich drehte mich abrupt um, um eventuellen Einladungen zum Dinner aus dem Weg zu gehen, als mir Boboko eindringliche Zeichen machte, dass sie sehr gut schmecken. Na also! Sofort gab ich ihm unmissverständlich zu verstehen, ich mag sie absolut überhaupt nicht, gar nicht und unter keinen Umständen und um keinen Preis der Welt! Basta! Das wäre nun allerdings wirklich ein Alptraum, wenn ich dieses Gewusel essen müsste. Er nickte und grinste über das ganze Gesicht, als er meine deutschen Bemerkungen und die beredten, ablehnenden Gesten dazu registrierte und genau richtig auslegte. Zurück im Lager, endlich, halbtot, müde und zerbissen, fühlte ich mich recht elend und schwindlig, und ich überlegte, ob das wirklich diese verdammten Tabletten für die Malariaprophylaxe waren, oder ob ich mir bereits irgendeinen Virus oder Würmer eingefangen hatte.

Das Letzte, was ich noch durch die Hüttenritzen mitbekam, war, wie Boboko laut johlend auf dem Dorfplatz zusammen mit den anderen Jungs mit dem neuen Ball spielte. Sie bewarfen sich gegenseitig völlig ohne System oder Regel, und mir schien das Ganze eher eine Geschicklichkeitsdemonstration vor den Mädels, wobei sich Bobokos hochroter Bauch grell von den Grün- und Brauntönen des Lagers abhob. Mouboma schaute mit verhangenem Augenaufschlag zu dem kleinen Helden hinüber, und Boyemba beobachtete das Ganze wie eine Schülerin. Sicherlich konnte sie in Sachen Flirtverhalten viel von ihrer Freundin lernen ... und mit Sicherheit ich auch!

Am nächsten Nachmittag wurde ich noch einmal »genötigt«, mich der Spielgruppe anzuschließen; anfangs wehrte ich mich entschieden dagegen. Nein, signalisierte ich glasklar. Bis sich Boboko schließlich mit so traurigen Augen abwandte, dass ich doch nachgab. Traurige Kinder sollte es so wenig wie möglich geben, also schloss ich mich noch einmal Boboko und seinen Jungs an, die nun mit lautem Freudengebrüll voranliefen und mit Speeren bewaffnet auf einen etwas abseits gelegenen, hügeligen Platz zogen, diesmal tatsächlich in der Nähe. Durch diese »Kindertage« habe ich vieles über diese lustigen, tapferen Sprösslinge erfahren können und habe sie alle sehr ins Herz geschlossen. Der kleine sanfte Makum, der Sohn Sombas und Ndokandas, machte mir besonders Spaß; er schaute mich immer so verliebt an und hatte dabei den Mund verträumt geöffnet. Was er wohl dachte, der kleine Mann? Wenn ich ihn dann ertappte, erwachte er wie aus einem Traum, blickte flugs verschämt lächelnd zu Boden und bohrte verlegen seine Finger in die Handfläche.

Das Sonnenlicht fiel schräg in verschiedene kleine Nischen des Unterholzes und vergoldete sie kurzfristig. Dort, am Fuße des Hügels, stand nun Boboko, wunderschön, wie in Bronze getaucht, und holte mit seinem Speer weit aus. Limboko, der oben auf dem Hügel stand, schmiss mit solcher Wucht eine Riesennuss hinunter, dass er fast mitrollte, weil er zu spät losließ. Boboko zielte und schoss den Speer auf die schnell bergab rollende Nuss ab. Er traf und wurde laut umjubelt. Die

Jungs klatschten begeistert in die Hände, was mich außerordentlich erstaunte. Sie klatschten genau wie wir! Sonst hatte ich das hier als Beifallsbezeugung noch nie gesehen, nur beim Tanzen, als Rhythmusuntermalung. Andere Jungs folgten, hatten aber weniger Glück, es war auch schwierig, weil die Nuss nicht nur schnell war, sondern auch in unberechenbarem Zickzack über Wurzeln und Unebenheiten sprang. Boboko zeigte noch einmal siegessicher, wie es ging. Ein richtiges Geschicklichkeitstraining für die Jagd.

»Bravo, Boboko! Djele kann stolz auf dich sein«, lobte ich und klatschte ihm auch kräftig zu. Er lachte. Aufgeschreckt durch den Lärm, zog ein Vogelschwarm vorbei, und ich erkannte Grüße aus der winterlichen Heimat – einen Schwalbenschwarm, Rauchschwalben. Ganz sehnsüchtig wurde ich auf einmal – ich hörte Schneeschippgeräusche, roch Bratäpfel mit Vanillesoße.

Als ich ins Lager zurückkam, wurde ich Zeugin einer tief anrührenden Szene. Somba tanzte gerade selbstvergessen mit seinem kleinen Sohn Mbio in den Armen im Kreis herum, summte ihm zärtlich und leise ein Lied vor und schaukelte dabei bedächtig Schritt für Schritt voran. Dann küsste er ihn liebevoll auf die Augen und sang ihm eine wunderschöne Geschichte vor, wie mir schien, denn der kleine Mbio schaute ihm begeistert in die Augen, irgendwo klatschte man dazu, zärtlich legte Somba die Wange an das runde Babygesicht … hhmmma-yaa … hhmmma-yaayaa … Dieser alte Vater war so mit seinem Söhnchen verschmolzen, dass sie wie aus einem Guss erschienen. Mit sanften Bewegungen der Glückseligkeit tappte er in enger werdenden Kreisen der Platzmitte zu. Mbio entdeckte seine leise klatschende Mutter, die ihm mit zwei Fingern andeutete, auch zu klatschen … und … der kleine Mann klatschte tatsächlich! Quiekte voller Lust und Freude dazu. Somba strahlte über das ganze Gesicht – und ich hätte am liebsten mitgequiekt, so schön war es. Welch ein eindrucksvoller Augenblick, so voller inniger Zärtlichkeit und Selbstvergessenheit, dass alles andere in Unwichtigkeit versank – nur dieser Moment zählte. Ich setzte mich neben Ndokanda, die zufrieden vor ihrem Hütteneingang saß und leise im Rhythmus des kleinen Liedes in die Hände klatschte. Dabei nickte sie im Takt mit dem Kopf, und ich schaukelte mit. Eine zufriedene Gruppe, glücklich und in vollem sozialem Einklang. Während meiner Beobachtungen stellte ich fest, dass ich mich immer weniger als Außenstehende fühlte, vielmehr verschmolz ich immer öfter mit der Einmaligkeit des Augenblicks und lernte hier die Bescheidenheit der Anpassung. Ich hatte Freunde gefunden, deren Betrachtung mir bereits größte Freude bereitete und mich täglich neu verzauberte und deren muße-intensive Lebensart ich sehr bewunderte.

## Die Attacke der Weißmantelaffen

Auf Dauer bin ich aber für die Muße der Pygmäen nicht geschaffen. Ich hatte von einer Gorilla-Forschungsstation gehört, die angeblich gar nicht weit entfernt war. Dort zog es mich nun hin. Mopo und Mowe übernahmen die Führung.

Gleich jenseits der Lichtung schloss sich der Wald dicht, grün und dampfend um uns. Auf den Baumriesen wucherte eine Fülle von Epiphyten und pflanzlichen Schmarotzern aller Arten und Formen. Eine dieser Wucherungen reckte sich wie ein Hirschgeweih aus den Ästen, aus der bemoosten Rinde der Bäume wuchsen Farne, und in einer Astgabelung sah ich eine wunderschöne, lang herunterhängende hellgelbe und purpurgefleckte Orchidee. Die Schattenseiten dieser üppigen Fruchtbarkeit aber waren mir stets nur allzu gut bewusst: eine unglaubliche Vielfalt unsympathischer Kleintiere, Ameisen, Bienen, Spinnen, Milben, Käfer, Würmer ... Wimmelndes Leben überall. Wie viel Aufregendes spielte sich wohl in diesem Mikrokosmos ab, wie viele unsichtbare Dramen, Beziehungen, Verfolgungen und Kämpfe!

Mit solchen Überlegungen versuchte ich mir den Weg zu verkürzen, der natürlich für meine Begriffe, und vor allem für meine Fersen, mal wieder viel zu lang war. Und mit meiner Vermutung, dass sich hier allerhand Aufregendes abspielte, lag ich auch ziemlich richtig.

Gellende Schreie schreckten mich plötzlich aus der Geistesabwesenheit, in die mich der beschwerliche Marsch versetzt hatte. Irgendwo aus dem dichten, dampfenden Blattwerk über mir platschten plötzlich schwere Früchte herunter, und eine davon traf mich voll auf die Schulter. Der Schmerz war furchtbar, der Schreck nicht minder. Wir sahen uns hektisch nach Deckung um. Mopo sprang mit einem lauten Fluch ins Unterholz. Was da auf uns niederprasselte, war das Leibgericht der Schimpansen und Gorillas: die großen grünen Früchte des Bokokobaums. Aber sie prasselten nicht von selbst und per Zufall, nein, wir wurden gezielt beschossen: Eine tobende Affenhorde hatte uns ins Visier genommen. Äste brachen herunter, aus den Bäumen tönten Alarmschreie und schrilles Pfeifen, und weit oben schnellte sich eine riesige weiße Gestalt wie von einem Katapult geschleudert in höhere Astregionen. In höchster Eile versuchten sich alle in Sicherheit zu bringen, jeder rannte in eine andere Richtung, und bevor ich mich noch entscheiden konnte, wem ich mich anschließen sollte, prallte mir die nächste Frucht mit voller Wucht an die Schläfe. Verdammter Mist! Mir wurde speiübel und schwindlig, doch blieb mir keine Zeit, über meine Schmerzen nachzudenken. Ich musste hier weg, und zwar schnellstens, heraus aus diesem lebensgefährlichen Bombardement. Ich rannte um mein Leben, ohne mich lange umzuschauen, schreiend und stöhnend, rannte einfach drauflos, weil der Beschuss kein Ende nahm. Schließlich warf ich mich erschöpft ins Dickicht. Dabei stolperte ich fast über Mopo, der da bereits am Boden hockte und die Arme schützend über den Kopf hielt. Auch Mowe hatte sich hier verkrochen. Doch unser Versteck war nicht dicht genug. Eine faustgroße braune Nuss krachte Mowe auf den Hinterkopf. Er brach stöhnend zusammen, machte mir aber Zeichen, dass er schon zurecht käme und dass ich schleunigst weiterlaufen solle.

Was war hier bloß los? Vorsichtig warf ich einen Blick in die Baumkronen und sah undeutlich mannshohe Schatten mit fliegenden weißen Haaren. Doch als einer der Affen jetzt aggressiv in die Hände schlug und mich gellend anschrie, trieb es mich sofort weiter. Sie meinten es offenbar durchaus persönlich.

Wie durch ein Wunder tat sich eine schmale Piste auf, und blind rannte ich hinein; Äste peitschten mir ins Gesicht, Lianenfinger zerrten mich am Hals. Über glitschige Wurzeln stolpernd und von Löchern im Boden immer wieder zu Fall gebracht, jagte ich den fast unkenntlichen Pfad entlang durch den Urwald. An die anderen dachte ich schon gar nicht mehr. Bloß weg von diesem Angriff, von diesen wütenden Schreien!

## Die Gorilla-Forschungsstation

Ich hatte das Gefühl, schon eine Ewigkeit so dahingehastet zu sein, als ich plötzlich Stimmen hörte. Frauenstimmen? Das konnte doch nur eine Sinnestäuschung sein. Der Schlag an die Schläfe hatte mich immerhin ziemlich benebelt. Langsam wurde mein Bewusstsein wieder klar, ich ging in Deckung und lauschte mit äußerster, alarmbereiter Anspannung. Doch! Das waren eindeutig Frauenstimmen, die sich auf Französisch etwas zuriefen. Eine hatte einen starken englischen Akzent, die andere einen südländischen. Hier drohte mir wohl keine Gefahr – und außerdem hatte ich sowieso keine Wahl. Ich war völlig erledigt und die Schulter schmerzte in heiß-pochenden Schlägen. Vorsichtig ging ich weiter, der Weg wurde breiter und zu meiner Überraschung erblickte ich drei kleine, flache Bretterhütten rund um einen saubergefegten Platz, auf dem zwei Pygmäen rauchend beisammenhockten. Unter dem langgezogenen Vordach des ersten Hauses saß an einem Bambustisch eine dunkelhaarige junge Frau in BH und Unterhemd. »Alors, demain il faut les trouver!«, rief sie ins Haus. Es schien eine temperamentvolle Person zu sein, denn sie unterstrich ihre Worte mit schwungvollen Gesten und wischte sich ständig das kurze dunkle Haar mit dem Handrücken aus dem hübschen südländischen Gesicht. Sie rief den Pygmäen etwas auf Sango zu und ging jetzt mit energischen Schritten auf sie zu, wobei ich mit Erstaunen sah, dass sie Shorts trug. Das hätte ich nie riskiert bei den tausendfältigen Möglichkeiten, von Moskitos oder Tsetsefliegen gestochen zu werden (von den anderen widerlichen Kleintieren jetzt mal ganz abgesehen). Ich trug immer so wenig Fleisch wie möglich zur Schau, denn selbst mit Malaria-Prophylaxe ist man in diesem Gebiet höchstens zu 60 Prozent abgesichert.

Nun hatten mich die Pygmäen entdeckt, und sie richteten sich neugierig auf. Als die Frau ihren Blicken folgte, sah ich das erste Mal in ihre übermütigen Augen und ging ihr freudig entgegen. Was für eine schöne junge Frau! Und wie frisch sie wirkte, wie sauber und unverschwitzt! Lächelnd kam sie mir entgegen und streckte mir freundschaftlich die Hand hin: »Sie sind sicher Cornelia!«

Verblüfft blieb ich stehen: »Woher wissen Sie das?«

Wer konnte mich hier im Urwald kennen? Sollte der Nachsendeantrag bei der Post das erste Mal funktionieren?

»Die Pygmäen hier kennen Sie, haben schon viel über Sie erzählt!«»Tatsache? Das wundert mich, wie soll sich das herumsprechen?«»Na, durch das Buschtelefon!«

Wir schüttelten uns die Hände und mochten uns auf Anhieb. Als wir uns ausreichend gemustert hatten, schlug sie mir einladend auf die Schulter. »Ein warmes Bier?«

»Au verdammt!« Ich schrie laut auf vor Schmerz und entschuldigte mich dann für meine Zimperlichkeit: »Ich habe gerade eine Ladung Bokoko-Früchte abbekommen, genau auf die Stelle.«»Tut mir Leid«, entschuldigte sie sich mitfühlend. »Das verarzten wir gleich!«

Ich wollte mich sträuben, aber sie war bereits im Haus verschwunden.

»Balâo«, sagte ich in Richtung der beiden Pygmäen und begrüßte sie nach ihrer Art: Ich legte meine rechte Hand an ihre rechte Hand, Innenseite an Innenseite. Sie freuten sich. »Ich habe mich noch gar nicht vorgestellt!« Die junge Frau stand mit einer Handvoll grüner Paste und ein paar Blättern wieder vor mir und streckte mir die freie Hand entgegen: »Ich bin Chloe. Ich arbeite hier in einem Gorillaprojekt. Das ist das Basislager. Etwas weiter weg ist ein anderes Camp, in dem arbeitet Angélique, auch mit Gorillas. Sie macht ihre Doktorarbeit über das Verhalten der Flachlandgorillas.«

Ich staunte nicht schlecht: »Ihr arbeitet hier ganz alleine? Schon lange?«

»Ja, seit über drei Jahren. Aber wir haben unsere Freunde, die uns beschützen und ohne die wir mit unserer Arbeit nie weitergekommen wären. Bozò und Placide, ein ganz hervorragender Fährtenleser.«

Sie nickte freundlich zu den beiden Pygmäen hinüber. Dann kümmerte sie sich wieder um mich:

»Komm mal hierher an den Tisch, da kann ich dich besser verarzten. Diese Früchte können übrigens ganz gefährliche Entzündungen hervorrufen. Seid ihr ins Revier der Colobe Guerezza gekommen?«, wollte sie wissen.

»Ja, diese verdammten Langhaaraffen! Ich wusste gar nicht, dass die so rabiat sind.«

»Sie verteidigen ihr Gebiet und hatten natürlich den Verdacht, dass ihr ihnen Früchte klauen wollt. Außerdem sind ein paar Weibchen jetzt trächtig.«

Vorsichtig strich sie mir die Paste auf die Quetschung und fixierte sie geschickt mit den Blättern. »Zángò dá pótá!«, sagte einer der kleinen Männer und deutete in Richtung Verband.

»Ja! Das ist Paullinia pinnata; mit dieser Pflanze kann man unendlich vieles kurieren. Das haben sie mir alles beigebracht.« Chloe nickte den beiden Männern zu. »Ihre Apotheke hier ist über 7000 Quadratkilometer groß!« Sie wies mit schwungvoller Geste auf den Urwald. Die Pygmäen lachten.

Eine bemerkenswerte junge Frau; sie gefiel mir. Aus der Hütte war inzwischen eine zweite Frau aufgetaucht. Sie erinnerte mich stark an Brigitte Bardot mit ihrem Schmollmund, den aufgesteckten Locken und der fantastischen Figur.

»Donnerwetter«, entfuhr es mir »ihr könnt hier wirklich Miss-Wahlen im Urwald veranstalten.«

»Da kannst du leicht auch mitmachen«, sagte Chloe. »Es gibt aber noch jemanden, nämlich Andrea. Die hat bei den Salztümpeln ihr Lager und arbeitet über die Waldelefanten. Seit zehn Jahren beobachtet sie alles, was mit ihren dickhäutigen Freunden zu tun hat, und ich glaube fast, sie liebt die Elefanten mehr als ihren Mann. Sie kennt jeden Einzelnen. Bei der ersten Begegnung zeichnet sie sein Konterfei in eine Schablone und notiert seine Merkmale. Im Laufe der Zeit beschreibt sie dann sein ganzes soziales Gefüge, von der Tante bis zum

Enkel, vom Kongo bis Kamerun. Du warst ganz in ihrer Nähe bei der Elefantensaline. Sie sieht auch sehr gut aus, was?« Damit wandte sich Chloe an die blonde Schönheit.

»Ja, das stimmt, wir bieten hier einiges, aber keineswegs nur auf dem Schönheitssektor!«, bestätigte die sehr lässig und selbstbewusst. Dabei streckte sie mir die rechte Hand entgegen und lächelte mich aus hellen, strahlenden Augen an: »Angélique.« »Freut mich, Cornelia!«

Meine erstaunten Blicke streiften die beiden Bierflaschen, die sie so ungeschickt unter der Achsel hielt, dass der helle Schaum über ihr T-Shirt lief, und blieben dann starr auf ihrem rechten Arm hängen. Der Arm sah fürchterlich aus; er bestand bis hoch über den Ellbogen fast ausschließlich aus Knochen und wirkte wie abgenagt. Das Wenige an Muskelmasse, das noch vorhanden war, war fahl und von roten Striemen durchzogen. An der Hand fehlten ein paar Finger.

Als Angélique meine Blicke bemerkte, versteckte sie die Hand schnell in der Hosentasche. Es war mir peinlich, dass ich sie so angeglotzt hatte, doch Chloe überspielte die Situation: »Das Bier habe ich letzte Woche von ein paar Journalisten bekommen. Die haben keine Mühe gescheut, um eine Reportage über unsere Arbeit zu machen. Das hier gehört nebst einem Deospray, sechs Rasierklingen und einem Stück Schinken zu ihrer Hinterlassenschaft.«

Mit großzügiger Gebärde reichte sie mir eine Bierflasche: »Das hast du dir verdient!«

Oh ja, welch herrliche Idee, spätestens in zehn Minuten volltrunken auf einer Matte zu liegen ...

Als hätte Chloe meine Gedanken erraten, sagte sie: »Wir haben einen Schlafplatz für dich; du kannst so lange bleiben, wie du willst. Ich freue mich, dass du gekommen bist; ich wollte dich schon längst mal kennen lernen! Morgen gehen wir zur Beobachtungsbasis, da musst du mit!« Erwartungsvoll schaute sie mich mit ihren großen dunklen Augen an, in denen es vor Stolz blitzte. Offensichtlich war sie überzeugt, ich müsse hin und weg sein vor Begeisterung.

»Du meinst, zu den Gorillas?« Ausgerechnet! Meine Begeisterung hielt sich in äußerst engen Grenzen, nachdem ich eben erlebt hatte, mit welch schmerzhaften Methoden Affen ihren Unmut äußern. »Wir können ganz dicht ran, weil die Gruppe seit langem an uns gewöhnt ist«, strahlte Chloe. Na prima. Da konnten mir ja dann die Affen ihre Granaten direkt auf den Kopf hauen.

»Das wird ein einmaliger Eindruck für dich sein, wenn du sie direkt vor Augen hast. Das erlebt kaum jemand sonst!« Allmählich kam mir Chloe vor wie ein Winkeladvokat, der eine besonders faule Sache vertritt. Ich war schon gespannt, was als Nächstes kommen würde. Bestimmt eine zusätzliche Verlockung.

Richtig.

»Ein Junges ist auch in der Gruppe; da sind sie manchmal ein bisschen aggressiv«, sagte Chloe leichthin, als spräche sie von unartigen Schuljungen. »Aber es ist noch nie was Ernsthaftes passiert.«

Damit hielt sie das Thema für erledigt; sie wandte sich den Pygmäen zu und unterhielt sich mit ihnen – auf Aka, nicht auf Sango, wie ich bemerkte. Ja, sie hatte mir manches voraus, nicht zuletzt in punkto Mut. Ich wagte nicht zu erwähnen, dass mich Gorillas überhaupt nicht interessierten, ja dass ich eine Heidenangst vor ihnen hatte. Meine Blicke fielen auf Angéliques Arm: »Ehhmm …«

»Das Bier kocht gleich über, also cin cin!« Damit steckte sich Chloe den Flaschenhals in den Mund und gluckerte genüsslich. Ich machte es ihr nach. Es war das einheimische Mocaf-Bier, dünn und ohne Seele, aber unter diesen Umständen kam es mir fast vor wie der geliebte Augustiner Edelstoff. Später, während Chloe im Haus italienische Pasta mit Basilikumsoße kochte, erzählte mir Angélique von ihrem Unfall.

»Ich hatte seit zwei Jahren mit der gleichen Gruppe gearbeitet. Sie bestand aus einem Silberrücken mit seinen zwei Weibchen und ein paar weiteren Gorilladamen; manchmal kam noch Besuch aus der Nachbarschaft hinzu. Meine Untersuchungen waren schon gut vorangekommen, als eines Tages ein junges Männchen auftauchte. Ich war mir sicher, dass er keine Gefahr für die Gruppe und keine Konkurrenz für den Big

Boss darstellte. Dazu war er viel zu jung. Vermutlich war er ein Sohn einer der Mütter hier und kam von einer längeren Erkundungstour zurück, denn er wurde ausgesprochen freundlich aufgenommen. Ich stand also wie jeden Nachmittag an dem kleinen Gehege bei meiner Hütte, wo ich immer meine Aufzeichnungen machte, und wie immer hielt sich einer der Gorillas in meiner Nähe auf. Sie wussten genau, dass ich nie ohne irgendeinen Leckerbissen kam.«

Ich sah gebannt zu, wie Angélique jetzt ihren Arm in Spezialmull verpackte und dann mit einer Binde umwickelte. Sie lächelte ein bisschen verlegen. »Es sieht so furchtbar aus, dass ich mich vor fremden Leuten direkt geniere«, sagte sie. »Aber der Arm muss zweimal am Tag frisch verbunden werden, und außerdem darf kein Licht drankommen.«

»Wieso kein Licht? Ich dachte, dass Wunden an der Luft schneller heilen?«

»Nein, das ist verpflanzte Haut vom Po, die muss geschont werden, bis sie richtig angewachsen ist.«

»Mein Gott, da hast du ursprünglich noch weniger Haut dran gehabt als jetzt?« Das rutschte mir so heraus, und ich hoffte sehr, dass sie mir meine Neugier und mein Entsetzen nicht übelnahm.

»Ja. Es war die Hölle! Mein Arm bestand nur noch aus blutigen Knochen und ein paar zerfetzten Sehnen.«

Sie atmete tief durch. So schaurig es war, hoffte ich doch, dass sie mir die Geschichte zu Ende erzählen würde. Aus dem Haus war verheißungsvolles Besteckklappern zu hören, und der Urwald stimmte sich mit seinem Grillenorchester auf den Abend ein. Muntere Äffchen sprangen in weiten Sätzen durch die Zweige, blieben aber immer wieder auch eine Weile sitzen, um uns zu beobachten. Ganz offensichtlich fühlten sie sich hier zu Hause. Das waren bedeutend freundlichere Exemplare als die, die ich vorhin kennen gelernt hatte. Sie sahen schon so putzig aus mit ihrem grau-violetten Gesicht und der weißen Oberlippe. Wegen dieser Zeichnung, die an einen Schnurrbart erinnert, werden sie im Volk Moustache genannt. Angélique war meinen Blicken gefolgt.

»Es hat lang gedauert, bis sie sich an uns gewöhnt haben. Sie

107

sind sehr misstrauisch, und wir sind sehr laut«, lachte Angélique, »jedenfalls Chloe mit ihrem italienischen Temperament.«

»Soll ich ihr mit dem Essen helfen?«, bot ich an, doch Angélique wehrte ab.

»Das Kochen geht bei Chloe ratzfatz. Die sitzt schon längst am Laptop, heute ist nämlich Mail-Tag!«

»Donnerwetter, ihr seid ja fabelhaft ausgerüstet!«

»Das muss sein. Wenn man hier keinen Kontakt zur Außenwelt hat, geht man kaputt. Aber manchmal spinnt die Solarstation, weil unser Lager sehr tief liegt und die Bäume zu hoch sind.«

Vorsichtig fragte ich: »Magst du weitererzählen, oder lieber ein anderes Mal?«

»Nein, es ist schon o.k. Also, ich habe Notizen vom Morgen in das Heft eingetragen, dem Silberrücken, der in meiner Nähe war, eine Banane gegeben und dann den jungen Gorilla beobachtet. Ich notierte seine ungefähren Körpermaße und machte Zeichnungen von ihm, als plötzlich mein Arm nach hinten gerissen und ich mit monströser Kraft zu Boden geschleudert wurde. Ich wollte natürlich fliehen, aber ich bekam meinen Arm nicht aus der Umklammerung heraus. Der Silberrücken tobte und wütete. Er fetzte mir das ganze Fleisch vom Arm und riss mir noch ein paar Finger ab. Mit letzter Kraft konnte ich schließlich doch meinen Arm befreien, und es gelang mir, den Gorilla mit Drohgebärden und lautem Geschrei zu verscheuchen.«

Mir war das Blut gefroren, und auch Angélique sah mitgenommen aus, nachdem sie sich diese Schrecknisse wieder vergegenwärtigt hatte.

»Aber warum hat dir denn niemand geholfen? Chloe zum Beispiel?«

»Meine Station liegt noch tiefer im Wald, viel zu weit entfernt von Chloes Lager. Sie hat gar nichts gehört. Und meine drei Spurensucher waren auf der Jagd. Aber andere Pygmäen sind gekommen und haben mich mit viel Mühe und Anstrengung zur WWF-Station in Bayanga geschleppt. Dort wurde sofort per Funk alles veranlasst, und dann holte mich ein Hubschrauber ab.«

Ich legte ihr den Arm um die Schulter »Wie schrecklich! Was musst du die ganze Zeit gelitten haben!«

»Na ja, ich bin auf dem Transport immer wieder in Ohnmacht gefallen, und irgendwo unterwegs ist auch noch ein Wissenschaftler zu uns gestoßen, der mir was gespritzt hat. In Bangui haben sie mich in aller Eile notdürftig versorgt. Dann wurde ich nach Hause geflogen, und in England haben sie schließlich die Transplantation gemacht. Ende der Geschichte.«

Wie auf ein Stichwort kam Chloe heraus.

»Ja – und weißt du, was ihre größte Sorge war? Man sollte nur ja den Gorilla nicht erschießen!«

Sie grinste Angélique zu, hob resignierend die Arme und erklärte mir mit Verschwörermiene: »Vermutlich war das ihr erster Mann!«

»Ha, du Ekel! Du weißt genau, dass ich drei Jahre meines Lebens in diese Gorillas investiert habe!«, entrüstete sich Angélique. In Bezug auf ihre Affen verstand sie keinen Spaß. »Aber kommt, essen wir jetzt!«

Mir war bei Angéliques Erzählung der Appetit vergangen, aber er kam blitzschnell wieder, als das Essen auf dem Tisch stand.

»So was Leckeres habe ich seit Ewigkeiten nicht mehr gegessen, und das schöne Bier wirkt auch schon«, seufzte ich zufrieden. »Ich danke euch sehr. Übrigens kann ich gar nicht sagen, wie sehr ich euch und eure Arbeit bewundere. Habt ihr Freunde, oder gar Familien?«

Chloe haute mächtig rein, aber das hinderte sie nicht am Reden: »Mein Freund arbeitet im Nationalpark von Kamerun, und wir sehen uns so oft wie möglich.« Sie strahlte dabei so breit, dass ich schon befürchtete, die Spaghetti würden ihr aus dem Mund fallen.

»Und du, Angélique, was hast du für einen Traummann?«

Sie schnaubte verächtlich: »Wer kommt denn schon hierher in den Urwald? Und wenn jemand kommt, der mir gefällt …« Sie grinste. »Der Kameramann von der BBC war nicht schlecht, was, Chloe?«

Nun prustete Chloe wirklich die Spaghetti auf den Tisch. »Ja, das habe ich gehört – die ganze Nacht lang!«

»Also, dann habt ihr beide jemanden? Das ist doch gut. Da geht es euch besser als mir. Ich habe gerade eine Trennung hinter mir, von der ich mich noch nicht erholt habe.«

Angélique unterbrach mich: »Was mich betrifft – mein Kameramann ist wieder in England. Er hat eine schöne Zeit gehabt, und das war's. Oder glaubst du, so einer würde gerne wiederkommen, um mit mir hier im Urwald zu leben?«

Mir schwanden langsam die Sinne. An Bier und gutes Essen war ich nicht mehr gewöhnt.

»Chloe, vielen Dank, es war richtig schön! Aber jetzt musst du mir meine Matte zeigen, ich falle gleich um.«

»Also kommst du morgen früh mit! Sehr schön!«

Eigentlich hatte ich mich dazu noch gar nicht klar geäußert, und nach dieser Story von Angélique war mir eigentlich auch der letzte kleine Funken Interesse an diesen Monstern geschwunden. Angélique bemerkte mein Zögern und lachte. »Keine Angst, Cornelia, die Gorillagruppe hier bei Chloe macht keine Probleme. Alles ist ruhig und friedlich. Wir sagen dir morgen noch, wie du dich verhalten musst, damit sie dich akzeptieren.«

»Halt! Stop!« Ich wurde plötzlich wieder ganz munter. »Ich will mich schließlich nicht mit ihnen verbrüdern! Eigentlich fände ich es am besten, wenn ihr zu eurer Arbeit gehen, alles aufschreiben und es mir hier später in Ruhe vorlesen würdet!«

Chloe stöhnte theatralisch. »Du wirst dir doch die tollste Chance deines Lebens nicht entgehen lassen? Die meisten Menschen träumen von so einer Möglichkeit, wie sie dir hier in den Schoß fällt.«

Kopfschüttelnd schaute sie zu Angélique und rief den beiden Pygmäen, die sich gerade Maniok holten, etwas zu. Sie schüttelten lachend die Köpfe, und Bozò, der größere von beiden, rief mir zu: »Pas de problème!«

Sie würden das nie verstehen: Ich mochte die Biester einfach nicht, Punkt. Aber ich kapitulierte angesichts der Übermacht.

»Also schön, ich gehe mit. Wir reden später noch über die Vorschriften. À bientôt, mes amies!«

Chloe führte mich in den einfachen, mit Büchern, Heften, Flaschen, Bildern und Fotos in wahllosem Durcheinander angefüllten Raum. Sie deutete auf ein Lattengestell mit einem runden Moskitonetz drüber.

»Und das Klo ist gleich neben der zweiten Hütte, ganz einfach zu finden. Seife und Handtuch liegen bei der Dusche.«

»Ihr habt auch eine Dusche? Ich dachte, ich bin die Einzige im Urwald mit diesem Privileg!«

Sie lachte: »Nein, das ist nichts Besonderes, im Gegenteil. Sicherlich gibt es hier kaum Weiße, die ohne Dusche leben. Im See- oder Flusswasser darf man sich ja nicht waschen, da kann man sich alles Mögliche einfangen. Brauchst du noch was?«

Ihre lebhaften Augen ruhten fragend auf mir, doch dann schüttelte sie lächelnd den Kopf.

»Man sieht, dass du nur noch dein Bett brauchst. Bonne nuit, Cornelia!« Sie drückte mich an sich, Kuss rechts, Kuss links, und schon war sie weg.

»Angélique!« hörte ich sie draußen laut rufen, und das war das Letzte, was ich mitbekam. Obwohl der Tag so voller Aufregungen gewesen war, schlief ich sofort ein.

## Gorillas hautnah – leider!

Angélique musste am nächsten Tag im Lager bleiben, weil sie auf eine wichtige Mail betreffs der weiteren Finanzierung ihres Projekts wartete. Also begaben sich nur Chloe und ich mit Bozò, dem Fährtensucher, auf unseren schmalen Weg. Während Chloe sich vor mir durch das dichte Unterholz wand, warf sie mir über die Schulter immer wieder Wortfetzen zu, die sich zu sehr merkwürdigen Verhaltensmaßregeln für den Umgang mit Gorillas summierten.

»Ich werde mich mit einem Zungenschnalzen bei ihnen anmelden. Das gehört zu meinem Kontaktritual. Du wirst sehen, dass sie mich dann auch begrüßen.«

»Na, hoffentlich nicht mit Handschlag?«, frotzelte ich. Zugegeben, ein mauer Witz, aber mir war entsprechend flau in der Magengrube. Wie ich diese Exkursion verfluchte! Nie würde ich verstehen, dass manche Leute horrende Summen zahlen, um Gorillas zu sehen.

# Der westliche Flachlandgorilla und seine Bedrohung

Im Frühjahr 2000 teilten Wissenschaftler Gorillas systematisch neu ein. Nach diesen aktuellen Erkenntnissen gibt es zwei Arten (*Gorilla gorilla* und *Gorilla berengei*), die sich in fünf Unterarten aufteilen. Der westliche Flachlandgorilla (*Gorilla gorilla gorilla*) besiedelt ein Gebiet vom Süden Nigerias bis zum Kongo, den diese Affen nie überqueren. Von seinen östlichen Artgenossen ist er räumlich weit getrennt.

Unsere Verwandten sind gewichtig. Ausgewachsene Gorilla-Männchen bringen durchschnittlich 200 Kilogramm – teilweise sogar über 300 Kilogramm – auf die Waage. Sie sind oft doppelt so schwer wie die Weibchen. Wenn sie auf zwei Beinen stehen, erreichen die sanften Riesen eine Körpergröße von bis zu 1,75 Meter. In der Wildbahn werden sie bis zu 50 Jahre alt.

Gorillas ernähren sich von Früchten, Beeren, Sprossen, Blättern, Kräutern, Wurzeln und Rinden und nehmen so passiv auch Tiere wie Schnecken und Insekten mit der Nahrung auf. Sie leben in einem hochentwickelten Sozialgefüge von meist fünf bis zehn eng miteinander verbundenen Familienmitgliedern, die in einem Streifgebiet von fünf bis dreißig Quadratkilometern leben und dort umherziehen. Diese Gruppen bestehen normalerweise aus einem einzelnen erwachsenen Männchen, dem so genannten Silberrücken, zwei bis vier erwachsenen Weibchen und einigen Jungtieren.

Der westliche Flachlandgorilla gilt als stark gefährdet, einzelne isolierte Gruppen sind sogar vom Aussterben bedroht. Heute leben noch etwa 110 000 Tiere in teilweise isolierten Gruppen in den Wäldern Nigerias, Kameruns, Äquatorialguineas, Gabuns, der Republik Kongo und möglicherweise in der angolanischen Enklave Cabinda.

*Raubbau am Wald und seinen Bewohnern*
Der Lebensraum des westlichen Flachlandgorillas droht
dem Zerstörungswerk von Säge und Axt zum Opfer zu
fallen. Das Überleben dieser friedlichen Gorillafamilien
wird vor allem durch den Verlust des Lebensraumes, die
illegale Jagd, den Buschfleisch- und Lebendtierhandel,
eingeschleppte Krankheiten und Bürgerkriege stark
bedroht.

*Auszug aus: WWF Deutschland, Patenschaftsprogramm.*
*Mehr Informationen zu diesem Programm und zu Spen-*
*denmöglichkeiten im Anhang.*

»Und das weißt du sicher schon: Schau sie nur ganz kurz
an! Nicht anstarren! Schau in die Büsche oder auf den Boden,
als ob du Nahrung suchen würdest!«

»Aber du wirst mir jetzt nicht sagen, dass ich Wurzeln essen
soll?«, fragte ich besorgt. Langsam rechnete ich mit allem.

Unbeirrt fuhr Chloe fort: »Ich werde mich später auf dem
Boden zusammenrollen, als ob ich schliefe.«

Das fand ich allerdings ein wenig übertrieben. Aber gut, sie
wollte ja schließlich so nah wie möglich an diese Gruppe heran und von ihr akzeptiert werden. Auf einmal winkte sie mich
aufgeregt heran und deutete auf einen Pfotenabdruck, der
ziemlich verborgen an einer feuchten Stelle zu sehen war.

»Ein Panther, aber ein alter Abdruck. He, Bozò, wie alt
meinst du?«

Bozò kniete sich an die Stelle und scharrte ein wenig. »Ungefähr zwei Tage. Er hat den Urin der Gorillas gerochen!«

»Na gut, dann ist er längst weg. Sein Revier ist groß!« Chloe
lächelte mich vergnügt an.

»Dein Wort in Gottes Ohr!«, sagte ich ergeben.

Plötzlich erstarrte Bozò zur Salzsäule, deutete knapp zur Seite und nickte dabei kurz. Ich versuchte etwas zu erkennen,
doch umsonst. Das war ja vorauszusehen gewesen. Mit einem
Seitenblick zu Chloe vergewisserte ich mich, dass alles so weit

in Ordnung war. Ich hatte alle ihre Anordnungen brav befolgt und seit einer Stunde eigentlich nur auf den Boden gestarrt, auf Nahrungssuche nach einer heißen Bockwurst. Ich sagte mir leise vor, dass meine Angst völlig blöde und unnötig war und dass wir hier lediglich auf einen ältlichen Gorillaherrn und seine Damen warteten, um ihnen nur mal eben Grüß Gott zu sagen. Aber ich fand mich nicht überzeugend.

Chloe drehte sich mit blitzenden Augen zu mir um. Das bedeutete Übles für mich, völlig klar! Und schon nickte sie mir heftig zu und deutete mit dem Kopf in freudiger Erwartung Richtung Süden. Natürlich genau in die Gegend, die ich gestern kennen gelernt hatte. Mit lauten Schnalzern ging sie jetzt weiter, es wurde nicht mehr gebückt geschlichen, sondern wir gingen ihnen langsam und aufrecht entgegen, begleitet von den einzeln eingestreuten Schnalzern Chloes. Also gut, sie kamen von vorn, und automatisch sicherte ich nach hinten, versuchte die Richtung zum Lager zu erraten und fragte mich schon wieder einmal, was ich hier machte. Was immer es war, ich tat es gegen meinen Willen. Ich war wütend auf mich selbst und voller Angst. Und vor allem war ich voll auf dem Präsentierteller, nicht in Deckung oder diskret im Abseits. Nein, wir hockten gut sichtbar neben dem schmalen Tierpfad. Ich fragte mich auch, was wohl die anderen Tiere von unserer Gruppe hielten, denn sicher gab es hier in der Gegend auch Elefanten, Ducker, Waldschweine, vielleicht sogar den einen oder anderen Panther.

Chloe verließ sich vertrauensvoll auf ihre bisherigen Erfahrungen mit dieser Gorillagruppe, von der sie stets so liebevoll sprach, als wären es Schulfreunde. Die Verständigung war dementsprechend, so als hätte man sich nach der zweiten Klasse getrennt. Vielleicht wiederhole ich mich, aber ich würde nie verstehen, wie man zu diesen plattnasigen Monstern eine so innige Zuneigung entwickeln konnte, dass man ihnen jahrelang hinterherlief. Vorsichtig schielte ich noch mal zu Chloe (ich traute mich fast nicht, ihr direkt in die Augen zu schauen) und bemerkte, dass sie in höchster Konzentration nach vorne schaute. Nichts an ihr deutete auf niedrige Angstgefühle oder gar Fluchtgedanken. Als es jedoch weiterhin still blieb, machte ich mich im Geist schon auf den Heimweg und brühte einen starken, süßen Kaffee auf.

Da hörte ich plötzlich ein dumpfes, kehliges Bellen, einem Räuspern ähnlich, und erblickte, als ich mit den Augen dem Geräusch folgte, am Fuß einer hohen Ingwerpflanze einen riesigen Gorilla, der sich am Boden zu schaffen machte. Wie durch Zauberei hatte er sich plötzlich aus dem Grün des Waldes materialisiert. Er war so intensiv beschäftigt, dass er anscheinend alles um sich herum vergaß. Mir gefror das Blut in den Adern; ich schloss die Augen, um ihn nicht mehr zu sehen, in der kindlichen Hoffnung, dass er dann auch mich nicht würde sehen können. Doch wie magisch angezogen musste ich wieder hinschauen auf diese Riesenfleischmasse, auf dieses scheinbar schwerfällige Muskelpaket in braunem Fell, das gerade mit ein paar geschickten Griffen eine rote Frucht schälte, zu seinem breiten Maul führte und mit halb geschlossenen Augen und sichtlichem Genuss auffraß. Sein faltiges Gesicht kam mir sehr alt vor und sein Maul entsetzlich breit, die wulstigen Augenbrauen warfen dunkle Schatten auf die kleinen flinken Augen. Einmal schaute er kurz zu uns herüber, die Entfernung betrug schätzungsweise 15 Meter. Dann kam auch noch ein kleineres Tier hinterher, das unterwegs alle möglichen Blätter abriss, probierte und wieder wegwarf. Es handelte sich offenbar um Monstermutter und -kind. Bei mir kam immer noch keine rechte Freude auf, aber Chloe war hingerissen. Sie beobachtete aufmerksam jede noch so kleine Bewegung und machte mir nun Zeichen, den Oberkopf von Mutter Gorilla anzuschauen. Tatsächlich schimmerten die Haare dort rötlich, so wie sie es beschrieben hatte. Deutlich hoben sie sich von den übrigen dunklen Haaren ab. Das war das typische Merkmal der westlichen Flachlandgorillas. Geschäftiges Knacken der Zweige drang bis zu uns herüber, doch die Äffin wirkte ganz sorglos und gab sich voll dem Genuss hin. Sie bückte sich nach einer weiteren Frucht, wobei ihr dicker Bauch seitlich weit über die Schenkel schaukelte. Nun grunzte sie dem Kleinen etwas zu, und es kam gehorsam näher und lief an ihr hoch, als wäre es auf ebenem Boden. Auf Kinnhöhe krallte es sich in die mütterlichen Halsfalten, ergatterte flink ein Teilchen von Mutters Frühstück und testete laut schmatzend diese Wunderfrucht. Als es sich aber auch noch den letzten Bissen stahl, grunzte die Mutter ungnädig, und das Kleine sprang mit großen Sätzen in einen Baum, während die Mutter abdrehte und auf allen Vieren in wiegendem Schlendergang auf uns zu kam. Dabei stützte sie sich in typischer Affengangart mit den wulstigen Fingerknöcheln auf. Hilfesuchend schaute ich zu Chloe, die nun etwas vom Weg zurück kroch und gut sichtbar mit gelassenen Bewegungen im Gebüsch Blätter sammelte.

Die vielfältigen Laute des Urwalds hatten sich auf das glasklare Knacken der Äste reduziert. Plötzlich verstärkte sich dieses Geräusch. Hinter dem wuchtigen Bilinga-Baum erschienen zwei weitere Gorillagestalten, grunzten und schlugen sich herausfordernd auf die Brust. Mit brennenden Augen starrte ich in den Boden unter mir und bildete mir ein, es müsse sich ein Loch auftun.

Bozò schien meine Verzweiflung zu ahnen und winkte mich sacht zu sich hinüber. Doch ich konnte mich keinen Zentimeter rühren und stand wie angewachsen auf diesem verhängnisvollen Stück Dschungelboden. Unter halbgeschlossenen Augenlidern beobachtete ich Chloe, die noch einmal kurz schnalzte und sich scheinbar völlig auf das Sammeln von Blättern konzentrierte. Sie steckte auch das eine oder andere Blatt in den Mund. Dabei bewegte sie sich in der Hocke ein wenig zurück, in Richtung auf das naheliegende Unterholz. Aber nicht aus Furcht, das merkte ich deutlich. Sie wollte den Anschein erwecken, als wäre sie ganz friedlich auf Futtersuche. Der kleine Gorilla im Baum beäugte das Ganze aus sicherer Entfernung, kam aber bald etwas zögerlich mit hangelnden Griffen den Baumstamm herunter. Das fand ich nicht so toll, denn wenn er uns zu nahe kam, wurden sicherlich die mütterlichen Beschützerinstinkte wach und wir konnten uns auf allerhand gefasst machen.

Der Kleine war am Boden angelangt und trommelte sich nun auch mit den Fäusten auf den Brustkorb. Das sah so niedlich aus, dass es mich aus dem Koma riss. Dann klatschte er an den Baumstamm – auch eine Verständigungsgeste. Ganz aufrecht stand er da hinten und schaute uns herausfordernd an. Auch ein kräftiges Räuspern schickte er in unsere Richtung. Unter dem Arm durch schaute Chloe amüsiert zu mir herüber. Ja, wenn nur dieser Kleine da gewesen wäre, dann hätte ich mich auch amüsieren können. Inzwischen war die Gorillamutter auf ihre massigen Hinterbacken gegangen und fegte mit den langen Armen den Boden frei. Sie saß jetzt ungefähr nur zehn Meter von uns entfernt und sicherte ab und zu mit kurzen Blicken herüber, während ihre breiten Kiefer irgendwelches Grünzeug zermahlten.

Und nun – Herr, lass es Abend werden, flehte ich – kam von der anderen Seite, sodass er uns den Rückweg abschnitt, schwerfällig trottend ein braun-grauhaariges Urmonster, ein Silberrücken, auf uns zu, und zwar vor allem auf mich, denn ich war ihm am nächsten. Die großen runden Nüstern weit aufgebläht, schaute er mit flinken Blicken zwischen seiner Gruppe und uns hin und her und hangelte sich dann auf den nächststehenden Baum. Geschickt setzte er dabei die Sohlenseite der Füße so an die Rinde, dass er sich wie mit Steigeisen den Stamm hochstemmte. An der nächsten Astgabelung platzierte der Gorilla dann seinen Riesenkörper so günstig, dass er sich ohne große Anstrengung kleine braune Früchte herangrapschen konnte. Das schien hier eine beliebte Futterstelle zu sein, und ich hoffte inständig, dass die Familie nicht noch zahlreicher würde. Und im Boden tat sich noch immer kein Loch auf.

Auf einmal geschah etwas Merkwürdiges. Ganz automatisch, als wäre es das Selbstverständlichste von der Welt, begann ich mit den Händen den Boden frei zu fegen und fegte mich langsam, die Augen fest nach unten gerichtet, den herben Geruch der Farne einatmend, Schritt um Schritt zu Bozò vor, der inzwischen in Chloes Nähe hockte. Hier fühlte ich mich ein klitzekleines bisschen wohler, obwohl ich mich fragte, was los war, denn Chloe lag am Boden, die Füße angezogen und die Arme über dem Kopf verschlungen.

Sie drehte sich nun ein winziges Stück zu mir herum. »Diese Schlafstellung kommt ihnen vertraut vor, und so werden sie uns weiter akzeptieren!«, wisperte sie.

Ja, das war überhaupt die Idee! Und sofort hatte ich mich

zusammengerollt und einen Arm über die Augen gelegt, während ich mit dem anderen ein wenig Reisig auf meinen Oberkörper häufte. Chloe hatte mir irgendwann erklärt, dass Gorillas eigentlich sehr sozial und kontaktfreudig sind – ich hoffte bloß, dass sie nicht dermaßen kontaktfreudig waren, dass sich eins der Monster zu mir legte.

Während Bozò und Chloe sich leise unterhielten, achtete ich auf jedes einzelne Geräusch und auf jede noch so kleine Bewegung am Boden, denn wenn mich jetzt Treiber- oder Megaponeraameisen beißen würden, wäre es mit dem vorgetäuschten Schlaf vorbei, und ich würde mit Sicherheit eine einzigartige Vorstellung geben. Doch diese Vorstellung entfiel, denn genauso plötzlich, wie sie gekommen waren, verschwanden die Gorillas wieder. Vater Silberrücken hatte anscheinend alle Früchte verputzt und schwang sich wieder zu Boden. Ich blinzelte zwischen Armbeuge und T-Shirt in seine Richtung und stellte erleichtert fest, dass er kehrtgemacht hatte und nicht etwa an uns vorbei zu den anderen marschierte.

Schwergewichtig schob er sich auf dem schmalen Weg dahin, in einigem Abstand voneinander folgten ihm die Weibchen und der Kleine. Nur ab und an tauchten ihre massigen Körper noch im Unterholz auf. Das letzte Weibchen schaute noch mal zu uns herüber und stieß einen kurzen gutturalen Laut aus. Es war eine Mischung zwischen Husten und Bellen und klang entschieden freundlich. Der Kleine ging nicht am Boden, sondern hangelte sich durch die Äste zurück.

Und dann war plötzlich Stille – kein Knacken, kein Trommeln, kein Husten. Zurück blieben ein Ingwerstrauch, der aussah, als wäre ein Kettenfahrzeug drübergefahren, eine glückliche Wissenschaftlerin, ein beeindruckter Bozò und ich, auferstanden von den Toten und wohl der glücklichste Mensch auf der Welt.

Mühsam bekam ich meine eingeschlafenen Glieder wieder in den Griff und schüttelte mir das Laub vom Körper. Chloe war dagegen mit einem forschen Sprung hochgeschnellt und rief den Gorillas ein lautes »genial!« hinterher, sodass ich schon Angst bekam, sie würden begeistert zurückkommen.

»Du bist die erste Fremde, die sie gesehen haben. Wir sind

ja seit drei Jahren eigentlich völlig unter uns; höchstens dass mal andere Pygmäen dabei sind oder die Mitarbeiter von der WWF-Station in Bayanga. Aber das sind ja auch alles Biologen oder Forscher auf ähnlichen Gebieten.«

Und hoch zufrieden fügte sie noch hinzu:»Genial, dass sie geblieben sind!«

»Ja das fand ich auch wirklich außergewöhnlich befriedigend!«, antwortete ich scheinheilig, und dann machten wir uns endlich auf den Rückweg. Bloß weg hier!

## Eine Urwaldtragödie

Angélique saß immer noch auf der Veranda vor dem Laptop und richtete übellaunig die Solarstation in verschiedene Richtungen. Sie knurrte uns entgegen:»Ich habe absolut gar nichts erreicht!«

Ihr hübscher Schmollmund kniff sich dabei schmal zusammen.

»Ach, weißt du, manchmal sind Nachrichten, die anscheinend zu spät kommen, die besten«, tröstete ich.»Jedenfalls habe ich eine schöne Nachricht für dich: Dank eurer Hilfe war das für mich der aufregendste Tag, seit ich ein Dreirad geschenkt bekam. Einfach unvergesslich.«

»Das kannst du öfter haben, jetzt weißt du ja, wo du hin musst!«, rief mir Chloe zu, während sie sich das verschwitzte T-Shirt über den Kopf zog. Dann tauschten die beiden berufliche Informationen aus, und ich zog mich auf den Donnerbalken zurück.

An diesem ruhigen, schönen Abend diskutierten wir viel, schließlich kamen wir nicht oft mit anderen Frauen zusammen, und mir machte es irren Spaß, den Mädels zuzuhören. Ich bewunderte diese beiden großartigen jungen Frauen. Sie hatten ihre Berufsentscheidung ohne Rücksicht auf ihre persönliche Bequemlichkeit getroffen und verzichteten auf alle Annehmlichkeiten der Zivilisation, um hier in der Wildnis zu forschen. Aber würden sie später mit dem europäischen Alltag wieder zurechtkommen? Musste Chloe nach ihren Abenteuern im Dschungel das normale Leben in Italien nicht unerträglich banal vorkommen? Angélique hatte doch sogar nach ihrem grässlichen Unfall keine Sekunde gezögert, wieder in den Urwald und in ihr altes Lager zurückzukehren.

Als wir am nächsten Tag Abschied nahmen, vereinbarten wir, uns bald wieder zu treffen. Bozò sollte mich ins Dorf zurückbringen. Der grüne Vorhang hatte sich wieder hinter uns geschlossen, ein beschwerlicher Rückweg begann. Nachdem wir vielleicht eine halbe Stunde marschiert waren, hörten wir auf einmal grässliche Schreie und ich dachte an einen neuerlichen Überfall durch die Affen. Aber Bozò schaute mit schreckgeweiteten Augen in die Richtung von Chloes Camp und lauschte angestrengt.

»Irgendwas ist mit dem Gorilla los«, sagte er und winkte mir, ihm zu folgen. »Komm schnell!«

Allerlei Schreckbilder schossen mir durch den Kopf und ich musste ständig an den zerfetzten Arm von Angélique denken. Hoffentlich war ihnen nichts passiert.

»Hörst du die Stimmen der Frauen?«, wollte ich wissen.

»Ja, die Frauen sind in Ordnung, es ist etwas anderes passiert!«

Da hörten wir auch schon die Stimmen aus nächster Nähe; wir waren an dem Beobachtungsplatz von gestern angekommen. Etwas weiter weg im Wald hockte eine weinende Chloe, und als ich näher kam, erstarrte ich. Sie war über eine starke Blutspur gebeugt, die im Zickzack ins Unterholz führte, wo sich schon ein paar Pygmäen zu schaffen machten.

»Wo ist Angélique?«, schrie ich. Mein Hals war plötzlich ganz zugeschnürt. Mit rot verheulten Augen schaute Chloe schließlich zu mir hoch: »Der Silberrücken ist angegriffen worden! Placide hat ihn schwerverletzt in die Bäume taumeln sehen!«

Der kleine drahtige Placide kam zu uns. Er schien unter Strom zu stehen, so zitterte er, und die Augen bestanden fast nur aus weißen Augäpfeln.

»Ja, er war völlig aufgerissen. Vom Ohr bis über die Brust! Er blutete ganz furchtbar.«

»Und was sollen wir jetzt machen? Wie können wir helfen?«, fragte ich eindringlich in die Runde. Chloe beriet sich kurz mit Bozò, der aber nur den Kopf schüttelte. »Wir müssen schnell zum Lager zurück, hier können wir gar nichts machen!«

Auf dem kurzen Weg diskutierten die Pygmäen laut miteinander und Chloe warf ab und zu ein paar Brocken ein. Leider verstand ich nichts von ihrem Aka-Dialekt. Angélique kam uns aufgeregt entgegengelaufen und rief:»Ich hatte Kontakt mit der WWF-Station. Sie wollen den Tierarzt von Nola schicken, oder einen der Wildhüter mit einem Betäubungsgewehr. Dann kann man dem Gorilla vielleicht noch helfen!«

Doch Chloe schüttelte energisch den Kopf:»Die wollen doch nie helfen. Die vom WWF vertreten die Theorie, dass man in die natürlichen Abläufe nicht eingreifen soll. Da bin ich ganz anderer Meinung. Aber wir werden ja sehen. Placide meint, es war der Panther, dessen Spuren wir schon gesehen haben.«

»Ein Panther?« Also war das gestern doch ernst gemeint gewesen.»Und wenn es kein Panther war, was dann?« Es interessierte mich sehr, wer oder was so große Tiere angreift.

»Vielleicht war es ein fremdes Männchen und es hat Dominanzkämpfe gegeben«, antwortete Angélique.

Placide mischte sich lebhaft ein:»Es muss ein fremdes Männchen gewesen sein, denn die ganze Sippe ist weg. Die Weibchen mit den Jungen haben sich dem neuen Boss angeschlossen. Ich habe nur noch ein Weibchen in seiner Nähe gesehen, das mit dem größeren Jungen. Jetzt sind die beiden aber auch weg und haben sich wohl irgendwo versteckt.«

Traurig ließ ich mich auf den Boden sacken, das war ja furchtbar!»Kann man gar nichts machen?«, wandte ich mich verzagt an Chloe.

»Nein. Wir können nur hoffen, dass er sich erholt und dass das Weibchen bei ihm bleibt, um ihn zu versorgen, sonst hat er keine Chance. Er hat zu viel Blut verloren!«

»Ja, ich habe die Spur gesehen!« Meine Blicke begegneten denen Bozòs.»Wir brechen dann wieder auf, oder was meinst du?«

Er nickte langsam, überlegte noch irgendwas, doch dann zuckte er resigniert die Schultern.»Auf jeden Fall solltet ihr noch ein paar Leute hier haben«, mahnte er Chloe besorgt.

»Ja, Lisa von der WWF-Station wird sich darum kümmern. Placide hat auch schon seinen Cousin ins nächste Camp geschickt, um seinen Bruder zu holen.«

Geknickt hockte sich Chloe neben mich. »Meine ganze Arbeit ist im Eimer, alle Daten sind unbrauchbar, wenn diese Gruppe auseinanderfällt. Es war so eine einmalige Langzeitstudie. Ende des Jahres hätte ich sie auswerten können. Aber jetzt …« Sie schniefte tief auf.

»Sie werden wiederkommen. Dein Silberrücken ist stark. Er überlebt ganz bestimmt und holt später seine Weibchen zurück.« Angélique hatte Chloe mit dem bandagierten Arm umarmt und drückte sie tröstend an sich.

## Zähnefeilen und andere Schönheitsmaßnahmen

Einen Tag, nachdem ich ins Lager zurückgekehrt war, kam Mopo auf mich zu und fragte mich etwas. Der freche Kerl wusste doch genau, dass ich ihn nicht verstehe, er grinste auch noch unverschämt dazu und schwang eine Art Holzhammer herausfordernd vor mir her.

»Nein«, war meine klare, mürrische Antwort.

Mouboma lachte laut los und als Sangui grinsend dazukam, bestätigte er mir: »Da hast du auf jeden Fall gut geantwortet, er hat dich nämlich gefragt, ob du dir auch gleich die Zähne feilen lassen willst.«

»Sag ihm, dass er unverschämt ist, und wenn er weiter so frech zu mir ist, werde ich ihm Ameisen in sein Bett setzen«, erwiderte ich noch grantiger, denn ich war heute noch nicht zu Späßen aufgelegt.

Mopo amüsierte sich jedenfalls köstlich über mich. Er wusste langsam, wie er mich frotzeln konnte.

Schließlich begann aber tatsächlich diese entsetzliche Prozedur: Ngoja, dem Ältesten von Eko und Ndembo, sollten zum Zeichen seiner männlichen Reife die Zähne zugefeilt werden. Eine Behandlung, die man auch bei geschlechtsreifen Mädchen anwendet und die, wie auch die Tätowierung, ohne viel Aufhebens vonstatten ging. Mouboma wollte sich das anscheinend aus der Nähe ansehen und ging zu Ngoja, der vor Mopos Hütte im Sand lag. Ängstlich schaute er von einem zum anderen, bis sich Eko fast beschützend neben ihn kniete. Ndembo stand mit den anderen Frauen etwas abseits. Vielleicht um die Schmerzen ihres Sohnes nicht so nah miterleben zu müssen? Während sich Mouboma und Boyemba verschwörerisch an der Hand hielten und mit leichtem Grausen das Geschehen verfolgten, steckte sich Madzou daneben entsetzt die Hand in den Mund. Denn mit dem Holzhammer und einer Art Metallspatel schlug Mopo nun Stückchen für Stückchen Ngojas Zähne zu. Der arme Kerl lag flach am Boden, gehalten von Eko und Mowe, die Augen weit aufgerissen.

»Sangui!«, rief ich aufgebracht. »Das kann der doch mit dem armen kleinen Kerl nicht machen!«

Entsetzt starrte ich wieder zu den Pygmäen hinüber. Nicht immer wurde der Zahn getroffen, schon das zweite Mal schlug Mopo in den Oberkiefer des Jungen, sodass er stark blutete. Ein großes Holzstück quer im Mund unterband seine Schreie, es war nur ein tierisches Röcheln zu hören.

»Was für eine Quälerei!« Ich konnte meine Wut kaum in Worte fassen. Tränen der Qual standen Ngoja in den Augen. Langsam überkam mich der Verdacht, dass meine Freunde doch nicht human, sondern ziemlich mitleidlose Kreaturen seien. Sofort malte ich mir noch schlimmere Grausamkeiten aus, die sie womöglich an mir begingen. Ich war mir sicher, dass ich da entsetzliche Entdeckungen machen könnte. Aber wollte ich das tatsächlich wissen? Ich fand das hier vollkommen ausreichend, und Gott sei Dank zog mich Sangui gerade zur Seite.

»Wieso tust du denn nichts?«, herrschte ich ihn an.

»Ich weiß«, entgegnete er, »diese Prozedur ist das schmerzhafteste von allen Ritualen, doch das Resultat ist schließlich ein Zeichen von Mut und großer Eleganz. Je feiner und spitzer geschliffen, desto größer die Anerkennung.«

Erneut starrte ich auf Ngoja mit seinen gefeilten Zähnen.

»Ist ja entsetzlich, gibt es nicht weniger elegante Schönheitsrituale? Ich finde das alles bestialisch.«

Sangui ließ den Satz unkommentiert, und wir gingen weiter zu unserem Wohnzimmer, wo wir uns einen Kaffee machten. »Doch«, sagte er unvermittelt. »Für die jungen Erstgebärenden gibt es noch eine etwas weniger schmerzhafte Prozedur. Aber die ist auch unangenehm genug und besteht im Durchbohren der Oberlippe (bei der Geburt des ersten Mädchens) und der Durchlöcherung der Ohrläppchen (bei der Geburt des ersten Jungen). Dies sind einige der wenigen femininen Symbole. Später werden die Ohrlöcher mit Blüten geschmückt oder auch mit den roten Flügeln der Lophira-alata-Frucht.«

»Wieso tragen denn unsere Frauen keine Blüten?«, wollte ich wissen.

»Meine liebe Cornelia«, belehrte er mich leise schmunzelnd, »auch wir haben hier unsere Jahreszeiten. Zwar nicht vier wie ihr in Europa, aber immerhin auch Sommer und Winter, das heißt Trocken- und Regenzeit. Die Bäume werfen hier zu unterschiedlichen Zeiten ihre Blätter ab, manche werden auch vorher braun oder rot wie in Europa im Herbst. Und Blüten gibt es erst in einigen Monaten wieder, in der Regenzeit also.« Mit hochgezogenen Brauen schaute er mich amüsiert an.

»Danke, Herr Lehrer«, spottete ich. »Und damit du auch noch genauer Bescheid weißt, es gibt sie exakt im Mai und sie heißen ›mbas‹ oder ›kole‹ auf Aka«, ergänzte ich stolz. Ich ließ ihn offenen Mundes stehen und holte eine Broschüre aus meinem Zelt. »Da schau, das habe ich gestern früh in meinem Gepäck gefunden, unter den Medikamenten.« Ein kleines Heft von 1978 mit Informationen über tropische Blütenpracht im äquatorialen Regenwald, leider fehlte das Deckblatt. Wahrscheinlich hatte es mein Bruder heimlich mit eingepackt. Er hatte mir damit eine riesengroße Freude gemacht, denn es gibt tatsächlich nur sehr wenige Informationsquellen über dieses Land. Erstaunlich, diese kleine Rarität.

Lachend nahm mir Sangui das Buch ab und blätterte darin. »So, dann wirst du mich also jetzt belehren?«, wollte er wissen.

»Keine Angst, an dein Wissen reicht kein Buch heran«, entgegnete ich. Liebevoll schlug ich ihm auf die Schultern und er nickte stolz zur Bestätigung. Zwischen Herumblättern und

Kaffeetrinken erklärte mir Sangui noch weitere interessante Einzelheiten zum Initiationsschmuck. »Es gibt da noch die Augenbrauenrasur, bei der man der Höhe nach die Augenbrauen mit feinen Strichen oder Punkten ausrasiert, was ebenfalls die angehende Geschlechtsreife signalisiert. Dieses Ritual wird bei Mädchen und Jungs praktiziert. Nach der ersten Rasur mit dem Bambusmesser ist man frei, es weiterhin als schöne Dekoration auszuüben oder es sein zu lassen.«

Alle hier in Bé.mbémà trugen eine solche Rasur, bis auf Djele, der aber in vielem abwich. Als Einziger trug er auch die Haare ziemlich wild und hatte weder einen Fetisch noch andere Symbole. Das einzige Symbol, das seit den letzten Wochen lang und dünn vor sich hin wucherte, war sein ausgefranster Ziegenbart, der in dieser Länge ein Zeichen von Rang und Würde darstellte.

Mbouka besorgte mir das graue dickflüssige Öl der zerstößelten Payonuss, das die Frauen hier zur Körperpflege nahmen. Es riecht harzig und ein wenig muffig, doch macht es eine wunderbar zarte Haut. Bei der Gelegenheit zeigte sie mir noch kleine Schätze, die sie in einer Art Blattschatulle aufbewahrte und die Sangui mir noch kurz erklärte.

»Es sind vor allem die hübschen Samen der mittelgroßen Mimosaceen (Mimosengewächse), der Sapotaceen (Seifenbaumgewächse), Fabaceen, Cesalpiniaceen und Euphorbiaceen (Wolfsmilchgewächse), aus denen sie Tanzrasseln machen. Auch mit Blumen schmückt man sich gerne«, erklärte Sangui mir. »Mbouka hatte sich zum Beispiel mal an einem Tanzabend mit einem duftenden Tingi-Kollier geschmückt, sehr hübsch aus Blättern zusammengeflochten. Dann trägt man noch die beschützenden Fetische wie Pantherkrallen, ein kleines Antilopenhorn oder Zähne. Die beschützen Kinder vor Krankheiten. Diese Dinge werden auf spezielle Kordeln aufgefädelt, die stets auch eine persönliche Bedeutung haben. Auch tragen die Frauen gerne Antilopenhautgürtel um die Taille«, schloss er, wie mir schien, das Accessoire-Kapitel ab, denn er stand auf einmal auf, reckte sich müde und machte Zeichen, dass er sich ein wenig hinlegen wollte.

Mbouka rief ihn noch kurz zurück und ließ mir erklären, dass sie morgen zum Fischen gehen wollten und ich doch hatte mitkommen wollen.

»Gerne, unbedingt«, nickte ich ihr zu, und damit verabschiedeten wir uns. Auch ich zog mich zur wohlverdienten Dschungelsiesta zurück.

## Von Fischen und badenden Frauen

Aus »Fischers Fritz« wurde nichts am nächsten Tag, denn am frühen Morgen erwischte uns ein so heftiger Regenguss, der mit Blitz und Donner noch ordentlich nachlegte, dass tatsächlich kein Fleckchen trocken blieb. Es krachte plötzlich mit solch einem Knall über uns, dass ich vor Schreck senkrecht im Zelt stand und dachte, der Urwald fiele auf mein kleines Dach. Besorgt schaute ich zwischen den Hüttenritzen zum Dorf hinüber und sah in blauen und schwefelfarbenen Zuckungen die Umrisse einzelner Hütten aufflackern und wieder in Finsternis versinken. Und dann brach die Sintflut los. Wie ein Maschinengewehrfeuer prasselte es in weißer Gischt aus den geöffneten Schleusen, prallte auf den Boden und platschte wieder hoch, bis sich alles in einer großen Flut sammelte, die sich in irrer Geschwindigkeit ins Dorf ergoss. Schnellstens zog ich alle Reißverschlüsse hoch und betete zum großen Wassergott um Gnade, dass er das Lager nicht fortspülte. Es prasselte und dröhnte bis zum Vormittag, und danach hatten wir alle Hände voll zu tun, das Dorf wieder auf Vordermann zu bringen. Die Hütte der Mädchen war sogar abgetrieben worden, und wir fanden Einzelteile erst in der Nähe des Donnerbalkens wieder. Dass die Dusche in ihrer abstrusen Konstruktion unberührt geblieben war, kam einem Wunder gleich, denn nicht weit entfernt war tatsächlich ein riesiger Brettwurzelbaum umgestürzt und hatte eine tiefe Bresche in den Wald geschlagen. Wir schippten Wasser und vertieften Kanäle, Männer wie Frauen waren eifrig beschäftigt, und als wir uns nass und erschöpft wieder am Dorfplatz zusammenfanden, deutete Djele auf einen Acajoubaum hinter Mbelis Hütte, dessen Krone durch einen Blitz getroffen und mitten durchgeschlagen worden war. Er beriet sich mit seinen Männern und ich sah bedenkliche Gesichter.

»Sangui, erklär doch mal was! Was sagen sie?«, bat ich ihn ungeduldig. Fast musste ich lachen, als ich ihn näher ansah, er war vom Bauch nach unten, was einen ungleich längeren Teil seiner Figur ausmachte als der obere Teil, in eine Art wabernde Pyjamahose gehüllt, die inzwischen Schlammfarbe angenommen hatte. Daraus stakten dünne, schwarz behaarte Beine, die direkt in die immens großen offenen Stiefel mündeten, deren Laschen wie lange, durstige Zungen in einer Wasserlache schlürften. Als Oberteil gab es dazu ein blau-gelb gestreiftes Ringerhemd, klitschnass, dessen Ausschnitt bis weit unter die Brustwarzen hing, die unschuldig in Hellrosa wie bei einem Säugling durch das Brustfell schimmerten, und die knorrigdürren Oberarme schmückten sich mit vereinzelten schwarzen, struppig abstehenden Haarbüscheln.

Mit besorgt gerunzeltem Gesicht erklärte er mir, während ich versuchte, meines Grinsens Herr zu werden: »Sie machen sich Sorgen, dass der große Baum beim nächsten Mal auf das Dorf fallen könnte. Aber solche Gewitter sind ziemlich untypisch für die Trockenzeit und so schnell wird keines nachkommen.« Dabei musterte er äußerst kritisch die Umgebung meiner Hütte. »Auf alle Fälle musst du deinen Graben verbreitern und den Abfluss vertiefen. Wir sehen uns später, okay?«

»Okay, Boss«, erwiderte ich.

Er schlurfte zu seinem eigenen Lager zurück, wohl um auch dort nach dem Rechten zu sehen, während ich mich um einen neuen Graben und heiße Getränke kümmerte. Bei der langsam aufsteigenden Mittagshitze dampfte das Dorf vor sich hin und kleine blassgraue Wolken zogen von den Dächern in die Laubkronen hinauf. Lundi war herübergekommen und half Sangui, das Laubdach über seiner Hängematte auszubessern. Später dann, bei einem Becher Tee, erklärte mir Sangui in groben Zügen die Fischerei der Bayaka. »Das Fischen liegt fast ausschließlich in der Hand der Frauen. Nur das Fischen mit Speeren, die meist vergiftet sind, das übernehmen die Männer.«

»Ich weiß, dass sie Kanäle und Becken angelegt haben, um jetzt bei niedriger werdendem Wasserstand die größeren Fische zu fangen und dann die jungen Fische in die Becken zu leiten«, ergänzte ich.

»Anschließend wird dann gebadet und nach Herzenslust gealbert«, berichtete Sangui.

»Das hast du alles schon gesehen?«, fragte ich anzüglich.

»Ja, meine Liebe, stell dir vor, ich war mit einer Babensele-Frau verheiratet und durfte sie und ihre Familie und alle Frauen drum herum nackt und auch von allen Seiten sehen.«

Ich staunte nicht schlecht: »Tatsächlich? Und da erzählst du mir gar nichts davon?«

Er grinste schief. »Du hast mich ja bis jetzt noch nicht gefragt.«

»Na hör mal«, unterbrach ich ihn. »So eine hochgradig interessante Angelegenheit erzählt man doch von alleine. Und was heißt hier überhaupt ›war‹ verheiratet?«, hakte ich neugierig nach.

»Na ja, nach einem Jahr hat sie sich von mir getrennt, weil ich nicht auf die Jagd ging und ihr kein frisches Fleisch nach Hause brachte. Ich habe Bakamba sehr geliebt, aber sie ging dann einfach und schickte mir freundlicherweise ihre jüngere Schwester, nach altem Brauch. Aber ich wollte ja nicht irgendeine.«

»Ach, mein armer Sangui, was für eine schöne Geschichte. Und bist du drüber hinweg?«

»Ja, das ist schon ein paar Jahre her.« Ganz offensichtlich wollte er nicht mehr darüber sprechen und lenkte ab. »Lundi, du brauchst gar nicht so zu grinsen, du kennst dich doch auch aus, beim Fischen ... und Baden! Die Babensele unterscheiden sich schließlich nur durch ihren Dialekt von den Bayaka und dadurch, dass sie ein bisschen weiter südwestlich zwischen Dolobo und Ngoto leben.«

Lundi nickte ein bisschen verlegen. »Ja, unsere Frauen ähneln sich, das stimmt.«

Das Wort Frauen schien sein Stichwort zu sein, denn auf einmal erhob er sich brüsk und verabschiedete sich. »Gute Nacht«, sagte er und trottete zur fünften Hütte.

Am nächsten Morgen stieg ich relativ grantig aus dem Bau in ein kalt-feuchtes Loch-Ness-Paradies. Ich hatte mich noch gar nicht entschlossen, wirklich draußen zu bleiben, da hörte ich schon Sanguis Stimme.

»Los, Cornelia, beeil dich, die Frauen brechen schon auf! Du wolltest doch unbedingt mit, oder?«

»Ach, du liebe Zeit, ja! Aber jetzt schon?«

Doch da tippelten bereits die ersten Frauenbeine vorbei und ich wollte schließlich kein Frosch sein, warf das Nötigste in den Rucksack und schloss mich eiligst der Nachhut an.

Ich geriet in den ekligsten Sumpf meines Lebens, es widerstrebte mir furchtbar, in diesen schwarz-grünen Modder zu treten, in das glitschige Ich-weiß-nicht-Was, das da unten das Maul aufhielt. Eine Albtraum-Horrorvision, und noch dazu die Stechmücken, die hier bis auf die Knochen gingen und wahnsinnig gefährlich waren, wie Sangui mich warnte. Die stickige Schwüle war bereits früh unerträglich und wir bekamen kaum Luft. Ich hatte gerade einen stützenden Ast gefunden, an dem ich mich weiter durch den Morast kämpfen wollte, doch natürlich musste das Aas abbrechen und meinen kaputten Finger wieder aufreißen. Ich glitt bis zu den Oberschenkeln in den Sumpf und schrie panisch auf, denn ich sackte immer noch tiefer. Ich saß inzwischen bis über die Hüften in dem Ekel-Schlick und ruderte wild um mich, um vorwärts zu kommen. Meine schlechte Laune wuchs von einer Sekunde zur nächsten und lauthals ließ ich es heraus: »Scheißdreck, verdammter!«

Erst nach einer Viertelstunde Kampf wurde der Boden etwas fester und endlich hörten wir Stimmen – Frauengesang, Babyschreien, Wasserplanschen … die schöne, heile Welt war wieder da und ich sah sie auch schon. Mbouka, Ngonga, Ndembo und Mbeli schippten übermütig lachend und plaudernd mit Kalebassen in schnellem Rhythmus Wasser aus den schmal angelegten Kanälen und fischten dann aus dem Seichten Krabben heraus, Zwergwelse und alle möglichen kleinen Fische. Es war wunderschön anzusehen, wie sich diese hübschen Frauen in graziöser Unbefangenheit vergnügten und arbeiteten. Mein Moortrauma war im Nu verflogen, denn die fröhliche Stimmung war überaus ansteckend. Leider aber waren meine Versuche, Fotos zu machen, völlig erfolglos. Die Kamera blieb beschlagen und rührte sich nicht. Zu ärgerlich! Aber es war auch außergewöhnlich dampfig hier. Die Frauen hatten jetzt bereits die von großen Fischen fast leer geschippten Kanäle in ein längliches Becken umgebaut, in dem sich nun nur noch Jungfische und Kaulquappen tummelten. Daraus wurde wieder ein kleines Kanalsystem entwickelt, das zwar frische Wasserzufuhr vom Bach bekam, aber durch ein eng verstricktes Astgeflecht die Fische am Ausbüchsen hinderte. Nun flogen die größeren Fische in die Tragekörbe und die kleineren wurden von den Mädchen aufgefädelt. Die kleinen Monster Mouboma und Boyemba schienen Spezialisten im Durchbohren von Lebewesen! Keine Spur von Empfinden … auch Raupen spießten sie mit entsprechender Gleichgültigkeit vom Leben in den Tod. Na ja, meine Tierliebe war vielleicht auch ein wenig übertrieben. Von beidem die Hälfte wäre halt noch völkerverbindender. Ich hockte mich zu den Frauen und wusch mir im Bach den Dreck und Schweiß von Armen und Hals. Das Wasser war wunderbar klar, und am liebsten hätte ich es wie Mbouka neben mir auch getrunken. Und schon flogen die Röcke weg und im Bach fing nun die große Wäsche an! Auch die Babys wurden gründlich eingeschäumt und gesäubert, mit unserer Seife aus der Wochenration. Ich musste lachen. Samtweich glänzte die braune Haut der Frauenleiber, auf ihren dunklen Locken glitzerten rückständige Wassertropfen bei jeder kleinsten Bewegung in silbrigen Blitzen auf, wunderschön waren sie, die Bayaka-Frauen. Kindlich und voller Lebensfreude. Übermütig bespritzten sie sich mit Wasser. Lundi und Sangui, als nur geduldete Zuschauer, weil Männer, saßen etwas abseits und Lundi tat, als ob er nichts sähe.

»Na, Cornelia?«, fragte Sangui auffordernd, der ohne Scham und mit Genießerblick dem Treiben folgte.

»Nein, danke.« Ich winkte ab, obwohl mich der klare Bach sehr reizte und auch die lustigen Frauen, doch ich konzentrierte mich bereits völlig humorlos auf den gefährlichen Rückweg.

Dann war alles gewaschen und versorgt, angezogen und gefangen, und es kehrte wieder Ruhe ein. Die Frauen schmückten sich an der Hüftschnur mit hübschen Blättern, Sangui half mir noch, meinen Finger notdürftig zu verarzten, denn der Nagel war tief eingequetscht und tuckerte wie wild. Dann machten wir uns wieder startklar und folgten den Frauen. Mbouka rupfte eine Pflanze mit langem Wurzelgeflecht aus dem Bachufer und machte mir Zeichen in Richtung auf meinen Finger.

»Bokoko!«, rief sie herüber und zeigte mir die Blüten, die der Dolde einer Ananasblüte stark ähnelten.

»Die Bokokoblüte ist eine großartige Heilpflanze. Alles an ihr ist zu verwenden! Aber pass du jetzt lieber gut auf den Weg auf, es geht wieder los«, warnte Sangui mich plötzlich.

Tatsächlich stolperte und glitschte ich bereits völlig ungraziös von einer Schlammfalle zur anderen. Tapfer sind sie ja, diese Bayaka, dachte ich, denn dieser Sumpf birgt auch für sie tödliche Gefahren, Fieber, Schlangen, mörderische Insekten, das wissen sie ganz genau. Doch wir überstanden diesmal alles gut und die Mädchen und jungen Frauen sangen ausgelassen, als wir zum Dorf zurückkamen. Ihre nackten Körper glänzten im einzigen Abendsonnenstrahl, der in warmem Rotton ihre Haut vergoldete, während der Wald bereits in Blau- und Grüntönen versank und mit dunstigen Schleiern auf geheimnisvoll machte. Sie waren wunderschön, diese kleinen fröhlichen Wesen mit den Blätterbüscheln um die Hüften und den Fischen, die sie an den Lianenschnüren wie lange Ketten vor sich her trugen oder auf großen Blättern auf dem Kopf balancierten. Mboukas und Ngongas Babys hingen schläfrig in ihren breiten Hüftgurten.

## Ein Fest im Pygmäenlager

Endlich wieder im Lager – ich war am ganzen Körper zerstochen und verkratzt, es brannte und juckte –, betupfte ich wehleidig meinen geschundenen Körper mit Alkohol und verarztete den Finger. Die Frauen begannen drüben an den Feuerstellen Gemüse zu schneiden, tratschten und bereiteten den Fisch auf großen Kochblättern zu. Mbouka winkte zu mir herüber, dass ich zum Essen kommen solle. »Beta«, rief ich zurück und erntete begeistertes Gekreische; anscheinend hatte ich es richtig ausgesprochen, mein »Später am Tag«. Sie arbeiteten fleißig: Sumamehl wurde in einen Kochtopf mit heißem Wasser geschüttet und langsam über dem Feuer mit einem kleinen Holzspatel gerührt und zu Brei verkocht. Eine kleine, braune Nuss, Urwaldknoblauch, der sehr würzig und ein bisschen auch nach Muskat roch, wurde zerstößelt und auch in den Topf gegeben, während sich Mbouka und Mouboma um den Grill kümmerten. Sie legten die kleinen Fische in die Blätter, gossen ein paar Tropfen rotes Palmöl darüber, wickelten sie zusammen und kreuzten die »Rouladen« noch einmal geschickt mit einem etwas länglichen Blatt. Dann legten sie sie zum Garen dicht neben das Feuer. Nun mischte sich in das allgemeine Palaver auch Singen und Tamtam, was mich neugierig zum Dorfplatz zog. Ich fand eine richtig beschwingte Fetenstimmung vor. Meine Freunde amüsierten sich prächtig, Mouboma lachte aus vollem Hals und übte abseits ein paar Tanzschritte, die noch nicht so richtig saßen, vielleicht war das ein neuer Tanz? Sie schwang die Ellbogen kräftig zur Seite und stellte danach das rechte und dann das linke Bein aus, ein Hüpfer nach vorne, der ging daneben, und sie lachte noch lauter, Boyemba tanzte nun mit, wieder Ellbogen, zweimal seitlich …

Trotz aller Fröhlichkeit beschloss ich, etwas abseits zu bleiben, um nicht etwa zu stören. Denn manchmal war ich mir nicht sicher, ob sie sich nicht doch genierten, wenn ständig jemand um sie herum war, beobachtete und dumme Fragen stellte. Vielleicht ging es ihnen ähnlich wie mir, wenn sie mir durch ihre ständigen Beobachtungen durch das Gebüsch auf die Nerven fielen.

Es hatte sich schließlich eine kleine jugendliche Tanzgruppe in der Dorfmitte geformt, Mouboma, Boyemba, Makum, Limboko, Makano, Ngouluma, Lundis Braut, wie ich sie nannte, und Ngonga, die anscheinend so eine Art Vortänzerin darstellte. Sie sang sehr laut und unmelodisch, wobei sie bei jeder Strophe mit einem fürchterlich gellenden Ruf endete, fast schon einem Kreischen, und die Zuschauer klatschten aufmunternd im Takt und erwiderten das Kreischen. Es machte ihnen große Freude, das sah ich, und ich genoss diese schöne Stimmung, die sich langsam aufheizte. Mouboma bildete nun eine Reihe mit den anderen Mädchen, Boyemba und Mambelene, und tanzte gegenüber von Boboko, Ngoja und Makum. Die Jungs tanzten auch in Reihe, jedoch recht verhalten. Ich hatte das Gefühl, dass sie es sogar etwas albern fanden, unter der Würde eines angehenden jungen Kriegers. Denn sie warfen sich ab und zu entsprechende Blicke zu, um dann wieder zu Boden zu schauen und mit hängenden Schultern mehr oder weniger lahm dem Rhythmus zu folgen. Ein paar Erwachsene saßen erwartungsvoll um den Kreis der Tänzer. Ngonga machte jetzt ein paar Schritte in der typischen Pygmäenbewegung, etwas breitbeinig, schräg nach vorn außen gestellte Füße, in den Knien kräftig eingeknickt, Hüftschwung und Backstep, zwei ... drei ... Jetzt kam Mouboma, tanzte ein paar Schritte vor, wobei sie genau jede ihrer Körperbewegungen kontrollierte und beobachtete, auf die Jungs zu, und dann im letzten Augenblick machte sie einen kessen Schlenker auf Boboko zu, ihre kleinen Brüste wippten aufreizend, das Baströckchen kreiste, sie lachte ihn kurz an und tanzte, stampfte viel Staub aufwirbelnd wieder in die Reihe zurück. Ganz offensichtlich war das eine direkte Herausforderung, die Umsitzenden klatschten im Rhythmus in die Hände und Mbouka lachte wissend zu Boboko hinüber, für sie war die Sache entschieden. Nun tanzte die kleine scheue Boyemba vor, mit gesenktem Blick, vier Schritte vor, nicht mal in die Nähe eines jungen Mannes. Ngoja hatte sich jedoch vorsichtshalber etwas aus der Reihe manövriert, ihm war die Sache auch nicht geheuer und dann tanzte Boyemba wieder auf ihren Platz. Dort in Sicherheit, machte sie einen starken Hüftschlenkerer, dass die kleinen Blätter an dem Hüftgürtel über die strammen Pobacken flogen, und lachte befreit auf. Die Erwachsenen klatschten schneller, jodelten begeistert und feuerten die Jungen an. Boboko tanzte nun in die Mitte, langsam und konzentriert. Ihm machte die Sache langsam Spaß, seine Muskeln spielten bei jedem Schritt, während er sich breitbeinig Mouboma näherte, die ihrerseits auch ein paar aufreizende Schritte auf ihn zu tanzte. Es war nicht zu übersehen, dass Mouboma seine Bewunderung erregt hatte und damit spielte. Für einen Moment schienen die beiden die anderen vergessen zu haben, es gab nur ihre Körper, die zueinander drängten. Es war ein ausgesprochen sinnlicher Tanz. Mouboma wusste auch ganz offensichtlich, wie schön sie gerade war, denn so wie sie sang und mit schrillen Kicksern schrie, so wie sie sich bewegte, war sie glücklich und selbstbewusst. Inzwischen bewegten sie sich fast Leib an Leib, Moubomas Lippen waren geöffnet, kleine Schweißperlen standen auf ihrer Oberlippe – Boboko schaute ihr tief in die Augen, einen langen Moment, dann drehte er sich abrupt ab und tanzte zur Seite, der Nächste sollte kommen, er hatte wohl genug offenbart.

Wie aufregend! Gebannt sah ich den jungen Leuten beim Tanzen zu. Ganz plötzlich jedoch verlief alles im Sande. Die Tamtams verstummten, Eko, der halbherzig getrommelt hatte, erhob sich und die jungen Leute ließen sich kichernd in den Schatten fallen. Nach Geschlechtern getrennt, versteht sich! Offensichtlich hatten sie keine Lust mehr. Die älteren Dorfbewohner, Somba und Ndokanda, die mit drei neu angekommenen Frauen vor ihren Hütten sitzen geblieben waren, kommentierten den Tanz mit heiterer Gelassenheit.

Ich trug all die Einzelheiten in mein Tagebuch ein, schrieb gerade die Namen auf und bat Ndokanda, irgendein kleines Zeichen in mein Heft zu malen. »Nur ein kleines Bild, bitte!«, drängte ich sie freundlich. Sie schnaubte verlegen und schaute mit vorgehaltener Hand zu Somba. Der nickte aufmunternd und schon hielt sie mutig den Stift in der Hand. Unter den aufmerksamen Blicken Sombas und der Besucherinnen entstand ein futuristisches Zickzack-Gekrakel. Ich bedankte mich herzlich, sehr zur Freude Ndokandas, die mir nun ganz schnell das Gemälde zurückgab und sich vor Lachen streckte. Überrascht stellte ich fest, dass die Pygmäen gar keine räumlichen Figuren darstellen können, nicht einmal Kreise.

Ich bedankte mich noch einmal: »Es ist sehr schön geworden und ganz sicher werde ich es bei mir zu Hause vergrößert an einen Ehrenplatz hängen. Danke, Ndokanda!« Ich nickte erst ihr anerkennend zu, dann den überraschten Neuankömmlingen. Ganz sicher hatten die Dorfbewohner längst das Wichtigste über unser Dasein erzählt, wenn auch vieles für sie kaum begreiflich war. Trotzdem fiel es mir immer wieder auf, dass unser Verhalten, unser Anderssein von diesen sympathischen kleinen Menschen schnell akzeptiert wurde. Mir war es peinlich, dass wir so völlig ohne Vorbehalte akzeptiert wurden, schlimmer noch, als hätten wir Weißen, Hochwüchsigen Privilegien und eine absolute, unkritisierbare Daseinsberechtigung. Warum? Doch dieses Thema müsste ich wohl in einem anderen Leben durchdiskutieren, hier und jetzt war einfach zu viel los.

In letzter Zeit kam oft Besuch ins Lager, ein paar Verwandte oder Jäger, die Wild eintauschen oder einfach die lieben Nachbarn besuchen wollten. Auch die heutigen Besucherinnen hatten volle Körbe mitgebracht und machten sich nun ans Auspacken. Sie richteten sich um die Feuerstellen herum ein, klönten oder stillten ihre Babys und kümmerten sich dabei ausgiebig um die Essenszubereitung. Es schienen besonders leckere Dinge in den hohen Tragekörben zu sein, denn auch unsere Gastgeberinnen drängten neugierig hinzu. Irgendetwas Vielfüßiges krabbelte um tiefgrüne Gemüseblätter und ich erkannte noch einen schwarz geräucherten Antilopenschenkel. Unter Lachen, Palavern und Quasseln wurden lecker duftende Köstlichkeiten zubereitet, die mich nun doch näher zogen.

»Bonjour, je suis Cornelia«, begrüßte ich die drei neuen Damen, die mir freundlich zunickten.

»Balâo.«

Aha, sie sprachen eine Fremdsprache, denn »balâo« war die Begrüßung in der Landessprache der Zentralafrikanischen Republik – erfahrene Damen also. Sie wirkten interessiert und freundlich, waren hutzelig klein, aber richtig hübsch. Neugierig schaute ich in die Blätterwickel. »Hmm! Très bon«, murmelte ich und lächelte ihnen anerkennend zu, während Mbouka etwas dazu erläuterte. Es wurde mit einem langgezogen zustimmenden »èhee« bestätigt. Ich hockte mich dazu, und als es ans Essen ging, wurde ich aufmerksam von Mouboma bedient, die vom Tanzen noch völlig außer Atem war. Am meisten genoss ich den in einem würzigen Blatt gedünsteten Fisch, der nach einem Hauch Zitrone und zartem Pfeffer schmeckte. Es war ein richtiger Festschmaus und auch die nussige Suppe mit dem Antilopenfleisch schmeckte hervorragend. Ngonga schubste mich andauernd lachend an, ich solle doch noch von den Raupen essen! Das Luder wusste, dass ich sie nicht mochte, und ich drohte ihr. Zugleich prusteten wir vor Lachen los und klatschten uns gegenseitig auf die Handflächen; wir amüsierten uns prächtig. Begeistert bedankte ich mich bei der Frauengruppe für diesen schönen Abend:»Merci, mingi.«

Dann sah ich zu Sangui hinüber, der offensichtlich als Langzeitgast in Lundis Pension aufgenommen war. Gemütlich saß er mit Lundi und einer der neuen Frauen vor dessen Anbau, und offensichtlich wurden sie alle von Ngouluma reichlich verwöhnt. Sangui rief mit vollem Mund zu mir herüber:»Wunderbar, der Raupenspieß mit den Sumastücken. Und bei uns in Bangui bekommst du kein so gutes Kokogemüse, wie ihr es gerade esst. Hier im Urwald ist es einfach viel besser.«

Zu den Menüs notierte ich später, als der schöne Abend ausgeklungen war, in meinem Tagebuch: Heute gab es »Brochette de chenilles à la braisse entourée de suma« und »Poisson Yassa avec légume de Koko«. So könnte ich es mir auf der Speisekarte eines Spezialitätenrestaurants vorstellen. Infrage käme noch »Cuisse de céphalope emincée aux noix Payo avec une boule de Suma«. Le dessert:»Miel de la récolte Bayaka«. Bei uns in München würde das dann eher so heißen: Raupenspieß mit Pommes, Fischmäc mit Krautsalat, Antilopenschenkel mit Semmelknödel und zum Nachtisch Honig nach Hausfrauenart.

# 3. Heilkunst, Jagd und Zauber

## Urwaldapotheke

Um die Geheimnisse der Urwaldapotheke noch besser zu erforschen, bat ich Lundi, mich auf einen Lehrgang in den Urwald zu nehmen. Eko schloss sich uns an, weil er eine Heilliane schlagen wollte. Nur allzu bald stießen wir auf einen grünen Schnürsenkel, der eilig davonschlängelte. »Attention, cette serpente est mortelle.«

»Dieser Winzling soll tödlich sein?«, rief ich. Es gab mir einen eiskalten Stich, war man hier denn nirgends sicher, hatten die Bayaka keine Angst? »Lundi, was machen denn die Leute, wenn sie von einer Schlange gebissen werden?«, wandte ich mich an meinen treuen Freund.

»Ach, das ist so selten«, antwortete er. »Hauptsächlich schützen sie ihre Kinder vor Angriffen. Ansonsten haben sie so einen Stein, so ein kleines Holzkohlefragment, das man auf die Wunde drückt. Es zieht dann Giftrückstände aus der Haut. Anschließend, nach Gebrauch, erhitzt man den Stein und reinigt, entgiftet sozusagen, die benutzte Stelle in Flüssigkeit. Man kann diesen Stein zu allem Möglichen verwenden. Hier, schau mal!« Er reichte mir einen kleinen, sehr harten, etwa fingerdicken schwarzen Kohlestift. »Das ist meiner. Ich habe ihn schon seit einem Jahr und er hat mir bereits bei einer Blutvergiftung das Leben gerettet.«

»Na wunderbar! Ehrlich gesagt, mir würde das Blut ziemlich in den Adern gefrieren, und ich kann mir nicht vorstellen, dass sich da noch irgendein Tropfen zur Behandlung finden würde«, gab ich sorgenvoll zurück und passte nun extra genau auf, wo ich hintrat. Manche Lianen wuchsen hier in Leibesdicke, eine um die andere geschlungen und so zusammen um einen Baum gewickelt. So beherbergte ein Baum direkt vor uns mindestens 30–40 verschiedene Gewächse.

»Schau mal, Lundi.« Ich zeigte auf das knorrige Wunderwerk, das sich wie ein altes Wesen in die Höhe gereckt hatte und von weit oben mit holzigen Augen zu mir herunterschaute. »Grüß Gott«, winkte ich ihnen zu.

Lundi blieb stehen und erklärte: »Stell dir mal vor, jede einzelne Liane hat einen unterschiedlichen Heil- oder Stimulationseffekt. Wir werden mal ein bisschen heraushacken.«

Eko kletterte nun behände den knorrigen Stamm hoch. Er hatte einen breiten Rindengurt um seinen Körper und den Stamm gewunden und hangelte sich mit dessen Hilfe Stück für Stück nach oben durch unendlich lange Schlingen, die sich den Weg ins Licht suchten, und weiße, keimende Sprösslinge, die in der stickigen Feuchtigkeit überall hervordrangen. Mit ein paar gezielten Axthieben schlug er einen Teil des Lianengeschlinges heraus und zerrte es mit sich herunter.

»Die ist sicherlich über 200 Jahre alt, und siehst du hier den Anschnitt ... mindestens 20 verschiedene Holzfärbungen und Fasern«, meldete sich Lundi wieder zu Wort.

Eko trug das unhandliche Stück leicht stöhnend auf den Schultern weiter.

»Das kommt in die Urwaldapotheke, und im Lager können wir alles genau analysieren. Wirklich eine fantastische Idee, hier findet man ja tatsächlich immense Schätze.«

»Ja, die Basis fast aller Arzneimittel, und die alten Frauen hier wissen um jedes Geheimnis.«

»Darüber schreibe ich später einmal ein Buch. Ich finde es hoch interessant, wenn man diese Ur-Heilmittel praktisch wachsen sieht und als Lebendmaterie durch die Hände gleiten lassen kann, und später wird eine Paste daraus.«

Wir beschlossen, eine Pause zu machen. Eko rauchte eine Zigarette aus mbanga, wie dieser Tabak generell heißt. Die

Blätter werden fest zusammengerollt und dann geraucht. Ich habe es mal probiert und fand es so wahnsinnig stark, dass ich mir nach nur einem Zug fast die Lunge herausgehustet habe und bis zum Abend heiser war. Zum Teil tauschen Männer die Tabakblätter auch in den Dörfern, gegen Salz zum Beispiel, das für sie sehr wertvoll ist. Dann gibt es noch die getrockneten Blätter, kama, die speziell in der Pfeife geraucht werden. Zum Beispiel in einer Raphiapfeife, deren Kopf aus der ausgehöhlten Nuss der Raphiapalme besteht und die einen Zweig als Stiel hat. Auch gibt es Pfeifen aus Bambus oder Bananenholz, aber die werden ebenso in Dörfern eingetauscht. Oft wurden die Zigaretten in mehrere Stücke gebrochen, so war es einfacher zum Aufteilen.

Eko hatte heute sogar eine eigene Zigarettenspitze aus Holz dabei, die unter der Bezeichnung »poloti« recht gebräuchlich ist. Alle Bayaka rauchen, auch Frauen und Kinder. Doch hier ist dieser Genuss einfach zum Relaxen gedacht, für die Zeit der Entspannung, entweder im Camp oder bei einer Rast im Wald. Es hat nichts zu tun mit dem gestressten Rauchen als Ersatzhandlung.

Lundi, offensichtlich müde, kramte eine dreieckige Nuss aus seinem Fellbeutel, der mit dem Fetisch um die Hüfte hing. Er biss ein Stück ab, kaute darauf herum und reichte die Nuss dann an mich weiter. Ich beäugte sie misstrauisch.

»Du kannst dir ruhig ein Stück abbeißen, das ist so eine Art Kolanuss«, erklärte er mir, »zum Aufmuntern, fast wie Kaffee, doch die Wirkung hält länger an.« Ich biss hinein, doch fand ich den pelzigen Tanningeschmack nicht gerade bereichernd, er zog mir sämtliche Spucke zusammen.

Traumwandlerisch sicher führte mich Lundi danach wieder zurück ins Dorf. Es war ein ziemlich schwerfälliger Marsch, denn kein Lüftchen rührte sich, und mir rann der Schweiß in Bächen aus der Kappe raus. Ich beneidete die Pygmäen, bei denen ich nie auch nur eine einzige Schweißperle gesehen hatte … außer beim Tanzen!

# Naturmedizin

Die Bayaka-Pygmäen kennen Hunderte verschiedener Heilpflanzen. Die Anweisungen für Mischung, Zubereitung und Dosierung werden seit Jahrhunderten von den alten Frauen an die jungen weitergegeben. Alles, was mit Sexualität und Fruchtbarkeit zu tun hat, spielt dabei eine große Rolle. Wenn eine Frau über das Klimakterium hinaus fruchtbar sein möchte, muss sie einen Tee aus der Malanga-Rinde trinken. Wenn man das Essen mit der Mongemba-Wurzel würzt, steigert sich die Potenz beim Mann.

Ein paar weitere Beispiele:

Im Fall von Grippe, Katarrh oder Lungenentzündung verwenden die Bayaka die Blätter der *Leptonychia*. Dabei werden die Blätter entweder mit etwas Wasser zu einer Paste zerstampft und auf der Brust eingerieben, oder sie werden zerstampft und in kaltem Wasser angesetzt. Sobald das Wasser dickflüssig wird, wird es abgeseiht und getrunken.

Wunden werden geheilt, indem man zerstoßene Blätter von *Paullinia pinnata* auflegt und mit einem ganzen Blatt befestigt.

Und so geht es quer durch die Botanik und alle möglichen Beschwerden. Gegen Kinderlosigkeit, Ungeziefer, Epilepsie, Herzanfälle, Müdigkeit oder Augenkrankheiten – immer hält der Urwald ein Mittel bereit. Und natürlich gibt es auch Rauschmittel. Wenn die Bayaka vorhaben, lange zu tanzen, rösten sie die Wurzeln von *Canthium orthacanthum* und zerstoßen sie zu Pulver. Dieses Pulver wird mit Salz und Palmöl vermischt und auf Brust, Rücken und Füße aufgetragen. Mit Hilfe dieser Pflanze, so die Pygmäen, kann man lang tanzen, und der Tanz wird schön sein. Alle werden Beifall klatschen. Eine Art Urwald-Ecstasy!

In Afrika gibt es keine schriftliche Überlieferung der Volksmedizin, und die Gedächtnisleistung der Menschen, die ein so umfangreiches Wissen bewahren, ist bewundernswert.

Seit die industrialisierte Welt auf diesen Schatz an Heilmitteln aufmerksam geworden ist, bemüht man sich, den Geheimnissen der Naturvölker auf die Spur zu kommen. Die großen Pharmakonzerne schicken Botaniker aus, die Kräuter, Rinden, Beeren und Pilze sammeln sollen, denen Heilkraft zugeschrieben wird, und Kontakt zu Naturheilern aufnehmen sollen. Vor allem hofft man, durch die Anwendung neuer Substanzen den bisher unheilbaren Krankheiten wie Krebs oder Aids beizukommen. In den Labors wird das Gesammelte dann auf seine Heilkraft überprüft.

Der *Stern* befasst sich in seiner Ausgabe vom 19. 3. 98 mit diesem Thema und berichtet, dass allein das Nationale Krebsinstitut der USA schon Tausende von Pflanzenextrakten auf ihre Wirkung gegen Tumoren getestet hat.

Eine amerikanische Arzneimittelfirma mit dem bezeichnenden Namen Shaman Pharmaceuticals verlässt sich weitgehend auf die Kenntnisse traditioneller Heiler und hat damit gute Erfahrungen gemacht. Schließlich sind die verwendeten Substanzen seit Jahrhunderten an Menschen getestet worden. Die Firma ist bei ihren Forschungen auf ein garantiert wirksames Heilmittel gegen Durchfall gestoßen: *Sangre de Drago*, zu Deutsch Drachenblut.

Um dieses rote Gummiharz zu gewinnen, schlägt man mit der Machete Kerben in die Rinde eines Baumes namens *Croton lechleri*. Fünf Tropfen des zähflüssigen Saftes, dreimal täglich genommen, helfen auch gegen die schwersten Fälle von Montezumas Rache. Der Saft hat keine Nebenwirkungen und wird selbst kleinen Kindern verabreicht.

Es ist bisher noch nicht gelungen, diese wirksame Substanz zu synthetisieren. Man ist also immer noch darauf angewiesen, *Croton lechleri* anzuzapfen. Aber das ist ein anspruchsloser und schnellwüchsiger Baum, der sich in Tropengebieten leicht auf Plantagen ziehen lässt.

Das Absurde an der Sache ist, dass wir so große Hoffnungen in die Naturmedizin setzen, während die Naturvölker überzeugt sind, dass unsere Pillen Wunder wirken. Während ich versuchte, ein bisschen in die Heilkunst der Pygmäen einzudringen, kamen sie immer zu mir gelaufen, um sich verarzten zu lassen.

*Literatur zu diesem Thema:*
Elisabeth Motte, *Les Plantes chez les Pygmées Aka et les Monzombo de la Lobaye.* Paris 1982.

## Jagdbeute und Kräutergarten

Die Jagdbeute gehört immer allen gemeinsam. Die Frau des Jägers, der das Tier erlegt hat, bekommt den Kopf, der Rest wird nach Hierarchie verteilt. Es ist auch genau festgelegt, wer welche Teile bekommt.

Zum Haltbarmachen wird das Fleisch zuerst in starke Flammen gehalten und dann bei milder Hitze weiter geräuchert, oder es wird einfach auf das Hüttendach zu den anderen Wertsachen und Fliegen in die Sonne gelegt, die sich täglich etwa eine halbe Stunde zeigt, nämlich wenn sie genau um 12 Uhr über dem Lager steht und durch eine kleine Blätterlichtung hoch in den Wipfeln durchschimmern kann.

Heute aber hatten die Jäger nur einige Kleintiere mitgebracht, Eichhörnchen und dergleichen, und da bedurfte es keiner großen Verteilungszeremonie.

Mir tat es Leid um die putzigen Tiere, und ich bat Sangui eindringlich, mich als krank zu erklären, falls auch bei uns Fleischteile auftauchen würden.

»Okay«, lautete die Antwort, »aber mit deiner sensiblen Tierliebe wirst du hier noch viel leiden, außerdem musst du mal wieder Fleisch essen.«

»Danke, aber das hebe ich mir für Bangui auf, und dann heißt das Steak à la Pilipili mit Petersilien-Kartöffelchen und grünen Bohnen, dann heißt die Vorspeise grüner Salat mit gedünsteter Hühnerleber und Basilikum und die Nachspeise heißt dreimal Mousse au chocolat und dann heißt das Getränk dazu Château Clarke 1994«, erklärte ich hochnäsig und ließ einen verdutzten Sangui zurück, während ich mir nun meine Duschutensilien und den Wassereimer schnappte.

»Davon musst du mir mal mehr erzählen, Cornelia!«, rief er mir lachend hinterher.

In den nächsten Tagen blieb ich im Lager, machte Aufzeichnungen und pflegte meine Wunden und Gebrechen, ohne weiter über das Leben nachzudenken. Ich hatte das Gefühl, dass ich beschlossen hatte, noch recht lange hier zu bleiben, denn ich dachte selten an zu Hause. Kleine heimatliche Essensgelüste machten sich zwar häufiger bemerkbar, und mein Gesundheitszustand war recht labil, doch abgesehen davon fühlte ich mich gut, heimisch fast.

Ich hatte mir bereits einen Garten angelegt und bestaunte die kleinen grünen Knospen, die sich dort entwickelten. Später einmal sollten die Pflanzen gegen Husten nützlich sein. Ich investierte viel Begeisterung in meinen Kräutergarten. Dazu suchte ich vor allen Dingen noch ein bestimmtes Bäumchen, das mich wegen seiner Vielfalt schon lange interessierte. Ich hatte es in dem alten Buch gefunden und Mouboma hatte es auf dem Bild wiedererkannt ... ngbanza-ngele. Ein Aphrodisiakum, wenn man die Wurzeln kaut, verbreitet es mit seinen jungen Trieben als »Tissan« gute Laune, heilt als Brei Durchfall und macht unwiderstehlich, wenn man sich mit den Blättern abreibt. Das wollte ich unbedingt erleben, und ich suchte die unmittelbare Umgebung ab. Schließlich fand ich es nicht allzu weit vom Lager entfernt, an einem dicken Baumstamm versteckt. Vorsichtig versuchte ich das weitverzweigte Wurzelwerk auszugraben, als ich plötzlich Schluchzen und ganz ergreifendes Weinen hörte. Ich war völlig verblüfft, denn ganz offensichtlich waren es menschliche Laute. Vorsichtig schlich ich in die Richtung und da sah ich auf einer winzigen freigeschlagenen Lichtung die kleine Mouboma. Sie hockte am oberen Teil eines aufgeworfenen Hügels, wahrscheinlich ein Grab, ihr Körper wurde bei jedem Schluchzen heftig geschüttelt und das Gesicht war nass von Tränen. Dann setzte sie sich weiter vor, ich nehme an, dass es das Kopfteil des toten Menschen war, denn hier wurden die Toten mit dem Gesicht zur Morgensonne begraben. Ich blieb wie angewurzelt stehen und verging fast vor Mitleid. Doch wusste ich nicht, wie ich mich verhalten sollte, Trauer sollte man respektieren, und vielleicht würde sie sich schämen, wenn ich sie weinen sah, vielleicht wollte sie auch alleine sein in ihrem Unglück und an die vergangene Zeit denken? Ach was, vielleicht! Sicherlich konnte ich sie trösten, zumindest ein wenig. Ich bog die Zweige auseinander und ging langsam auf sie zu und sah in dunkle verzweifelte Kinderaugen. Ich kniete mich neben sie und nahm sie stumm in die Arme, schmiegte meine Wange an ihre und wiegte sie sachte. Lange hielten wir uns so umschlungen und wurden uns innig vertraut, als ich ihren Kopf ein wenig zurück nahm, auf den kleinen Hügel deutete und sie fragte: »Maman?«

Sie nickte traurig und stand auf. Burschikos wischte sie sich mit dem gesamten Arm die Tränen aus dem Gesicht, und als ich ihr mit meinem Halstuch die triefende Nase putzte, mussten wir beide lachen. Ich drückte sie noch einmal an mich und dann gingen wir Hand in Hand ins Lager zurück. Plötzlich bückte sie sich und zog mühsam eine Pflanze aus der Erde. Sie hielt sie mir unter die Nase und zog bedeutungsvoll die Augenbrauen hoch. Tatsächlich? Das also war die Liane, die mich auch interessierte, seit ihr Name leise im Zusammenhang mit der Giftpfeilbereitung erwähnt worden war. Das hatte ich nun fast vergessen gehabt. Gemeinsam gruben wir sie in meinem kleinen Garten ein und Mouboma erklärte mir mit Lundis Hilfe einiges zu diesem Gewächs: dass es gegen Würmer half oder, zerstößelt ins Wasser geschmissen, Fische betäubte, die daraufhin leichter mit Speeren zu erlegen waren.

»Diese äußerst seltene Ibolo-Liane dient auch mit ihren kleinen roten Früchten zur Giftbereitung für die Jagdpfeile«, schloss Lundi seine Übersetzung.

144

»Na, wenn sie außer Fischen auch Würmer vernichtet, beachte man bitte die Gegenanzeigen. Magenbluten, Darmkoliken und Herzrasen nicht ausgeschlossen!«

»Du?« Sangui hatte sich inzwischen mit der Reinigung unseres Wasserfilters gequält und füllte nun die Gallone nach. Ich hockte mich zu ihm und zog Mouboma neben mich. »Sag mal, weißt du was über die Kleine und ihre verstorbene Mutter?« Dabei streichelte ich ihr über die Haare, die hart wie ein Topfkratzer waren.

»Na ja, nicht viel, nur, dass sie vor ungefähr fünf Jahren bei der Geburt eines Sohnes gestorben ist. Mouboma hat sich aufopfernd um den kleinen Bruder gekümmert, doch der ist wohl an der gleichen Infektion wie seine Mutter gestorben. Auch Djele trauert bis heute, das hat mir Mbouka mal erzählt, als ich nach ihrer Mutter fragte. Sie war eine berühmte Heilerin und hatte wohl großen Einfluss auf den Dorfältesten. Erst jetzt, nach Jahren, hat er den Gedanken gefasst, sich wieder eine Frau zu suchen.« Sangui schaute Mouboma an und fragte sie etwas, worauf sie in knappen Sätzen antwortete.

»Sie ist oft am Grab der Mutter, auch Boboko geht häufig hin«, übersetzte Sangui.

Plötzlich stand Djele neben uns, beziehungsweise neben Mouboma, und setzte einen jungen Kauz vor ihr zu Boden. Der sah richtig niedlich aus, puschelig und verschlafen, in seinem bräunlichen Plüsch mit weißen Querstreifen. Er taumelte plattfüßig zum nächsten Blätterhaufen und raufte sich die Federn mit dem Schnabel, dann blinzelte er dumm vor sich hin, schaute einmal rund um den Hals und wieder zu uns und fiel um. Und endlich lachte Mouboma wieder.

## Würmer, Maden und ein Fetischeur

Es war seit Tagen mal wieder drückend schwül. Bereits jetzt am frühen Morgen war es äußerst unangenehm, aber im Gegensatz zu mir litten meine Freunde überhaupt nicht unter dieser Treibhausatmosphäre. Ich saß bei Djeles Hütte mit den anderen zusammen und wir frönten dem Nichtstun, der berühmten Bayaka-Muße. Limboko hockte mit Boboko gelassen im Sand und pulte eifrig in den Zehen herum. Körperpflege war offensichtlich angesagt, während die Jäger mit Lundi daneben auf ihrem Baumstumpf saßen und palaverten. Limboko war bei Verwandten gewesen und hatte Diverses zu erzählen, denn jedes Mal, wenn er ein paar knappe Sätze in die Runde warf, kam ein erstauntes »èyeehh?« zurück. Lundi, der sehr wohl und gut genährt aussah, reizte mich schließlich zu einer anzüglichen Bemerkung: »Mon ami, du bist dicker geworden, anscheinend geht es dir hier gut und du vermisst deine Familie nicht allzu sehr?«

Prompt und ohne beleidigt zu sein, antwortete er: »Weißt du, Cornelia, hier im Wald ist das Leben ganz anders. Es gibt immer Nahrung und bei der Jagd gibt es sogar frisches Wild. In Bangui müsste ich dafür viel Geld bezahlen! Und außerdem ist die Jagd gut für einen Mann«, fügte er noch selbstbewusst hinzu.

»Ach, du machst also Urlaub hier?«

Dabei mussten wir beide lachen. Die Männer wollten auch wissen, was so komisch sei und als Lundi es übersetzte, nickten sie bestätigend. Sie beschlossen noch in längerem Palaver, nach dem kommenden Regen Elefanten aufzuspüren, denn auf feuchtem Boden sieht man die Spuren am besten und Geräusche, wie Schritte oder das Knacken der Äste, sind weniger laut.

Ich setzte mich hin und zog die Stiefel aus, woraufhin die Jungs nicht schlecht staunten, als sie meine hellweiß-bläulich schimmernden Füße sahen. Ja, das kam von der ständigen Feuchtigkeit, irgendwann würden mir wohl auch noch Schwimmhäute wachsen! Ich schaute mir den Fuß an, und da kam Mopo schon mit Kennerblick und deutete auf den mittleren Zeh, unter dessen Nagel es leicht geschwollen war, kaum der Rede wert eigentlich, aber dort hatte ich so ein pelziges Gefühl. Da hatte sich zweifellos irgendein Vieh eingegraben. Mopo holte ein geschliffenes Bambusholz aus dem Gürtelsack.

»Nein danke!« Entschieden winkte ich ab. Aber irgendwie musste das Vieh ja raus. Ich holte mein Taschenmesser heraus und hielt es ins Feuer, und als es richtig schön glühte, drückte ich es Mopo in die Hand. »Lundi, erkläre ihm bitte, dass die Hitze alles Schmutzige von der Klinge brennt und dass man deshalb keine Entzündung bekommt, sie sollten das auch machen, die Bambusmesser sind ja ziemlich stabil! Auuaa«, ich zuckte zusammen, als Mopo in die Haut schnitt, doch er nickte begeistert, dann pulte er noch ein bisschen und nun wurde er fündig. Iihhh, er hatte eine große hellbraune Made angequetscht, die nun auf den letzten festen Druck unter dem Nagel herausflutschte. Wie eklig! Ich zog mich humpelnd zu meinem Verbandszeug zurück und goss reichlich Jod in die Schnittstelle. Hatte es mich also doch erwischt, obwohl ich so Acht gab, damit mich auch keine Sandflöhe ansprangen und ihre Brut unter die Zehennägel legten. Hoffentlich waren nicht noch mehr Eier gelegt.

Um den Tag der Muße als solchen zu beenden, gesellte ich mich anschließend zum »Frauenverein«. Wie so oft hockten die Frauen vor Mboukas Hütte zusammen, Ndembo, Ngonga, Mouboma und Boyemba. Ndokanda saß nebenan und fädelte lange Binsen auseinander. Doch nun erklärte mir Mbouka mit beredten Gesten Hochinteressantes. So wie ich verstand, war jemand krank, das konnte ich bereits mit meinem Wörterbuch nachvollziehen, aber sonst? Sie schaute mich mit hochgezogenen Augenbrauen erwartungsvoll an. Aber ich konnte nur hilflos mit den Schultern zucken. Irgendwie ärgerte es mich auch ein bisschen, dass ich immer noch so abhängig war von Sanguis oder Lundis Übersetzungen.

»Sangui – Hilfe!« Ungeduldig hielt ich nach ihm Ausschau und sah ihn gerade mit einem Handtuch und Rasierzeug aus Richtung Dusche heranschlendern.

Ich winkte ihm zu: »Bitte hilf!«

Mit frisch gewaschenen Haaren kam er zu uns herüber, richtete sich gerade noch das T-Shirt und sah recht annehmbar aus, bis auf eine steile Falte zwischen den Augenbrauen. Die Frauen schauten ihm äußerst wohlwollend entgegen und machten anerkennende Bemerkungen. So hörte ich das jedenfalls heraus und Ndembo schickte ihm einen gefährlich-verhangenen Marlene-Blick hoch.

»Gut siehst du aus, so frisch gewaschen«, frotzelte ich ihn leicht an.

»Ach weißt du, meine liebe Cornelia, ich glaube, das trifft für uns alle zu«, konterte er. Er unterhielt sich eine Weile mit den Damen und klärte mich endlich auf. »Also, heute kommt ein großer Heiler in ein Nachbarjagdlager, wo ein Dorfchef behandelt werden soll. Er hat wohl Rheuma. Sie wollen ihn besuchen und fragen, ob du mitkommst?«

»Natürlich, sofort! Worauf warten wir noch?«, und schon war ich aufgesprungen, raffte in meinem Zelt den kleinen Rucksack mit dem Notwendigsten zusammen und zog Sangui mit. »Komm, beeil dich, es ist ja schon spät.«

Doch Sangui winkte müde ab und die Sorgenfalte kam zur Sprache. »Diesmal komme ich nicht mit, mir geht es nicht gut mit irgendwelchen Darmgeschichten.«

»Mein Armer, da bleibe ich natürlich hier und kümmere mich um dich.« Ich legte besorgt den Arm um seine Hüften – eigentlich wollte ich ihn um die Schultern legen, doch da kam ich nie ran, er war einfach zu groß.

»Nein, bitte bloß nicht, du weißt, wie gemein das ist, wenn es überall zugleich losgeht. Mbouka wird mich verarzten und Ngouluma sucht schon irgendwelche Triebe, die sie dann mit Salz vermischen. Danke dir, geh jetzt, ich leg mich hin.« Damit winkte er mich weg, fast scheuchte er mich wie ein Huhn und drehte zu seiner Hängematte ab.

»Na gut.« Das konnte ich verstehen.

Lundi, der gerade zu uns stieß, nickte zuversichtlich. »Er ist stark und wird schnell gesund.«

»Ya bote nd'ma«, forderte uns Ndembo auf und drängte vorwärts. »Lass mich mal raten«, wandte ich mich an meinen Begleiter, »komm in den großen Wald? Hat sie das gesagt?«

»Sehr gut, genau so.« Lundi schaute mich zufrieden an und übersetzte meinen Spracherfolg für Ndembo.

»Aayeee«, kreischte sie mit einem begeisterten Ausruf auf und schaute mich bewundernd an.

»Bitte sag ihr, dass ich leider nicht sehr viel mehr verstehe als das.« Die Frauen lachten und nun brachen wir eilig auf. Es ging in Richtung Papageiensaline, durch eine kleine, sehr feuchte Schlucht mit vielen Pilzen in allen möglichen Gestalten und mannshohen Farnen, dann weiter in Dickicht und tiefen Wald.

148

Lundi schwang mächtig die Machete, um einen kleinen Pfad zu schlagen. Gebückt krochen wir weiter und landeten schließlich, so nach zwei Stunden, bei drei eingefallenen, schrägen Jagdhütten, vor denen bereits ein paar ältere Pygmäen saßen, Männer im Lendenschurz. Zwei Tragekörbe lagen daneben. Ein verfallendes, düsteres kleines Lager, das wohl schon lange verlassen war und hier nur als Treffpunkt benutzt wurde, denn es war weder Mobiliar noch Persönliches in den Hütten zu sehen. Zwei alte Frauen kamen noch aus dem Wald. Falten hingen welk und schlaff an ihrem Körper herunter und lagen müde auf den ausgefransten fleckigen Raphiaröcken. Eine hockte sich nun in der Lagermitte auf den Boden, zerrieb rote Rinde zwischen den Händen und bröselte sie dann auf ein großes Blatt, das sie sorgfältig vor sich ausgebreitet hatte. Die andere hatte sich erschöpft auf eine zerschlissene Blättermatte gelegt. Ihre platten Brüste lagen wie ein paar alte Fahrradschläuche neben ihr. Gesicht und Arme waren völlig durchgerunzelt, auch ihr Raphiarock hatte schon bessere Zeiten gesehen. Ngonga und Ndembo begrüßten die Gruppe mit wenigen Worten, dann sagten sie wohl etwas über mich, ich hob kurz die Hände zum Gruß zu allen und hockte mich dann mit Mouboma, Boyemba und Mbeli hinter die alte Frau neben dem Lager. Ich wollte nicht weiter auffallen, soweit das noch möglich war, denn bereits meine weiße Hautfarbe war schon ein großer Störfaktor. Vor der anderen zerfallenen Hütte bereitete ein auffallend kleiner Mann, in einem Lendenschurz mit schwarz-geflecktem Katzenfell einer Civette, einen Topf mit einer Flüssigkeit vor. Ganz offensichtlich war er der Fetischeur, denn er wirkte einerseits selbstbewusst und autoritär, trotzdem aber auch irgendwie milde. Sein schmales Gesicht strahlte Würde und Gelassenheit aus, er hatte feine Gesichtszüge. Ein jüngerer Pygmäe mit einer sehr breiten Nase in zerlumpten Shorts schaute ihm zu und half mit kleinen Handreichungen. Tatsächlich schien ich hier nicht weiter zu stören, Gott sei Dank, alles lief reibungslos ab. Lundi, der auch ungewöhnlich still war, setzte sich zu den anderen, fremden Männern auf den Boden. Plötzlich schlurfte in den Lagereingang ein stark gebeugter mittelalter Mann, von zwei Männern gestützt, und wurde zur Mitte des Platzes gebracht. Er zog die Beine schwer hinterher und setzte sich, unter starken Schmerzen, das sah man, und mit lautem Stöhnen an einen Baum, dann schloss er leidend die Augen. Es musste höllisch weh tun, denn Pygmäen zeigen selten Schmerz, ihre Schmerzschwelle liegt viel höher als unsere. Ich hatte Lundi gebeten, dem Fetischeur zu sagen, dass ich auch an so einer Krankheit litt und deshalb zusehen wollte. Er schien das gerade zu erklären und deutete auf mich, als der Fetischeur laut zu singen begann, gleichzeitig hob er beschwörend die Arme und tanzte um den kranken Mann herum. Dabei schwang er das Civettenfell über den Kopf des Alten und auch über die Schulter, tanzte wieder zur Hütte, flehte schrill in die Blätter nach oben und kam wieder vor zu dem Alten. Das ging eine ganze Weile so, während der Kranke fast leblos zu Boden starrte. Noch ein letzter Schrei und der Fetischeur zog sich zurück.

Nun trat die alte Frau vom Mittelplatz in Aktion, sie mühte sich hoch und lief dermaßen gebückt, dass sie meines Erachtens selbst für eine Behandlung reif war, mit der roten Paste zu dem armen Mann, rückte ihren ziemlich zerfledderten Bastrock zurecht, sodass die Scham beim Hinsetzen verdeckt war, und hockte sich wieder schwerfällig zu Boden. Sie hatte aus den Rindenbröseln eine zähe rote Paste angerührt und massierte sie jetzt in die Knie des Kranken ein, wobei sie energisch zudrückte und kein Deut locker ließ, sie war voll entschlossen zu heilen. Der Alte kniff vor Schmerz Augen und Lippen fest zusammen und krümmte sich unter der Massage- und Stretch-Tortur. Ich hatte starkes Mitleid mit dem armen Kerl, er kam bereits so schwer leidend ins Lager und nun immer noch keine Erlösung. Aber hier ist der Glauben unwahrscheinlich stark. Alle Anwesenden waren hoch interessiert, und es lag fast andächtige Stille über dem Lager, Mouboma hatte den Mund weit offen vor lauter Staunen, Ndembo und Ngonga flüsterten etwas und zeigten auf die zweite Frau, die sich nun von der Matte rollte, um Blätter und weiß ich was noch zu zerreiben und alles in das Zaubertöpfchen des Fetischeurs zu schütten. Der alte Mann stöhnte wieder auf, als die Masseuse mitleidlos nun das zweite Knie bearbeitete. Strenge senkrechte

Falten standen auf der Stirne zwischen ihren Brauen und signalisierten ganz eindeutig, dass hier Respekt und kein Widerspruch erwartet wurde. Der Fetischeur tanzte wieder in die Mitte, sang und rief mit beschwörendem Gesichtsausdruck seine Geister um Hilfe an, laut rief er immer wieder den gleichen Namen in das Blätterdach. »Zae, Zae!« Dann näherte er sich dem Alten, zog ein Bambusmesser heraus und ritzte dem armen Kerl nun auch noch kleine Schnitte in die Haut, angefangen am Hals, auf jeder Seite ungefähr drei, in der Jochbeingegend, an den Armen auch zwei bis drei jeweils und schließlich auf den Schultern. Der Kranke zuckte jedes Mal zusammen. Dann holte der Fetischeur den Topf und tupfte etwas von dem Inhalt auf die Schnitte. Nun schrie der Alte leise auf, bei jeder kleinen Wunde, die berührt wurde. Ich fragte mich, ob wohl die ursprünglichen Rheumaschmerzen nicht angenehmer waren, der Arme litt, wie es schien, im Augenblick mehr als vorher.

Wir atmeten alle auf, als sich der Fetischeur und die Masseuse zurückzogen, und warteten voller Spannung, wie es weiter gehen sollte. Bis zur nächsten Prozedur rührte sich niemand. Nach ungefähr 20 Minuten kam die Masseuse wieder, knetete noch einmal richtig feste den Rest der Paste in die Knie ein, und dann plötzlich zog sie mit einem energischen Ruck das gebeugte Bein gerade, ganz gekonnt. Donnerwetter, wie ein Chiropraktiker, doch mit einem gleichen Ruck bäumte sich der Alte auf – vor Schmerz. Er tat mir in der Seele Leid, und Mouboma machte mir Zeichen, dass sie das Gleiche empfand; die Einzige, die ohne Empfindung schien, war die Alte. Das andere Bein kam dran, wieder das Gleiche: Massage, Dehnen und Ruck! Dann strich die Frau noch ein, zwei Mal ganz sachte, fast liebevoll über die Knie, diesmal glätteten sich die strengen Falten auf ihrer Stirne ein wenig, als sie dem Alten etwas zumurmelte, und dann zog sie sich zu der anderen zurück. Dort gab sie einen kurzen Kommentar ab und die andere nickte bestätigend, der schien das alles ziemlich egal, eine Heilung wie viele andere, sie schien weniger ehrgeizig. Auch wir als Besucher hatten wohl keine weitere Bedeutung für sie, denn sie schauten nicht mal herüber, keine Neugier. Schade, die Frauen hätten mich so sehr interessiert, aber ich wollte mich keinesfalls aufdrängen und, wie gesagt, diese Heilkunde ist ja ein langes, eigenes Thema, in das man nicht so nebenbei einsteigen kann. Vor allem fand ich die Tatsache interessant, dass es bei den Bayaka die gleichen dekadenten Krankheitsbilder gab wie bei uns: Depressionen, Potenzstörungen, Migräne und Unfruchtbarkeit. Alles wurde hier im Regenwald mit Erfolg behandelt. Die große Urwaldapotheke! Eine Frau, die keine Kinder bekommt, wird zur Zeit des zu erwartenden Eisprunges mit tiefblauen Beeren behandelt. Potenzschwierigkeiten werden mit einer Rindenpaste, angereichert durch Pythonöl, behandelt. Sogar Hautflechten bei Mopos Sohn wurden erfolgreich weggecremt!

Die alten Frauen hockten auf der Blättermatte und ratschten, die Prozedur schien beendet und ich nahm die Gelegenheit wahr, den Fetischeur zu begrüßen, der im Kreise der Männer saß und sein Civettenfell wie eine lebende Katze streichelte. Ich kniete mich neben ihn, so versuchte ich wenigstens physisch gesehen meine Achtung auszudrücken, wenn schon nicht mit eigenen Worten.

»Lundi, sag ihm bitte, dass ich sehr beeindruckt bin von seinem Zauber und hoffe, dass es dem alten Mann bald besser geht.«

Als Lundi übersetzt hatte, nickte der Fetischeur und deutete mit dem Fell zu dem Alten und ich erfuhr, dass der gleich nach Hause gehen könne. Und da sah ich auch schon, wie er sich erhob, viel schneller, als er sich vor einer Stunde hingesetzt hatte, und wie er tatsächlich alleine die ersten Schritte zum Lagerausgang machte, ohne Stütze oder Hilfe der beiden Männer, mit denen er gekommen war. Ich kam aus dem Staunen nicht raus, wie war so etwas möglich, und wieso gab es das nicht bei uns? Der Alte rückte ab ohne einen Gruß, ohne Dank und ... ohne zu zahlen. Sehr eindrucksvoll das Ganze, so selbstverständlich, dass man alles heilen kann, die Menschen waren sich gar nicht bewusst, welchen Reichtum sie dadurch besaßen. Zwei Jahre später, als ich kurzfristig in Europa war, erzählte ich dieses Erlebnis einem befreundeten Mediziner, der das genau wie ich äußerst spannend fand. Schließlich erklärte er mir, dass diese Einschnitte und deren

Platzierung eindeutig mit den Stellen der Akupunktur in der fernöstlichen Heilkunde übereinstimmten.

Unser Frauenverein erhob sich nun auch unvermittelt, der Abmarsch ging ziemlich brüsk vonstatten, sodass ich nur in aller Eile dem Heiler und den weisen Frauen eine Schachtel Zigaretten überreichen und mich noch mal bedanken konnte, dass ich zusehen durfte. Schwatzend und wie immer in rasanter Geschwindigkeit ging es den schmalen Pfad zurück, die Frauen wussten anscheinend viel zu diesem Thema und ihre Stimmen hallten weit durch den Wald, denn ich – wie immer als Schlusslicht – konnte akzentuiert jede Silbe von Mbeli verstehen, die als Erste weit vor uns lief. Als wir an einer alten, hohen Baumgruppe vorbei kamen, wo ich Mühe hatte, über die verworrenen, aufgeworfenen Wurzeln zu klettern, schabte Ndembo dort ein Rindenstück aus, zupfte gegenüber in einem ausladenden Gebüsch ein paar runde Blätter, wickelte alles zusammen und drückte es mir in die Hand. Dabei erklärte sie mir freundlich: »Bo, kono-boa-be vese«, und schaute mich abwartend, fragend mit ihren wunderschön samtigen Augen an.

»Sind das die gleichen Zutaten wie für den kranken Mann?«, fragte ich Lundi.

Der nickte nur kurz: »Sie sagt, dass es die Knochen heilt.«

»Also Ndembo kennt das Geheimnis auch?« Ich war erstaunt. »Dann könnte sie mich ja auch behandeln!« Doch dazu käme noch die Frage nach der Massage und, ehrlich gesagt, dazu hatte ich keinen Mut. Lundi blieb stehen und erklärte weiter: »Ja, die meisten Frauen hier wissen sehr viele Krankheiten zu heilen.«

»Kennt Mouboma auch schon ein paar Pflanzen zum Heilen?« Er fragte die Kleine und übersetzte mir dann ja, sie kenne einige. »Aber sie hat keine Lust, hier im Wald zu suchen, das ist zu viel Arbeit. Sie möchte viel lieber in ein großes Dorf und da leben.« Ich war überrascht und auch enttäuscht: »Sie will nicht bei ihren Leuten bleiben, wieso denn in die Dörfer? Wie will sie sich denn dort heilen, wenn sie krank wird, zum Beispiel?«

Nach einer kurzen Diskussion antwortete mir Lundi: »Sie sagt, das Leben ist da schöner, und außerdem gibt es Tabletten gegen Krankheiten!«

Verblüfft fragte ich weiter: »Hat sie denn auch überlegt, womit sie die Tabletten und alles andere bezahlen will? Womit will sie Geld verdienen? Hier im Wald hat sie doch schließlich alles vor der Tür sozusagen und umsonst.« »Sie wird einen reichen Mann heiraten«, gab Lundi lachend zurück.

Doch mir fiel es schwer, meine Illusionen vom zufriedenen Bayaka-Leben im Walde so einfach dahinschwinden zu lassen. Im Laufe des Rückmarsches, als ich Zeit hatte, in Ruhe darüber nachzudenken, wurde es jedoch langsam nachvollziehbar, eigentlich sogar verständlich. Träume haben alle Mädchen – auf dem Land oder im Wald –, das musste ich zugeben. Ich war auch auf dem Land aufgewachsen und wäre nie auf die Idee gekommen, auf dem Bauernhof meiner Eltern zu bleiben. Und nun ging doch ein Teil meiner romantischen Vorstellung über das schöne traditionelle Leben der Bayaka im Regenwald mit beträchtlicher Trauer verloren. Das war ja aber leider der Weg jeder so genannten primitiven Kultur – ein verdammt hoher Preis und ein immens großer Verlust des seit Jahrtausenden angesammelten Wissens für den Schritt in die so genannte Zivilisation. Immer war es der Wunsch Außenstehender, dass die Kulturen so erhalten bleiben, wie sie sind, aber jede Volksgruppe möchte sich natürlich weiterentwickeln, wir sind diejenigen, die den Zoo wollen! Trotzdem fand ich, dass unbedingt die traditionelle Seite durch die Generationen bewahrt werden sollte. Aber auch bei uns in Deutschland verschwindet das »deutsche Gut«, Volkslieder sind kaum noch zu hören, Tänze und Handwerkskunst gehen ja schließlich auch verloren.

Wieder im Dorf angekommen, lief ich sofort zu Sanguis Hängematte, die von Ngouluma bewacht wurde, und als Lundi ihr ein paar Fragen stellte, nickte sie zufrieden, um gleich wieder zu Sangui zu sehen. Ich hatte das Gefühl, dass sie nun auch ihn adoptiert hatte. Er schlief tief und fest mit entspannten Gesichtszügen, wie ein satter Säugling, während sich Ngouluma benahm wie eine Amme, die ihn gerade gestillt hat und nun auf ein Bäuerchen wartet.

»Ça va?«, wollte ich wissen.

Lundi fügte noch eine Frage hinzu und Ngouluma antwortete mit beredten Erklärungen.

»Sie sagt, dass es ihm viel besser geht, dass er viel gebrochen hat und nun schon lange schläft«, dolmetschte Lundi. Dann fügte er nach einem brüderlichen Blick in die Hängematte leise hinzu: »Ich werde auch bei ihm bleiben und aufpassen.«

»Du bist uns eine ganz große Hilfe, lieber Lundi«, sagte ich dankbar. Ich hatte die Sorge um Sangui durch die letzte Diskussion im Wald ziemlich verdrängt und merkte deshalb erst jetzt durch Lundis Anteilnahme, wie auch mir ein Stein vom Herzen fiel. Überschwänglich ließ ich die Gefühle raus und drückte den kernigen, kleinen Burschen an mich. Er war hart wie ein Baumstamm, und starker Schweißmodergeruch stieg mir in die Nase, aber nicht so arg wie der von Djele, und außerdem merkte ich, dass auch ich reichlich ranzig roch, was sich nun günstigerweise vermischte.

»Wir sind doch Freunde«, quetschte Lundi burschikos an meiner Schulter heraus. Und als ich ihm in die Augen schaute, sah er sofort zu Boden und suchte sich verlegen aus der Umarmung zu lösen. Schnell gab ich ihm noch einen Kuss auf die Backe. Au weia, das war nun doch zu viel! Blitzartig riss er aus und zischte in einem rasanten Kaltstart durch das Dorf zur hinteren Hütte. Ich könnte wetten, dass er auch noch rot geworden ist unter seiner dunklen Haut. Schmunzelnd schaute ich ihm hinterher und Ngouluma schlug sich laut lachend auf die Schenkel. Als Lundi und ich am nächsten Morgen am Anbau die verbleibenden Tagesrationen für unsere kleinen Freunde durchzählten und dabei natürlich neugierig beobachtet wurden, kam blass, aber forschen Schrittes Sangui aus Richtung Dusche. Mopo, der ihn offensichtlich begleitet hatte, strahlte wie immer pure Fröhlichkeit aus, ihm schien das alles hier unheimlichen Spaß zu machen! Eko dagegen, der mit Mowe und Somba ein wenig abseits des Tisches zuschaute, hatte wie meist zusammengekniffene Lippen und einen mürrischen Blick. Es würde wohl noch eine Weile dauern, bis ich mit ihm richtig warm wurde. Aber das wollte ich eigentlich gar nicht, mir reichten die positiven Feedbacks anderer Personen im Lager, er war mir nicht sonderlich sympathisch.

»Geht es besser, Sangui? Sehr erholt siehst du jedenfalls nicht aus, hast du Fieber, weil du so schwitzt?« Ich war besorgt, denn diese Infekte sind sehr hinterlistig.

»Nein, es geht schon, mein Kreislauf ist ein bisschen schlapp, das kommt aber auch von der Schwüle. Wird Zeit, dass die kleine Regenzeit endlich beginnt.«

## Von Ahnen und Geistern

Wir legten in den nächsten Tagen eine Ruhepause im Lager ein, damit sich Sangui erholen konnte, und ich hatte Djele überredet, mir noch mehr über die Bayaka zu erzählen, über ihre Götter und ihren Glauben. So saßen wir heute gemütlich in unserem Wohnzimmer. Fast das ganze Dorf, groß und klein, hatte sich um den Dorfältesten versammelt, um gespannt seinen Erzählungen zu lauschen. Ein Kaffeebecher kreiste von Mund zu Mund, ich glaube, das war bereits das fünfte Mal, und Lundi, in unerschöpflicher Güte, füllte ihn ständig nach, während ich mit Fotos und Aufzeichnungen begann. Ein vereinzelter, zarter Sonnenstrahl wärmte dabei ganz zaghaft meine Finger.

»Le café est bon?«, fragte ich in die Runde und dachte, er wäre eine Überraschung für die Pygmäen, doch Sangui erklärte mir, dass Kaffee seit langer Zeit ein bevorzugtes Tauschobjekt gegen Wild, Kerzen oder Tabak sei. Djele zeigte noch einmal zur Zuckerdose und dann zu dem Becher. Er wollte es so süß haben, dass kaum noch Kaffee im Becher war. Lachend schüttete ich ihn mit Zucker zu und bat ihn schließlich, mit der Märchenstunde anzufangen.

»Les esprits, s'il te plaît.«

Während Sangui meine Bitte übersetzte, machte ich ein paar Großaufnahmen von Djeles ausdrucksvollem Kopf, eine wahre Freude zum Fotografieren. Er kannte bereits die Eigenschaften eines Fotos, denn ich hatte mal anhand eines vergilbten Bildes erklärt, dass dies meine Mutter sei und sie durch

*Die Heimat meiner Freunde: Das Dorf Bé.mbémà.*

*Die Gruppe der Bayaka-Pygmäen nahm mich nach erstem Zögern herzlich auf.*

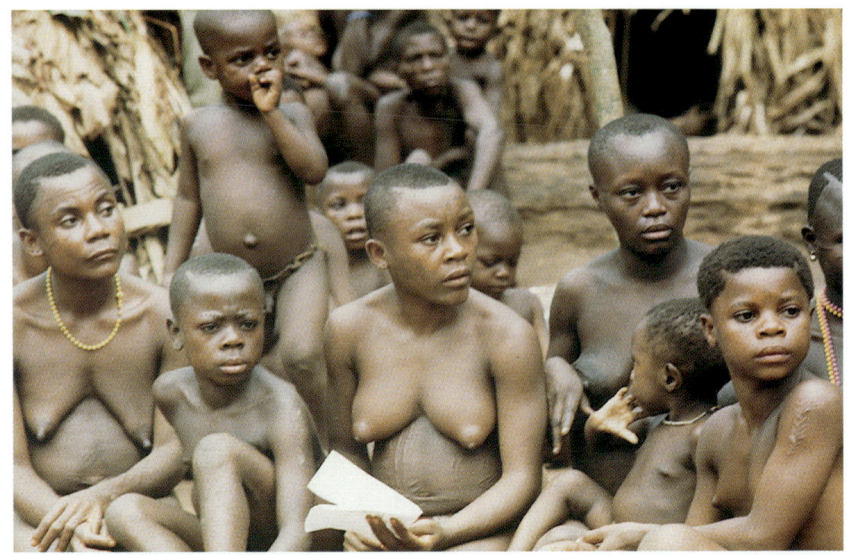

*Frauen des Dorfes:*
*Vordere Reihe von links: Mbouka, Boyemba, Ngouluma, Mbio, Mouboma*
*Hintere Reihe: Kimbi (stehend), Mbeli*

*Männer des Dorfes:*
*Von links: Mowe, Ngoja, Mopo mit Söhnchen Madzou, Eko mit Bokayo*
*und Boboko*

*Ndokanda mit voll beladenem Umzugskorb, in dem sich all ihre Habe befindet.*

*Mambelene und Boyemba beim Bau einer Mädchenhütte.*

*Meist spielt sich das Leben außerhalb der Hütte ab.*

*Das Schönheitsideal der Pygmäen: Tätowierungen und spitz zugefeilte Zähne.*

*Mein guter Freund, der Dorfälteste Djele. Auf dem Sterbebett vertraute er mir seine Leute an – eine Verpflichtung, die ich sehr ernst nehme.*

*Das Palmfest wird noch nach alter Tradition mit Freunden aus anderen Dörfern gefeiert. Mit rituellen Tänzen wird der Gott Zengi angerufen.*

*Einer der imposantesten Urwaldriesen: der Brettwurzelbaum. Er braucht gut 80 Jahre, bis er seine volle Höhe erreicht. Auch vor ihm macht die Waldrodung nicht Halt.*

*Einmal lud François Mitterrand eine Pygmäengruppe zum Vortanzen nach Frankreich ein. Das bedeutete einen sehr plötzlichen Sprung in die Zivilisation.*

*Den Pygmäen wird durch Waldrodung zunehmend der Lebensraum beschnitten. Das zwang auch meine Freunde am Ende dazu, in ein festes Dorf mit schäbigen Baracken zu ziehen.*

diesen Fotoapparat gesprungen sei. Ob sie noch lebt, wollte er wissen. Lachend bestätigte ich ihm, dass sie völlig gesund ist, und als ich ihm weiter erklärte, dass dies so ähnlich sei wie die Bilder, die ich gemalt habe, leuchtete ihm das vollends ein. Seitdem hatte er unbändigen Respekt vor dem Fotoapparat, und auch die anderen hatten überhaupt keine Scheu vor Aufnahmen. Mit leiser Stimme begann er nun zu erzählen. Somba nickte bereits zustimmend mit dem Kopf und wiegte zärtlich seinen schlummernden Mbio in den Armen. Er schien alles im voraus zu wissen, ein weiser und so freundlicher Mensch, stets hatte er ein aufmunterndes Lächeln, auch wenn mir seine dunklen Augen oft melancholisch erschienen. Irgendwie hatte ich das Gefühl, dass diese Melancholie aus dem Wissen ums Altwerden entstand, aus dem Wissen eines Abschiedes, denn diese Trauer war meist in seinem Gesicht zu lesen, nachdem er so innig und glücklich mit seinem kleinen Mbio beschäftigt gewesen war.

»Gott hat die Welt und auch die ersten zwei Menschen erschaffen, Tole und seine Schwester Ngolobanzo, dann kam noch ein Bruder dazu, Tonzanga. Von ihnen stammen die Menschen ab«, übersetzte Sangui nun die Erzählung von Djele, dessen Stimme eindringlich und so leise war, dass es mucksmäuschenstill wurde, kein Laut kam von den Zuhörern, alles lauschte fasziniert der Geschichte der Bayaka-Pygmäen. Sangui übersetzte weiter, dass wenn die Menschen sterben, die Seelen dieser Toten zu den Seelen ihrer Vorfahren im Wald gehen. Dort haben sie immer Erfolg bei der Jagd und leben in Frieden weiter. Im Wald leben auch die väterlichen Urgeister der Menschen, Zengi, der Erstgeborene, und Ziakpokpo, der Jüngere. Zengi ist der Herr aller Geister, Herrscher über die Toten und zugleich der große Waldgeist. Wenn es Sorgen unter den Menschen gibt, ruft man ihn an. Das kann nur ein auserwählter Mann tun, einer, der initiiert ist und den Respekt des Dorfes besitzt. Das ist die größte aller Zeremonien zu Ehren des großen Geistes, der fundamentalste Ritus, der »kòndì«. Dann kommt nach einigen Tagen Zengi in seinem Raphiagewand in das Dorf und gibt Antwort auf die Fragen, die man ihm stellt. Das sind Fragen nach dem Wild, wenn die Jäger keines mehr finden, das sind Fragen nach dem Wasser, wenn der Bach versiegt ist, Fragen, was man tun soll, wenn die Frau untreu ist, das Baby krank, die Familie im Streit. Auch bittet man ihn in einem gemeinsamen Dialog und Tanz, die Gruppe und das Dorf zu beschützen. Man verehrt und achtet ihn und dankt ihm auch, wenn man Erfolg hat. Die anderen Geister, die sich in verschiedenen Formen darstellen können, als Tiere oder Pflanzen, vom Pilz bis zum Stachelschwein, sind nur besonderen Menschen sichtbar und dann auch nur wieder nach dem Ritual einer Initiation. Diese Geister sind für gute Ernte zuständig oder für eine gute Empfängnis, für eine gute Jagd, für guten Honig, für Regen. Und obwohl die Geister unsichtbar sind, umgibt sie meist ein besonderer Geruch, den jeder riechen kann.

Allgegenwärtig, sind die Geister ein Teil des Lebens der Bayaka. Jeder Jäger unterhält außerdem mit seinen familiären Geistern ganz persönliche Freundschaften, die den Erfolg seiner Vorhaben versprechen, zum Beispiel, um das Wild vor seine Waffe zu treiben. Hier nickten Somba und Mowe zustimmend, und ich hatte das starke Gefühl, dass ich sogar hier in der Nähe einen familiären Geist roch. Hoch interessant fand ich auch eine andere Variante Sanguis über einen Gott, den Wassergott, der im Fluss lebt und einen langen weißen Bart und lange weiße Haare trägt. Man glaubt, dass diese Überlieferung auf den ersten Kontakt mit einem Europäer zurückgeht, der vielleicht mit einem Boot gekommen ist und wieder mit einem Boot abgefahren ist.

»Also ich habe auch von dieser irren Geschichte gehört, dass Fischer abends nicht auf den Fluss dürfen, weil die Schlange mit den zwei Köpfen, die nachts ihre Opfer sucht, schon viele Pirogenboote zum Kentern gebracht hat«, fügte nun Sangui ein. »Als ich der Sache dann mal nachgegangen bin, klärte es sich folgendermaßen auf: Die Fischer ruderten morgens flussaufwärts zur Palmweinernte. Dabei werden Kerben in die Raphiapalmen geschlagen, der Saft tropft heraus in eine angebundene Kalebasse und gärt. Abends ging es flussabwärts wieder nach Hause. Wenn die Tagesernte reichlich war und die Männer auch reichlich von dem Wein gekostet hatten, wurde natürlich vieles doppelt gesehen, wie zum Beispiel dieser Schlangenkopf. Auch Elefanten wurden schon zu Flussungeheuern verwandelt, als sie schwimmend, den Rüssel teleskopartig zum Luftholen über sich, das Wasser überquerten.« Sangui schlug sich kichernd auf die Schenkel und übersetzte den Männern die Geschichten. Die stimmten begeistert zu. Mir war klar, dass sie hier einerseits belustigt lachten, doch andererseits auch kräftig rennen würden, wenn sie so etwas selbst erlebten!

Djele hatte Pause gemacht und schickte einen freundlichen Augengruß zu Sangui und dann in Richtung Kaffee. Inzwischen hatte ich während der ganzen Zeit fast ein Heft voll geschrieben, wollte aber noch mehr über die Kunst des Heilens mit den unendlichen Schätzen des Urwaldes wissen, denn die Urgeschichte unserer Medizin fand ich höchst spannend. Als Djele erst mal keine Anstalten machte, fortzufahren, bat ich Lundi, mir inzwischen noch etwas über Zeremonien und auch über die Jahreszeiten zu erzählen. Er genierte sich vor der versammelten Mannschaft, und so rückte er dicht neben mich und diktierte mir seine Antworten fast direkt in mein Heft.

»Also, die Sammelzeit findet in der Trockensaison statt, zum Beispiel beginnt da Ende Oktober, Anfang November die Ernte des Honigs, auf die alle warten, weil das der beliebteste Leckerbissen überhaupt ist. Die Bienen sammeln Blütenstaub und legen ihn in Nestern hoch oben in den Bäumen ab. Unter Lebensgefahr hangelt sich dann nach vier bis fünf Monaten ein tapferer Bursche in seinem Rinden-Klettergurt den Baum hoch, umsurrt von Hunderten von Bienen, hackt das Nest außen herum auf und nimmt geschickt die Waben heraus, die ausgelutscht oder mit einer Art Pinsel ausgestrichen werden. Der beste Honig ist der weiße; er hat außerdem die meisten Nährstoffe und ist auch der beste Vorrat für die große Jagd. Reicht das jetzt?«, fragte er leicht ungeduldig, als er sah, dass die Seite vollgeschrieben war.

Ich musste lachen: »Schau mal«, und dabei blätterte ich ein neues Heft durch und zeigte ihm all die leeren Seiten.

Er winkte entschieden ab: »Ein anderes Mal, Cornelia! Oder Sangui kann dir mehr erzählen.«

»Aber du machst das prima und erklärst es so gut, dass ich alles verstanden habe! Bitte erzähl doch noch ein bisschen!« Er schnaufte tief durch und schaute gequält zu Sangui, der ihm ermutigend zunickte. Ergeben fügte er sich und fuhr fort: »Also dann nach der Trockenzeit beginnen die ersten Regenfälle, Mai/Juni, und die Bäume fangen an zu blühen. Alle Zeremonien zur guten Ernte finden jetzt ab Juni statt. Es werden Rauchopfer gebracht, da werden Wurzeln, Blätter oder Sprossen, die unterschiedliche magische Kräfte haben, angezündet, um den Erntegott zu erfreuen und gütig zu stimmen. Tänze und Gesänge gehören auch dazu, manchmal über Tage, und meist feiert man auch gemeinsam mit den Nachbarn.«

Meine Blicke begegneten zufällig denen Djeles, der hatte den Kaffee ausgeschlürft und riskierte gerade ein Auge zu der Zigarettenpackung auf meiner Fototasche. Wir mussten zugleich lachen, und Lundi stockte erfreut mit seiner Erzählung.

»Ngemby guoma?«, erkundigte sich Djele, während er die Schachtel hypnotisierte.

»O.k., o.k., du bekommst sie ja sofort.« Ich gab sie ihm, und er schob sie mit einer Selbstverständlichkeit unter seinen Lianengürtel, als hätte er sie mir nur geliehen gehabt. Mopo hatte gegenüber den Zigarettentransfer beobachtet und gesellte sich wie zufällig zu uns. Das war schon ein toller, wilder Bursche. Er grinste mich an, spitze Zähne blitzten, und ich hatte das bestimmte Gefühl, dass er mich anmachte. Seine unergründlichen dunklen Augen, die buschigen Augenbrauen, etwas schräg stehend das Ganze, drahtig und muskulös der Körper, wie ich ganz zufällig sah! Unverschämt offen musterte er mich und noch erstaunlicher fand ich, dass ich tatsächlich langsam verlegen wurde, fehlte nur noch, dass ich rot wurde – unglaublich! Ich schaute ihm direkt in die Augen und schickte zwei warnende grüne Blitze ab. Doch dann fiel mir siedend heiß ein, dass hier solche Blicke vielleicht anders gedeutet wurden. Musste ich ihn jetzt etwa heiraten?

»Ich habe keine Zigaretten mehr«, sagte ich ihm laut, streng und in feinstem Hochdeutsch direkt auf die Nase. Worauf er verständnisvoll nickte und sich davontrollte. Mbouka musste lachen über ihren Mann, sie hatte genau bemerkt, was hier

160

abging, und schüttelte den Kopf. Auch Mouboma, die oft in meiner Nähe war, grinste ein wenig.

Die Märchenstunde war offensichtlich beendet, meine begabten Erzähler waren bereits aufgestanden und die Zuhörer zerstreuten sich. Na ja, vielleicht gelang es mir ja ein andermal, ihnen noch ein paar schöne Informationen herauszulocken! Ndokanda winkte mich zu sich und schenkte mir ein kleines Tragekörbchen, das ich davor bewundert hatte. Ich war sehr erfreut über dieses Geschenk. Aber wo lag das Baby jetzt drin? »Lundi, frag sie bitte, womit ihr kleiner Mbio jetzt transportiert wird?« Doch fast gleichzeitig hielt mir Ndokanda ein neues Körbchen vor die Nase und lächelte wissend, sie hatte mich verstanden. Dann war das ja in Ordnung, und ich nahm dankend an! Ich hatte schon viele Kleinode, eine Fußrassel aus Nüssen, ein kleines Perlenarmband, einen hübsch geflochtenen Lianengürtel, einen kleinen Affenfellbehälter mit etwas drin, was ich nicht definieren wollte, und nun kam das Körbchen mit dazu in mein Regal.

Ein Besucherpaar kam gerade mit einem Baby und einem schweren Korb beladen zaghaft den Dorfweg entlang. Irritiert blieben sie vor unserem Anbau stehen, fassungslos über das, was sie da sahen, eine weiße Frau, umgeben von Bayaka, die doch bisher ganz normal waren. Das konnte man zweifelsohne aus ihren verstörten Gesichtern lesen. Sie gingen erst zögernd weiter, als Mbouka sie mitnahm und mit Schwatzen und Kichern durch das Dorf geleitete. Ich ging auch mit, weil ich bei Ngouluma ein paar Kräuter für Sangui holen wollte. Argwöhnisch blickte sich die kleine Frau ständig nach mir um, doch hätte ich jetzt versucht, sie zu beruhigen, wäre sie wohl laut kreischend in den Wald gesprungen. So ging ich schmunzelnd zu Ngouluma, während die Besucher nebenan bei Ngonga Halt machten und sie äußerst freundschaftlich begrüßten, indem sie die Hände an die ihren legten und sich lange so festhielten. Dann setzten sie sich erschöpft vor die Hütte und die Frau packte irgendwelches Krabbelzeug aus ihrem Tragekorb. Mindestens hundert behaarte, vielfüßige braune Raupen kamen zum Vorschein, und die Frau versuchte, sie mit leichter

Dressur in einem Blattgehege zu zähmen. Dann aber beschloss sie, sie lieber gleich auf die mitgebrachten Stöckchen aufzuziehen. Dazu spießte sie zuerst eine etwa pygmäenfingerlange Raupe mit dem Hinterteil auf die Spitze und zog der Länge nach den Spieß durch den ganzen Körper bis nach unten. Danach zappelte die Raupe nur noch wenig und schon wurde die nächste aufgefädelt und nach unten durchgezogen, wobei die Därme am Spieß entlang kleben blieben und dort noch ein wenig nachzuckten. Am offenen Feuer zuckte dies dann auch nicht mehr.

Inzwischen hatte mir Ngouluma die Blätter für den Tee eingewickelt, und als ich gerade zurück wollte, winkte mich Ngonga heran und machte Zeichen, dass die Raupenspieße fertig seien! Ich bedankte mich ganz herzlich, erklärte ihr aber, dass ich ganz plötzlich wieder fürchterliche Bauchschmerzen hatte und zog mich auch vorsichtshalber sofort zu meiner Hütte zurück und später heimlich zu Erbsensuppe mit Speck.

## Vor der großen Jagd

Endlich! Morgen sollte Aufbruch sein zu dem geheimnisvollen, unerforschten und Jahrhunderte alten Raphiapalmen-Wald in den Sümpfen zwischen Loko, einem Ort etwas östlich von unserem Lobaye-Gebiet, und dem Ibenga-Flüsschen. Falls wir dort keine Elefanten fänden, wollten wir in das Nouabale-Ndoki-Gebiet weiterziehen, das tiefer südwestlich liegt und von einem der letzten großen unberührten Regenwälder bedeckt ist.

Ich wusste, dass ich sie wiedersehen würde, meine Elefanten, und war dementsprechend aufgeregt. Wir saßen im kleinen Kreis mit den Jägern vor der Hütte von Djele, der mir genaue Verhaltensregeln für den Marsch mitgab. Lundi übersetzte geduldig:»Wenn du jemals in Elefantennähe kommst, verhalte dich ruhig, behalte ruhig Blut, wenn er näher kommt, dann wird er ein paar Meter vor dir stehen bleiben, wenn du dich nicht bewegst, doch vermeide die nahen Begegnungen. Du musst versuchen, gegen den Wind zu stehen, sehen werden sie dich auf größere Entfernung nicht, weil sie ausgesprochen kurzsichtig sind. Wenn ein Elefant droht anzugreifen, musst du wissen, dass es beim ersten Mal immer ein Scheinangriff ist, also ruhig stehen bleiben! Kühe greifen gerne an, wenn sie sich bedroht fühlen, die Bullen machen sich eher aus dem Staub«, schloss Lundi belustigt und schaute zu Ngoulumas Hütte. Ich war auch amüsiert und wandte mich an Sangui: »Das Verhalten scheint universell zu sein, kommt mir bekannt vor, dir nicht auch, mein Lieber?«

Er grinste kommentarlos. In meine Vorfreude mischten sich langsam Herzklopfen und auch aufkommende Ängste vor den grauen Riesen, denn diese Begegnung würde sehr gefährlich werden. Ich versuchte, es ein wenig in den Griff zu bekommen und herunterzuspielen, und Djeles leise, vertrauenerweckende Stimme beruhigte mich auch ein wenig. Und außerdem, alle würden mich beschützen, da war ich mir sicher!

»Jedenfalls kann mir nichts passieren, wenn du in meiner Nähe bist!« Ich sah an Sanguis ganzer Länge entlang. Er war bestimmt 1,90 Meter groß. »Ich werde dich als Prellbock vorschieben«, versuchte ich ihn anzufrotzeln, doch er spürte meine Angst, sah in väterlicher Güte zu mir herunter und drückte mich kameradschaftlich an sich, so dass meine Nase ungefähr zwischen seinen Brustwarzen und dem Bauchnabel erstickte. »Ich passe auf dich auf, auch wenn du mich nicht siehst, kleine Schwester.«

Ich war gerührt und fühlte mich so geborgen, dass ich vor Freude über so viel aufrechte Fürsorge Gänsehaut bekam und meine Nase noch tiefer in das schweißnasse Hemd drückte. Eko saß verschwörerisch mit Mopo und Mowe zusammen und bereitete Giftpfeile für die Armbrust vor. Auch zwei große Lanzen, die mindestens drei Meter lang waren und diese schweren Metallspitzen hatten, lagen bereit.

»Wozu nehmen sie denn die großen Lanzen mit, sie werden doch keine Elefanten jagen, Lundi?«, fragte ich besorgt.

»Nein! Eine richtige Großwildjagd beginnt mit intensiver Spurensuche, dann kommt der Anschuss, man folgt der Blutspur und hetzt das Tier, bis es tot ist. Das kann Tage dauern. Sie haben die Lanzen zum Schutz, falls wir angegriffen werden. Aber natürlich werden sie Wild jagen, ob du willst oder nicht. Ducker oder Wildschweine. Sie hoffen, dass es eine gute Jagd wird und du solltest es auch hoffen, es sind doch deine Freunde, oder?«, fügte er mit ganz leichtem Vorwurf an.»Und deshalb werden sie auch die Zeremonie durchführen.«

»Du hast völlig Recht, sie müssen jagen, aber du kennst ja mein Problem. Trotzdem hört sich das alles ja sehr spannend an! Aber sag mal, wieso haben sie bei der Saline damals keine Lanzen dabei gehabt?«

»Mopo wollte es so, er sagte, sein Zauber sei gut, und in der Bay waren wir sicher auf den abgestorbenen Bäumen! Aber jetzt hat Djele befohlen, dass wir uns ausreichend bewaffnen. Djele war früher der größte ›tuma‹ bei den Bayaka und weithin bekannt! Er kennt alle Jagdstrategien und Zauberpflanzen, er kann fast alle Tierlaute und Bewegungen imitieren, um notfalls zu beschwichtigen oder zu provozieren«, fügte Lundi noch stolz hinzu und dann leise wie im Selbstgespräch:»Die Pygmäen haben ein tapferes Herz, viel tapferer als alle anderen Völker hier.«

Somba erschien mit Boboko und Limboko am Dorfausgang und schleppte eine kleine Blaustirnantilope auf den Schultern hinter Djeles Hütte. Dort wurde gemeinhin gemetzelt und geschuppt, geräuchert und geschnitten. Mopo erläuterte mit kurzem, sachkundigem Blick auf das Wild:»Mboloko!«, und Sangui übersetzte:»So nennen sie die Blaustirnantilope. Und jetzt fangen da hinten die ersten Vorbereitungen zum ›sabola‹ an, dem Ritual für das Glück.« Er nickte mit dem Kopf hinter die Hütte und fragte hinterfotzig:»Willst du nicht zuschauen?«

Stattdessen schlug ich vor:»Wenn du morgen früh vor dem Aufbruch den Antilopenmagen zum Frühstück isst, dann gehe ich jetzt schlachten.« Damit schien das Thema erledigt. Noch immer schabten und kratzten die drei»Giftmischer« geheimnisvoll und konzentriert an Rindenstück und Wurzel, alles kam in eine zähe, rotbraune Masse, dann verrührten sie es vorsichtig mit einem Stock. Nun tauchte Djele behutsam einen Pfeil hinein und begutachtete ihn, drehte ihn langsam nach allen Seiten, zog ihn heraus und stellte ihn dann vorsichtig im Köcher daneben ab. Mopo bereitete die nächsten Pfeile zu, eine heikle Angelegenheit, denn es sollte nichts verschüttet werden, und schließlich verstauten die Jäger mit größter Sorgfalt das restliche Material in Djeles Hütte.

»Sangui, frag doch bitte Djele, ob er mir die Mittel verrät, die er in das Gift mischt.«

Sangui übersetzte und ich sah, wie Djele streng den Kopf schüttelte.

»Auf gar keinen Fall würde er das Rezept verraten, man könnte es ja gegen ihn anwenden.«

»Oh ja, sehr logisch und umsichtig, daran hätte ich nicht gedacht ...« Und wie misstrauisch er ist, der Alte! »Er glaubt tatsächlich, dass ich das tun würde?«, fragte ich enttäuscht. Djele nuschelte etwas zurück und Lundi erklärte, dass ich vielleicht später einmal mehr erfahren würde. Aber die meistverwendete Giftmischung dient nur zur Betäubung.

»Beim Affenschießen zum Beispiel«, erläuterte Sangui, »da werden sie bei einem Schuss ungefähr für 30 Minuten betäubt, dann verflüchtigt sich das Gift langsam wieder und in dieser Zeit muss der Affe gefasst sein. Bei stärkeren Giften wäre das Fleisch ungenießbar.«

Die Pfeile wurden jetzt begutachtet und waren wohl getrocknet, denn Djele verschloss sie in den Köcher. Mowe und Mopo gingen hinter die Hütte, wo bereits Rauchschwaden aufstiegen. Die kleine Antilope war sicherlich im Reich des großen Manitu gelandet. Die Frauen waren geschäftig und fleißig, Mbouka stößelte Yamsstücke, Gemüse wurde zusammengerollt, die Feuer angeschürt, der Hüttenplatz gefegt, und plötzlich ertönten Tamtams. Somba war wieder vor seiner Hütte und begann Stimmung zu machen, und die Kinder Mouboma, Boyemba und Limboko gruppierten sich um ihn und Ndokanda und harrten der Dinge, die sich da spannend zusammenbrauten. Mowe holte sein Netz und legte es neben die Trommel, Eko kam mit dem Pfeilköcher, Limboko legte Vaters Armbrust neben die Feuerstelle und schließlich kam Mopo mit den Lanzen und legte sie neben Djele, der es sich auf seiner Liegestatt bequem gemacht hatte.

»Sangui, du musst mir bitte alles erklären, ich werde dich dann auch nicht mehr so schnell belästigen, versprochen?«

»O.k., kleine Schwester, aber es macht ja Spaß«, und schon fing er an. »Drüben berät sich Djele mit Mopo, der morgen unser tuma ist, unser Jagdmeister und Schutz. Er wird eingeweiht in den Gebrauch magischer Pflanzen, die eine Jagd ohne Unfälle garantieren, und anderer Pflanzen, deren Aufgabe es ist, den tuma unsichtbar zu machen, wenn er den Körper mit ihnen einreibt.« Somba begann nun rhythmisch zu singen, während Ndokanda Blätter ins Feuer bröselte und besorgt dem bläulichen Qualm nachschaute, der nun in dünnen Fäden aufstieg. Es roch würzig nach Harz und süßlich nach faulem Laub. Der Rauch bestimmt das Glück der Jagd, wenn er den guten Geist der Jagd erreicht. Er sollte fein und lang durch die Luft ziehen, damit er recht hoch hinauf kommt. Nun übernahm Boboko das Tamtam, und Somba holte sein Netz aus der Hütte und rieb es mit irgendeinem Brei ein, während er laut dazu sang. Mopo tanzte breitbeinig an die Feuerstelle und stampfte zum Rhythmus in den Boden, offensichtlich stellte er ein Tier dar, denn er schwang mit ausladenden Gesten die Arme dazu, wohl ein Affe auf der Flucht? Nun holte er aus seinem Lendenbeutel langfaserige Blätter und auch frische Triebe und rieb sich damit die Beine und Füße ab, während er zwischendurch mit lauten Rufen in die Baumkronen schrie: »Uka ... uka.«

»Sangui, erkläre mal leise.«

»Also hier frottiert er sich die Füße, damit er schneller laufen kann. Zwischendurch ruft er ›Kommt ... kommt.‹ Die Geister sollen sehen, dass sie hier gebraucht werden. Und Somba da drüben schmiert den Kot der kleinen Antilope mit Wurzelholz zusammen in sein Netz, damit die Antilopen dorthin kommen.«

Somba reihte sich nun hinter Mopo ein und im Rhythmus riefen sie ihre Wünsche in die Baumkronen und tanzten schweren Schrittes im Kreis, Staub kreise uns ein, und wie eine Halluzination sah ich plötzlich am Dorfausgang, wie Mowe brutal mit einem großen Blätterzweig auf sein Netz einschlug.

»Auch das soll Glück bringen«, flüsterte mir Sangui leicht grinsend zu. Alle Jäger tanzten nun im Kreis mit Gesten, die jeder für sich zelebrierte, jeder auf andere Weise, Mopo war ganz intensiv mit den Blättern beschäftigt, während Somba eher mit einnehmenden Bewegungen auf sich aufmerksam machte. Mowe, nun auch dabei, rief mit weit ausholenden Gesten ins Laub, schrie fast ungeduldig nach oben. Eko war der Unauffälligste, er tanzte still vor sich hin und bewegte seinen schönen braunen Körper geschmeidig im Rhythmus, sein Gesicht wirkte zum ersten Mal entspannt und hübsch. Doch plötzlich spannten sich Lenden und Hüften, und im Gazellensprung sprang er zur Seite und wieder zurück. »Uka! uka! ea! we, we, mbolokoe we, uka!«

»Uka, das sind die Schreie der Antilopen, und dann rufen sie noch ihren Namen an«, erklärte Sangui.

Eindrucksvoll, diese andere Welt, diese dunklen, wilden und entschlossenen Krieger in ihrem Lendenschurz, wie sie vom Übernatürlichen abhängig sind, Geistern und Göttern huldigen und doch dabei ganz reelle Wege des Kontaktes suchen. Denn welcher Geist konnte bei diesem Krach und diesem Qualm noch unberührt bleiben? Allmählich wurden die Trommelschläge langsamer, die Jäger lösten sich aus dem Kreis und gingen nach und nach zu ihren Hütten, die Tamtams verstummten. Mopo, der nun der schnellste Läufer hier im Lande war, schlurfte erschöpft hinter Djeles Hütte, und dann verteilte er mit den Kindern das Fleisch, und Sangui und ich bekamen ein richtig gut gegrilltes Stück. Ich bedankte mich und teilte meines mit Lundi, der natürlich bei Ngouluma saß. Da gab es junges Kokogemüse in einer Art Erdnusssoße. Es duftete köstlich und schmeckte hervorragend. Als ich so die Jäger vor ihren Hütten betrachtete, hatte ich das Gefühl, dass sie zufrieden waren, zuversichtlich. Ich setzte mich zu Mopo, der mit Eko und Sangui zusammen aß, nahm meinen ganzen Charme zusammen und bat sie, mir noch etwas von der Jagd und den Tieren zu erzählen, nachdem Mopo nun zum tuma, dem großen Meister der Jagd, avanciert war. Ich wusste, dass sie eigentlich ausruhen wollten, doch war dies sicherlich die beste Gelegenheit, denn sie waren im Geiste bereits voll mit der Jagd beschäftigt. Die beiden Jäger waren einverstanden, fast geschmeichelt, und zierten sich nicht lange. Sangui nickte lächelnd. Sie erzählten also von Elefanten und anderen Großtieren des Waldes, vom Panther, der so ein großes Revier braucht, dass ihn bereits eine einzige durchziehende Straße vertreiben würde, von den seltenen Bongo-Antilopen mit den weißen Streifen am hellbraunen Leib und den gedrehten Hörnern – ich hatte sie bereits in kleiner Gruppe auf einer Lichtung gesehen –, und schon drängte es mich wieder zu den Elefanten, ich wollte alles über sie wissen, spürte wieder diese starke Faszination ihres Mythos.

»Sangui, frag doch bitte mal, wer eigentlich die Tiere beschützt. Gibt es auch für sie Geister?«

Die Frage löste ziemliches Erstaunen aus, und es gab deshalb auch keine klare Antwort, genauer gesagt gab es gar keine.

»Ich hätte gedacht, dass die Tiere auch einen guten Geist haben, der die Jäger vielleicht bestraft, wenn sie schlecht jagen oder die Tiere quälen«, fuhr ich fort.

Sangui lachte gezwungen und die Männer schauten sich verständnislos an, als er übersetzte, als hätte ich etwas völlig Absurdes gefragt; leider hatten wir nicht die gleiche Wellenlänge in punkto Tierliebe. Ich dachte an hübsche Geschichten mit fröhlichem Ausgang.

Djele setzte sich zu uns und erzählte von der Elefantenjagd.

»Wie viele Elefanten hat er schon erlegt?«

Djele antwortete auf Sanguis Frage ohne zu zögern. »Genau sechs Stück«, sagte er.

»Das ist eine Menge, denn dazu kommen noch die gemeinsamen Jagden,« erklärte Sangui. Und schon ging die Erzählung weiter und wieder lauschten wir gebannt der leisen Stimme Djeles.

Sangui fuhr fort: »Also dann folgt die Gruppe gemeinsam dem verletzten Tier, bis es verblutet ist. Das kann Tage dauern und über viele Kilometer gehen.«

Auch Sangui war ein guter Erzähler, sehr bildhaft untermalte er mit vielen Gesten seine Übersetzungen, als würde er selbst den verletzten Tieren folgen. »Da gibt es kaum Zeit zum Essen und hier geht es an die Reserven vom Honigbaum oder von Mamis mitgegebenen Blättern – Yamsration«, fuhr er schmunzelnd fort. »Dann wird der Elefant zerlegt, wird nach Rang und Reihenfolge der verantwortlichen Jäger verteilt und in einem provisorisch erbauten Jagdlager getrocknet, falls die Verfolgung zu weit vom Basislager weggeführt hat.«

Als die Erzählung ein wenig ins Stocken geriet und Djele sich suchend umschaute, fütterte ich ihn und die anderen bereitwillig mit Zigaretten.

»Ihr seid so tapfere und schlaue Jäger und ich bewundere euren großen Mut!« Ich fand sie wirklich toll, ihre Intelligenz und das strategische Wissen schien mir fast unglaublich! Djele hustete sich ein und fuhr fort. »Es gibt fünf verschiedene Lanzen für die Elefantenjagd«, übersetzte Sangui weiter, »und über 15 verschiedene Arten, die Elefanten zu fangen und zu erlegen. Die Jagdart hängt von den Eigenheiten des Tieres ab: Ist es aktiv und greift an oder wird es beim Angriff durch Schreie der Jäger verschreckt und bleibt defensiv?«

Djele nickte zu mir herüber und fügte noch mit feinem Spott, wie mir schien, etwas Spezielles für mich hinzu. Sangui lachte: »Er sagt, dass es einmal umgekehrt war und der Elefant der Jäger war, weil der im letzten Moment vor dem tödlichen Stoß auf den Jäger aufmerksam wurde. Djele war dieser tuma, er wurde von dem tobenden Bullen niedergetrampelt, und nur mit Mühe und im letzten Augenblick gelang es den anderen Jägern, ihn in Sicherheit zu bringen. Daher hat er seine Narbe am Auge und das kaputte Knie.« Ich bewunderte den alten Mann, er erzählte seinen schweren Unfall so nebenbei und ganz bescheiden und, wie ich das Gefühl hatte, auch ein bisschen in der Absicht, mir eine Freude zu machen, weil man sah, dass auch Tiere eine Chance haben.

»Sangui, sag ihm bitte, dass ich weiß, dass sie fair und tapfer mit den Tieren kämpfen, und das finde ich sehr mutig. Ich finde es aber unfair, die Tiere zu quälen, bis sie endlich sterben, wenn sie gefangen sind und wehrlos. Jedenfalls ist er ein ganz großer und mutiger Jäger. Alle haben davon erzählt! Sag ihm bitte noch einmal, dass ich ihn sehr bewundere.«

Djele lächelte ein wenig und nuschelte Sangui noch etwas ins Ohr.

»Er hat vorgeschlagen, dir eine von den leichten Angriffsmethoden beizubringen.«

Sangui grinste.

Ich winkte ab: »Das fehlt mir noch! Aber vielleicht bin ich beim nächsten Mal reif dafür!«

Ich hatte am Schluss nur noch in Kürzeln mitgeschrieben und hoffte bloß, dass ich später alles würde entziffern können. Es war inzwischen dämmerig geworden, im Dorf war Ruhe eingekehrt.

»Was mich jetzt noch interessiert: Wann findet die Netzjagd für das Niederwild hauptsächlich statt?«

Sangui erklärte es mir diesmal direkt, ohne den Meister zu fragen: »Meist in der Trockensaison, weil der Regen die Netze ruiniert. Bei der großen Netzjagd spannen die Jäger ihre Netze versetzt nebeneinander, so dass sich ein enger Halbkreis ergibt, in den das Wild getrieben wird. Da gibt es wieder viele verschiedene Jagdarten. Es ist auch ein sozial wichtiges Zusammenspiel mit mehreren Nachbarlagern. Hauptsächlich werden kleine Antilopen, Schweine, Civetten und Goldkatzen erlegt.«

»Apropos Goldkatze, mein Lieblingsname auf Aka ist ›nduku‹, die Goldkatze, und der Name für Elefant ist auch schön: ›nzsoke‹«, unterbrach ich ihn kurz und sehr stolz.

Djele fiel noch etwas ein.

»Er erzählt noch von den Waffen, dass der Speer zum Fischen leicht sein muss, halblang mit schmaler Eisenspitze, er wird auch zur Rattenjagd verwendet. Dann die großen Lanzen mit Widerhaken für das Großwild. Die Speere für Antilopen haben einen langen Schaft und werden von jedem Jäger nach Gutdünken hergestellt.«

Er zeigte hinüber zu Eko, der gerade einen langen, gleichmäßig geschwungenen Stock bog, ihn in den Händen wog, schließlich hier und da gewissenhaft nachschnitzte. Es war ein richtig kunstvoller Bogen, der später mit einer Sehne gespannt wurde, oder vielleicht war es auch eine ganz besonders elastische Liane.

Als ich zu den daneben liegenden Pfeilen greifen wollte, hielt mich blitzschnell eine Hand fest.

»Das solltest du lieber sein lassen!« Sangui lockerte seinen Griff, als Mopo die Pfeile vorsichtig an den Köcher lehnte. »Auch die sind hochgradig vergiftet!«

Erschrocken fuhr ich zurück. »Warum lassen sie das denn hier auch so herumstehen! Frag sie bitte noch als Allerletztes, welche Waffen sie im Krieg benutzen?«

»Das kann ich dir auch ganz schnell beantworten! Aber nur wenn das wirklich die letzte Frage ist«, forderte Sangui leicht ironisch, »wir müssen morgen verdammt früh raus!« Eindringlich schaute er mich an und ich nickte kleinlaut. »Also, sie benutzen Waffen nur zum Jagen; Kriege oder tätliche Angriffe gibt es bei ihnen nicht. Alle Pygmäen sind friedliebend und von jeher haben sie im tiefen Gleichgewicht mit dem Wald und den benachbarten Fischern, den Monzombo, gelebt. Und durch ihr nomadisierendes Leben kommen sie sich nie in die Quere; jeder nutzt die Ressourcen auf seine Weise, ohne dem Wald oder anderen zu schaden! Amen!« Er knuffte mich freundschaftlich, und schon stand er auf. Das Letzte, was er noch so von sich gab, dass es keinen Widerspruch duldete, war: »Bis Morgen!«

## Die Waldelefanten im Visier

Vier Uhr früh, feucht und kalt und ohne Kaffee! Alle waren bereit, es wurde kaum gesprochen, und die Männer waren äußerst konzentriert, als sie sich ihre Netze umhängten, Speere aufnahmen, Macheten, Armbrust und Pfeile, und noch einmal die Cri-cris: Pantherkralle, Affenschwanz, Wurzelstück, Ginettenfell und was für Kleinode auch immer sie trugen, am Hüftgurt oder Halsgurt zurechtrückten und berührten. Es war sehr spannend, wie ein Ritual. Mir schnürte es ein wenig den Hals zusammen, als ich die Krieger, die gestern munter ihre Geister um das Glück der Jagd angerufen hatten, hier ernst und zum Letzten bereit so bewaffnet vor mir sah. Wir schulterten das Gepäck mit Proviant, ich hatte mein Moskitonetz dabei, denn der Marsch würde mehrere Tage dauern. Sangui untersuchte noch meinen Rucksack und schichtete ihn ein wenig handlicher.

»So kannst du besser laufen und die kleine Apotheke liegt obenauf«, fügte er leise hinzu.

Plötzlich kam Djele dazu, auf seinen Stock gestützt, mit Speer und einem länglichen Affenfellsack an der Hüfte und gesellte sich selbstverständlich zu den anderen, neben Mopo.

Es freute mich ungemein; für uns alle war es eine hohe Ehre, der große Meister der Jagd! Bewundernd nickte ich ihm zu. Seine schmalen Augen musterten die Jäger und kontrollierten die Ausrüstung, und schon ging es los; Mowe und Eko glitten als Erste lautlos durch das Unterholz. Dann folgten in kurzem Abstand Mopo, Djele, Sangui, ich und hinter mir Lundi. Es ging gut voran, bis wir plötzlich in ein endloses Feuchtgebiet kamen. Anscheinend hatte es hier in den letzten Tagen wie aus Kübeln geregnet, doch ohne Abkühlung zu bringen, und wir konnten uns nur mühsam Meter um Meter durch diese schlickige, dampfende Sauna bewegen, durch ein schier undurchdringbares Gewirr aus Wurzeln und Schlingen, durch nicht enden wollende Blättervorhänge und Myriaden von Insekten. Teuflischer Dornenfilz bedeckte tückisch das Unterholz, so dass sogar die Bayaka ihr Tempo verlangsamten und höllisch aufpassten, wo sie hintraten. Schößlinge und hölzerne Lianen drücken mich so zu Boden, dass ich bereits tiefe, blutende Striemen von diesem Scheiß-Filz hatte, durch den ich mich durchschleppte. Bis Mittag ging das so, dann war kein Weiterkommen mehr; Sangui blieb erschöpft stehen, das heißt, der Arme war zusammengekrümmt wie ein Fleischerhaken und schlug an seinem Nacken eine große blaue Stechfliege breit. Selbst für Djele und die anderen Jäger war dies ein unbekanntes Gebiet.

»Sie haben sich gerade gefragt, ob es den Mokele-mbembe, das Dinosaurier-Ungeheuer, schon hier gibt und nicht erst unterhalb der Sümpfe. In diesem Dschungel halte ich alles für möglich!«

»Ist es schon jemandem begegnet?«

Ich fand das ziemlich aufregend, und ehrlich gesagt wären hier in dieser Stimmung durchaus auch Geister für mich glaubhaft gewesen.

Sangui holte mich aus der spiritistischen Wolke auf den glitschigen Boden zurück. »Nein, aber man hat riesige Abdrücke gefunden, die an den Ufern des Lac Tele, an der Kongogrenze, verschwunden sind. Pygmäen haben auch einen großen Echsenkopf in dem See beobachtet, aber man kann sich dort nur kurz aufhalten, um weitere Spuren zu suchen, die Lebensumstände sind viel zu schwierig. Garantiert gibt es hier noch Lebewesen, die sich seit Jahrtausenden nicht verändert haben, da bin ich sicher.«

Ich konnte mir das gut vorstellen, und gleichzeitig hörte ich gerade schweres Flügelschlagen, wie von einem Schwan. Wahrscheinlich eine fliegende Urechse. Von vorne hallten die Schläge der Macheten durch den Wald.

»Gott sei Dank haben genau diese schweren Lebensbedingungen den Regenwald dort vor einer Zerstörung durch Menschen bewahrt«, ergänzte Sangui zufrieden. »Hoffen wir, dass dies noch lange so bleibt und dass wir unbehelligt wieder hier heraus kommen!«

Ich fand, es war tatsächlich unheimlich, weil es auch bereits hier schon so völlig unübersichtlich war. Es ging weiter, ein kleiner Pfad erleichterte uns die Tritte, doch dann kam wieder diese dornige Gorillapflanze, die sich kreuz und quer durch das Holz verflicht. Also käme es auf Dinosaurier auch nicht mehr an. Djele schaute ständig zu Boden, um eventuelle Spuren auszumachen, angekaute Sprossen, Schürflinien am Boden von einer Schweineschnauze auf der Suche nach Nüssen. Er zeigte auf eine verlassene Baumhöhle.

»Erdferkel«, erklärte Sangui knapp. Die anderen waren stehen geblieben, es war totenstill. Bis auf dieses »Uhuhuuu … uhuhuuhh..«, als braute sich etwas zusammen! Mein Herz schlug lauter, ich war auf alles gefasst, und da plötzlich brach ein Ducker durch das Dickicht, fast über meine Füße. Zick zack und ein hoher Sprung – verschwunden! Es knackte noch eine Weile nach.

Djele hatte den Speer gezückt, doch auch für ihn war es zu schnell gegangen. Enttäuscht drehte er sich ab.

»Warum hast du ihn nicht einfach festgehalten?«, fragte mich Sangui unverschämt. »Dein Freund Mopo hätte dich bis zum letzten Atemzuge verehrt!«

»Anscheinend gibt es doch den guten Geist für ›mbolokoe‹!«, gab ich frohlockend zurück.

Es ging weiter, der Wald wurde durchgängiger und heller, aber der Marsch dauerte ewig, wir gönnten uns kaum eine Pause. Meine Füße waren wieder durchgescheuert, und die Hacken schmerzten höllisch bei jedem Schritt. Wie einfach hatten es die Bayaka, die leichtfüßig, schwer bepackt und nun wieder in einem Höllentempo scheinbar schwerelos vor mir herwieselten. Am Abend ließen wir uns am Rande einer winzigen Lichtung nieder, Sangui bot Zigaretten an und Lundi packte Büchsen aus, während Eko mit einer Wasserliane aus dem Unterholz nachkam. Ich jedoch sank nur noch erschöpft zu einer Ölsardinenbüchse und dann unter mein Moskitonetz und schlief, ohne eine Sekunde an Urwaldängste zu verschwenden, sofort ein.

Morgens um 3 Uhr 30 weckte mich ein Vogel mit einer Art Weckergerassel genau über mir. Tick-tick. Tick-tick-tick. Ticktick. Ein Schluck Wasser und schon ging es weiter, lautlos bewegten wir uns, doch man konnte tatsächlich kaum drei Meter weit schauen, und wir krochen nur noch vorwärts durch ein lebendes Labyrinth auf einen dunklen Schlund zu, der uns langsam aber sicher zu verschlingen schien. 70 bis 80 Meter hohe Baumriesen, die kaum Sonne durch ihr Kronendach ließen. Plötzlich blieb alles gebannt stehen, Mopo drehte langsam den Kopf zu uns zurück und nickte kurz zur Seite. Ich erstarrte und drehte mich, auf das Schlimmste gefasst, vorsichtig und in Zeitlupe in diese Richtung. Dort, auf einer winzigen Lichtung, stand eine Dreiergruppe Bongo-Antilopen. Ich erkannte sie sofort, denn es sind die größten Waldantilopen mit ganz eigener Zeichnung: kastanienbraun mit senkrechten weißen Streifen an den Flanken und einer Blesse zwischen den Augen. Hier im tiefsten Dickicht standen sie wie eine Vision, wunderschön und einzigartig mit den hochgezwirbelten Hörnern. Eine schubberte sich gerade an einem Baumstamm, langsam und genüsslich, das war zweifellos zu erkennen. Ich musste lächeln. Begeistert schaute ich zu den anderen und sah Djele mir gegenüber, der mit zusammengekniffenen Augen äußerst gespannt jeder Bewegung folgte, wobei sich plötzlich seine schütteren, dünnen Barthaare über den Mundwinkeln wie bei einer Katze sträubten. Ich nickte ihm zu. Auch er war begeistert, das sah ich, er zog die Augenbrauen weit nach oben, doch dachte er wohl weniger an die Schönheit der Tiere, sondern eher an deren Zubereitung. Aber diesmal hatte ich keine Sorgen, dass die Speere ihr Ziel erreichen könnten, denn wie ich inzwischen wusste, gehört der Bongo bei den Bayaka zu den verbotenen Tieren, weil er wie viele Affen und kleine Antilopen – und auch ich – die weiße Farbe der Geister im Gesicht trägt. Plötzlich sprangen sie in hohen, spitzen Sätzen durch das Unterholz, es knackte, dann waren sie verschwunden – weg. Waren sie je da gewesen?

Fast ohne die Lippen zu bewegen, flüsterte mir Sangui zu: »Und da drüben sind die ersten Elefanten! Leider sind die Spuren schon älter. Das scheint ein Pfad zu einer Wasserstelle zu sein, denn da wird es auch heller.«

Er war hoch konzentriert und, wie mir schien, auch etwas zusammengeschrumpft, irgendwie war er besorgt. Lundi untersuchte bereits den Dung, stocherte vom Harten ins Weiche und nickte dann zufrieden: ungefähr ein halber Tag. Andächtig schweigend und fast geräuschlos schlichen wir weiter vorwärts. Eine Lichtung, die offensichtlich von Elefanten geschaffen war, tat sich auf; umgerissene Bäume, entrindete Stämme und ein Netzwerk von Pfaden. Eine Art Kraterlandschaft mit aufgebrochener, rissiger Erde, in die der Liebe Gott große Fußabdrücke eingemeißelt hatte. Ein merkwürdiges Gelände, unwirklich, geheimnisvoll; kein Lebewesen, kein Laut außer einem einsamen tink-tink-tink-tink. Ein paar gelbe Früchte in der Größe von kleineren Äpfeln lagen herum, waren überall ein wenig verstreut. Enttäuscht schaute ich mich um und sah gerade noch weit drüben zwei Schimpansen mit großen runden Augen neugierig durch die Äste schauen. Einem fiel vor Schreck, als ich ihn ansah, solch eine Apfelfrucht aus der Pfote, und dann hangelten auch sie sich eiligst fort.

Es war schon fast Abend und zu spät, um eine weitere Spur aufzunehmen. So begannen wir müde und leicht frustriert das Lager zu richten, als plötzlich die Erde zitterte, zu beben begann, Markerschütternde Trompetenstöße schienen von allen Seiten zugleich zu kommen. Ich spürte wildes Trampeln und hörte Krachen und Brechen aus dem Unterholz. Das ging alles so schnell, dass ich gar nicht wusste, wie ich wieder von der Lichtung in das Dickicht kam und plötzlich hinter einem dicken Baumleib klebte. Eine Armee von Kolossen schien am Anmarsch zu sein. Kamen sie an uns vorbei oder etwa auf uns zu?

Von einer Sekunde zur anderen wird es mir eiskalt, in panischer Angst schaue ich am Baum hoch, überlege krampfhaft, ob ich dort hochkäme, oder wo ich andernfalls ein Loch finde, irgendwas, worin ich versinken kann. Wo sind denn die anderen? Wo ist der breite Weg, wieso sind meine Schnürsenkel offen – tausend unnütze Gedankenfetzen auf einmal! Plötzlich, in größter Verwirrung und fieberhaften Überlegungen, sehe ich einen Rüssel in meine Richtung deuten, zwei helle Augen, den grauen breiten Kopf mir genau gegenüber, höchstens fünf Meter entfernt. Ein Stich fährt mir siedend heiß durch den Körper, als bliebe mir das Herz stehen, gleichzeitig spüre ich, wie es mir feucht und warm zwischen den Beinen entlang läuft; höchstens ein paar Meter vor mir der Dickhäuter, ein Monster. Es beobachtet mich, teilweise verdeckt durch Lianengestrüpp und Blätter.

Wir schauen uns an, ewig, wie mir scheint, und auf einmal habe ich keine Angst mehr, es kommt Vertrauen auf, wie zu einem alten Bekannten, den man längst erwartet hat. Ein archaisches, weises Wesen aus längst vergessener Zeit. Auch er scheint eher neugierig als aggressiv zu sein. Rund um uns herum trompetet es weiter, es kracht immer näher und ich kehre in die Realität zurück. Mein Gegenüber ist eigentlich gar nicht so mächtig groß, etwa Sanguis Größe? Doch scheint er mir größer als die Kollegen von der Bay. Auf einmal bewegt er forschend seinen Rüssel etwas weiter waagerecht in meine Richtung, noch einmal, diesmal etwas mehr nach oben wie ein Teleskop. Nun schaue ich aber doch eiligst zur Seite, zu Boden, denn so einfach kann diese Begegnung doch nicht verlaufen. Einfach stehen bleiben, nicht wahr, Djele? Ja, wenn das so einfach wäre und die verdammte Angst nicht wäre! Das Stampfen ist nun so dicht neben mir, Äste krachen in unmittelbarer Nähe so laut, dass ich auf gar nichts mehr zu schauen wage und hoffe, dass auch gar nichts auf mich schaut, hoffe, dass Elefanten wirklich so kurzsichtig sind, wie man sagt. Ich beginne plötzlich zu zittern und zu heulen und versuche, aufkommendes lautes Schluchzen zu unterdrücken, doch irgend etwas irritiert mich auf einmal maßlos. Ja, die Stille, es ist still! Kaum noch ein Laut, der Wald hat aufgehört zu atmen.

Wahrscheinlich standen sie alle direkt vor mir. Langsam, ganz langsam öffnete ich die Augen und sah ... gar nichts, weder Rüssel noch Augen noch andere Monsterteile. Verschwunden, verschluckt. Ich spürte ekelhaft meine nasse, vollgepisste Hose, als ich mich nach den Freunden umsah. Auch nichts. Doch da bewegte sich direkt hinter mir etwas und Gott sei Dank sah ich Mopo und Eko mit ihren Speeren in Bereitschaft. Mopo hatte die Wangen zum Platzen prall aufgeblasen und atmete pfeifend mit einem heftigen Stoß aus: »Di ma!«

Lundi, auch ziemlich blass geworden, übersetzte: »Er ist fast tot.«

Ich nickte ihm zu und zeigte auf mein Herz: »Moi aussi.« Benommen rutschte ich am Baumstamm entlang und sackte am Boden zusammen. Sangui kam zum Vorschein und schlich vorsichtig näher. Leicht angeschlagen versammelten wir uns um den Baum, wo sich Djele fast lautlos, doch mit energischen Gesten mit den anderen beriet.

»Es waren fünf Tiere«, informierte mich Sangui kurz, »und irgend etwas muss sie stark beunruhigt haben. Djele sagt, dass Mopo noch den Spuren nachgehen will, wir sollen hier auf ihn warten!«

Was für ein Erlebnis!

»Ich habe den größten Schrecken meines Lebens bekommen, schau mal meine Hände an!« Ich war selbst erstaunt, dass meine Finger so eigenmächtig herumflatterten.

»Das war doch dein größter Wunsch, du hast mich seit Wochen genervt, du wolltest sie unbedingt sehen, die Waldelefanten. Et voilà!«, kam es leicht ironisch von Sangui, der aber ganz offensichtlich auch ziemlich nervös war. Er schaute sich ständig um.

»Ja, aber ich wollte sie nicht auf meinem Schoß!«

Sangui lachte jetzt laut los, und meine Lebensgeister erwachten langsam wieder. Dann blickte er immer noch lachend auf meine Hose, in die Kniegegend.

»Ist mir auch schon passiert!«, kommentierte er leichthin.

Ich schämte mich, denn so öffentlich hatte ich mir noch nie in die Hose gemacht.

»Du tust fast so, als hättest du gar keine Angst gehabt!«, meckerte ich.

»Natürlich hatte ich Angst, aber ich stand gegen den Wind und war somit geschützt.«

Er wischte sich mit seinem zerknitterten Halstuch eine Mückenwolke vom nassgeschwitzten Hals.

## Die Wilderer werden ausgeräuchert

Als ich mich ein wenig erholt hatte, machte sich langsam, aber immer deutlicher in mir das Gefühl breit, hier in der Natur als Störenfried zu wirken, der mit unberechtigter Selbstverständlichkeit in fremdes Gehege einbricht und es sich auch noch auf Kosten anderer gemütlich macht. Mopo kam eilig zurück und unterbrach meinen Gedankengang, er debattierte aufgeregt mit Djele und Eko. »Verdammter Mist!«, rief Sangui nun erbost. »Hier gibt es Spuren von Wilderern, die es auf Stoßzähne abgesehen haben.«

»Das darf doch nicht wahr sein!«, entfuhr es mir.

»Und anscheinend haben sie einen Elefanten bereits angegriffen.«

Ich war entsetzt. Hier, wo ich Tiere und Natur unbehelligt glaubte! Mit der Garantie durch die Unzugänglichkeit des Dschungels auf Unantastbarkeit, ewiges Leben.

»Haben unsere Jungs keinen Schreck bekommen?« Ich dachte, dass sie ja auch hätten angegriffen werden können, Wilderer schrecken vor nichts zurück und nur der Schnellere überlebt.

»Nein, sie sind eher empört!«, erklärte Sangui hitzig. »Ich auch!«

Djeles Augen blitzten böse aus schmalen Schlitzen und er hörte sich nun wirklich gefährlich an, als er knappe, herrische Befehle gab, während er drohend in die entsprechende Richtung zeigte. Ich ahnte schon lange, dass er eisenhart sein konnte. Auch Mopo schaute finster drein; Eko und Mowe griffen entschlossen zu Speeren und Armbrust, sie schienen zum Äußersten bereit zu sein. Ich fand auch, dass wir unbedingt handeln müssten, dass man solche Dinge nicht einfach hinnehmen könne, eine Schande! Wir sollten sie unbedingt verfolgen und stellen, sonst würden sie sich mit Sicherheit weiter an dieser Elefantengruppe vergreifen! Sangui schüttelte abwehrend den Kopf und setzte sich neben Djele und Mopo, die einen kühlen Kopf bewahrten. Djele strahlte Autorität aus, hatte alle Falten zusammen gerunzelt. Leise berieten sie sich miteinander, wägten ab, überlegten und schließlich kam fast als Absage von Sangui: »Die haben sicherlich Gewehre und wir hätten überhaupt keine Chance!«

»Doch! Unsere Chance liegt in der Überraschung und in der Erfahrung unserer Jäger!«, warf ich ein.

Sangui schaute mich lange zweifelnd an, er überlegte, wobei sein Gesicht immer länger wurde. Er hatte Recht, aber trotzdem durften wir nicht zögern und mussten alles versuchen, um den Wilddieben Einhalt zu gebieten, auch wenn es fast selbstmörderisch war.

Sangui legte inständig die Hand auf Djeles Schulter und sie beratschlagten sich lange.

Dann wandte er sich wieder an mich: »Es ist außerdem fast dunkel und da können wir gar nichts erreichen; auch die Wilderer werden irgendwo schlafen!«

»Ja, sie haben ein Lager hier in der Nähe, von dem aus sie ihre Streifzüge machen. Ihre Spuren gehen hin und zurück. Auch Schleifspuren von Stoßzähnen sind dabei«, bestätigte Lundi, der plötzlich wie ein Geist aus dem Unterholz kam.

»Siehst du, Sangui!«, fuhr ich wütend auf, »worauf warten wir noch? Wir sind bewaffnet und die Nacht kann uns doch schützen!«

Die Halunken sollten keine ruhige Minute mehr haben! Hitzig nahm ich meinen Rucksack auf und stellte mich auffordernd vor die Männer, wir sollten los! Doch Djele winkte mich entschieden wieder zum Hinsetzen hinab. Er machte einen Vorschlag: »Wir werden hier bleiben und vor dem Morgengrauen ihr Lager angreifen, wenn sie noch schlafen! Wir werden es anzünden, und Mopo und Mowe werden die Männer am Eingang angreifen, wenn sie herauskommen!« Vielleicht hatte er Recht, abbrennen hörte sich gut an! Doch vielleicht brannte es ja nicht so schnell und sie würden uns einfach abknallen. Vielleicht wären Pfeile besser. Neben mir drehte sich Mowe gerade eine Zigarette und ich machte ihm Zeichen, dass ich auch eine wollte. Er grinste und bot mir sofort die eine Hälfte an. Lundi gab mir Feuer. »Achtung, harter Stoff!«

Ich winkte ab: »Das ist nicht schlimm, ich brauche das jetzt!« Gierig zog ich den ersten Zug ein, und noch im gleichen Moment beizte er alles weg, was Haut und Schleim war. In einem grässlichen Hustenkrampf spie ich heraus, was quer kam, Spucke, Schleim und einen Teil meiner Mandeln, wie mir schien. Tränen liefen mir die Wangen herunter. Mopo lachte sich krank. Ich drohte ihm, woraufhin er noch mehr lachte, dann aber nahm er sich zusammen, nickte verständnisvoll und verschwand in den Wald. Kurz darauf kam er mit einer armdicken Liane wieder, die er an den Schnittstellen zuhielt; fast mütterlich hielt er sie mir an den Mund. Ich solle trinken, forderte er mich auf. Glasklares und kühles Wasser kam in leichtem Strahl heraus, als er die Hand wegnahm, und in großen Zügen schluckte ich das wohltuende Nass der Wasserliane.

»Merci, ami!« Dankbar klopfte ich ihm auf die Schulter und plötzlich verschwanden die Schmerzen, die Beine wurden schwer und rosa Schmetterlinge summten mir durch Ohren und Augen. Die Zigarette! Ein einziger Zug? Mir fiel ein, dass sie ja oft ihre Happykräuter dazu mischten. Oder war es, weil die Anspannung so plötzlich nachgelassen hatte? Ich bekam noch mit, dass Mopo Reisig bündelte und schaffte es gerade noch, mein Moskitonetz auseinanderzuzerren und mich auf die Matte zu rollen, und weg war ich.

Noch im Dunkel der Nacht machten wir uns auf den Weg, dicht hintereinander im Verschwörerverband schlichen wir auf der Fährte der Elefantenfußabdrücke voran. Eine feuchte, dunkelbraune Spur auf dem alten Laub, offensichtlich das Blut eines verletzten Tieres. Dann, nach etwa einer halben Stunde, entdeckten wir die anderen Spuren, Schuhabdrücke, mehrere; lautlos schlichen wir ihnen nach. Mein Herz klopfte und ich umschloss fest die Machete, die mir Sangui in die Faust gedrückt hatte. Etwa zwei Stunden später sahen wir durch

Äste gewirr tatsächlich ein größeres Lager, eine Rundhütte aus Schilf, aus deren Blätterdach leichter Dampf stieg, wie Nebel im Morgengrauen über einem Fluss.

Mir kam die Wut wieder hoch, wie ich dieses Räuberlager so gemütlich sah, noch mehr, als ich an einer Wand hoch geschichtete Stoßzähne erblickte. Entsetzt zog ich Sangui am Ärmel, doch ein weiterer Blick zu Djele ermahnte mich zur Besonnenheit. Wenn ich meiner Empörung nicht bald Luft machte, würde etwas geschehen, ich konnte mich kaum noch beherrschen. Doch nun ging es los. Konzentriert und in höchster Spannung hockten wir uns dicht nebeneinander, Netze und unnötiges Gepäck wurde versteckt, Djele gab letzte Anweisungen. Sangui fragte noch mal leise nach, Djele nickte und Sangui erläuterte kurz meine Rolle, während er Reisigruten zusammenschnürte und Mopo, Mowe und Lundi bereits in geduckter Haltung den Hütteneingang umzingelten und mit schussbereiter Armbrust und Bogen in der Deckung des Unterholzes Position bezogen. Ich drückte uns die Daumen und wünschte den Wilderern ein langes, qualvolles Sterben, allen samt und sonders!

Jetzt schlichen sich Djele, Eko und Sangui an den hinteren flachen Teil der Hütte und ich blieb dicht hinter ihnen, als Nachhut sozusagen, aber nicht weniger tapfer! Sangui umwickelte die vier Reisigbündel gekonnt mit gedörrtem Gras und entzündete dann die Harzkerze. Ich schaute noch einmal in die Runde, alle waren bereit. Nichts rührte sich in der Hütte. Die Schweine schliefen.

Djeles Vogelruf ertönte. »Ruuu-ku-ku-ruuu-ku.«

Es war so weit! Mir pochte das Blut laut und deutlich in den Schläfen. Ein kurzer trockener Husten war aus der Hütte zu hören. Wir hielten inne, erstarren. Hatten sie etwas bemerkt? Doch es blieb still. Jeder von uns dreien bekam jetzt eine Rute, Sangui entzündete sie vorsichtig und sofort zischte ein Feuerstrahl durch das gebündelte Gras.

»Allez!« Sangui rannte los, wir folgten. Noch zwei bis drei Meter bis zur Hütte, und wir sengten sie an allen Seiten an, auch der Länge nach, dann fackelten wir noch einmal etwas höher und nun ging alles wahnsinnig schnell, die welken Blätter brannten sofort lichterloh und im Nu stand die trockene Baracke in mannshohen, hellen Flammen, sengende Hitze, Funken sprühten auf uns herunter. Drinnen lautes Fluchen, Stimmengewirr, Husten, und zwei dunkelhäutige Männer stolperten keuchend halbnackt aus dem Eingang, während unsere Jungs in schauerliches Kriegsgeheul ausbrachen. Zwei weitere stürmten laut schreiend direkt vor uns aus der Seitenwand. Dem, der mir am nächsten war, einem fetten Typ mit schwarzen, eng zusammenliegenden Augen, warf ich voller Hass das brennende Reisigbündel in den Rücken.

»Mörder!« Seine Wäsche, die bereits qualmte, loderte sofort hell auf. »Du alter Mistkerl, hoffentlich brennt dir der Arsch auch ab!«, schrie ich ihm hinterher. Er heulte laut auf und schlug wie wild um sich, rannte, als wäre der Teufel hinter ihm her, zum Waldrand, wo er sich mit einem Sprung auf den Boden schmiss und im Laub herumwälzte. Ich war so zornig, dass ich plötzlich zu allem fähig war, vor allem, als ich in der freigebrannten Hütte nun durch den Rauch das große Waffenlager sah. Eko schoss dem Typ zwei Pfeile hinterher, was einen schrillen Aufschrei auslöste. Vor uns schrie es plötzlich auch, und ich hoffte bloß, dass es keiner unserer Jungs war. Gott sei Dank fiel kein Schuss, offensichtlich hatten die Wilderer keine Zeit, zu den Waffen zu greifen. Lautes Wimmern übertönte das helle Krachen und laute Prasseln des Feuers, das sich durch das Elfenbein fraß, durch die Hüttenäste und das trockene Blätterdach; der Rauch war ätzend und machte einen weiteren Durchblick unmöglich. Doch offensichtlich waren die Männer geflüchtet. Schreien und Fluchen hallte aus dem Wald. Vorsichtig sammelten wir uns alle am zerfallenen Hütteneingang wieder. Gott sei Dank, niemand war verletzt und ich atmete erleichtert auf. Mopo strahlte, sein Mund reichte von einem Ohr zum anderen. Freundlich erklärte er uns, dass er einen Mann genau im Rücken erlegt hat, leider aber war die Lanze stecken geblieben und er war damit geflüchtet.

Lundi zeigte auf den linken Oberschenkel. »Ich konnte kräftig mit der Machete zuschlagen, direkt am Knie. Eigentlich wollte ich seine Hände zusammenschlagen, dass er nicht mehr schießen kann, aber die riss er im letzten Moment hoch!« Er nickte stolz dazu. Eko hatte den mit der qualmenden Hose noch im Arm erwischt, und als Djele grinsend auf mich zeigte und Mopo etwas zunuschelte, war ich richtig stolz. Ja, ich hatte auch einen »erlegt«, direkt am Hintern! Sangui schaute mich halb ironisch, halb bekümmert an. »Schämst du dich nicht, dass du so kaltblütig Männer umbringen könntest?«, sagte er und nahm mir vorsichtig die Machete ab.

»Nein! Keine Sekunde, im Gegenteil, ich schäme mich, dass ich es ihm nicht noch heißer machen konnte, wie den Stoßzähnen, für die die Elefanten so sinnlos geopfert wurden!«

Ob ich wohl so kaltschnäuzig reagiert hätte, wenn er wirklich verbrannt vor mir gelegen wäre, war eine andere Frage. Doch die stellte sich ja nicht. Trotzdem war ich erstaunt, wozu ich fähig war! Was sich da so alles herausstellte, wenn man das erste Mal der Entscheidung ausgeliefert ist, einem Mann die Wäsche anzufackeln oder nicht! Um sicher zu sein, dass alle verschwunden waren, folgten wir kurz zwei unterschiedlich starken Blut- und Schürfspuren, die am Boden zu sehen waren, und etwas abseits entdeckten Mopo und Eko die anderen Spuren. Das war gute Arbeit, zufrieden nickten wir uns zu, offensichtlich waren zwei Männer stark verletzt und meiner mit Sicherheit stark angebraten. Ich hoffte, dass dies eine Weile vorhalten würde.

»Saubere Arbeit!«, fügte Lundi äußerst zufrieden hinzu, wobei es mir so vorkam, als sei er gerade um vieles größer geworden.

Bloß Djele war etwas geknickt, er hatte sich deftig die Finger verbrannt und nichts erlegt! Auch meine Hände waren rußig und voller Brandblasen, aber ich spürte keinen Schmerz, ich war hellauf begeistert. Doch bevor wir uns weiter auslassen konnten, mahnte Sangui uns alle energisch zur Eile. »Sie werden vielleicht zurückkommen, und wahrscheinlich sind noch andere unterwegs, denn die Hütte war recht groß. Wir müssen sofort aufbrechen!«

»Was geschieht mit dem verletzten Elefanten, kann man nicht etwas tun?« Mir tat das Tier Leid, wenn es nun elend irgendwo dahinsiechte.

»Das geht heute nicht, wir müssen unbedingt weg!« Sangui

war todernst und duldete keinen Widerspruch. In aller Eile sammelten wir die heißen Waffen aus dem Qualm, sechs Repetiergewehre und einen aus irgendwelchen Motorteilen zusammengebauten Vorderlader. Wie die meisten Wilderer hatten sie ihr Munitionslager offensichtlich woanders. Der Transport gestaltete sich schwierig, doch geschickt hatten die Jungs in Windeseile eine Art Trage gebaut, auf die nun alles verladen wurde, und schon waren wir auf dem Rückweg. Ein mörderisches Tempo bestimmte unseren Marsch, wir spürten alle eine Art Beklemmung, denn Sanguis Ermahnungen waren auf fruchtbaren Boden gefallen. Ohne Halt rannten wir Stunde um Stunde, meine Freunde waren verdammt schnell, noch schneller als sonst, sodass ich kaum mithalten konnte.

Höllisch schwül, kein Luftzug in diesem Waldgebiet. Ich riskierte in aller Eile einen Blick nach oben, weil ich das lustige Pfeifen und Krächzen von Papageien hörte, doch leider sah ich nichts außer Lianen, die an den Bäumen klumpten und sich samt Farnen und Sprossen zu einem Irrwald zusammenschlossen. Abends erst machten wir Rast, aßen Kekse und schlugen das Lager auf. Wortlos und erschöpft teilten wir Ölsardinen, rauchten noch eine Zigarette zusammen und schliefen hundemüde ein, außer Mopo und Lundi; die wollten Wache halten.

Am nächsten Tag spät nachmittags waren wir endlich zurück in Bé.mbémà. Die Frauen standen schon gespannt am Dorfeingang und erwarteten uns. Als wir näher kamen, schwatzten sie erstaunt durcheinander, denn die verrußten Jäger lösten Erstaunen aus und mussten allerhand erklären. Aufgeregt wurde berichtet, gestikuliert und mit den Fingern geschnalzt. Brandblasen und Schürfwunden wurden versorgt und endlich, ganz langsam, kehrte wieder Ruhe ein. Die Familien saßen wieder zusammen am Feuerplatz, aßen und redeten noch lange. Ich sah müde, aber zum Teil auch besorgte Gesichter, als ich später nach der Dusche noch eine kleine Runde im Dorf drehte. Ja, sie machten sich Sorgen; wegen der Wilderer und auch, weil die Männer kein Fleisch mitgebracht hatten.

# Elefantenrüssel à la carte

Am nächsten Tag blieb ich vorerst in meinem Lager, denn ich fühlte mich nicht wohl, ich spürte bleierne Müdigkeit, und die Schürfwunden und die Verbrennungen an den Händen taten außerdem noch weh. Frustriert versuchte ich mich später in die harte Matte zu kuscheln, doch das gelang mir auch nicht recht und nervte mich noch mehr; schließlich, endlich müde, zog ich mich in die Arme des weisen Morpheus zurück, der Bayaka und Münchner auf so wundersame Weise vereint.

Da mir noch einiges Fotomaterial fehlte – in erster Linie Tier- und Landschaftsaufnahmen, meine Freunde hatte ich inzwischen zur Genüge fotografiert –, bereitete ich mich am nächsten Morgen vor, um den Schnappschuss meines Lebens zu machen. Ich dachte zum Beispiel an einen Panther in einer wippenden Lianenschaukel, der gerade genüsslich mit einem rosa gestreiften Strohhalm einen Bananenshake schlürfte, eine Blaustirnantilope mit roten Fußnägeln, oder eine Kobra, die auf ihr drohend aufgerichtetes Schild »Vorsicht Fußgänger« geschrieben hat. Na, jedenfalls ein Foto, das zu den Streifen-elefanten passte. Ich wunderte mich sowieso, wo alle waren! Die Männer, so erklärte mir Ngonga, waren mit den Nach-barn zur Jagd unterwegs, Mouboma und Boyemba suchten anscheinend Holz, Sangui war am Bach. Also gut, ging ich eben alleine, langsam und im »Schongang« Richtung Norden, das war eine herrliche Ecke, und dann wollte ich zum kleinen Fluss, vielleicht gäbe es eine lustige Affenschar beim Weit-sprung oder ein paar Warane, die gerade mit dem Ungeheuer von Loch Ness kämpften. Am Nachmittag fühlte ich mich wie-der wohl. »Uhuhuuu« war mit mir und die Sonne schien, ich spazierte endlich mal so gemütlich, wie ich wollte, den kleinen Pfad entlang, beobachtete die Megaponeraameisen, die in einem ingwerähnlichen Gehölz herumkrochen, manchmal in einem Ast verschwanden und ganz woanders wieder zum Vor-schein kamen; sie hatten wohl das ganze Gebüsch ausgehöhlt. Sie glänzten schwarz und fett, und man sah ihnen an, dass sie äußerst gefährlich waren, viel gefährlicher noch als die Trei-berameisen, wie mir Sangui mal erklärte. Ich war gerade mit einer Makroaufnahme dieser kleinen Monster beschäftigt, als ich plötzlich Äste knacken hörte und Stimmen vernahm. Männerstimmen, die näher kamen, schlurfende Geräusche, und ich dachte sofort an das Schlimmste: Vergeltung für den Überfall – Wilderer! In aller Eile suchte ich mir einen handlichen Baum, auf den ich hinaufkam und in dem ich mich außerdem gut verstecken konnte. Ich bekam es mit der Angst und kraxelte so hastig den Baum hoch, dass ich dabei fast einen dicken Brummer verschluckte, der mich schon lange verfolgte; das Miststück biss mich kräftig in den Rachen. Ich dachte an den miesen Typ, dem ich den Hintern versengt hatte, und kletterte noch schneller, bis ich in einer Astgabelung schließlich Halt fand und auch gut versteckt war. Trotzdem konnte ich den Weg überblicken. Ich wartete, die Stimmen wurden wieder leiser, ich dachte, dass die Leute eine andere Richtung eingeschlagen hätten und wollte gerade wieder runterklettern, da sah ich sie plötzlich! Genaues konnte ich noch nicht erkennen, sie waren noch zu sehr vom Unterholz verdeckt; doch es waren drei finstere Gestalten, die da näher kamen, mit Lanzen bewaffnet und in gebückter Haltung, Pygmäen, die ich nicht kannte. Der vorderste verschwand völlig unter irgendeiner Last, und auch die anderen trugen unförmige Bündel auf den Schultern. Sicherlich waren da Waffen drin, und mir wurde schlagartig klar, dass die Jungs von den Wilddieben angeheuert waren, um uns niederzumachen. Fieberhaft überlegte ich, was ich tun könnte, wie ich sie aufhalten, unsere Leute warnen könnte. Doch da waren sie schon so nah, dass ich den Atem anhielt, sie waren fast an meinem Baum angelangt, und da erkannte ich bei den nachfolgenden Männern Mopo, Eko und Mowe. Alle waren schwer mit Fleisch bepackt. Ich atmete auf, Gott sei Dank keine Wilderer! Als die kleine Gruppe nun direkt unter meinem Versteck war, kratzte es ausgerechnet dermaßen in meinem Hals, dass ich einen Husten nicht unterdrücken konnte. Dem Mann, der nun genau unter mir war, fiel vor Schreck die Last, die er trug, von der Schulter. Und nun ritt mich der Teufel und ich wollte meinen neuen Freunden unbedingt einen Streich spielen. Ein paar Brocken Aka über die Jagd fielen mir ein und mit tiefer Stimme rief ich aus den Blättern:

»Nzoke dulu, z'o d'o«, was ungefähr so viel heißt wie »Der Geist der Elefanten ist hier«. Schlagartig fiel nun auch den anderen die Last mit Getöse zu Boden. Die Männer starrten mit weit aufgerissenen Mündern in meinen Baum und versuchten, etwas zu erkennen. Das könnte vielleicht das Superfoto werden, und ich fotografierte die entsetzten Gesichter mitsamt dem Elefantenkopf. Mopo packte das Fleisch auf der Schulter noch fester und suchte in rasendem Tempo das Weite. Ich freute mich gemeinerweise; die anderen dachten wohl, dass Zengi, der große Herr der Geister, persönlich mit ihnen spräche, und ich wollte sie nun beruhigen. Ich winkte, machte mich bemerkbar, sodass sie sehen konnten, dass ich ein menschliches Wesen war; doch als die fremden Jäger nun noch meine weißen Hände sahen, bekamen sie den Mund gar nicht mehr zu und standen wie gelähmt. Eko und Mowe hatten schon vorher die Flucht ergriffen. Ganz langsam kletterte ich hinunter, damit sie nicht noch mehr erschraken. Doch da löste sich mein Dutt auf, gleichzeitig rutschte ich vom Baumstamm ab und flog zu Boden und meine schwarzen Haare umwallten mich in einer fliegenden Wolke, als ich auf dem Weg landete. Da gab es kein Halten mehr, die Männer rannten den ganzen Weg zurück, als wäre der Teufel hinter ihnen her. Ich musste schallend lachen, als ich nun alleine am Fuß des Baumes stand.

Später kam ich guter Dinge ins Dorf zurück, freute mich über den Streich, der, obgleich unfreiwillig, doch hervorragend gelungen war. Suchend schaute ich, ob sich irgendwo die »tapferen« Jäger verbargen. Und siehe da, Mopo machte sich hinter seiner Hütte am erjagten Fleisch zu schaffen, an der Stelle, wo meist die erlegten Tiere geräuchert wurden, Eko und Mowe zerschnitten restliche Fleischbrocken, während sie erregt diskutierten. Vorsichtig schlich ich um die Hütte, und mit einem lauten »Buuhhh! Nzoke dulu, z'o d'o« schreckte ich die drei senkrecht in die Höhe und sprang dann lachend vor, wobei ich Mopo spaßhaft mit der Faust drohte. Der Spaß war gelungen, und jetzt lachten auch die Jäger über ihren unrühmlichen Abgang.

Das Fleisch wurde verteilt und ein großes Fest des Dankes

schloss sich an. Auch die fremden Jäger kamen ins Dorf und lachend erzählte ihnen Mopo die Geschichte von meinem Auftritt. Das löste sehr viel Fröhlichkeit aus, sie nickten begeistert zu mir herüber und es war der Auftakt zu einer stimmungsvollen, lustigen Feier. Die große Trommel wurde aus Djeles Hütte geholt, Eko und einer der fremden Jäger setzten sich hintereinander rittlings darauf und Eko, der vordere, schlug langsam den Rhythmus, während der hintere Pause hatte. Ein fremder Zeremonienmeister tanzte ein und fungierte als Vorsänger sowie Tanzmeister. Andere schlossen sich zaghaft an, es waren hauptsächlich unsere Frauen, Mbouka und Ngonga. Auch Ndokanda tanzte bedächtig, aber mit sehr, sehr eindrucksvollen Gesten in die Reihe, die Arme hoch über dem Kopf verschränkt und mit wiegenden Hüften den kurzen Schritten folgend. Dabei betrachtete sie lasziv ihren Körper und jede ihrer Bewegungen. Donnerwetter, diese ältere kleine Frau zündete immer noch Funken an! Die anderen schlossen auf und bildeten nun tanzend langsam einen Kreis. Der Zeremonienmeister rief etwas flehentlich hinter sich zur Gruppe. Die antworteten im Refrain. Das wiederholte sich ein paar Mal, Boyemba tanzte verschämt ein und klatschte im Rhythmus in die Hände, Ndembo schaukelte mit ihrem Säugling heran und reihte sich hinter Mouboma ein. Ihr Bastrock wippte in völligem Eigenleben über dem Gesäß, das sie in lässigen Bewegungen nach oben und unten hüpfen zu lassen verstand, ohne dass sich der Oberkörper dabei bewegte. Dann kamen kleine eingesprungene Schritte zwischendurch und langsam staubte es auf dem Dorfplatz, während die Frauen aufdrehten und kreischten: »Yeè-yeè yeè-eà.« Die Alten saßen außen herum und klatschen aufmunternd im Rhythmus.

Die alte Heilerin tanzte am eindrucksvollsten, sie hatte eine ganz bestimmte, ziemlich breitbeinige Schrittfolge und machte beredte Gesten dazu, als würde sie eine Geschichte erzählen, die zwischen zwei Personen stattfindet. Die jungen Tänzerinnen beobachteten genau die Schritte der Älteren und ahmten sie schließlich nach. So wurde spielerisch auch die Tradition erhalten. Somba tanzte lächelnd ein, gefolgt von Mbio, der gefährlich schwankend wagemutige Drehungen machte und in Schräglage kam und, plumps, hatte ihn sein kugelrunder Bauch zu Boden gezogen, er fiel in den Sand. Alle lachten, während er noch nicht genau wusste, wie er es finden sollte. Er entschloss sich dann aber zu einem fröhlichen Krähen, weil er merkte, dass er im Mittelpunkt wohlwollender Aufmerksamkeit stand. Auch Ich bekam Lust mitzumachen, und reihte mich hinter Mouboma ein. Ich tanzte im Rhythmus mit, wenn es auch eher eine Art Rap wurde, wobei ich versuchte, die fehlenden, erotisch wippenden Steißblätter mit entsprechendem Hüftschwung zu ersetzen. Es machte mir viel Spaß und steckte auch die anderen Tänzer an; Mbouka und Ngonga liefen vor Lachen die Tränen herunter, Boyemba versuchte, meine Schritte zu imitieren. und ich die ihren, wir johlten dabei und vereinigten uns zu einem multikulturellen Bé.mbémà-Rap. Ich dachte an meinen Exlover – könnte er das sehen, würden wir uns auf der Stelle wieder versöhnen. Sangui, neben Djele am Lager, lachte sich krank und klatschte auffordernd in die Hände, die Frauen sangen laut im Refrain mit und die Stimmung stieg. Eko rutschte hinter den zweiten Trommler, sodass dieser nun den Rhythmus schlug, während er sich hinter ihm ausruhte. Schließlich taten mir die Füße weh und ich humpelte aus dem Kreis und setzte mich neben Djele und Sangui. Wenn ich tanzen konnte, vergaß ich fast alle Schmerzen, aber das hier war stärker!

»Dieses Fest ist eher eine individuelle Dankesäußerung und hat nichts mit einem Ritual zu tun, weil die Beute dieses Mal den Jägern sozusagen in die Arme gefallen ist«, brüllte mir Sangui ins Ohr. »Du müsstest mal einen ›zoboko‹ sehen, das Ritual zum guten Gelingen der Elefantenjagd, das geht über mehrere Tage. Dann tanzt der Geist der Elefanten in die Gruppe der Tanzenden, das Gesicht des Tänzers ist verdeckt mit Koka-Blättern und seine Arme sind mit zwei Holzstücken des gleichen Baumes verkleidet und stellen die Stoßzähne dar, ein langes Blätterbündel markiert den Rüssel, und nun ahmt der Tänzer die Bewegungen des Elefanten nach. Dann nimmt der tuma Kontakt mit den Geistern der Jagd auf, er tanzt zum Elefantengott und fragt nach der Richtung, in der das Wild zu finden ist, dann bittet er, dass der große Gott der Elefanten diese Jagd gut heißt, und dann tanzen langsam nacheinander die anderen Jäger ein und erbitten dasselbe; sehr spannend!«, schloss er begeistert.

## Die große Netzjagd

Diese Woche wollten wir nach Bangui aufbrechen. Wir mussten dringend unsere Proviantvorräte auffüllen, Sangui hatte einige Dinge zu erledigen, ich meinen Rückflug zu oranisieren. Und ich freute mich auch auf ein bisschen Zivilisation. Wir saßen im Anbau, Sangui kratzte sich nachdenklich im Stoppelbart und mir fiel auf, dass der inzwischen an den Seiten recht angegraut war.

»Unsere Medikamente sind auch fast zu Ende, außerdem musst du dich unbedingt untersuchen lassen, Cornelia, und ich möchte meine Familie wiedersehen. Also es bleibt dabei?« Er schaute mich fragend an.

»Ja, klar! Unser Freunde müssen auch dringend das Lager wechseln, es ist zu viel Ungeziefer in der Nähe und Nahrung finden sie hier auch nicht mehr genug!«

Wir hatten unseren Rückmarsch zu lange hinausgeschoben, aber es geschah auch ständig etwas Neues, was uns aufhielt. Sangui beriet sich bereits mit Djele, und beide schienen sich einig zu sein. Das Fleisch war schon längst zu knapp im Lager, das Elefantenfleisch hatte nicht lange gereicht und unsere Jäger hatten jetzt zum letzten Mal zur großen Netzjagd aufgerufen. In der Nähe des Raphiawaldes waren zur Zeit angeblich die meisten Gazellen und Wildschweine. Das wollte ich noch miterleben, und zwar unter allen Umständen.

Während der nächsten beiden Tage kamen viele fremde Jäger mit geschulterten Netzen ins Dorf. Es waren ungefähr 15 Männer, die auch zum Teil ihre Familien mitbrachten. Nach einer knappen Begrüßung durch Djele kontrollierten sie ihre Netze und spannten sie zum Ausbessern kreuz und quer auf, so dass am Dorfplatz fast kein Durchkommen mehr war. Dann begann man mit den Reparaturen. Kleine Holzhaken wurden in die oberen Ösen gepiekt und dann an Ästen festgehängt, so dass das Netz gerade hing, und nun wurden mit großer Sorgfalt die Schlaufen kontrolliert und, wenn nötig, mit Lianenschnüren ausgebessert.

»Gibt es heute gar keine Feier für die gute Jagd?«, fragte ich erstaunt.

»Diese Rituale speziell für die Netzjagd werden eigentlich eher von jedem einzelnen Jäger vorgenommen, und so, wie er es will. Das ist sozusagen keine kollektive Veranstaltung. Jeder bittet seinen Geist um sein persönliches Glück, manche tun es auch gar nicht, wenn ihnen nicht danach ist. Meistens bearbeiten sie lediglich ihr Netz, so wie du es schon gesehen hast.«

»Na gut, also dann bis morgen, mein Lieber, schlaf gut!«

Doch so schnell schlief ich heute nicht ein, Sorgen um meine kleinen Freunde hielten mich noch lange wach. Doch schließlich dachte ich an die Jagd und hoffte gegen meinen Willen, dass die Pygmäen reichlich Wild erlegen würden.

Um 4 Uhr 30 weckte mich Sangui, und als ich verschlafen in die feuchten Klamotten stieg, war ich mit einem Schlag hellwach. Pfui Teufel! Daran würde ich mich nie gewöhnen. Ich dachte an meine gemütliche, trockene Wohnung in München, dort würde ich schöne Artikel über Biergärten schreiben oder weiterhin humanethologische Studien meines Professors kommentieren. Das wäre jetzt etwas Feines, anstelle dieser widerlichen, nasskalten, unfreundlichen Umgebung. Heute war sie mir wirklich völlig zuwider! Und hätte ich im Entferntesten geahnt, was mir heute blühen sollte, wäre ich keinen Schritt weiter gegangen! Doch schon stand der kleine Pulk beisammen und war mit dem Nötigsten behängt, mit Speeren, Netzen und den hohen Tragekörben. Diesmal waren es die langen schmalen Speere, deren Eisenspitzen so am Bruch des Schaftes befestigt sind, dass im Falle der Flucht des getroffenen Tieres der Speer sich an dieser Stelle quer stellt, wenn das Tier das Unterholz streift. Damit erschwerte der Holzschaft die weitere Flucht. Außerdem ging die wertvolle Eisenspitze nicht verloren.

Schon waren die Ersten vom Wald verschluckt, Boboko war diesmal dabei, Mowe und Mopo als Fährtensucher voran, dann eine Gruppe der fremden Jäger, Sangui und ich folgten, und hinter mir Eko und Lundi, dem ich Zeichen machte, wieder gut auf mich aufzupassen. Er lächelte ermutigend, wobei sich seine Ohren leicht zur Seite spreizten. Unterwegs erklärte mir Sangui knapp, dass dies ein anstrengender Marsch würde, und er hatte Recht! Wir schlugen und wanden uns durch das Dickicht und stolperten schließlich in einen morastigen Pfuhl, der mit surrendem Ungeziefer bedeckt war. Es half alles nichts, Schuhe aus und durch zum nächsten Holz. Mopo machte uns auf eine Schimpansengruppe aufmerksam, die uns gefolgt war. Fasziniert schauten wir ihrem Spiel zu, auch die Jäger amüsierten sich. Die Affen – Sangui hat acht gezählt – hockten völlig selbstverständlich über uns in den Ästen, schnatterten und kreischten aufgeregt und lausten sich schließlich. Eine lustige Gemeinde. Ein Weibchen, das sein Junges am Bauch herumtrug, beäugte uns neugierig. Ich glaube, es war für die Schimpansen genau wie für uns eine außergewöhnlich fesselnde Begegnung.

»Hier in der Gegend wird noch nicht so viel gejagt, deshalb haben sie auch keine Angst vor den Menschen«, erklärte Lundi. Es ging weiter, und langsam erhellte sich der Wald, Tageslicht fiel nischenweise ein und beleuchtete grüne Kissen, mannshohe Farne oder aus dem Nirwana herunterhängende flauschige grüne Faserbärte. Wir kamen durch die unterschiedlichsten Duftwolken und Temperaturschübe. Von kühlem Pilzgemoder über dumpf-feuchten Nelkengeruch bis zu trockenem Borkenaroma. Ein interessanter, aber beschwerlicher Marsch, der meine volle Konzentration verlangte. Wieder diese Schwüle, die den Schweiß aus allen Poren drückte, das Atmen zur Qual machte; dickstes Lianengewirr und Baumfarne verdichteten hier den Wald, bis er schließlich in einem Sumpf erstickte, der wieder flacher und vertrauenerweckender wurde, ein leises Plätschern hören ließ und uns schließlich als jungfräulicher Bach umzingelte. Wie froh waren wir um diesen Bach, als wir, von muffigen Schwaden umwabert, schräg und halb vermodert, matschig und voller Moskitos, im verschlammten Ufer eingesackt waren!

Kleine stramme Bäumchen in allen Braunschattierungen und mit maifrischen, teilweise noch scheu zusammengerollten Blät-

tern, versetzten mich in Andacht bei dem Gedanken, dass diese Babys zu jugendlichen Akajou- oder Sapellibäumen heranwachsen und dann mit 200 Jahren in voller Höhe dastehen würden, um schließlich ein Greisenalter von 800 Jahren und mehr zu erreichen.
»Kia, bo mo«, rief Mopo leise herüber, dann verschwand er auf der anderen Seite im Dickicht. »Kopfschmerzen im Netz« hat er gesagt? Na, da habe ich wohl ein paar Vokabeln falsch verstanden! Wir schlugen uns weiter geradeaus, die Gegend wurde feuchter, das Dickicht enger, der Dornenfilz wurde unpassierbar, schließlich blieben alle stehen, kein Weiterkommen! Trotzdem gelangten wir irgendwie durch Machetenschläge, Umwege und Kehrtwendungen gegen Mittag an ein düsteres Lager mit drei einfachen, einseitig offenen Laubhütten. Mopo wartete dort bereits und zeigte noch tiefer in den Wald. Offensichtlich war er fündig geworden. Nun sah ich uns auch einmal alle zusammen und im Hellen! Insgesamt waren wir 16 Leute, sechs davon hatten Netze; alle sahen sehr fremdartig, düster und wild entschlossen aus. Nach kurzer, leiser Besprechung verließen uns jetzt leise, fast geräuschlos, die ersten acht Männer mit vier Netzen. Wie ich wusste, würden sie die Netze aushängen und in leicht versetzter Gliederung halbkreisförmig schräg hintereinander festpflocken und an Sprossen oder Ästen befestigen. So entsteht in kürzester Zeit ein langes, elastisches, aber undurchlässiges Fangnetz von ungefähr 150 Meter Breite. In die Zwischenräume zwischen den einzelnen Netzen postieren sich die Jäger, sodass nichts durchwitscht und eintreffendes Wild auf die gegenüberliegende Seite zurückgejagt wird, wo es von den bereitstehenden restlichen acht Jägern geschossen wird. Die letzten zwei Netze werden auch dort, auf der anderen Seite, aufgespannt, damit sich das Wild besser einkreisen lässt.
Die Jagd begann mit lockenden Rufen: »Oh – oh – üü , ehe – üü«, die in den Bäumen widerhallten, während wir anderen etwas weiterzogen, noch einmal eine Dreiviertelstunde, um uns an der gegenüberliegenden Seite zu sammeln; auch Frauen hatten sich dort eingefunden, doch nicht unsere, sondern die der fremden Jäger. Sie trugen spezielle hohe Lastenkörbe, um die

Jagdbeute besser transportieren zu können. Zügig, schweigend befestigten jetzt die Männer die restlichen beiden Netze auch schräg hintereinander und machten sie zwischen den Bäumen fest, am unteren Saum wurden sie mit Holzhaken tief in der Erde verankert.

Die Frauen drängten bereits weiter vor, alles ging so schnell, dass ich kaum Zeit hatte, meine Fotoausrüstung zu richten, und nur mit Mühe folgen konnte. »Ayee, ayee, a yoo«, hörte ich bereits von weit her die Frauen, die laut gellend und jodelnd das Wild vortrieben, in die gegenüberliegenden vier Netze. Hier bei uns hielten sich die zwei Netzbesitzer mit Speeren in Bereitschaft, um die Tiere zu erlegen, die hierher zurückgetrieben würden. Wild entschlossen sahen sie aus, und sie hoben sich kaum vom Unterholz ab, so konzentriert, fast versteinert waren sie. Die übrigen vier Jäger schlichen seitlich nach vorne, dem Wild entgegen, zu den Frauen. Ich schlich auch, aber wohin denn? Nach vorne, so dicht ans Geschehen wollte ich gar nicht, also erst mal an das hinterste Netzende! Inzwischen jedoch hatte ich mich irgendwie so im Unterholz vertan, dass ich nicht mehr genau wusste, ob ich bereits auf der Seite der Jäger oder noch im inneren Kreis des Netzes, bei den Gejagten war.

»Monsome, monsome!«

Etwas huschte vorbei, hinten schrie etwas auf, in Zickzack-Sprüngen hechtete eine Duckerantilope vorbei, so dicht, dass ich meine Füße in Sicherheit brachte, und noch dichter an mir vorbei schoss ein schmaler Speer, der sein Ziel verfehlte. Das hübsche Tier mit dem silberfarbenen Fell und dem bläulichen Flecken auf der Stirn sprang mit einem Riesenhaken zur Seite und ich hoffte, dass es das Netzende unbeschadet erreichen würde. Da surrten bereits weitere Pfeile aus zwei verschiedenen Richtungen auf mich zu. Nun wusste ich auch, auf welcher Seite ich war und wo ich mich befand, genau in der Netzmitte! Verdammt! Wie konnte es auch anders sein – auf der Seite der Gejagten. Mir gefror das Blut in den Adern, Schreien nutzte hier nichts, denn das Jagdgetöse, das das aufgeschreckte Wild in die Netze treiben sollte, war zu laut, und bei jeder Bewegung, die ich gemacht hätte, wäre ich unweigerlich angeschossen worden. »Ayee, ayee a yoo!« Die Rufe ertönten wieder, diesmal bereits etwas näher, mein Herz klopfte laut, ich hielt mir die Augen zu, weiß der Teufel, warum, und dass es nichts nutzt, ist auch bekannt. Nun wurde geklatscht, Krach gemacht mit Stöcken und Rufen. Ich stellte mich scheintot vorerst, und als nichts Schlimmeres geschah, versuchte ich, möglichst langsam, um nicht durch eine auffällige Bewegung einen Speerwurf zu provozieren, eine Mulde unter das Laub zu schaufeln, und hoffte, dass mich keiner bemerkte und dass die Jagd recht bald zu Ende wäre. Doch da stoben auch schon zwei weitere Antilopen mit elegantem Schwung durch das Unterholz, und geschwind zeigte ich ihnen die Richtung zum Ausgang, und zwar ganz energisch mit wedelnden Armen in Richtung Freiheit. Meine frommen Wünsche für eine gute Jagd von heute Nacht wurden hier im Angesicht der verschreckten Tiere zurückgenommen. Das Klatschen kam näher, kurz sah ich eine graue Gazelle mit kleinen Hörnern, da raschelte ich ordentlich unter dem Laub und schickte sie seitlich zurück. Falls mich doch jemand beobachtet hätte, hätte ich es mir mit den Bayaka auf lange Zeit verdorben, doch ich konnte nicht anders. Endlich Stille.

Die Jagd war wohl vorbei, und vorsichtig machte ich mich etwas länger. Da bewegte sich etwas direkt neben mir, ein ganz leises Geräusch – eine Schlange? Ich bekam weiche Knie, doch da sah ich, dass es nur der Netzbesitzer war, der den Haken des Netzes löste. Ernsthaft und konzentriert zog er es durch die Hand und durchkämmte so mit seinem Kollegen das Unterholz, bis die Netze zu einem Kreis zusammengeschlossen waren. Ein kleines Schwein wurde noch entdeckt, gescheucht und den Jägern am oberen Teil des Netzes zugetrieben, wo es panisch im Kreis lief. So eine Hetze, das arme Tier! Schließlich hatten die Jäger Schwein gehabt und nicht das Schwein! Eine Antilope brach neben mir mit einem Speer im Nacken zusammen, na wunderbar! Ich rief den nächsten Jäger, dass er das röchelnde Tier töten solle. Doch der lief bereits einem anderen Vieh nach. Für mich war die Jagd gelaufen, ich konnte das nicht länger mit ansehen. Zur Not würde ich allein zum Lager zurückgehen! Ich stapfte los, keine Ahnung welche Richtung, bloß weg. Da lief auch noch ein anderer Jäger mit dem herzerweichend quietschenden, an den Läufen zusammengebundenen Schwein an mir vorbei. Und ich sah, wie die anderen das Wild zur Seite warfen und sich sammelten, um wieder anzugreifen. »Oh oh – üü, ehe – üü. Ehe – üüü.«

Da plötzlich zischte ein Speer direkt an mir vorbei. Schnell begrub ich meine Pläne, heimzugehen, und suchte mir hektisch ein Versteck. Ich kroch in eine kleine Senke, die sich freundlicherweise unter mir auftat, und versuchte, Jäger und Speerflugrichtungen fest im Auge zu behalten. Es raschelte, rannte, stöhnte, dann war der Spuk vorbei, auf einmal war wieder Stille und ich hörte nur noch vereinzelt Stimmen, die schnell näher kamen. Vorsichtig lugte ich aus dem Unterholz und sah direkt in Mopos Augen. Der erschrak fürchterlich und vor Erstaunen blieb ihm der Mund weit offen stehen. Dann lachte er laut los, während ich mit Dreck und Laub und fiesen Ameisen übersät übel gelaunt aus dem Loch hervorkroch. Er machte mir Zeichen, dass ich ganz nach hinten sollte, und als ich mich umschaute, sah ich, dass ich wieder nur wenige Meter vom Netz und dem darin verfangenen Wild entfernt war. Was nun folgte, war so grausam, dass es meine Freundschaft mit den Bayaka auf eine schwere Probe stellte. Sie sammelten zwei Antilopen aus den Netzen, brachen ihnen die Vorder- und Hinterläufe mit lautem Krachen und warfen sie zu Boden, zu den anderen zuckenden Tierleibern. Mich schauderte dermaßen, dass sich mir das Herz zusammenkrampfte, als ich die röchelnden Laute der gequälten Tiere hörte, die erst starben, als ihnen später die Brust aufgeschlitzt wurde. Dem anderen schweineähnlichen Tier (Hirschferkel?) wurde der Kopf an den Ohren bis zum Rücken zurückgedreht, während die Männer ihm mit einem Messer die Vorderläufe abschnitten und dann die Lanzenspitze herauszogen. Es schrie erbärmlich, in einem einzigen langgezogenen Ton, den ich nie in meinem Leben vergessen werde, dem Schrei einer zu Tode gequälten Kreatur. Mir standen Tränen der Wut und Ohnmacht in den Augen, Wut auch über mich selbst, dass ich das feige zuließ. Ich fühlte mich als Verräterin an den Tieren, die ich liebte. So drehte ich allem den Rücken, hatte nicht einmal Lust, Fotos zu machen. Ich mied die Blickrichtung der Jäger, war lange Zeit nicht ansprechbar und versuchte, meiner Trauer Herr zu werden. Auch später im

Lager konnte ich durch nichts Verständnis für diese unnötigen Grausamkeiten aufbringen. Ich war total geschockt und würde sicher viel Zeit brauchen, um meine positiven Gefühle für die Bayaka und mein inneres Gleichgewicht wiederzufinden.

Morgens versuchte ich unseren Aufbruch nach Bangui sofort in die Tat umzusetzen und raffte meinen Rucksack zusammen. Erstaunt schaute Sangui zu.

»Sangui, lass uns jetzt nach Bangui fahren, ja?«

»Gut, ich packe gleich mein Zeug!«, schloss sich Lundi ungefragt und selbstverständlich an und lief zu seiner Hütte rüber. Es war für uns alle eine lange Zeit gewesen, nicht nur kalendarisch gesehen.

Mopo und Djele, noch mit Fleischzerteilung und Blätterverpackung am Männerplatz beschäftigt, schauten ab und zu erstaunt zu uns herüber und konnten sich unsere plötzliche Geschäftigkeit anscheinend nicht erklären. Nur Mouboma hatte anscheinend eine Vorahnung. Sie kam zu mir herüber auf die Bank und schob zaghaft ihre Hand in meine. Bittend schaute sie mich an.

Ich schüttelte den Kopf: »Nein, meine Süße, ich kann dich nicht mitnehmen, aber ich komme wieder und bringe dir etwas besonders Schönes mit. Wir werden später sehen, was ich mit dir machen kann, ich muss überlegen!«

Sangui übersetzte in knappen Worten und traurig schaute sie zu Boden.

»Meine Kleine! Ich werde mich um dich kümmern.« Aufmunternd und liebevoll drückte ich sie an mich, obwohl ich mir gerade vorstellte, dass auch sie hemmungslos lebende Tiere zerstückeln würde. Kleines Ungeheuer! Hart war ihr kleiner Körper, sehnig und muskulös, nichts Weiches. Mädchenhaft jedoch war ihr Gesicht mit den wunderschönen Augen, dem weichen, üppig geschwungenen Mund und dem bezaubernden Lächeln. Doch wenn sie dabei die spitz geschliffenen Zähne entblößte, spätestens dann fand ich wieder in den Urwald zurück. Sie schmiegte sich eng an mich und ich fing einen sehr traurigen Blick Djeles auf, der von seiner Hütte zu uns herüberschaute. Er machte sich Sorgen um seine jüngste Tochter.

197

»Sangui, sag doch Djele, dass ich mich um Mouboma kümmern möchte, sobald ich zurückkomme, wenn er einverstanden ist. Vielleicht will sie ja zur Schule gehen, lesen und schreiben lernen?« Djeles Gesicht hellte sich auf, als Sangui übersetzte, und er
nickte dankbar. Dann erklärte er noch etwas. »Du sollst dich
um sie kümmern wie um deine Tochter, sie liebt dich!«
»Versprochen!«
Djele schaute mich lange und ernst an, es war fast wie ein
Pakt, und wir schlossen ihn ab! Dann drehte er sich langsam
zu seinem Lager, um sich wieder auszustrecken und das kaputte Knie zu schonen. Er hatte in letzter Zeit viel Schmerzen in
seinem verletzten Bein, obwohl ich versucht hatte, eine Art
Stützverband zu machen, aber bei den alten Knochen würde
das wohl kaum mehr helfen. Doch es hatte einen guten Neben-
effekt: Djele war wahnsinnig stolz darauf! Ein schöner hell-
blauer Verband aus meinem vorletzten T-Shirt.

## In Bangui

Sangui saß bereits mit ein paar Jägern zusammen auf dem
Baumstumpf und besprach anscheinend das Wiedersehen. Als
er mich kommen sah, erklärte er mir leutselig: »Also wir haben
jetzt ausgemacht, dass wir uns in ungefähr zwei Monaten wieder treffen. In der Zeit kannst du in Bangui alle Reiseformalitäten für deine spätere Heimfahrt vorbereiten und dich in
Ruhe untersuchen lassen, und dann kaufen wir zusammen für
die Rückfahrt hierher Proviant ein. Unsere Freunde werden
inzwischen das Lager wechseln und wir werden sie weiter südwestlich wiederfinden. Da kannst du dann deine Fragen über
die Urwaldapotheke klären. Lundi kümmert sich um das
Wiedersehen im neuen Lager, weil er hier Familie in der Nähe
hat!« Ich hockte mich zu ihnen: »Na wunderbar, alles geregelt!« Abschied nehmend schaute ich sie noch mal der Reihe
nach an, die tapferen, wilden, barbarischen Jäger.
Dann wollten sie unbedingt wissen, warum ich seit der Jagd
traurig war. Mopo schaute mich mit großen, schwarzen, fra-

genden Augen an. Als Lundi erklärte, dass ich nicht verstünde, warum man Tiere quält, bevor man sie tötet, waren sie völlig erstaunt. Lange überlegte ich, wie ich ihnen das Problem erklären sollte, denn schließlich waren sie Jäger und Sammler auf einer ganz anderen Entwicklungsstufe, so wie wir damals, bevor der Ackerbau vor etwa 10 000 Jahren begann.

Ich versuchte es in Worte zu fassen, und Sangui übersetzte: »Es liegt wohl daran, dass bei mir zu Hause die Tiere aufgezogen und auch gehütet werden wie kleine Kinder. Dadurch fühlen wir mit den Tieren, und wenn man solche Gefühle für ein Lebewesen entwickelt, kann man wohl nicht grausam sein, man respektiert es.«

Irgendwo verstanden sie wohl den Inhalt meiner Erklärung, doch nicht den Sinn, denn sie schauten sich verständnislos an, was wohl so viel hieß, dass jeder vom anderen eine »richtige« Erklärung erwartete. Na gut, das hatte ich nicht erklären können, ich hatte auch keine Lust, weiter über dieses Thema zu sprechen, Gras sollte drüber wachsen und bis dahin sollte es einfach erst einmal vom Tisch. Wir beschlossen, uns im Beranzoko-Gebiet an der Kongogrenze wieder zu sehen, denn Djele wollte sich dort eine Frau suchen, hier hatte er nichts Entsprechendes gefunden.

Mopo schmunzelte, als Djele das erzählte, und Sangui erklärte mir: »Das heißt im Klartext für dich so viel, meine liebe Cornelia, wie: du möchtest bitte schön Geld beisteuern, weil er die Frau kaufen muss. Da er schon älter ist, wird es wohl etwas teurer werden!«

Ich musste lachen, noch dazu, als ich nun in seine leicht lauernden Augen sah. Ich winkte Djele heran und schenkte ihm meinen kleinen Ledersack mit dem ganzen Kleingeld, ungefähr 20 000 Francs. Dann umarmte ich ihn herzlich und drückte ihn fest an mich, den Barbaren. Trotz allem mochte ich ihn, liebte ihn wie auch die meisten anderen hier. Bei der Umarmung stellte ich fest, dass er gar nicht so viel kleiner war als ich, ich spürte seine raue Haut und die drahtigen Haare und roch den Beizgeruch nach Urwaldmarinade. Auch er war gerührt, das merkte ich daran, dass er mir nicht in die Augen schaute, sondern verlegen den Boden musterte.

»Gute Reise, mein Lieber, wir werden ein schönes Hochzeitsfest machen!«

»Èe – aỳ!«, nickte er begeistert, als Sangui übersetzte. Wir fanden in die alte Unbekümmertheit zurück, und ich freute mich wirklich auf ein traumhaftes Fest für diesen zauberhaften, intelligenten alten Mann.

Ich hatte mich schon seit Tagen mies gefühlt, und auf der Rückfahrt nach Bangui ging es mir von Stunde zu Stunde schlechter, bis ich keinen Zweifel mehr hatte, einen Malariaanfall auszubrüten. Er hatte freundlicherweise genau so lange gewartet, dass ich noch rechtzeitig das Krankenhaus in Bangui erreichte, bevor ich bewusstlos zusammenbrach. Ich delirierte zwei Tage lang, aber Theo, der Arzt, brachte mich durch die Krise, die von heftigem Schüttelfrost und hohem Fieber mit Durchfällen geprägt war.

Als ich schließlich aus einem langen, heilsamen Schlaf erwachte, fand ich mich in einem Zimmer mit abgerissener Tapete und schmuddeligen Wänden. Da waren ein Metalltisch mit großen, nassen, braungelben Flecken auf der Glasauflage, medizinische Bestecke, blutig, neben eitriger Watte in einer nierenförmigen Schale mit abgeplatztem Emaille. Dicke Spinnweben hingen in den Ecken des Fensters, das nicht schloss und unerträgliche Hitze, Moskitos und roten Staub hereinließ. Direkt über meinem Kopf war ein großer Ventilator angebracht; einer seiner Flügel war so verbogen, dass er senkrecht nach unten hing, und ich hoffte bloß, dass er nicht aus Versehen in Gang gesetzt würde, falls er überhaupt funktionstüchtig war. Eine fette, fingerlange Kakerlake wetzte eilig zur Tür hinaus.

Theo und ich waren schnell gute Freunde geworden, und er lud mich sehr herzlich ein, mich in seinem Haus zu erholen. Ich nahm dankbar an und verließ die Luxusklinik so schnell wie möglich. Am Abend servierte er mir im Kreise seiner Familie schmale Rouladen aus gepressten Gurkenkernen, gegrillte Bananenscheiben, salzig geröstete Erdnüsse, Ziegenfleischspießchen, Avocadocreme, paradiesisch! Meine letzte Spezialität war ein gefüllter Affenmagen gewesen. Theo meinte danach begeistert, er habe noch nie in seinem Leben jemanden

200

so viel essen sehen! Später, bei einem kleinen Cocktail, lernte ich Theos Freunde kennen und wurde sozusagen in die Gesellschaft Banguis eingeführt.

Ich blieb einen Monat dort, um mich vollständig auszukurieren, aber dann zog es mich wieder mit Gewalt in den Urwald. Vor meinem Aufbruch musste ich noch zur Botschaft, zur Fluggesellschaft und zur Bank. Ich schaffte alles und steckte zufrieden das Geld für Sangui und Lundi in Kuverts, um es ihnen noch vorbeizuschicken. Gott sei Dank hatte ich mir meinen Teil des Expeditionsfonds vor der Reise auszahlen lassen, so konnte ich jetzt die Mühen meiner beiden Begleiter einigermaßen honorieren.

Am letzten Tag machte ich mich auf den Weg zum Supermarché, um meine Proviantbestellungen zu erledigen. Es war der Horror in der Stadt. So muss es nach einem Giftgasangriff sein. Unerträgliche, trockene Hitze, rötlicher Staub, der in einer Dunstglocke heranwehte, dich stickig einhüllte, plötzlich verging und den Blick auf einen toten, rosa-anthrazitfarbenen Himmel freigab. Nichts regte sich, weder auf der ausgefahrenen Hauptstraße noch in den verfallenden Häusern. Welch ein Segen: Aircondition im Supermarkt.

An der Kasse waren alle schwarzen Verkäufer um mich herum versammelt und einer fragte, wo das denn alles hingehe: »Madame, Sie gehen auf Reisen?«

»Nein! Ich werde die Pygmäen besuchen!«

Erstaunt schauten sie sich an. »Ist das nicht gefährlich?«, wollte einer der Verkäufer wissen.

»Nicht gefährlicher, als hier in Bangui von Taxen überholt zu werden!«, gab ich zurück. Sie lachten und verstauten die Sachen in Kisten, die ich später abholen lassen wollte.

Wieder draußen, schaute ich aufs Thermometer neben der Tür: 43 Grad Celsius, und das im Schatten, mon Dieu! Aber irgendwie musste ich ja zurück. Ich konnte kaum atmen, die Luft brannte in der Kehle, Schweiß rann mir von der Kopfhaut über den ganzen Körper, die Haut spannte an Waden und Unterarmen, Teer blieb an den Schuhen kleben. Ich schrie nach einem Taxi. Auf der Strecke durch die morbide Innenstadt bettelten zerlumpte Kinderscharen durch die Fenster, und schwarze Straßenverkäufer boten Baguettes oder Erdnüsse an, Kokosnüsse oder Wasser in kleinen Plastiktüten.

Ein paar farblose Läden, Videothek, Schneiderei, Copyshop, Reifenservice, stinkende und qualmende Abfallhaufen, Gemischtwaren, libanesische Stoffgeschäfte, eine marokkanische Bank, eilige, gut gekleidete Männer davor, dunkle Haut, helle, knapp sitzende Sakkos, und als Zeichen immensen Reichtums trug jeder stolz und gut sichtbar ein Handy und einen großen Handkalender. Gelbe Taxen überholten uns mit halsbrecherischen Manövern. Sie befanden sich in einem technischen Zustand, der bei uns in Deutschland im Falle einer Polizeikontrolle direkt zur Schrottverarbeitung geführt hätte: blinde Frontscheiben, eiernde Räder, nachschleifender Auspuff oder, wie bei mir, eine dermaßen verbeulte Seitentür, dass ich sie mit der Hand zuhalten musste. Gerade überholte uns ein Gefährt, das mindestens sieben Passagiere geladen hatte und in dessen Kofferraum unter weit aufklaffendem Kofferraumdeckel eine zusammengeschnürte Ziege zwischen drei 10-Kilo-Säcken Maniok um ihr Leben strampelte. Endlich die Klinik, das Haus, mein Zimmer.

Samstag morgens um 6 Uhr hatten Sangui, Lundi und ich den Proviant im Rover verstaut, um zum Urwald bei Kenga zu fahren.

Ich verabschiedete mich von Theo, wir hielten uns lange in den Armen. »Cornelia, wenn es irgendein Problem gibt, ich bin immer für dich da und kenne alle einflussreichen Leute«, gab mir Theo noch mit auf die Reise.

Ich war tief gerührt und wusste, dass er es ernst meinte.

»Dank dir, du hast mir in jeder Beziehung das Leben gerettet; ich hoffe, ich kann das irgendwann wieder gutmachen!«

Der Fahrer war gekommen und machte den Wagen startklar, und als ich einstieg, rief Theo hinterher: »Du kannst es gutmachen, indem du wiederkommst!«

Er winkte uns nach, als wir langsam zum Hof hinaus fuhren; wieder waren wir am Start zum Abenteuer. Ich freute mich auf das grüne Paradies und darauf, meine kleinen Freunde endlich wiederzusehen, und ich freute mich auch auf wohltuende 25 Grad mit 85 Prozent Luftfeuchtigkeit. Nur raus aus dieser Stadt.

## Gottestänzer

Wieder einmal wussten meine Begleiter genau, wie sie gehen mussten, um das Dorf zu finden, das mittlerweile umgezogen war. Wir hielten kein einziges Mal, um uns zu orientieren; schweigend konzentrierten wir uns auf den Marsch. Eine große Lichtung mit nacktem Geröll tat sich auf, danach ein verwunschener Bach, bestückt mit kleinen grünen Inseln, in denen schwarze Lilien blühten, wunderschön, auch kleine lila Sternblumen schwammen vorbei, und endlich hörte ich sie wieder: »Uhuhuuu … uhuhuuu …«, die Oriole, den Vogel meiner Leiden und Freuden.

Doch plötzlich kreuzten zwei Querstraßen unseren Weg, unvermutet öffnete sich der Wald. Ich war sprachlos. Schon wieder Straßen, und auch noch vierspurig! Und wie mörderisch hier gebaggert wurde! Verwitterte, verbrannte Erde bis zum Horizont, Schneisen dort, wo jungfräulicher Wald gestanden hatte und Bäume in majestätischer Ruhe den Unterwuchs beschattet hatten. Jetzt säumten halbhohe Musangabäume den Rand, schnell wachsender Sekundärwald.

Welch ein Schock, ich wollte weiter, nichts wie weg hier, denn mit dem schrillen Sägelärm der Holzarbeiter näherte sich auch die Katastrophe meinen kleinen Freunden. Ich drängte zur Eile. Und der restliche anstrengende Marsch machte mir plötzlich keine Schwierigkeiten, mit schnellen Schritten trieb ich vorwärts, wieder kam ein lichtes Waldstück, keine Rast, kein Umsehen, nur weiter. Plötzlich hörten wir den Klang der Trommeln. Das Geräusch kam von weit her und ging mir wie ein heißer Stich durch den Körper, bange Gefühle überkamen mich.

»Sangui? Ob das schon unsere sind, was meinst du? Das ist doch hoffentlich kein schlechtes Zeichen?«

Doch bevor er antworten konnte, blieb der erste Träger ste-

# Die Vernichtung des Regenwalds

Noch immer ist der zentralafrikanische Regenwald berauschend schön; seine Artenvielfalt ist nahezu unvorstellbar. Auf zehn Hektar finden sich mehr Baumarten, als es in ganz Nordamerika gibt; die Urwaldfauna ist in ihrer Fülle noch nicht annähernd erfasst. Ein einziges Tropenholz-Großprojekt kann Tausende von Tier- und Pflanzenarten ausrotten.

Die Holzkonzessionäre haben es nur auf die kostbarsten Bäume, die tropischen Edelhölzer, abgesehen, und sie schlagen in bedenkenloser Brutalität kilometerlange Schneisen in den Wald, um an einen solchen mehrere hundert Jahre alten Baum heranzukommen. So stirbt oft ein ganzer Hektar Primärwald, damit ein Urwaldriese zu Saunabänken, Frühstücksbrettchen und Klosettbrillen verarbeitet werden kann. Dieses Missverhältnis wird noch krasser dadurch, dass nur etwa zehn Prozent des Baumes tatsächlich genutzt werden. 70 Prozent bleiben an Ort und Stelle als Abfall liegen, weitere 20 Prozent bleiben bei der Verarbeitung auf der Strecke.

Zum Abtransport der Bäume braucht man eine befestigte Piste, weil man schweres Gerät einsetzen muss. Dieser Straßenbau bringt einen gewaltigen Folgeschaden mit sich: Die bäuerlichen Bantu, die traditionell an den Verkehrswegen siedeln, erobern sich hier durch Brandrodung neue Ackerflächen. Das geschieht folgendermaßen: Auf der vorgesehenen Anbaufläche werden die großen Bäume gefällt, und bei ihrem Sturz reißen sie die kleineren mit sich. Auch die gewaltigen Lianengeflechte, die bis zu den Baumkronen emporwuchern, werden dabei zerstört. Dieses Durcheinander aus Stämmen, Ästen und Lianen wird nach der Trockenzeit in Brand gesetzt, und das Feuer frisst sich tagelang durch, wobei es auch oft außer Kontrolle gerät und auf den angrenzenden Urwald übergreift. Übrig bleibt eine aschebedeckte Ödnis, auf der

Kochbananen, Kaffee, Maniok und Mais angebaut werden. Aber die Humusdecke im Regenwald ist nur dünn; die so gewonnenen Böden sind schon nach ein paar Ernten ausgelaugt, und die Krume wird von den schweren Regenfällen fortgespült. Dann muss neues Land gerodet werden. Innerhalb von zehn Jahren, zwischen 1980 und 1990, wurden allein in der Zentralafrikanischen Republik 350 000 Quadratkilometer Regenwald vernichtet, das sind 56 Prozent des Bestandes. Damit wurde nicht nur der Lebensraum der Pygmäen drastisch eingeengt, sondern auch der vieler Wildtiere, vor allem der Elefanten. Die Holzkonzessionäre müssen zwar hohe Abgaben für Wiederaufforstung zahlen, aber diese Summen verschwinden in den Taschen von Politikern und Beamten, und es geschieht so gut wie nichts. Wenn tatsächlich irgendwo aufgeforstet wird, dann mit minderwertigen Bäumen. Was von selbst nachwächst, ist Sekundärwald, der längst nicht so artenreich ist und auch erst in hundert Jahren die ursprüngliche Höhe wieder erreicht haben wird. Und noch ein weiteres Übel folgt aus der Rodung: Die Pisten, die für die Holzgewinnung angelegt werden, ermöglichen es den Wilderern, in Gegenden vorzudringen, die früher völlig unzugänglich waren. Und je geschützter die erlegten Tiere sind, desto größer ist der Profit der Jäger. So wird das Ökosystem des Regenwalds von allen Seiten rücksichtslos angegriffen und mit atemberaubender Geschwindigkeit zerstört.

hen und deutete auf einen ausgetretenen Weg, der durch hohes Unterholz zu einer größeren Lichtung führte.

»Ihr Camp!«

Ich hörte Stimmen, unsere Freunde! Ich ließ die schwere Tasche fallen und rannte voran, gemischte Gefühle überkamen mich, wie würde ich sie vorfinden? Ich sah eine kleine Menschenansammlung um einen Baumstumpf gruppiert, sah Hütten, und da kamen mir auch schon die Ersten entgegen, ich erkannte Mowe, Mouboma, Ngoja und Boyemba, und nun rannten wir aufeinander zu, flogen uns in die Arme und ich hielt sie alle auf einmal fest. Mouboma ließ kaum los, schlang sich völlig um meinen Bauch. Tränen standen mir in den Augen, also gab es sie noch, alle meine Sorgen schienen Gott sei Dank umsonst. Liebevoll strich ich den Kindern über den Kopf, Ruhe kehrte ein und dankbar schloss ich die Augen. Ngonga kam angelaufen; die kleine Frau, die immer so scheu war, drückte sich derart an mich und wiegte mich und sich, dass ich sie bewegt festhielt. Leise Laute, wie zufriedenes Aufschluchzen, drangen zu mir hoch – welch ein wunderbarer Augenblick, nie hätte ich gedacht, dass mir diese kleinen Menschen so nahestehen würden und ich anscheinend ihnen. Mouboma, die meine Hand nicht losgelassen hatte, zog mich weiter vorwärts, während Ngonga sich verstohlen über die Augen wischte, und als sie sah, dass es mir genauso ging, mussten wir unter Tränen lachen und schon lagen wir uns wieder in den Armen. Doch Mouboma ließ nicht locker, energisch zog sie mich fort. Sie schien mir größer geworden und völlig verändert, herber. Wohl lag es auch daran, dass ihr Kopf völlig kahl geschoren war, sie sah kantiger aus. Als ich sie so musterte, bemerkte ich jetzt auch ihre Wunde. Ein großes Eitergeschwür am Oberschenkel. Entsetzt drehte ich mich zu Sangui, der sich etwas zurückgezogen hatte und amüsiert dem Begrüßungsspektakel zuschaute.

»Hast du das gesehen? Ich hoffe bloß, dass es nicht noch andere Katastrophen gibt. Wieso kommt denn kein Fetischeur oder die alte Heilerin?«

»Habe ich auch schon gefragt, aber anscheinend haben sie noch keine Pflanzen zur Behandlung gefunden!«

Die Tamtam wurden stärker, Somba saß am Lagerausgang auf den Trommeln, erkannte mich und schlug nun drauf, was das Zeug hielt. Ich drückte ihn lachend an mich, Ndokanda kam, alle waren da und die Freude war groß, nacheinander lagen wir uns in den Armen und nun ließ mich Mouboma zufrieden los. Es wurde lebendig, ich sah auch viele fremde Gesichter, Besucher saßen neben den Hütten, warteten auf irgend etwas, Babys tanzten krummbeinig auf dem Mittelplatz, Hunde kläfften.

Ich kam gar nicht zum Nachdenken, so viel geschah hier plötzlich um mich herum. Hinter einer Hütte gab es viel Gelächter und Gekicher, und ab und zu wurde ein Tanzrock vom Hüttendach gezogen und verschwand wie durch Geisterhand. Also das war es, ein Fest war im Gange! Ich suchte Lundi und Sangui und fand sie schließlich ein wenig abseits hinter einer großen Hütte, wo sie zwischen Bäumen unser Lager aufschlugen, die Hängematten befestigten und Kisten verstauten. Ja, daran hatte ich nun gar nicht mehr gedacht vor lauter Übermut.

»Ah, Madame!«, begrüßte mich Sangui ein wenig ironisch, »helfen Sie doch ein bisschen beim Aufbau?«

»Entschuldige, aber ich war so beschäftigt und habe vor Freude alles andere vergessen!«

Ich umarmte ihn freundschaftlich. »Aber wie geht es denn nun weiter? Ich dachte, wir würden sie alle viel tiefer im Süden wieder treffen, bei Beranzoko, zusammen mit Djele und Braut und so weiter. Denn Djele ist offensichtlich nicht hier.«

Sangui lachte: »Er konnte sich wohl nicht entscheiden und wollte noch weiter nach Bräuten suchen. Er hat die anderen hier gelassen und ist mit Mopo, Mbouka, Eko und Boboko weitergezogen. Eko ist gerade zurückgekommen, als Vorhut, um den Alten samt Braut anzukündigen!«

»Na, dann ist ja alles klar, ein Monsterfest für Djele, den Bräutigam, der mit einer Super-Pygmäen-Diva aus dem Kongo zurückkehren wird. Toll, da kommen wir ja genau richtig!«

»Eigentlich wird es eher das große kòndì-Fest, das Fest zu Ehren des mächtigen Palmgottes Zengi. Das neue Dorf soll seinen Segen haben und ...«

Er kam nicht weiter, denn eine Horde junger Leute kreischte vorbei und eine zweite Trommel setzte lautstark ein, unsere Unterhaltung wurde vorerst übertönt und ich ging erwartungsvoll zum Dorfplatz zurück, wo sich bereits ein paar wunderschön geschmückte Frauen im Takt eintanzten. Sie trugen neue Raphiafaserröckchen oder wippenden Blätterschmuck an den Hüften, und zum ersten Mal sah ich Fußrasseln aus Nussschalen. Andere sangen laut dazu, Babys kreischten, es ging rund. Hinter der Hütte gegenüber kicherte es immer noch, und nun erkannte ich das hohe, überschäumende Lachen Moubomas. Neugierig ging ich der Sache nach und stieß tatsächlich auf die beiden Freundinnen. Mouboma war dabei, Boyemba in einen winzigen Rock zu wickeln, und versuchte gerade lachend, die Enden der Schnur zu verknüpfen. Doch Boyemba, höchst unzufrieden – sie fand offensichtlich den Rock zu kurz –, wehrte ab. Nachdem es keinen anderen Tanzrock gab, zupften und zogen wir gemeinsam diesen Bastmini über die Pobacken. Mouboma zog sich voller Eifer ein paar leuchtend grüne Blätter unter den Schamschurz, sodass diese aufreizend abstanden und bei jedem Schritt kess rauf und runter wippten, was sie genauestens kontrollierte. Sie war zufrieden! Um die Stirne trug sie eine bunt gefärbte Lianenschnur, kleine Schweißperlen standen um Nasenflügel und Augenbrauen.

Ich gab ihr einen Kuss auf die Wange. »Du siehst zum Anbeißen aus, très joli!«

Sie lachte zurück und zeigte, auch très joli, ihr schneeweißes Raubtiergebiss. Wir gesellten uns zu den anderen auf dem Dorfplatz, wo ich nun Ndembo etwas abseits vor einer Hütte sitzen sah. Offensichtlich war sie von dem Rummel wenig beeindruckt, denn sie rollte in aller Seelenruhe eine pralle Waldratte in große Blätter. Die Tänzer mehrten sich, der Trommelrhythmus beschleunigte sich anfeuernd, und voller Vehemenz stob nun ein kleiner, drahtiger und laut singender Zeremonienmeister mit einer Art Zepter neben den Trommler und begann zu tanzen, schrittweise stampfte er vor, staubaufwedelnd, die Arme seitlich zu einer fordernden Gebärde gespreizt, das Zepter in den Wald gerichtet. Ein beeindruckender Fetisch aus diversen Knochen hing ihm vom Arm herab und klapperte im Rhythmus, um die Hüften hatte er lange Raphiafasern gebündelt, die im Rhythmus um seine Beine wedelten. Mit weit aufgerissenem Mund schrie er abgehackte Wörter zum Blätterdach, das Gesicht und der nackte Oberkörper glänzten von Schweiß. Junge Männer tanzten ein, Limboko und Ngoja auch dabei, und riefen stakkato: »Zengi. Madendé yà.« Sie bedeuteten mit Gesten, dass er zum großen Palmfest kommen

solle, um dem neu erbauten Dorf Bé.mbémà Glück zu bringen.
Ich war völlig fasziniert von der Lebenslust, mit der die Jungen sangen und riefen. Andere Frauen tanzten nun dazu mit ihren schlafenden Säuglingen im Lianengurt auf der Hüfte. In kleinen, kräftigen und bedächtigen Schritten schloss sich der Kreis, die Tamtams hatten ihren Höhepunkt an Lautstärke und Tempo erreicht.
»Madendé yà.«
Im Rhythmus der Trommeln und der klatschenden Besucher bewegten sie sich schneller werdend durch den Sand, Staub stieg auf. Ndembo tanzte jetzt auch ein, sie hatte sich schön gemacht, wunderschön. Genau wie bei Mbouka lag auch bei ihr stets ein geheimnisvolles, leises Lächeln auf den Lippen, sie wiegte sich zwei Schritte vor, einen seitlich.
»Madendé yà.«
Der zweite Trommler hatte sich eingespielt, fest klemmte er sich jetzt die lange Trommel zwischen die Beine und schlug noch kräftiger in den Rhythmus ein. Jetzt hätte Djele mit seiner Braut kommen müssen, das wäre der Höhepunkt und wohl der schönste Empfang gewesen, den man ihm hätte bereiten können. Doch ich sah ihn nicht, und es war auch kaum jemand ansprechbar, alles zuckte, klatschte, trommelte oder sang! Es wurde heiß und staubig, der Tanz lief auf Hochtouren. Ich zählte 28 Tänzer im Kreis, der Zeremonienmeister rief laut etwas vor, sehr melodisch, immer wieder, dann kam der Refrain »madendé yà«, Klatschen, Stampfen, Rasseln, Staubwolken. Die Trommeln schlugen nun genau im Rhythmus meines Herzens, oder war es umgekehrt? Jedenfalls ging eine hypnotische Wirkung davon aus, nochmal beschleunigte sich alles, mir wurde ganz übel – da plötzlich, alles schaute in Richtung des kleinen Waldpfades – da war er, Zengi! Der große Gott des Waldes, Herr über die Jahreszeiten, Gebieter aller Geister. Er trug eine Raphiamaske, deren üppige Wedel bis auf den Boden fielen, eine imposante Erscheinung! Mit kurzen Schritten näherte er sich bedächtig, die Tänzer gruppierten sich zu einer langen Reihe und bewegten sich ehrfürchtig auf ihn zu, sie holten ihn ab, »madendé yà«.

»Sie singen ihm zu, komm her, denn manchmal hat er Bedenken und verschwindet wieder in den Wald!«, schrie mir Sangui plötzlich ins Ohr, sodass ich zusammenfuhr.

»Du kannst einen aber erschrecken! Ich war so vertieft, dass ich dachte, der ›Herr‹ persönlich spricht mit mir!«

Wir mussten beide lachen.

Und wieder baten die Tänzer den großen Geist, »madendé yà«, und endlich tanzte er in ihre Mitte, die Palmwedel drehten sich und formten in mehreren Bahnen eine schwebende Spirale, einen Kreisel, der sich fast von alleine bewegte in leuchtenden grünen und gelben Wellen. Fantastisch sah das aus, bloß Kimbi schien da anderer Meinung zu sein. Mit großen, entsetzten Augen starrte er auf den mächtigen Geist und Madzou war vor Schreck der Finger beim Nasebohren stecken geblieben.

Nun kam ein Solo vom Vortänzer. Sangui erklärte mir, dass er dabei fragte, wo das Wild geblieben war, doch der Herr des Waldes hüllte sich in Schweigen und drehte sich tanzend im Kreis. Die Tänzer wurden ungeduldig, schneller stampften sie vor und in die Mitte, auf den Geist zu, die Trommeln wurden treibender, die Frauen wippten so aufreizend mit dem Steiß, dass die Röcke höher flogen, der Boden bebte, aufsteigende Sandpartikel zwirbelten sich golden in die vereinzelten Sonnenstrahlen. Zengi tanzte jetzt auf den Vortänzer zu, forderte ihn, es kam ein weiteres Solo vom Tänzer, Zengi wurde bedrängt, drehte sich vehement zurück, die langen Raphiafransen flogen in hohem Kreis, wieder der Refrain. Jetzt rückten die zuschauenden Besucher auf, klatschten lauter, die Tänzer steigerten das Tempo. Schweiß und Wildgeruch flog mich an. Zengi tanzte wieder in den Halbkreis, wieder ein Solo, eine Klage, dass der Bach versiegt ist, schrie mich Sangui an. Dem Vorsänger traten bereits die Halsschlagadern in dicken Strängen hervor, sein Gesicht war von der Anstrengung gezeichnet und der Körper glänzte vor Schweiß. Zwei gegenüberliegende Tanzreihen hatten sich nun gebildet, stampften und schoben sich aufeinander zu, »madendé yà. Madendé yà«. Sie kamen sich näher, ekstatisch zuckten ihre Leiber, der Abstand wurde geringer, noch näher schoben sie sich aufeinander zu, da tanzte Zengi zum Dorfausgang, verschwand in der grünen Wand des Waldes. Das Finale schwang durch die Körper, schnell und heftig, kaum erkannte man noch die Füße. Beide Reihen stießen aufeinander, wobei die Gesichter der Tänzer aufs Äußerste konzentriert waren, Schweiß lief die Körper entlang, die Tamtams dröhnten auf, Klatschen, Staubwolken und Schreie, alles verschmolz miteinander, wurde eins, schwoll an und jagte meinen Herzschlag noch höher! Doch kurz bevor ich einen Kollaps bekam, beruhigte sich das Ganze wie durch einen Zauber, die Trommeln wurden leiser, die Bewegungen der Tänzer weicher, matter, ein Kreis formte sich wieder und die ersten Tänzer stiegen aus, waren erschöpft, doch neue tanzten ein; da war eine ganz alte Frau mit vielen Falten und ganz lang hängenden Brüsten, die sich mit vollkommener Grazie dem Rhythmus hingab, lange Blattbüschel wippten von der Hüfte und führten ein fast animalisches Eigenleben über ihrer Schamschnur. Sie sah aus wie ein fremdartiger Vogel, der seine Schwingen ausbreitet! Mouboma sah ich jetzt mit der kleinen Boyemba, linkisch reihten sie sich ein mit kleinen zaghaften Schritten, andere Kinder kamen dazu, doch diesmal wurden es nicht mehr so viele Tänzer. Nach einiger Zeit kam Zengi aus dem Wald zurück, tanzte in den Kreis ein, die Tamtams wurden wieder lauter und die Zeremonie wiederholte sich.

Sangui erklärte mir, dass es manchmal tagelang dauerte. Wieder rief der Vorsänger, wieder steigerten die Tänzer das Tempo, wieder der Refrain. »Madendé yà.« Und zum Vergnügen der Zuschauer führten zwei winzige Nachwuchstänzer am Rande des Tanzplatzes ihre eigene Zeremonie vor. Belustigt feuerten wir sie mit lautem Klatschen an, bis sie sich so schnell drehten, dass sie zur allgemeinen Erheiterung umfielen. Was für ein herrliches Fest! Lange hatte ich mich nicht mehr so wohl gefühlt, alle waren glücklich, Sorgen und Krankheiten schienen vergessen; und als ich nun den großen Waldgeist wieder herumwirbeln sah, fragte ich mich langsam, wer wohl so unermüdlich unter dieser Maske tanzte? Und so zog ich mich äußerst neugierig und respektlos gegen Ende der zweiten Etappe unauffällig zu dem kleinen Pfad zurück, in ein niederes Gebüsch – denn hier musste er ja entlangkommen, wenn er in den Wald verschwand! Und da kam er auch schon, der mächtige Zengi. Erschöpft pustete er durch die Maske nach Luft, die Fransen öffneten sich ein wenig und zwischen Neugier und ängstlichem Grausen, halb zu-, halb abgewandt, sah ich doch – Mopo? Erstaunt schaute ich in zwei vertraute Augen, ein verschwitztes Gesicht. Tatsächlich! Er strahlte mich an, als er kurz den Vorhang lüftete, die weißen Piranhazähne blitzten.

Die Tamtams schlugen fordernd, der Refrain erklang, »madendé yà«, wo bleibst du. Mopo drehte sich wieder dem Dorf zu und machte mir verschwörerisch Zeichen, über seine Identität zu schweigen. Ich nickte ihm beruhigend zu und machte mich auf den Rückweg zum Tanzplatz.

## Djeles Vermächtnis

Da lärmte es plötzlich hinter mir, Äste knackten, aufgeregte Schreie wurden laut. Ich sprang vor Schreck ins Gebüsch, als ich Eko heranstürmen sah. Eko rannte weiter zum Dorfplatz und ich hörte aus seinem Geschrei immer wieder den Namen Djele heraus. Ich lief hinterher und fand ihn umringt von Mowe, Somba und Ndembo. Mouboma kam angerannt und hielt sich entsetzt die Hand vor den Mund. Der Tanz hatte aufgehört. Alle redeten durcheinander

»Lundi! Sangui!«, schrie ich entnervt. »Wo seid ihr denn? Erklärt mir bitte jemand, was passiert ist?«

Endlich erblickte ich Sanguis hünenhafte Gestalt, die sich durch die Menge drängte. Er gestikulierte heftig und rief: »Djele ist schwer verletzt und liegt im Sterben. Er will dich noch sehen, Cornelia, beeil dich!«

Mir schnürte sich die Kehle zu. Mein Gott, wie furchtbar! Aber wieso verletzt ...

Egal jetzt. »Sangui, hol bitte die Apotheke, ich lauf schon mit den anderen vor!«

Meine Gedanken überschlugen sich, ich musste mich zusammennehmen. Jetzt musste es schnell gehen, man konnte doch sicher noch etwas tun! Djele, undenkbar, er durfte nicht sterben!

Lundi zog mich mit sich, und wir rannten, stolperten und hasteten durch Dickicht, Lianen und Gestrüpp. Haut wurde aufgerissen, Äste peitschten das Gesicht, doch diesmal spürte ich nichts, bloß weiter, Lundi, schneller! »Was hat Eko denn gesagt?«, rief ich Lundi zu. »Er ist von einem großen Holztransporter angefahren worden und liegt in einem Lager nicht weit von hier. Mbouka und Boboko sind bei ihm«, rief er über die Schulter zurück.

Gerade kam Mopo in schnellen Sprüngen hinter uns her, jetzt wieder als Mopo, und das Entsetzen stand ihm ins Gesicht geschrieben. Endlich kamen wir an eine Lichtung, auf der drei kleine, halb verfallene Hütten standen. Unsere Freunde waren bereits alle da und standen wie erstarrt herum. Ngonga kam mir mit rot verweinten Augen entgegengelaufen und deutete auf eine der Hütten. Davor hockte Mbouka wie ein Mahnmal, mit todtraurigen Augen; sie begrüßte mich stumm und rief etwas in die Hütte hinein.

Kälte stieg in mir auf, als ich mich zum Eingang hinunterbückte und hinter Ngonga in die Hütte hineinkroch, gefolgt von Sangui. Als sich meine Augen an das Dunkel gewöhnt hatten, sah ich ihn: Da lag Djele, Herr des Waldes und Gebieter seiner Sippe, die Augen geschlossen und mit eingefallenen Wangen, unbeweglich. Ich war zu spät gekommen! Tränen stürzten mir aus den Augen.

»Du hast mich gerufen, und ich habe mich beeilt, deinem Ruf zu folgen, Djele, geliebter Freund! Bleib bei uns, bitte!«, flüsterte ich mit erstickter Stimme und strich ihm zart über die Stirn, über die steile Schmerzensfalte zwischen seinen buschigen Augenbrauen. Da schlug er noch einmal ganz langsam die Augen auf. Sein Blick ruhte lange auf meinem Gesicht. Dann flüsterte er Ngonga etwas zu, sie wiederholte es, und er schloss wieder die Augen. Vorsichtig ergriff ich seine Hand, und Sangui übersetzte: »Du musst dich um seine Leute kümmern, sie werden sonst alle untergehen.«

Djele öffnete mit Mühe die Augen noch einmal und schaute mich beschwörend an, bittend und voller Not. Ich versuchte, mein Schluchzen zu beherrschen, doch es brach heraus, und mit tränenerstickter Stimme versprach ich ihm: »Ich werde alles tun, damit du in Ruhe schlafen kannst und deine Familien ein Leben ohne Angst führen können!«

Als hätte er nur auf diese Worte gewartet und sie verstanden, schloss er mit einem tiefen Seufzer die Augen. Ich hielt seine Hände fest und begleitete ihn in Gedanken auf seine letzte Reise. Immer werde ich für euch da sein. Noch lange saß ich so, bis sich seine Hände lösten und mir entglitten.

Toten-Tamtams setzten ein, monoton verkündeten sie die traurige Nachricht und der Wind trug sie weiter. Ich zog mich hinter die Hütte zurück, ich wollte allein sein. Am Stamm eines Musangabaumes, Symbol der neuen Welt, sank ich zu Boden und ließ meinen Tränen freien Lauf.

# 4. Mein Kampf für die Pygmäen

## Die Missionsstation

Es war eine traurige Rückfahrt von Bé.mbémà nach Bangui. Djeles Tod hatte mich daran erinnert, wie schnell sich alles ändern kann, wie sehr Hilfe geboten war und wie die Zeit drängte. Auf dieser Fahrt wurde mir so richtig bewusst, wie stark sich meine kleinen Freunde in dieser kurzen Zeit meiner Abwesenheit verändert hatten. Djeles Vermächtnis hatte mich tief ergriffen – und ich nahm es sehr ernst. Fortan würde ich alles in meiner Macht Stehende tun, um meinen Freunden zu helfen. Auch wenn ich dazu den Urwald und das Dorf wieder verlassen musste: Denn um wirklich etwas zu bewegen, musste ich einflussreiche Leute in Bangui kennen lernen und bearbeiten. Auf dem Weg dahin wollte ich auch noch die Missionsschwestern in Scad besuchen. Ich hatte gehört, dass sie sich bereits seit 15 Jahren mit ihrer kleinen Station im Urwald für die Pygmäen einsetzten. Von ihnen versprach ich mir nicht nur interessante Gespräche, sondern auch konkrete Anregungen, welche Wege man gehen konnte, um zu helfen und Projekte aufzuziehen.

Der Anblick von Moubomas eitriger Wunde hatte mich erschüttert: Diese neue Hautkrankheit Pian kam so schnell zum Ausbruch, fraß in kurzer Zeit Hautstücke einfach weg und hinterließ faulendes Fleisch. Ich wusste, dass der Pian hochansteckend ist und direkt übertragen wird, was also hieß, dass auch die anderen in hoher Gefahr schwebten. Und wovon

215

schließlich sollten die Pygmäen leben hier in der Nähe der Holzfäller, im verarmten, seelenlosen Wald, der ihnen kein Dach mehr bot und keine Mahlzeiten, wo das Wild schon längst vor Lärm und Wilderern geflüchtet war. Wo die Sonne bereits heute schon den Spuren der neuen Straßen bis tief in die Feuchtgebiete folgte und dort den Wald verbrannte und austrocknete. Hier begann das einmalige Biotop zu verdorren und der Sekundärwald, der in minderer Qualität heran kroch, bot nicht mehr die notwendige Nahrungsgrundlage; weder für die Menschen noch für das Großwild.

Wo sollte ich bloß anfangen, um zu helfen? Als ich die rote Trasse vor mir sah, wie sie sich Kilometer um Kilometer durch den Urwald fraß, wie sich die riesigen Wurzeln der alten, großen Bäume, die umgestürzt rechts und links am Straßenrand lagen, in stummer Geste der Verzweiflung in die Höhe reckten, begriff ich noch etwas Schlimmeres, was ich bisher immer verdrängt hatte: Die Zukunft der anderen Pygmäen, die im Süden und Osten lebten, der Twa und der Cwa, war genauso finster, denn auch ihr Leben steht im direkten ökologischen Zusammenhang mit dem tropischen Wald, der gnadenlos von der Regierung an die Forstgesellschaften verkauft wird.

»Und du, Nestor, freust du dich wenigstens über die neuen Straßen?«, wollte ich all meine bösen Ahnungen masochistisch bestätigen lassen.

»Oui Madame, c'est fantastique!«

Der neue Chauffeur strahlte mich an, und obwohl ich ihn bisher wahnsinnig nett fand, mochte ich ihn plötzlich nicht mehr so richtig. Wie konnte er dieses Unheil »fantastique« finden? Aber ich wusste, dass alle Einheimischen stolz auf die Veränderungen ihres Landes, auf den »Fortschritt« waren. Die wenigsten dachten darüber nach, dass alles seinen Preis hat.

Sangui und Lundi fehlten mir, sie sahen die Dinge immer so gelassen und relativ sorglos. Ich hätte manchmal gerne etwas von ihrer Unbekümmertheit, wenn auch nur vorübergehend. Doch die beiden Freunde hatten die Rückreise schon früher beendet, Sangui in Mbaìki und Lundi in Scad, weil sie Verwandte besuchen wollten. Lundi war ganz von dem Gedanken besessen, seiner Familie in Bangui geräuchertes Wild mitzubringen, das in Bangui mindestens doppelt so teuer war. Immerhin hatten sie mir noch Nestor besorgt, diesen kleinen drahtigen Schwarzen aus Bangui, der glücklicherweise einen alten Nissan-Geländewagen hatte.

»Madame macht sich Sorgen wegen der Pygmäen?« Nestor wollte anscheinend im Gespräch bleiben, und wie die meisten verstand auch er nicht, wie man sich mit Pygmäen anfreunden konnte, eine Weiße noch dazu. Völlig unter dem Niveau.

»Ja, mein Lieber, verstehst da das? Verstehst du, dass man ihnen durch diese breiten Straßen ihr Leben kaputt macht, dass sie krank werden durch die fremden Menschen, die da plötzlich ankommen?« Eindringlich schaute ich ihn an und war völlig überrascht durch seine Antwort: »Wir könnten viel Geld mit ihnen verdienen, wir könnten sie in einem Park vorzeigen oder so etwas.«

»Aber Nestor«, mahnte ich ihn verärgert, »Menschen zeigt man nicht vor. Möchtest du gerne für 2000 Francs in Bangui an der Deutschen Botschaft vor Weißen auf und ab gehen?«

Lachend schüttelte er den Kopf: »Nein, Madame, bestimmt nicht!«

»Na siehst du. Bei den anderen Menschen ist es genauso. Aber ich habe keine Ahnung, wie ich ihnen helfen kann, den Pygmäen!« Plötzlich bockte der Wagen und blieb abrupt stehen, ruckelte noch ein paar mal nach und dann war es still. Wir standen genau am Beginn der Buschlandschaft, die am Horizont bereits in Abendblau versank. Hohe, braune, wie leblose Menschenkörper anmutende Termitenhügel standen darin wie Wächter zwischen den Steppengräsern und sahen höchst merkwürdig aus. Nestor, inzwischen mit dem Kopf bereits weit im Motorraum, hatte schon mit flinken Fingern das Übel an der Benzinpumpe gefunden.

»Es ist Dreck im Filter, der Diesel war außerdem verdünnt. Diese Ganoven!«, schimpfte er durch die Motorhaube zu mir rüber. Dabei wurde sein sonst so charmant-spitzbübisch wirkendes Gesicht zu einer länglichen Grimasse, sah aus wie ein langes V, wie: Vorwurf. Aber wir mussten ja den unkontrollierbaren Sprit in 5-Liter-Plastikflaschen am Straßenrand kaufen, es gab weit und breit keine Tankstelle, wie fast überall hier außerhalb der Städte. Wir waren den jungen Spitzbuben ausgeliefert, die alles Mögliche zusammenmischten. Andererseits hatte ich aber auch von genau denselben Leuten schon selbstlose Hilfe bei Motorschäden erlebt, wo sie mit den unwahrscheinlichsten Hilfsmitteln arbeiteten, zum Beispiel wichtige Zugfedern an irgendwelchen Leitungen im Motor mit der Spirale meines Stenoblockes wieder zusammenkniffelten, oder mit einer Haarklammer, deren Enden sie schnell mit einer Nagelfeile spitz zugeraspelt hatten, elektrische Leitungen wieder zusammenführten. Wenn dann der demonstrative Blick zu meinem Geldbeutel erfolglos blieb – ich zeigte ihnen die gähnende Leere –, hörte ich immer ein freundliches: »Auch nicht schlimm. Dann das nächste Mal.«

Ganz erstaunlich, dieser Menschenschlag hier in der Zentralafrikanischen Republik. Stets schwankend zwischen direkter Bettelei und mühelosem Umschwung zum Verzicht. Sie wussten, dass das Leben weitergeht; Gott ist überall, er nimmt und gibt! Nichts ist in diesem fruchtbaren Teil Afrikas richtig schwerwiegend, nicht mal der Tod, denn auch er kommt mit neuem Leben zurück. Alles in allem hatten wir noch Glück nach zehn Stunden Fahrt. Ich hatte bereits die große Zange geholt, schraubte in stechender Hitze den verdreckten Zubringerschlauch ab und hielt ihn Nestor vor die Nase.

»Hier, mein Guter! In den Mund! Und dann zieh feste dran und dann raus damit. So kommen wir vielleicht wieder los!«

Mit gemischten Gefühlen rümpfte er die kurze hübsche Nase, wobei sich der dünne Krisselbart zur Seite aufstellte und die tiefen Falten um die Mundwinkel sich zu einer Grimasse verzogen. Irgendwie ähnelte er einem ältlichen Gigolo, einem verhinderten Errol Flynn, der sein Geld normalerweise in Tanzdielen verdient. Auch seine spitzen Lederschuhe und seine Nadelstreifenhose passten in diese alte Zeit. Nestor atmete tief ein und saugte den Diesel an, während sich seine Backen zu Luftballons blähten. Die Haut dehnte sich dabei dermaßen, dass sie dünn und dadurch völlig hellhäutig wurde. Krass hob sie sich von der übrigen dunklen Gesichtsfarbe ab, sodass ich fürchtete, sie würde nun gleich platzen: »T'arrête, Nestor!

C'est bon!« bremste ich den Übereifrigen, und schon sprühte er angeekelt in hohem Bogen den verdreckten Sprit in den Sand. Auf seinem zerschlissenen Hemd hatten sich breite dunkle Schweißflecken gebildet. »Macht das nicht richtig süchtig?«, fragte ich lachend und schlug ihm auf die Schulter. Doch Nestor war so eifrig bei der Sache, dass er nur ein kleines Lächeln rüberschickte. Auch das war schräg, voll Errol-Flynn-mäßig. Schmunzelnd wischte ich die Schmiere von den Armen. Ja, jetzt lief es wieder, und gemeinsam setzten wir die Pumpe in Bewegung, stießen den Ansauger mit Leibeskräften rauf und runter, holten den Sprit nach oben und dann schnurrte der Nissan wieder.

Weiter ging es, vorbei an Mangobäumen, unter denen alte Männer saßen und die Straße entlang schauten, während die neue Welt vorbeifuhr und der Tag sich verabschiedete. Es roch nach Holzfeuer von den Kochstellen, an denen Frauen das karge Essen für die Familie kochten.

An einer Kreuzung, die einen wunderschönen Blick auf das tobende Wasser des Flusses Lobaye freigab, fuhr Nestor auf einmal langsamer und bog schließlich auf einen schmalen Sandweg ab: Wir waren bereits nahe der Missionsstation.

Die Aussicht, die Schwestern kennen zu lernen, stimmte mich froh; mit ihrer Erfahrung konnten sie hoffentlich ein wenig Licht in meine momentane Sonnenfinsternis bringen. Der schmale Sandweg führte an einer Barriere vorbei, die in der Regenzeit gelegentlich geschlossen wurde. Dann musste man so lange davor warten, bis die Straße wieder passierbar war und man die ausgewaschenen Löcher nicht noch breiter ausfuhr.

Pygmäen rannten unserem Motorgeräusch entgegen und schauten mit weit aufgerissenen Augen durch die Autoscheiben, während die Kinder versuchten, auf die hintere Stoßstange aufzuspringen. Eine kleine Biege, und da lag linker Hand vor uns, mit einem verwitterten Lattenzaun zur Straße hin abgegrenzt, eine Art Kirche mit Astfenstern im locker aufgeschichteten, flachen rötlichen Ziegelbau. Auf der niedrigen Spitze prangte ein solides Holzkreuz. Das war das Einzige, was einigermaßen solide aussah. Der furchige Sandweg dorthin führte noch weiter zu einem anderen Flachbau aus Lehm mit türlosen Eingangsöffnungen drin. Wie ich später erfuhr, war das so eine Art Hospital, immer voll besetzt. Knorrig-vertrocknete Bougainvilleen versuchten aus dieser kargen, ausgelaugten Ecke mit grell rotviolett glühenden Blüten ein freundliches Bild zu machen. Nestor hielt nun auf der anderen Seite neben dem Lattenzaun, der sich müde an eine Ölpalme lehnte. Noch müder fläzten sich ein paar Kranke an den Latten, auf Holzkrücken gestützt oder sich gegenseitig umklammernd. Die Kinder waren inzwischen wieder abgesprungen und umringten mich, als ich ausstieg und von dem hohen Trittbrett hinuntersprang. Fast alle hatten sie gelben Eiter in den Augen und dicke, von einseitiger Ernährung aufgedunsene Bäuche.

»Sie sind da drüben in dem kleinen Haus!«, unterbrach Nestor meine traurigen Betrachtungen und deutete zu einem lichtdurchlässigen kleinen Bau, in dessen Eingang ein buntes Tuch wehte. Überall blühte es hier in liebevoll angelegten Beeten, es gab diese kleinen gelben Astern, eine Art Ziernelken kroch pastellig über den harten Sandboden, und dann lagen da auf einem Fliegengittergestell Bananenscheiben zum Trocknen aus. Ein großer, knorriger Frangipanibaum mit weißen, stark süßlich duftenden Blüten spendete Schatten bis hin zum Eingang des kleinen Hauses, das trotz brütender Hitze irgendwie gemütlich wirkte. Hier herrschte die freundliche Atmosphäre eines friedlichen und zufrieden wirkenden Heimes, im Gegensatz zur anderen Straßenseite, die förmlich nach Krankheit roch. Einer dieser drahtigen, dürren, hellbraunen und schmalfüßigen Hunde, die wahre Überlebenskünstler sind, kläffte mir begeistert entgegen, während ich mich dem Eingang näherte.

»Hallo, ist jemand da?«

Erwartungsvoll schaute ich mich um, sah noch ein weiteres flaches Gebäude, wohl die Küche, und dahinter einen durchsichtigen, kunstvoll durch Lianen verstrebten Rundbau. In seiner Mitte stand ein niedriger Altar aus dicken Bohlen mit einer Kerze und Blüten darauf. Offensichtlich eine kleine Kapelle. Ich war bereits von einer Schar Pygmäen umringt, die nun hinter das Haus zeigten. Und von dort kam mir auch schon eine hagere Frauengestalt entgegen, die mir freundlich die Hand hinhielt.

»Bonjour Madame! Sind Sie aus dieser Gegend?«, wollte sie wissen, und ich hörte einen harten Akzent heraus.

»Nein, ich bin eigentlich aus München!«, gab ich lachend zurück, »aber jetzt habe ich mich viele Monate lang bei den Pygmäen südlich vom Lobaye aufgehalten.« Ich nickte ihr freundlich zu: »Und Sie sind sicher Schwester Lucienne?«

»Ja!«, antwortete sie knapp, während ihre kleinen braunen Augen hinter den starken Brillengläsern neugierig auf mir ruhten. »Das ist ja interessant. Dann waren Sie also bei den Bayaka«, stellte sie bewundernd fest. »Da mussten Sie ja ganz schön tief in den Dschungel!«

Eine zweite Frau erschien und unterbrach kurz unser Gespräch. Sie war kleiner, rundlich und kurzbeinig, trug eine Veilchenschürze und einen streng gezwirbelten Dutt. Sie nickte uns kurz zu: »Ich bin im Hospital drüben, die Geburt wird sicher mühsam.« Dann rief sie etwas auf Sango zu den Pygmäen um mich herum, und sofort schlossen sie sich ihr an und begleiteten sie schwatzend nach drüben. Ich wandte mich wieder an Lucienne: »Ich freue mich, Sie endlich mal kennen zu lernen, ich habe schon viel Gutes von Ihnen gehört.«

Sie schüttelte nur knapp den Kopf mit den dünnen graubraunen Haaren, die sauber gescheitelt bis zu den Ohren reichten. Ihre schmale Nase beherrschte streng das Gesicht, obwohl sie eine freundliche und offene Ausstrahlung hatte. Ich schätzte sie auf ungefähr sechzig Jahre, wobei wahrscheinlich die vielen Sorgenfalten auf der Stirn, aber auch die feinen Lachfalten an den Augen doppelt gezählt waren. Ja! Denn obwohl die hohe Luftfeuchtigkeit von meist 92 Prozent die Haut wunderbar weich und jung macht, befördert einen das restliche Afrika mit all den kaum lösbaren Problemen, die einen täglich anspringen, in einen vorgezogenen und schnellen Alterungsprozess.

»Darf ich Sie zu einer Limonade einladen? Im Haus ist es schön kühl«, bot sie mir an und bückte sich bereits durch den niedrigen Eingang.

Hinter dem bunten Vorhang verbarg sich ein karg eingerichteter Raum. Alte, in typischer afrikanisch-schwerfälliger Schreinerarbeit zusammengenagelte Stühle, ein großer Tisch daneben mit hellblauem Wachstuch, ein hilfebedürftiger hoher Holzschrank ohne Schloss und Griff bildeten die Einrichtung. Viele Pygmäenobjekte waren liebevoll über die Wand dekoriert. Ich betrachtete das Jagdnetz und die Tragekörbchen. »Ja, viele Chancen haben sie wohl nicht, unsere kleinen Freunde, oder was meinen Sie? Ich würde ihnen gerne helfen, aber ich weiß nicht, ob meine Ideen tatsächlich realisierbar sind.«

Lucienne hantierte mit Gläsern und einem blutroten Sirup und reichte mir schließlich ein Glas mit lauwarmem Saft. »Den stellen wir selber aus Hibiskusblüten her. Er ist sehr anregend«, sagte sie lächelnd.

»Ja, die Pygmäen ...«, fügte sie hinzu, »es stimmt, sie haben keine großen Chancen im Wald, aber hier haben wir die Möglichkeit, einiges zu tun, damit ihnen das Leben in den Dörfern etwas leichter fällt. Aber es fehlt hinten und vorne.« Sie wirkte aber nicht verbittert. Es war, als wäre sie in Frieden mit sich und der Welt und wüsste, dass sie hier auch mit kleinen Dingen, und sicherlich auch mit ihrer starken, hilfreichen Präsenz doch immer etwas erreichte.

»Wir haben im letzten Jahr mit einigen Spenden aus Bangui das kleine Hospital weiterbauen können. Doch nun fehlt es leider am Rest und an Medikamenten, denn so vieles könnte man ganz einfach heilen, mit ein oder zwei Spritzen, die nicht einmal viel kosten. Schauen Sie zum Beispiel, hier habe ich zehn Patienten mit Pian, die an großen offenen Wunden leiden. Mit ein paar Spritzen wären sie geheilt. Aber ich komme einfach nicht weiter. Es ist kein Geld im Land, und das bisschen, was da ist, geben sie nicht für Pygmäen aus. Doch bin ich etwas schlauer geworden im Laufe der Zeit, ich spreche nicht mehr von Pygmäen bei meinen kleinen Reisen, ich rede von Notständen für die allgemeine Bevölkerung in der Station!« Mit kleinen Zügen trank sie ohne abzusetzen das Glas leer und schaute mich dann ernst und aufmerksam mit ihren dunklen Augen durch die dicken Brillengläser an. »Was wollen Sie tun?«

Ich überlegte nicht lange, denn hier hatte ich ganz offensichtlich eine erfahrene Mitstreiterin gefunden, wenn sie mir auch ein wenig fatalistisch schien. Aber sicherlich wäre ich nach 15 Jahren Missionsarbeit in Afrika genauso. Sie war mir jedenfalls äußerst sympathisch und ich hegte bereits freundschaftliche Gefühle für sie, ich lechzte förmlich nach dieser Verbundenheit. Ja! Diese Art von kreativem Gedankenaustausch hatte mir lange gefehlt. Ich eröffnete ihr meine Strategien:

»Also, ich denke mir, dass man vielleicht mit einer Handelsbeziehung nach Bangui beginnen kann, bei der man die handwerklichen Produkte der Pygmäen – Körbe, Netze, Ketten aus Samen und Früchten – verkauft. Das verdiente Geld kann man dann in die Einrichtung von Plantagen stecken. Bananen und Mais zum Beispiel. So wäre ihr Lebensunterhalt gesichert!«

Erwartungsvoll schaute ich zu Lucienne, die nachdenklich den Kopf hin und her wiegte.

»Ja, eine gute Idee, theoretisch jedenfalls! Aber ob die Pygmäen es fertig bringen, dafür ihre gewohnte Lebensweise aufzugeben? Ich fürchte, sie werden immer wieder verschwinden, weil sie ihren Jäger- und Sammlerinstinkten folgen. Und dann vergessen sie alles andere und bleiben manchmal wochenlang weg. Bald kommt die Zeit für die Armbrustjagd und auch die Jagdzeit für große Nagetiere, zugleich entwickeln sich zwischen Juli und Dezember familiäre Aktivitäten, man geht spazieren, Verlobungen, Tänze und Umzüge finden statt. Im Januar ist die Zeit zum Fischen in den Flüssen und Sümpfen, von Dezember bis März fallen die Nüsse, der wilde Ignam wächst zur Ernte heran, November bis Dezember kündigt die Baumblüte die nahe Honigzeit an. Diese gesamte Trockensaison von November bis März ist voller Aktivitäten. Wer kümmert sich dann um die Plantage, wer passt auf?«

»Na ja«, erwiderte ich etwas schwach, »man könnte es doch immerhin versuchen. So ganz schlecht ist die Idee doch nicht, oder?«

»Nein, durchaus nicht«, bestätigte Lucienne. »Vielleicht könnten die Pygmäen auf diese Weise wirklich lernen, Verantwortung für ihr Leben zu übernehmen, und auch mit dem Umgang mit Geld langsam vertraut werden.« Sie lächelte mir ermutigend zu. »Es ist einen Versuch wert, wirklich!«

»Also, Schwester, ich finde es sehr sympathisch, dass Sie meinen Ideen doch eine gewisse Chance geben. Ich würde gern bald einmal wieder vorbeikommen. Wäre Ihnen das recht?« Nun lachte sie schallend: »Nennen Sie mich bitte nicht Schwester, einfach Lucienne. Das reicht. Und Sie heißen?« Wie peinlich – ich hatte mich gar nicht vorgestellt. »Cornelia. Cornelia Canady aus München.« Ich stand auf, denn es wurde bereits dunkel.

»Jetzt müssen wir uns aber beeilen, es sind ja noch mindestens zwei Stunden nach Bangui!«

»Ja, aber ein Großteil der Straße ist geteert, da geht es schnell voran.«

»Also, liebe Lucienne, ich versuche, so in drei Wochen wieder zu kommen. Vielleicht muss ich aber auch zuerst nach Europa, das wird sich jetzt alles in Bangui finden.«

Sie hatte mich bis zum Auto begleitet, in dem Nestor tief und fest schlief. Als ich gemeinerweise laut gegen die Scheiben klopfte, fuhr er senkrecht und mit geballten Fäusten aus dem Sitz hoch. Lachend beruhigte ich ihn:

»Lass gut sein, ich will dein Auto nicht stehlen!«

Lucienne umarmte mich und drückte mich an sich:

»Bis bald, Cornelia, ich bin immer hier!«

## Von Pontius zu Pilatus

Nach diesem Gespräch mit Lucienne war mir nun völlig klar: Ich musste sofort anfangen, jede Minute war kostbar. Ich bin auch gar nicht der Typ, beziehungsweise war noch nicht so afrikanisch angepasst, dass ich die Dinge »très doucement«, ganz ruhig angehen würde, nein, gleich jetzt! Viel Zeit würde das alles brauchen, das war mir schon klar, und klar war mir auch, dass ich mit meinem deutschen Tatendrang an vielen afrikanischen Ecken anstoßen würde. Ich entwarf einen Schlachtplan, wie ich meine Ideen konkretisieren könnte.

Spätestens seit Djeles Appell an mich stand einfach fest, dass ich hier in Afrika arbeiten musste und dass ich mein Ziel erreichen würde. Wer konnte im Moment besser helfen als ich? Ich lebte direkt hier im Land und saß nicht am grünen Tisch irgendwo in behüteter, sicherer Umgebung, ohne den Geruch der Armut und ohne die würgende Schlinge der Überlebensangst um den Hals. Merkwürdigerweise fielen meine Entscheidungen schließlich immer aus dem Bauch heraus, und mein starkes Vertrauen zu mir selbst wusste, dass dies der rechte Weg war. Ich schlug ihn dann ohne zu zögern ein. Auch wenn sich Desaster ergaben, persönliche Katastrophen, wusste ich, dass es trotzdem einen Sinn hatte. Immer ergaben sich in meinem Leben aus lähmenden Situationen, wo Türen scheinbar endgültig und für immer mit lautem Knall ins Schloss fielen oder auch leise, anfangs unbemerkt sich schlossen und nur das metallische, durchschneidende Geräusch der einrastenden Klinke nachträglich die Endgültigkeit vermittelte, fruchtbare neue Entwicklungen. Manchmal erkannte ich sie schon bald, manchmal auch verbargen sie sich lange hinter der Maske scheinbar unwichtiger Dinge. Doch irgendwann löste sich dieser Knoten immer auf. Zugegeben, selten von alleine. Entweder hatte ich noch so viel Kraft übrig, selbst an dem Faden zu ziehen, oder Freunde halfen – manchmal auch wildfremde Personen, die plötzlich in meinem Leben auftauchten. Das allerdings war auch nur möglich, weil ich ohne Arroganz meine Sorgen und Nöte mitteilen und manchmal auch meine totale Hoffnungslosigkeit zeigen konnte. In dieser offen dargelegten Verletzbarkeit erkannten sich die Menschen wieder, und sie halfen stets mit ihren unterschiedlichen Möglichkeiten. So öffneten sich andere Türen, und Licht fiel auf eine finstere Etappe. Ein neuer Weg tat sich auf.

So ähnlich ging es mir in dem Augenblick, als ich wieder in Bangui war. Ich war müde, unendlich müde, und stand fast ausschließlich vor verschlossenen Türen. Überall, wo ich von den Pygmäen und ihren Problemen sprach, stieß ich auf völliges Unverständnis, ja, außer Belustigung löste ich eigentlich vorerst keine Resonanzen aus. Beim Forstministerium, wo ich um Auskunft über ein zu pachtendes Gebiet bat, wurde ich desinteressiert ans Katasteramt verwiesen. Das war in Ordnung, aber ich wollte ja auch die offizielle Zustimmung der Behörden; aber meine Vorstöße endeten immer im Vorzimmer beim Commissaire, der Herr über Leben und Termine zu sein schien. Glücklicherweise schaute der Forstminister bei meinem letzten Besuch kurz aus seinem Zimmer, wobei seine Blicke interessiert an mir hängen blieben. Es kam relativ selten vor in Bangui, dass junge Frauen allein in Ministervorzimmern saßen. Ich nahm die Gelegenheit beim Schopf, sprang sofort auf, stellte mich vor und zack! Schon war ich in seinem Zimmer ...

Mit einem niederschmetternden Blick auf den zurückbleibenden Commissaire schloss ich geräuschvoll die Tür zwischen ihm und mir. »Entrez, Madame. Vous êtes allemande?«, fragte mich der smarte dunkle Herr mit halbgeschlossenen Augenlidern.

»Woher wissen Sie das?«, fragte ich verblüfft zurück.

»Weil die Deutschen immer schnell zur Sache kommen und es immer schnell gehen muss!«, antwortete er lächelnd.

Doch auch im Innersten dieses Heiligtums wurde ich nur mit vagen Erklärungen abgespeist. Es gebe ja bereits ein Naturschutzgebiet in der Sangha-Region, und die Pygmäen könnten schließlich in dem für sie reservierten Gebiet jagen ...

Im Kulturministerium dagegen stieß ich auf eine sehr verständnisvolle Dame, die sich all die Probleme interessiert anhörte. Aber wie sich herausstellte, brachte auch dieses Gespräch keine aktive Bereitschaft, lediglich weitere Verabredungen. Die in Afrika typische Haltung in Sachen Zusagen sowie Hilfeleistungen zeigte sich wieder einmal deutlich: Es endete immer in großen Versprechungen, einem bedeutungsvollen Blick auf die Handtasche und einer scheinbar nicht zur Sache gehörenden Feststellung, wie dass doch bald Muttertag sei oder Ostern oder Weihnachten; oder dass der große Bruder gerade gestorben sei, dass das Kind furchtbar krank im Hospital liege, das Haus unter dem letzten Regenguss zusammengefallen sei oder die Schule wieder anfinge ...

All diese Zustände führten, wie ich später lernte, natürlich zu finanziellen und arbeitstechnischen Lähmungen. Aus den Blicken auf die mögliche Finanzierungsstätte wie Tasche oder Börse konnte man die Überzeugung herauslesen, dass man als Weißer schließlich die Verpflichtung hätte, hier helfend einzugreifen. Doch so lange wie ich in Afrika lebte, ließ ich mich selten dazu hinreißen, diesen stummen, aber äußerst ernst gemeinten Zahlungsaufforderungen nachzukommen. Ich arbeitete schwer, um mein Geld zu verdienen, und war der Meinung, dass alle anderen das Gleiche tun könnten. Hier aber, in dieser schwarzen Hauptstadt des schwärzesten Teiles Afrikas, erlagen die Menschen ab Mittag dem Übel, das ich Leben in monotoner Stumpfsinnigkeit nannte, der brütenden Hitze angepasst. An den Arbeitsplätzen traf man häufiger auf gähnende Leere als auf arbeitende Menschen, stattdessen hingen sie in windigen kleinen Bars mit klangvollen Namen wie »Jesus hilft« oder »Moulin Rouge« oder »Zum letzten Wunsch« herum und schütteten warmes Mocaf-Bier in sich hinein. Ich fragte mich oft, wie die Herren der Schöpfung das bezahlen konnten, wo zu Hause der Hunger am Herd stand. Oder aber der Arbeitsablauf gestaltete sich derart, dass in Zeitlupentempo abgeknabberte Bleistifte umgedreht oder endlose Telefonate mit Cousins geführt wurden, während man mit Hingabe in der Nase popelte.

Meine Idee mit dem Schutzgebiet für die Pygmäen war vorerst diesen blöden täglichen Hindernissen ausgesetzt. Insofern wurde mein Enthusiasmus ein wenig gebremst in der ersten Zeit meines Aufenthalts in Bangui. Doch andererseits ließ mir das ein wenig Zeit, mich nach dieser langen Expedition auch einmal um meine persönlichen Bedürfnisse zu kümmern und auch die Menschen hier besser kennen zu lernen, die mir mit ihrer Freundlichkeit, ihrem überschäumenden Lebensfrohsinn und ihrer Gastfreundschaft, die sie sogar das letzte Essen teilen ließ, viel bedeuteten. Auch das Land konnte ich genießen mit all seinen Schönheiten in praller Sonne und in den Abendstimmungen, die mir den Flug in die schönsten Farben und in fantasievolle Wolkengebilde ermöglichten. Welch ein Überfluss der blühenden Natur und der berauschenden Düfte! Zum Beispiel bei der Kaffeeblüte – unvergesslich dieser süßlich schwere Duft der weißen Blüten, der verheißungsvoll ganze Gebiete bedeckt und reiche Ernte verspricht. Doch das Kaffeedesaster am internationalen Markt geht auch hier nicht spurlos vorüber. Viele Plantagen sind verwildert, weil der Unterhalt mehr kostet, als sie einbringen. Und direkt daneben bietet die Kargheit der Savanne den unendlich weiten Blick zum Horizont! Die Gegensätze faszinierten mich.

Allerdings ist ein tierliebender Mensch wie ich in Afrika nicht gut aufgehoben. Haustiere wie Hunde, Katzen, Papageien, Ziegen, Hammel werden ziemlich brutal behandelt. Hier verschwendet man keine Liebe an Tiere, ja meist nicht einmal Futter. Die eigene Not in der Familie ist meist zu groß, denn die Lebenshaltungskosten sind hoch, medizinische Versorgung, Schulmittel oder Lizenzgebühren für ein kleines Geschäft sind oft unerschwinglich. Zum Essen reicht es meist gerade aus, da fast alle Frauen mit ihren großen Familien von bis zu 15 Personen einen Gemüsegarten etwas außerhalb der Stadt angelegt haben. Aus diesen Gärten können sie manchmal zusätzlich etwas verkaufen, um ein wenig Geld zu verdienen, Erdnüsse, Mais oder auch Hühner. Die Hühner wurden mit Schnüren so fest zusammengefesselt, dass meist die Füße gebrochen waren, während sie stundenlang durch die brütenden Hitze Banguis geschleppt wurden, bevor sie aus ihrem qualvollen Dasein erlöst wurden.

Ich verschob meinen Flug noch einmal. Mein Wunsch, hier mein weiteres Leben zu gestalten, hier in der Zentralafrikanischen Republik, wurde immer stärker, denn dieses Land faszinierte mich im gesamten Spektrum. Natürlich nicht so sehr die feuchte Hitze von 35-42 Grad im Schatten, bei der kein Lüftchen weht. Und wenn etwas weht, dann der trockene Wind aus den nördlicheren Teilen Afrikas, der durch das Land fegt und roten, beißenden Sand, Krankheiten und die graue Asche der Waldbrände mit sich bringt.

Hier in dem Land, in dem das Leid in Leichtigkeit neben Freude lebt, wo Tod und Leben Hand in Hand gehen, dessen Schönheit weh tut, hier wollte ich leben. Es fesselte und faszinierte mich, und außerdem hatte ich hier den Sinn meines Lebens gefunden, nämlich da direkt zu helfen, wo es sinnvoll war. Die Bayaka-Pygmäen sollten überleben; ich wollte alles dransetzen, um die letzte Bitte Djeles zu erfüllen!

# Auf der Suche nach Helfern in Bangui

Der deutsche Botschafter kümmerte sich mit seiner Familie um mich, und so lernte ich wichtige Leute in Bangui kennen, durch die ich später erhebliche Hilfe erhielt. Doch vorerst versuchte ich mich in einem kleinen Haus einzurichten. Das war das Schwierigste am Anfang und stellte mich auf harte Proben, denn ständig machten sich Diebe im Garten zu schaffen, stahlen Türen und Stühle. Sie vergriffen sich auch am Telefonkabel, das hier locker durch die Bäume schwebte. In einer Nacht- und Nebelaktion wurde es einfach außerhalb meines Grundstückes durchgeschnitten. Dann schlossen die Diebe einen anderen Apparat an, platzierten ihn auf einem Tischchen und ließen gegen Entgelt interessierte Passanten mit dem Ausland telefonieren. Bis ich dieses Gaunerstück entdeckte, hatte ich eine Telefonrechnung von umgerechnet 1250 Mark!

Es regnete durch die Decke, durch das billig gedeckte Teerdach; Heere von kleinen Ameisen wanderten durch das poröse Gemäuer der Küche und fraßen alles, was an Essbarem herumstand, sogar die scharfen Pimentschoten; auch gelangten sie unerklärlicherweise in Büchsen und durch Schraubverschlüsse. Schimmel fraß sich durch Reservetüten und Kartons von Zucker, Reis und Nudeln und saß sogar in den Kleidern. Asseln in allen Größen pissten in Tassen und Teller und hinterließen einen bestialischen Gestank, falls es mir nicht gelang, ihren Panzer mit gezielten Tritten breitzuquetschen, wenn sie scharenweise aus dem Licht flüchteten. Der Kühlschrank unterlag den häufigen Stromsperren, wodurch das Trinkwasser ungenießbar wurde und die Essensvorräte auftauten und innerhalb weniger Stunden in der Hitze verdarben. Moskitos bevölkerten abends das Wohnzimmer, weil die Fliegengitter an den Fenstern stark durchlöchert waren. Malariaanfälle hatten mich deshalb fest im Griff und schickten mich durch die Hölle. Ich glaubte sterben zu müssen.

Glücklicherweise hatte ich bereits ein paar gute Freunde gewonnen in dieser schwebenden Zeit des Umbruches. Sie halfen mir erste zarte Wurzeln zu schlagen. Natürlich gehörte Theo dazu, der mir bei meinem Malariaanfall so geholfen hatte. Er versorgte mich noch spät nachts mit Medikamenten, linderte die Schmerzen und Fieberträume sowie den Schüttelfrost, der mich zuweilen buchstäblich aus dem Bett warf, und machte mir glaubhaft, dass ich auch diesmal nicht an der Malaria sterben würde. Aber sie kostete mich immerhin innerhalb dieser fünf Tage sechs Kilo.

Doch ich wurde wieder hochgepäppelt, bekam einen »Boy« namens Bernard, der sich fortan um mein leibliches Wohl kümmerte und versuchte, das häusliche Übel in den Griff zu bekommen. Bernard wurde mein Vertrauter, väterlicher Berater und Freund durch all die Jahre, die ich in Afrika lebte. Die äußeren Umstände besserten sich dadurch zusehends, ich lebte wieder ein wenig auf und kümmerte mich um die neuen Freunde, und die sich um mich.

Zu diesen Freunden zählte der ehemalige Premierminister Henry Maidou, in dessen Haus ich wunderbare Feste erleben durfte. Die vielköpfigen afrikanischen Familien versammelten sich, alle Freunde kamen dazu, es gab reichlich Essen, Zouk-Musik und Tanz – das waren die ausschlaggebenden Ereignisse, die Familien und Freunde eng zusammenketteten. An diesen langen schönen Sonntagen im Freien wurde Politik gemacht, wurden Geschäfte abgeschlossen und manchmal auch zarte Bande geknüpft. Ich lernte hier den Sumpf der Politik kennen, aber auch eindrucksvolle Menschen, die sich engagierten, um die klaffenden Abgründe zu überbrücken, die sich in ihrem Land auftaten. In ihrem Land, das sie über alles liebten, jeder Einzelne.

Alle wussten wir um die Korruption, in deren Folge Wälder und Diamanten verschachert wurden, obwohl diese Ressourcen, gut bewirtschaftet, einen enormen Reichtum ins Land bringen und seine hohe Verschuldung abbauen hätten können. Das zweite große Übel war die Vetternwirtschaft, die es schlicht unmöglich machte, ohne Gewalt gewisse negative Regierungspraktiken zu ändern, zum Beispiel, dass immens viel Geld aus der Staatskasse in die Schweiz transferiert wurde. Ein Premierminister, der versuchte, die Staatseinnahmen gegen den Willen des Präsidenten Patassé im Lande zu halten, wurde so bearbeitet, dass er schließlich abdankte.

Endlich lernte ich auch etwas ganz Wichtiges – ich lernte, den Zouk zu tanzen, der in seiner lasziven Sinnlichkeit für diesen Teil Afrikas repräsentativ ist. Im Rhythmus wurde ein Kreis gebildet, dann löste sich ein Tänzer und tanzte selbstvergessen in die Mitte, ahmte einen Mann auf Brautschau nach und klatschte dann einen anderen Tänzer aus dem Kreis ab. Ich wurde natürlich auch aufgefordert und tanzte mit wogenden Bewegungen als Bootsfahrer auf die andere Seite des Kreises, indem ich kräftig dazu ruderte.

»Oui, Cornelia, bravo, très bien!«, machten sie mir Mut und brachen in schallendes Gelächter aus. Der Tanz war immer schon eine wichtige Komponente im afrikanischen Leben und ist es jetzt auch im Leben der europäischen Ansässigen geworden. Er verbindet, versöhnt und macht frei von den täglichen Sorgen.

Félicité, eine schwarze Schönheit, mit der ich mich angefreundet hatte, nahm mich bei der Hand und brachte mir die Grundsätze bei: Das Becken zuckt im Rhythmus, der Oberkörper passt sich wiegend an. Doch die traditionellen pantomimischen Einlagen muss man lernen: weinende Kinder, die getröstet werden, die Geburt eines Kindes, die Anmache eines Mannes, die Frau auf dem Feld, der Brauttanz der Antilope und so weiter. Hier, bei diesen Tanzeinlagen an einem wunderschönen Fest, lernte ich auch den einflussreichsten Mann Banguis kennen, einen Syrer namens Kamal. Er amüsierte sich über meinen Eifer, und mein Ehrgeiz gefiel ihm. Er half mir, solange ich in Afrika war, wann immer ich ihn darum bat, und beriet mich auch in brenzligen Situationen. Spontan stellte er mir sein halbleeres Haus zur Verfügung, als er von meinen abenteuerlichen vier Wänden hörte. Denn nun kam die Regenzeit, die hier in Afrika mit solch elementarer Gewalt die Erde wegspülte, dass man nicht mehr aus dem Haus konnte. Mit Stürmen und Regenböen wurden Einrichtungsgegenstände, Müll und alles, was nicht niet- und nagelfest war, durch die überschwemmten Straßen Banguis getrieben. Die graubraunen Wasserfluten ergossen sich in die Läden, und besonderen Schaden richteten sie in den armen Vierteln an. Dort wurden die Baracken mitsamt der armseligen Habe der Bewohner straßenweise weggespült, und die ansteigenden Wassermassen in diesen Wohngegenden lösten Panik aus und verursachten Krankheiten. Kinder und Erwachsene litten in der Regenzeit zwischen April und September an hartnäckiger Bronchitis. Manchmal brauten sich mehrere Gewitter gleichzeitig zusammen, Blitze zuckten in gleißenden Farben und Formen durch das finstere Wolkenmassiv und sorgten für Angst und Schrecken. Mit der freiwerdenden Elektrizität hätte man eine Großstadt mit Licht versehen können. Doch bei uns wurde nichts erleuchtet, bei uns gingen alle Lichter aus, Elektrizität wurde zu einem Fremdwort. Wohl dem, der mit Gasgeräten versorgt war und rechtzeitig große Gasflaschen besorgt hatte. Ich lebte bei Kerzenlicht und Kälte und versuchte, barfuß und bis zu den Knien in den Fluten vor meinem Haus, die vier Mauern zu retten, bei denen der Mörtel bereits herausgespült war, weil wohl beim Bau zu wenig Zement verwendet worden war. Zement wurde meist geklaut und unter der Hand weiterverkauft.

Als ich endlich in Kamals Haus einziehen konnte, war ich überglücklich. Ab sofort konnte ich dort wohnen und arbeiten und wurde in seinen Freundeskreis mit einbezogen, was mir das Leben in der Zentralafrikanischen Republik enorm erleichterte. Auch Theo hatte mich bereits eingeladen, bei seiner Familie zu wohnen, doch das wäre eng geworden und ich hätte am täglichen Familienleben teilnehmen müssen. Das aber wäre mir völlig gegen meinen Freiheitsdrang gegangen.

Hier, in diesem lichtdurchfluteten, großen Haus, fühlte ich mich wohl, und wie es aussah, brachte es mir auch endlich Glück in meiner Mission und festigte meine Idee, in Afrika zu bleiben. Aus der Idee wurde nun ein unabänderlicher Beschluss. Doch dazu musste ich erst einmal zurück nach Europa, meine Zelte dort abbrechen, meinen schönen Job im Max-Planck-Institut, um den mich viele beneideten, kündigen, die Wohnung auflösen und den Umzug angehen.

In den vier Wochen bis zu meinem Rückflug versuchte ich unermüdlich, Kontakt aufzunehmen zum großen Manitu des WWF International, Mr. Carrol. Er war der Initiator vieler großer internationaler Schutzgebiete und leistete in dieser Richtung weltweit Pionierarbeit. Nachdem sich der Anfang bei den Behörden in Bangui so mühsam gestaltet hatte, hoffte ich inbrünstig auf Rat und Beistand von seiner Seite. Doch auch hier erwiesen sich meine Bemühungen als wahnsinnig schwierig, denn sein Büro befand sich zwar in Washington, er selbst aber war meist unterwegs in fremden Erdteilen, und sein Stellvertreter in der Schweiz stets auf Konferenzen. Doch endlich schwirrte ein Fax von Mr. Carrol persönlich aus Washington ins Haus und ich war überglücklich. Es bestärkte mich in meiner Idee von einem Schutzgebiet und forderte mich auf, die Sache so schnell wie möglich anzugehen, denn es würde, so Mr. Carrol, viel Zeit brauchen und ein mühsamer, steiniger Weg sein, bis man den Pygmäen das Recht verschaffen könnte, weiterhin nach ihrer Art und in ihrer Heimat zu leben, und zwar genau dort, wo sie jetzt lebten. Sie waren schließlich die Ersten in diesen riesigen Feuchtwäldern. Carroll ließ keinen Zweifel offen, dass dies eine Arbeit für viele Jahre sein würde und dass ich Mut und Ausdauer dazu brauchen würde.

Ich war, ehrlich gesagt, etwas enttäuscht, denn eigentlich hatte ich mir vorgestellt, dieses Land schon bald von den zuständigen Behörden zugesichert zu bekommen, und dann hätte es nur noch vor Wilderern geschützt werden müssen. Ach, wie rosarot ich mir das damals alles ausmalte! Aber ich war befeuert von dieser Bestätigung, dass es eine gute Sache sei.

So gingen also die Bittgespräche wieder los, ich lief von Pontius zu Pilatus und war der festen Meinung, dass ich alles allein schaffen müsse, ohne Hilfe einflussreicher Freunde oder größerer Institutionen. Mit der Zeit hatte ich nämlich bemerkt, dass auch bei meinen engen Freunden die Idee eines Schutzprogramms für Pygmäen nicht so zündete. Sie fanden, dass der Wald allen gehöre, auch den Jägern zum Wildern, den Holzfällern zum Kahlschlag und den Diamantenschürfern, welche die Landschaft regelrecht abbauten. Das sagten sie zwar nicht so deutlich, aber es war aus ihren Erläuterungen herauszuhören.

Schließlich war es so weit: Ich hatte Erfolg beim Katasteramt und konnte mich für ein großes Gebiet bei Loko, südlich von Bangadou, eintragen. Für 100 Jahre konnte ich dieses Gebiet pachten. Vorerst kostete es ein dickes Bündel Geldscheine als »Schmerzensgeld«, damit dieser Vorgang überhaupt so schnell bearbeitet werden konnte. Der fette Abgeordnete trug mich also in ein dickes, zerfleddertes Buch ein, wo ich freudestrahlend unterschrieb. Es galt jetzt nur noch, einen noch festzulegenden Betrag nach meiner Rückkehr aus Europa zu begleichen. Ich bedankte mich überschwänglich und berichtete diesen Erfolg sofort und sehr stolz meinem Freund Kamal, als wir abends auf seiner Terrasse saßen. Erstaunt zog er seine buschigen, schwarzen Augenbrauen in die Höhe:

»Tatsache? Da hast du sehr viel Glück gehabt. Die meisten Leute zahlen Unsummen, um dann mal irgendwann in unbestimmter Ferne ein Stückchen Land zu bekommen!«

Misstrauisch beobachtete er mich mit seinem schlauen Raubvogelblick. Er glaubte die ganze Geschichte nicht, das sah ich ihm an.

»Wenn du irgendwelche Bedenken hast, sag es doch bitte, damit ich noch etwas tun kann, bevor ich nach Europa reise!«

Doch er hüllte sich in Schweigen und bemerkte lediglich, dass dieses Gebiet eines der begehrtesten für Waldkonzessionäre sei. »Es beherbergt die ältesten und schönsten Bäume des Landes, den Sapelli mit seiner rotbraunen Maserung und dem widerstandsfähigen Holz. Man nimmt es zum Bauen und als Furnierholz. Oder den rosa-braunen Sipo, der zur Möbelherstellung verwendet wird, oder den Dibetou mit seinem braun getigerten, weichen Holz, das leicht zu bearbeiten ist, für schöne Schränke zum Beispiel. Und nicht zu vergessen den Iroko in Braungelb, den die Künstler für ihre Skulpturen hernehmen, und das begehrte schwarze Ebenholz. Das ist nur ein Teil von dem Holzreichtum in diesem Gebiet!«

Bedächtig nickte er vor sich hin und zog das offene Hemd über dem wohlgenährten Bauch zurecht.

»Du kennst dein Land wirklich gut, vor allen Dingen den Wald. Woher das?«, fragte ich, neugierig geworden.

»Ich habe ein Sägewerk dort in der Nähe, und da kennt man natürlich die meisten Bäume«, gab er kurz zurück. Offensichtlich behagte ihm dieses Thema nicht allzu sehr. Doch ich ließ mich nicht beirren in dem Glauben, einen guten Abschluss gemacht zu haben.

Eine Woche später saß ich in einer Maschine der Air Afrique auf dem Weg in die alte Heimat Europa und überflog die Urwaldflächen der Zentralafrikanischen Republik. Ja, dieser Anblick hatte sich bereits verändert. Der Kahlschlag griff um sich und fraß sich unaufhaltsam vor. Das helle Grün des Sekundärwalds war deutlich zu erkennen. Doch spülte ich diese Sorgen für den Augenblick mit einem großen Glas Champagner hinunter. Ich musste vorerst meine eigenen Angelegenheiten ins Lot bringen.

Und tatsächlich ging alles besser, als ich dachte. Meinen Job gab ich auf, zum Entsetzen meines Professors, der mich höchst ungern in diese ungewisse Zukunft entließ, die Wohnung wurde gekündigt und mein Hab und Gut in zwei Holzkisten verpackt; den Rest verschenkte ich an Freunde. Als ich das alte Geschirr meiner Großmutter und dazu alle meine Bücher verkaufte, hatte ich schon mal kurz das Gefühl, dass hier ein Teil meines Lebens unwiederbringlich verschachert wurde, auch Erinnerungen würden verschwinden mit dem Verlust dieser alten Güter. Aber wo sollte sie denn hin, die Vergangenheit? Außerdem brauchte ich Geld. Ein Kredit, den ich mir eigentlich überhaupt nicht leisten konnte, half mir schließlich wieder in die Gegenwart und vollends auf die Beine, und ich konnte wieder an mein Naturschutzgebiet denken. Schließlich kaufte ich noch im Großhandel Jeans und T-Shirts ein, weil ich in Bangui einen Laden aufmachen wollte, um das Nötigste zu verdienen. Vom Naturschutz würde ich sicher nicht satt werden, das war mir völlig klar. Was ich glücklicherweise nicht ahnte, war, welch einen dornigen Weg ich tatsächlich vor mir hatte, einen Weg voller Enttäuschungen, übler Machenschaften und Angriffe auf mein Leben.

Doch vorerst kam der aufregende Augenblick meiner Landung in Bangui Mpoko, der Landung in mein neues, spannendes Leben in Afrika.

# Afrika, neue Heimat

Der erste Weg, mit einem Rucksack prall voller bunter, schmuddeliger afrikanischer Banknoten, war natürlich zum Katasteramt. Der dicke Beamte war nicht mehr da, aber der neue war genauso fett, ein alter Schwarzer, der wie eine Spinne im Netz in einem speckigen dunkelroten Anzug hinter seinem Schreibtisch lauerte und mir mit zusammengekniffenen Augen entgegenschaute. Er ließ mich sofort spüren, dass Weiße ganz bestimmt nicht zu seinen Freunden zählten. Nun, das war mir eigentlich schnuppe, ich wollte nur meinen Grund und bat ihn, das Nötige zu unternehmen, damit ich zahlen und mein Land in Besitz nehmen könnte.

Vielleicht trug zu der kommenden Katastrophe auch bei, dass ich nicht die hier übliche höfliche Ansprache zur Begrüßung hielt, keine französisch-charmanten Höflichkeitsfloskeln austauschte, nicht nach afrikanischer Sitte Fragen nach der Familie stellte ... Ich kam ohne Umschweife und voller Ungeduld sofort zur Sache. Aber daran allein kann es nicht gelegen haben.

»Ihr Grund ist inzwischen anderweitig übernommen worden!«

Ich hörte seine selbstzufriedene, ölige Stimme, ohne tatsächlich zu begreifen, was er da sagte. Erst langsam drangen die Wörter in mein Vorstellungsvermögen ein.

»Anderweitig? Was soll das heißen? Ich habe angezahlt und das Land ist mir zugesagt worden!«, antwortete ich nun lauter werdend. »Ihr Kollege hat das Geld für die Bearbeitung bereits erhalten!« Ich versuchte das dicke Buch mit den Eintragungen irgendwo zwischen den tristen Aktendeckeln zu erspähen. Der fette Typ war nun aufgesprungen.

»Madame, Sie müssen schon entschuldigen, aber mein Kollege hat mir nichts hinterlassen, dass diese Konzession bereits unter Bearbeitung stand. Nun kann man leider nichts mehr machen!«, schloss er und drängte mich vor seinem befleckten Fettwanst her zur Tür. Doch ich wollte so leicht nicht aufgeben.

»Ich werde den Kollegen suchen und dann sehen wir ja weiter!«, schrie ich aufgebracht. »Sie Arschloch!«, fügte ich noch laut und deutlich in feinstem Deutsch an.

»Der Kollege ist längst nicht mehr in Bangui, Madame!«
Und dann stand ich auch schon vor der Tür. So eine Unver-
schämtheit! Ich war so hochgradig empört, dass mir tatsächlich die Knie zitterten. Und so ganz langsam dämmerte mir
auch, warum dieser feine Kollege nicht mehr in diesem Büro
war: Er musste wahrscheinlich gar nicht mehr arbeiten. Mit
den umgerechnet 600 Mark, die ich ihm gegeben hatte, konnte er es sich ja fast überall gut gehen lassen.

Anschließend versuchte ich natürlich alles, um dieses Gebiet
wieder zu bekommen, aber es bestanden nicht die geringsten
Aussichten. Irgendein reicher Typ hatte dieses einmalige Stück
Land mit viel Geld erworben. Kamal erklärte mir schließlich
noch, dass ich den Preis nie hätte zahlen können und er sich
schon von Anfang an gewundert hatte, dass man mir diese
Gegend überhaupt versprochen hatte. Danach war mein Ego
ziemlich geknickt, ich hatte so fest damit gerechnet und war
gar nicht auf die Idee gekommen, dass irgendetwas schief laufen könnte. Aber Mr. Carroll hatte in seinem Fax ja so richtig
prophezeit, es würde ein langer, steiniger Weg …

Seit der Ankunft in Bangui beschäftigte mich die Frage sehr
intensiv, wie es wohl meinen kleinen Freunden ging. Schließlich wurde es auch höchste Zeit, dass ich sie wiedersah. Ich
hatte richtig Sehnsucht nach ihnen. Lange hatte ich überlegt,
wie ich nun weiterhelfen sollte, nachdem die Sache mit dem
Schutzgebiet vorerst ins Wasser gefallen schien. Doch aufgegeben hatte ich diesen Plan noch lange nicht, ich musste bloß
die Wahl des neuen Forstministers abwarten.

Mir kam die Idee eines Tauschhandels. Meine Freunde sollten statt Jagdnetzen Hängematten knüpfen und ihre Tragekörbe zu Einkaufskörben mit Henkeln umfunktionieren. Ich
wollte diese Erzeugnisse dann in meinem Laden verkaufen und
mit dem Erlös Setzlinge für eine Bananenplantage einhandeln.
Mir schien das sinnvoll, und ich war äußerst gespannt, was
die Pygmäen von dieser Idee hielten. Und so bereitete ich eiligst
die nächste Expedition vor.

Eine weitere wichtige Frage, nämlich wo ich Sangui finden
könnte, erledigte sich im Supermarkt von alleine. Freudig fielen wir uns vor der Kühlvitrine in die Arme, nachdem wir zufäl-

lig die Hände im gleichen Regal auf der Suche nach frischer Butter und Milch gehabt hatten. Wir konnten uns kaum loslassen, und mir schien es Jahre her, dass wir unsere Abenteuer zusammen im Urwald überstanden hatten. Doch er hatte es eilig. »Meine liebe Cornelia, wir müssen uns unbedingt wieder treffen, wenn ich zurückkomme. Ich fahre jetzt, um ein Seminar über die Erhaltung des traditionellen Lebens in Kamerun abzuhalten, und bin in vier Wochen zurück. Wollen wir dann schön essen gehen?«

Langsam ließen wir voneinander ab und ich lachte: »Ja, ich bin dir eh noch eine Einladung schuldig. Willst du ein typisches traditionelles Lokal aussuchen?«

»Ja, gerne! Meine Cousine arbeitet da vorne an der Kasse, der sage ich dann Bescheid, ok?«

»Gut, mein Lieber, ich freue mich schon. Übrigens fahre ich morgen nach Bé.mbémà! Ich hoffe, dass es allen gut geht.«

Erstaunt schaute mich Sangui an: »Also diesmal ganz alleine?«

»Ja, Sangui!«, gab ich stolz zurück. »Ich habe viel gelernt! Ich muss dir einiges erzählen, so viel ist passiert«, plapperte ich plötzlich wie aufgezogen los, so dass Sangui belustigt auf mich herunterschaute.

»Ich weiß alles über dich, hier in Bangui gibt es keine Geheimnisse, meine Liebe! Aber ich bin in Eile. Also, bis dann!«, rief er über die Schulter zurück, denn er war nun schon fast an der Kasse. »Übrigens ist mein Haus auch nicht weit weg, gleich hinter dem Sofitel in Ngaraba. Da kannst du mich dann abholen. Wiedersehen!«

Merkwürdig, diese Begegnung. So lange hatten wir so eng nebeneinander gelebt, dann sieht man sich monatelang nicht, und dann geht es unverändert in großer Freundschaft weiter. Das war eine der Beziehungen, die ungeniert Pause machen können, wunderbar und selten.

Am nächsten Morgen holte mich Nestor ab, doch bevor wir in den Urwald fuhren, schloss ich noch meinen neuen kleinen Laden ab und ließ das Gitter herunter. Ich hoffte stark, dass hier niemand eine Möglichkeit zum Einbruch fand, während ich unterwegs war, denn die Einnahmen des Ladens deckten tatsächlich meinen Lebensunterhalt. Aber die Menschen waren hier genauso einfallsreich, wie sie arm waren.

Es war schwer, die Pygmäen diesmal zu finden, denn sie waren wieder umgezogen, noch etwas näher an die Missionsstation heran. Von weit her hörten wir endlich das typische Jodeln der Frauen, wenn sie mit den Männern von der Jagd kommen, und sofort schlug mein Herz höher. Der Wald war mir vertraut, und diesmal waren meine Ängste vor Raubtieren oder angreifenden Affen, Schlangen und dergleichen fast fort. Bei jedem Besuch wurde es angenehmer, denn nun bekam ich die Schönheiten des Waldes bewusst mit und konnte die kleinen wie großen Wunder in Ruhe bestaunen. Irgendwann würde ich nach den Affen rufen und sie zum Zweikampf herausfordern, wenn das so weiterging. Ich fühlte mich erstaunlich mutig, und als Nestor nach Stunden erschöpft zu Boden ging, scheuchte ich ihn erbarmungslos weiter.

Plötzlich tat sich der Wald auf, und auf einer kleinen Lichtung duckten sich die Hütten der Pygmäen. Lautes Geschrei schallte uns entgegen, und da kamen bereits die ersten auf uns zugestürmt, Boboko und Mouboma mit der kleinen Boyemba. Doch scheu bremsten sie in meiner Nähe und blieben vor mir stehen. Enttäuscht rief ich sie bei ihren Namen, doch dann fiel mir wieder ein, dass ihre Begrüßungen generell zurückhaltender ausfielen als bei uns. Mit offenen Armen ging ich auf sie zu und drückte sie fest an mich, die scheuen Wesen, die wohl etwas mehr Zeit zur Gewöhnung brauchten als ich. Ich freute mich wahnsinnig, sie wieder zu sehen. Mir wurde warm ums Herz, doch zugleich schnürte mir die traurige Verantwortung die Kehle zu. Der Wunsch, diese kleinen Menschen endlich glücklich zu machen, ihnen die Heimat zurückzugeben, die ihnen eigentlich gehörte, drückte stark auf meine Stimmung. Im Moment jedoch schienen sie gesund und wohlauf und tanzten fröhlich um mich herum. Der kleine Weg hatte sich inzwischen stark belebt. Alles rannte mir entgegen und Mopo, leicht gebeugt, aber mit frohem Gesicht, reichte mir lachend die schwielige Hand, wobei sich sein Mund vor Freude von einem Ohr zum anderen zog: »Cornelia!«

»Ja, mein Lieber, ich freue mich auch, dich zu sehen!« Tränen drückten sich verstohlen die Wangen entlang. Und als wir im Dorf anlangten, wo ich das alte Zauberpaar Somba und Ndokanda wiedersah, umarmte ich sie lange. Die wissenden und von Falten des Lächelns durchzogenen Gesichter der beiden ähnelten sich immer stärker. Ngonga saß scheu vor ihrer Hütte und schaute mir in einer Mischung von Verzweiflung und Hoffnung entgegen, wobei sie den Blick nicht von meinen Augen ließ, als könne sie dort Antwort auf alle ihre Fragen finden. Irgendwie kam sie nicht hoch, quälte sich am Boden entlang, um zu mir zu gelangen. Eilig ging ich ihr entgegen und umfasste besorgt ihre glänzend braunen Schultern: »Meine arme Freundin, was ist denn los?«

Ich erfuhr, dass sie eine schwierige Geburt gehabt hatte und nun sehr krank war; sie blutete stark. Aber wenn es eine Geburt gegeben hatte, wo war dann der Vater? Mühsam suchte ich meine Vokabeln zusammen und fragte Mopo, der hier offensichtlich die Rolle des Ältesten übernommen hatte. Aber Djele, meinen verehrten Freund, konnte er nicht ersetzen.

Djele hatte die seltene Gabe gehabt, Respekt einzuflößen, und in seiner einsamen Klasse schien er in jeder Welt zurechtzukommen, in seiner und in meiner. Dieser Clanchef, letzter Großer unter den Kleinen, hatte einen klaren und weitsichtigen Geist. Mopo reichte nicht an ihn heran, war aber sehr liebenswürdig und umsichtig. Auch er sorgte sich um sein Dorf, wie sich gerade eben zeigte, denn er war mit Eifer dabei, den Manioksack, das Salz und den Kaffee aus Nestors großem Rucksack zu bergen. Als er nun auch die Zigarettenschachteln neben sich zu Boden legen wollte, winkte ich entschlossen ab.

»Nein, Mopo, die gibt es später, wenn wir alle zusammen sitzen. Jetzt sollst du ein großes Fest vorbereiten, damit wir morgen feiern und Zengi um Rat fragen können. Wir müssen viel besprechen!«

Lange schaute er mich mit seinen schönen, schräg geschwungenen Augen an, in denen ich Trauer und Melancholie erkannte. Ja, Mopo wusste Bescheid und sorgte sich auch. Er nickte bedächtig mit dem Kopf und rief den anderen etwas zu, während ich mein kleines Zelt wieder aufschlug, denn es wurde bereits Abend.

In der nächsten Zeit beratschlagten wir lange, was zu tun sei, damit die Bayakapygmäen ohne Krankheiten und ohne allzu große Entbehrungen den Sprung in die so genannte Zivilisation schaffen könnten. Ich wollte ihnen so gerne das traditionelle Leben im Wald erhalten und hatte sogar Stempelfarbe und Papier mitgebracht: Ich plante, mit Daumenabdrücken eine Umfrage zu machen, wer dafür war, zu bleiben, und wer lieber in die Dörfer der Bantu ziehen wollte. Denn ich konnte es schließlich nicht einfach über ihren Kopf hinweg beschließen. Doch war ich mir sicher, dass die Pygmäen das Leben im Wald bevorzugen würden. Meine Freunde waren begeistert, als ich ihnen von dem Schutzgebiet erzählte, sie trommelten Tag und Nacht und den ganzen nächsten Tag, um so viele Pygmäen wie möglich zum Lager zu rufen.

Schließlich, eine Woche später, hatten sich tatsächlich ungefähr 400 Pygmäen versammelt. Wir hatten uns zu einer großen kollektiven Netzjagd zusammengetan, wobei ich mich diesmal gleich auf die richtige Seite schlug, nämlich die der Schützen. Mit Gesängen wurden am Abend vier Blaustirnantilopen und ein Bongole als Beute ins Lager geschleppt und zum gemeinsamen Mahl zubereitet. Das Fest begann, Tamtams schlugen durch das dichte Grün des Waldes, Rauch zwirbelte sich über die Feuerstätten und trug die Seelen der Menschen zum großen Zengi, den wir inbrünstig anriefen.

Meine Freunde tanzten, bis sie erschöpft vor die Hütten in den Sand fielen, andere lösten sie ab, und schließlich sah ich auch noch den großen Gott des Waldes, Zengi, den Herrscher über alle Seelen, in das Dorf eintanzen. Er gab Antwort auf die drängenden Fragen: »Madendé yà …«

Und im aufgewirbelten Staub des Lagerplatzes beschloss er endlich tief in der Nacht, dass am nächsten Morgen die große Abstimmung stattfinden sollte. Ich war gespannt am nächsten Tag und hatte alles vorbereitet, während Mopo und auch Nestor allen Anwesenden erklärten, worum es ging. Alle litten sie unter der gegenwärtigen Situation, das war klar, und darüber klagten sie auch reichlich. Nun winkte ich, um die Zeremonie der Zählung zu eröffnen, Mopo heran, damit er den ersten schwarzen Daumenabdruck auf jenes Papier setzte, das er für richtig hielt. Das eine Blatt stand für: Ja, ich will im Wald leben bleiben, das zweite Blatt für: Nein, ich will heraus und in den Dörfern der Bantu leben.

Die Abstimmung dauerte bis zum späten Abend, weil immer wieder diskutiert wurde. Und dann schließlich, als auch die letzten Besucher herangekommen waren, um das Daumensiegel zu setzen, kam der große Endspurt. Ich war ziemlich aufgeregt und auch stolz, als ich auf diese vielen Bayaka sah, die aus verschiedenen Teilen des Landes kamen. Feierlich ritzte Mopo für jeweils zehn Abdrücke einen Strich in den Boden des Dorfplatzes und nach Stunden endlich stand das Ergebnis fest im Sand:

13 Personen wollten das traditionelle Leben im Wald,
389 Personen das Leben in den Dörfern.

Ich war erschüttert und verstand die Welt nicht mehr, diskutierte mit Mopo und mit anderen Clanchefs, warum sie in die Dörfer wollten, wo sie keine Nahrung finden würden, wo neue Krankheiten sie bedrohen würden und wo sie schließlich von ihren Herren ausgebeutet würden. Doch die eindeutige Antwort sprach immer wieder für die »neue Welt«. Sie wollten teilhaben an dem, was da draußen geschah, und wollten lernen, zur Schule gehen und große Radios kaufen können!

Nachdem sich meine Enttäuschung etwas gelegt hatte, erzählte ich ihnen von meiner Idee, Geld mit den Netzen und Körben zu verdienen, und meine Freunde versprachen voller Eifer, bis zu meinem nächsten Besuch eine Menge solcher Dinge fertig zu haben. Wir besprachen die Einzelheiten für die Hängematten, und sie hatten ihre Freude.

Ich bat sie inständig, all ihre Handwerkskunst in der traditionellen Herstellung zu erhalten, sie sollten nichts vergessen. Auch ihre Riten durften sich mit der neuen Zeit nicht verflüchtigen, sonst würden ihre Familien auseinanderfallen. Ich beschwor Mopo und die Alten der verschiedenen Clans, das nie zu vergessen und darauf zu achten, dass die Jungen es respektierten. Deshalb beschlossen wir endlich, dass sie mir jedes Mal, wenn ich kam, einen anderen Tanz beibringen sollten und dass vor allen Dingen die Jugendlichen daran teilhaben sollten. Vertrauensvoll wandte ich mich noch einmal an Ndokanda und meine Freundin Ngonga, teilte mit ihnen die Sorge und Verantwortung der Mütter, dass ihre Kinder nichts aus ihrer Kultur vergessen sollten.

## Ein David gegen zwei Goliaths

Als ich wieder zurück nach Bangui fuhr, war ich wenig gesprächig, obwohl Nestor alles versuchte, um mich aufzumuntern. Ngonga hatte einen Rückfall gehabt und lag blutend und ziemlich entkräftet auf dem Rücksitz. Wir beeilten uns, um möglichst schnell in das kleine Hospital zu kommen. In der Missionsstation war es auffallend ruhig. Ich wusste zwar, dass viele der Pygmäen hier bereits für die nahe gelegene Holzkonzession arbeiteten und für kargen Lohn ihren eigenen Wald abholzten. Aber normalerweise strömten trotzdem eine Menge Leute zusammen, wenn ein Autogeräusch näher kam; diesmal jedoch lümmelten sich nur wenige Pygmäen apathisch am Zaun. Das bisschen Interesse, das sie aufbrachten, galt dem großen Auto, denn Autos brachten erfahrungsgemäß Geschenke oder zumindest Neuigkeiten mit. Die unmenschliche Hitze brachte alle Aktivitäten zum Erlahmen. Mit Nestors Hilfe schleppte ich Ngonga ins Behandlungszimmer, wo wir sie ächzend auf einem frischen Bett niederließen. Sie war schon fast bewusstlos wegen des hohen Blutverlustes, ihre Beine und ihr Bauch waren blutverschmiert. Wir hatten es gerade noch geschafft! Sie bekam eine Spritze gegen Infektionen und wurde ruhig gestellt. Sobald ich sie versorgt wusste, ging ich zu dem kleinen Haus, um Lucienne wiederzusehen. Hier standen und hockten alle übrigen Pygmäen herum und starrten unglücklich auf den Eingang. Und jemand rief mir zu: »Elle est très malade!«

Wie ein elektrischer Schlag fuhr mir das in die Glieder, deshalb war es also so still! Hoffentlich war es nicht zu spät für Lucienne. Ich fand sie schließlich in einer dunklen Nische, auf einem schmalen Bett zusammengekrümmt und fast bis auf die Knochen abgemagert. Nicht einmal ein Moskitonetz schützte ihre Schlafstatt, was hier in der Nähe des Lobaye natürlich tödlich sein kann. Hier, wie auch im nahe gelegenen Urwald, gab es die meisten Malariaarten weltweit und auch die resistentesten. Lucienne litt schon seit Wochen an Malariaanfällen und hat es wohl am Anfang nicht ernst genommen, wie viele der Einheimischen hier, die bereits semi-immun sind und sich zwar oft lange, aber weniger heftig mit der Krankheit quälen.

Doch nun war es ernst und ich versuchte sofort, die Krankheit mit Nevaquine in den Griff zu bekommen, aber Lucienne wehrte sich. Sie habe noch nie Medikamente gegen Malaria genommen, erklärte sie mir, und wolle es auch diesmal wieder so schaffen. Ich war höchst besorgt, musste mich ihrem Wunsch aber schließlich fügen. Mit viel Flüssigkeit, nass-kalten Wadenwickeln und Gebeten ging es dann Gott sei Dank am dritten Tag besser.

Vor Freude schlachtete ich ein Huhn, das mir ständig nur lästig zwischen den Beinen herumgelaufen war. Doch als ich die kräftige Brühe servierte und mich laut wunderte, dass das Huhn fast freiwillig in den Kopftopf gesprungen sei, löste ich die nächste Krise bei Lucienne aus. Sie ließ jammernd den Kopf auf den Tisch fallen und rief unter Tränen aus: »Ma pauvre petite Emma!«

Ja, die Ermordung Emmas warf mich in unserer Freundschaft weit zurück, und nur mit viel Geduld gelang es mir, das Gespräch wieder auf gemeinsame Interessen zu lenken. Ich erzählte ihr von dem großen Fest in Bé.mbémà und von meiner Enttäuschung über den Entscheid der Pygmäen, der mir schier als Völkerselbstmord erschien. Aber sie verstand es, und schließlich leuchtete ihr Standpunkt auch meinem Dickkopf ein. Sie wollen, genau wie alle anderen Völker, die Entwicklung, den Fortschritt, auch wenn es ein dorniger Weg ist. Und wir haben nicht das Recht, weil wir es schön finden oder richtig, ihr Leben nach unseren Mustern oder Vorstellungen zu gestalten. Sie müssen ganz allein entscheiden und wir können ihnen nur helfend zur Seite stehen und versuchen, diesen riesengroßen Schritt in die Zivilisation zu erleichtern. Wozu andere Völker Jahrhunderte brauchten, das müssen die Pygmäen in nur wenigen Jahren schaffen, weil Tempo und Ausmaß der Waldrodungen ihnen keine Zeit lassen.

Meine Idee mit dem Tauschhandel fand Lucienne gut; amüsiert sagte sie: »Cornelia, du wirst noch die große Mode in Bangui kreieren.«

Wie sehr freute ich mich, die erfahrene Lucienne als Ansprechpartnerin zu haben! Wir diskutierten noch bis zum nächsten Tag, was alles zu tun sei, und ich erzählte ihr von meinem anderen Traum, nämlich, dass die Pygmäen ihre große Weisheit des Heilens unbedingt der Nachwelt überliefern müssten, uns und ihren eigenen Leuten zum Nutzen. Ich sah eine Urwaldapotheke vor mir, eine Art Krankenhaus, das mit den Mitteln der Natur arbeitete, in der Ngonga und Mbouka zusammen mit einem Heiler Kranke behandelten und Arzneien herstellten. Ich sah eine große Menschenmenge, die vor dem Eingang wartete, Menschen, die von weither kamen, um hier durch die Kräfte des Waldes und das Wissen einer Jahrtausende alten Kultur geheilt zu werden.

Lucienne fand das eine fabelhafte Idee und war sogleich Feuer und Flamme. Sie schlug Tafeln vor, auf denen man die Pflanzen malen könnte und dazu die Krankheiten, die sie heilten. Schließlich blieb ich noch einen Tag und machte eine Liste von allen Dingen, die wir brauchen würden, um witterungsfestes und strapazierfähiges Lehrmaterial herzustellen. Ich dachte an leichten Karton, den man später mit Folie verschweißen könnte, und Künstler aus Bangui sollten die einzelnen Pflanzen malen, damit es schön würde.

Voller Freude schickte ich Nestor zum Fluss, damit er uns von den Fischern Palmwein zum Feiern holte, und ins Dorf, um eine Ziege für ein Festmahl zu besorgen. Lucienne war wieder auf den Beinen und genauso begeistert wie ich. Im Laufe des Abends beschlossen wir noch, ihren kleinen Unterrichtsraum zu einer Schule umzufunktionieren, damit die Pygmäen sich hier die Grundlagen für ihren neuen Lebensabschnitt aneignen konnten. Keiner sollte ihnen mehr erzählen, dass einem Menschen, der fünf Tage plus zwei Tage arbeitet, nur für drei Tage Bezahlung zusteht. Sie sollten das Rechnen, Lesen und Schreiben lernen. Das wollten wir zusammen angehen. Lucienne wollte die Änderungen in der Station vornehmen, und ich würde in Bangui dazu Geld auftreiben.

Zum Schluss gab sie mir noch einen wertvollen Tipp mit auf die Reise: Ich solle doch Kontakt mit einem Pater in Bangui aufnehmen. Er hatte bereits vor Jahren, als Bangui noch florierte, ein Geschäft für homöopathische Heilmittel aus dem Urwald gehabt, aber er hatte es aufgeben müssen, als es keine sterilen Verpackungen mehr gab. Die örtlichen, afrikanischen Verpackungen waren unsolide und die Herstellung in Nachbarländern wohl zu teuer. Hohe Beamte, Persönlichkeiten und Reiche aus allen Gegenden fuhren damals mit ihm zu einem Heiler hoch im Norden, um Behandlung und Medikamente zu erhalten. Dieser Heiler war spezialisiert auf innere Krankheiten, vor allem im Magen-Darm-Bereich, und auch auf die bei den Reichen weit verbreitete Gicht.

Ich wollte diese Idee unbedingt wieder aufleben lassen und machte mich in Bangui sofort auf die Suche nach dem Pater. Aber alle Bemühungen waren vergebens. Ich fuhr mit Nestor auch den kleinsten Hinweisen nach, doch er schien das Land verlassen zu haben. Gerüchtweise hörte ich, dass er jetzt in Kamerun lebte, wo die Geschäftsbedingungen einfacher waren, und dort mit ein paar Franzosen bereits eine kleine pharmazeutische Fabrik aufgezogen hatte.

Ohne einen Fachmann auf diesem Gebiet wäre das Projekt Urwaldapotheke zum Scheitern verurteilt, weil die Weißen kein Vertrauen dazu fassen würden. Ich wollte eine professionelle Basis für das Ganze, ich brauchte jemanden, der die Dosierungsanweisungen kontrollierte und die Qualität der Kräuter, Öle und sonstigen Ingredienzien überprüfte. Keinesfalls wollte ich so einen Alternativ-Laden, der von Spenden und Mitleid lebt, sondern eine solide Anlaufstelle für jedermann, der Heilung aus der Natur suchte. Die Bayaka sollten darauf stolz sein können und an Geld und Selbstbewusstsein gewinnen.

Die Einheimischen in Bangui allerdings hatten ihre Heiler, bei denen sie sich verarzten ließen, auf dem Markt oder in ihren verschiedenen Wohnvierteln, und die Mittel und ihre Herstellung wurden immer undurchsichtiger. Ein weiteres Problem mit den Afrikanern war, dass auch sie so erpicht waren auf moderne Medizin in Form von Tabletten und Tropfen. Es machte ihnen nichts aus, dass die Medikamente oft tagelang in brütender Hitze und in greller Sonne auf den Marktständen gelegen hatten, und zwar meist ohne Verpackung, wo man die Verfallsdaten hätte kontrollieren können. Wahrscheinlich schadeten diese Arzneien mehr, als sie nutzten.

Also stand auch diese Idee unter einem schlechten Stern, es war wie verhext, dass nichts so richtig vorwärts ging, obwohl ich mich voll engagierte. Mir wurde klar, dass hier auch die Bevölkerung aufgeklärt werden musste, damit sie die Pygmäen akzeptierte und anerkannte.

Vorerst ging ich die naheliegendsten Probleme an. Ich motivierte den gutsituierten Teil meiner Freunde, sich an dem Schulausbau der Mission finanziell zu beteiligen, und trug diesen Plan und auch die Ideen für weitere Projekte dieser Art im Ministerium vor. Doch dort gab es, wie immer in diesem Lande, Krisensituationen so kurz vor der Wahl und keiner fühlte sich mehr zuständig. Dazu noch die geschäftliche Seite Afrikas, ein ständiger Kampf mit Behörden, bei denen ohne Bakschisch gar nichts ging. Davon hatte ich die Nase so voll, dass mein Elan mich manchmal beinahe verließ. Ich versuchte immer stärker, auf eigene Faust weiterzukommen. Durch Eigeninitiative und Beharrlichkeit, mit einer manchmal nervenden Dickköpfigkeit gepaart, erreichte ich mehr als durch all die Bittgänge zu Behörden.

Ich wies in meiner Boutique auf den baldigen Verkauf von Urwaldprodukten hin. Viele Menschen, Weiße wie Schwarze, waren überrascht, dass es hier in ihrem Land tatsächlich noch traditionell lebende Pygmäen im Urwald gab. Die meisten kamen nie über die Umgebung von Bangui hinaus, denn die Fahrt in den Dschungel war anstrengend und gefährlich, eher eine Sache für Abenteurer.

Als sich die Möglichkeit bot, stieg ich auch in eine Möbelfabrik ein: Ich beschäftigte zwei gute Schreiner und zeichnete alle meine Prototypen selbst. Aus dem Abfallholz einer großen Schreinerei stellten wir so kleine, ausgefallene Möbel her, die sich sehr gut verkauften und in meinem Geschäft für Kolonialstimmung sorgten. Ich fiel zwar oft furchtbar auf die Nase, manchmal sogar im wahrsten Sinne des Wortes, nämlich wenn ich Stühle entwarf und ausprobierte, aber schließlich lernte ich das immer besser. So konnte ich die Umsätze meines Ladens steigern, der bezeichnenderweise »Kaufrausch« hieß. Nun fehlten nur noch die Handarbeiten meiner kleinen Freunde.

Der große Regen ließ langsam nach und die Straßen waren wieder passierbar. Ich kaufte mit Nestor Bananensetzlinge und Maiskörner, denn jetzt war die richtige Zeit zum Pflanzen. Trotz Luciennes Unkenrufen wollte ich die Idee mit der Plantage angehen. Dazu erwarben wir noch einen Sack Maniok und 20 Büchsen Sardinen auf dem Markt, meine üblichen Geschenke, und dann fuhren wir sehr gespannt unserem Tauschhandel in Bé.mbémà entgegen. Die vom Wasser ausgewaschenen Wege waren zum Teil in furchtbar schlechtem Zustand, und damit sie durch schwere Wagen nicht völlig ruiniert wurden, waren Barrieren aufgebaut, die sich im Falle von erneuten Regenfällen für Stunden und manchmal für die ganze Nacht schlossen. Die Autofahrer wurden einfach ihrem Schicksal überlassen und waren gezwungen, weit abseits von aller Zivilisation zu warten, bis irgend so ein Wichtigmacher vom nächsten Dorf kam und gegen Zahlung eines Streckengeldes die Schranke öffnete. Diesmal war die Fahrt auch deswegen äußerst beschwerlich, weil der Weg völlig zugewachsen war. Sogar aus der Luft schien frisches Grün zu schießen.

Nichts von dem, was ich erhoffte, hatte sich erfüllt. Meine Freunde waren vollzählig, freuten sich über die Geschenke, aber von den besprochenen Tauschobjekten war kein einziges angefertigt. Nicht einmal ein Ansatz war zu sehen. Anfangs dachte ich, dass ich alles falsch erklärt hätte, dass sie deshalb nichts verstanden und nichts fertiggestellt hätten. Aber Nestor bestätigte mir, dass dies nicht der Fall war. Alle wussten, um was es sich handelte, aber sie hatten einfach ständig andere Sachen im Sinn und nicht das Gefühl, dass es wirklich Ernst war mit meinen Ideen, langsam Geld zu verdienen.

Ich war echt sauer und gab das ohne Umschweife zu verstehen. Mopo erklärte es den anderen, die sich sofort kleinlaut an die Arbeit machten und anfingen, Körbe zu flechten, während Eko und Mowe Stöcke durch die Jagdnetze schoben, um daraus eine Hängematte zu zaubern. Sie versuchten alles, um mich wieder zu versöhnen. Aber so hatte das Ganze keinen Sinn.

Wir setzten uns zusammen und ich erklärte ihnen den Sinn unseres Geschäftes, dessen einfaches Prinzip der Warentausch war. Eindringlich erklärte ich Mopo das System, und dass sie nun davon leben müssten. Und dass es nicht darum ging, mir einen Gefallen zu tun, sondern dass es für sie war, für sie alle! Er verstand es auch, denn sie erlebten ja selbst jeden Tag, dass es nicht mehr ausreichend Wild gab, um ihren Hunger zu stillen. Immer wieder erklärte ich ihnen eindringlichst die Wichtigkeit ihrer Waren und dass sie den Handel mit ihnen lernen müssten, um essen zu können. Dass die Zeit des unberührten Paradieses vorbei war. Sie hatten alles verstanden und wollten die Waren bis zum nächsten Vollmond fertig haben und hofften, dass ich nun nicht mehr böse wäre. Ich fragte noch, ob ihnen diese Art von Arbeit keinen Spaß machte, aber das war es auch nicht; sie waren es einfach nicht gewohnt, etwas im Auftrag und auf Termin herzustellen, und sie hatten ein ganz anderes Verständnis von Verabredungen.

Ja, da lag der Hund begraben. Sie sollten ihr uraltes Verhalten als Jäger und Sammler auf einmal grundlegend ändern, und mein großer Fehler war es, zu erwarten, dass das im Handumdrehen zu schaffen wäre. Wenn ich sie nicht verstand, wer dann? Doch um eine kleine Warnung loszulassen, erklärte ich ihnen, dass es das nächste Mal keine Geschenke gäbe, wenn sie keine Waren fertig hätten. So hart kann ich sein!

Dann suchten wir einen Platz für die Plantage. Er musste gerodet werden, und es sollte nicht allzu viel Wurzelwerk im Boden verankert sein. Wir arbeiteten fast eine Woche und dann setzten wir die Bananen und dazwischen die Maiskörner. Stolz betrachtete ich mit Mowe das Werk. Er zeigte am meisten Verantwortung für den Aufbau des neuen Gartens. Zum Abschluss versammelte ich sie alle noch einmal und erklärte ihnen eindringlich, dass die Erde von Unkraut frei gehalten werden müsse, weil sonst die jungen Pflanzen ersticken würden. Und dass immer jemand nachschauen müsse, ob die Pflanzen nicht von Tieren angeknabbert wurden. Ich machte ihnen begreiflich, dass sie es unbedingt lernen müssten, mit dieser Plantage pfleglich umzugehen, dass dies ihr neuer, großer Garten sei, mit dem sie glücklich werden würden. Andererseits ließ ich durchblicken, dass es mit den Geschenken auch dann vorbei wäre, wenn sie die Arbeit in der Plantage nicht ernst nähmen. Außerdem würde ich ihnen die Macheten, die ich mitgebracht hatte, wieder abnehmen. Sie lachten und schmunzelten vor sich hin; das trauten sie mir nicht zu.

Ach, meine lieben Freunde, was hätte ich nicht alles versucht, um euch begreiflich zu machen, dass dies alles lebenswichtig für euch war und dass ihr es so schnell wie möglich lernen solltet! Ich konnte mir vorstellen, dass der Weg vom Jäger und Sammler zum Bauern sicher nicht verlockend ist, aber es gab ja keine Alternativen.

Mir wurde klar, als ich wieder zu Hause war, dass ich doch andere Stellen zu Hilfe holen musste. Mein Kampf war der eines David gegen gleich zwei Goliaths: Einer davon war das handfeste wirtschaftliche Interesse an der Waldausbeutung, der andere das ebenso massive Desinteresse an den Pygmäen.

Kamal musste mir weiterhelfen. Inzwischen hatte ich herausgefunden, dass er einer der größten Holzkonzessionäre des Landes war, und ich versuchte, ihm ein schlechtes Gewissen einzureden, was mir anscheinend gelang. Aber der ausgefuchste Alte war schlau, er täuschte das schlechte Gewissen nur vor, um mir das Leben zu erleichtern, und inzwischen kaufte er den Wald auf. Aber er hatte auch gute Seiten, sehr gute sogar. Eine davon sollte ich beim nächsten Besuch der Missionsstation kennen lernen; die andere zeigte sich folgendermaßen: Er war bereit, für eine Wiederaufforstung in der Zentralafrikanischen Republik alle Kosten zu übernehmen, wenn ich die entsprechenden Leute fände. Gleichzeitig erklärte er mir, dass alle Holzkonzessionäre im Lande hohe, zweckgebundene Abgaben für Aufforstung zahlten, dass diese Gelder aber nie für den vorgesehenen Zweck ausgegeben würden, sondern in private Taschen der entsprechenden Minister und Bankbeamten flössen.

# Zwei Plantagen und viel Ärger

Also flog ich wieder für einige Wochen nach Europa, um das Programm zusammenzustellen. Dort versuchte ich den deutschen König der Wälder, Herrn von Fürstenberg, zu motivieren, ein Wiederaufforstungsprogramm in der Zentralafrikanischen Republik zu initiieren. Das stieß auf Interesse in der Fachwelt, was mich riesig freute. Doch dann ging der Zirkus los, mit Firmengründung, Programmgestaltung und Beispielen aus den angrenzenden afrikanischen Ländern, in denen solche Projekte gescheitert waren.

Bei den forstwirtschaftlichen Instituten hörte ich immer das Gleiche: Man müsse erst Vorortanalysen machen, Bodenproben, Klimaforschung ...

Niemand sah einen Grund zur Eile und niemand wollte die nötigen Schritte unternehmen, um vielleicht in internationaler Zusammenarbeit eine befriedigende Lösung zu finden. Ich versuchte den Fachleuten in langen Diskussionen plausibel zu machen, dass man doch die Analysen aus angrenzenden Ländern mit ähnlicher Bodenstruktur übernehmen und sofort mit der Wiederaufforstung beginnen könnte, und zwar mit verschiedenen Methoden gleichzeitig. Vielleicht ergäbe eine Kombination bereits einen kleinen Erfolg.

Erst als ich erwähnte, dass die Konzessionäre in der Zentralafrikanischen Rupublik bereit wären, für diese Aufforstungen zu zahlen, kam Bewegung in die Sache. Es wurde eine Kommission zusammengestellt, die in der Zentralafrikanischen Republik weitere Untersuchungen anstellen sollte. Doch als ich Kamal freudestrahlend diese Nachricht überbrachte, lachte er mich aus. Er sagte, die Gesellschaft für Technische Zusammenarbeit mache seit Jahren Boden- und andere Analysen, und bis zum heutigen Tag sei noch nichts dabei herausgekommen. Dafür würde niemand hier Geld ausgeben. Man fand diese ausgedehnten und überfinanzierten Arbeiten lächerlich, wie viele solcher Projekte in Afrika, bei denen die vorhandenen finanziellen Mittel für eigenes weißes Personal und technischen Aufwand verschwendet wurden, und von denen die einheimische Bevölkerung wenig Nutzen hatte.

Schließlich aber setzte ich diese Idee mit meinen eigenen Möglichkeiten um. Kamal stellte mir ein geeignetes Stück Land seiner Konzession am Rand des Feuchtgebiets zur Verfügung, und es gelang mir, eine kleine Baumschule Im Lobayegebiet aufzuziehen. Meine Idee war, die Pygmäen mit ihrer Erfahrung auf die Suche nach den Samen der großen Bäume zu schicken, weil sie die Einzigen waren, die die Nüsse kannten und wussten, welche Samen zu welchen Bäumen gehörten.

Von selbst kann sich der Primärwald nicht vom Holzeinschlag erholen. Sangui hatte mir ja mal erklärt, dass ohne die Hilfe der Elefanten viele Bäume wie etwa der Bokokobaum, des Makorébaum oder der Gbouloula sich nicht fortpflanzen konnten. Aber hier gab es nun keine Elefanten mehr. Sie waren durch den Holzeinschlag bis weit in den Süden vertrieben worden. Und die hiesigen Forstleute glänzten durch Inkompetenz. Der damalige Forstminister in Bangui war sogar so unfähig, dass er nicht mehr als drei verschiedene Baumarten kannte, und er trug nach Kräften dazu bei, dass das große Waldsterben in seinem Land sich noch beschleunigte. Kurz bevor er abtreten musste, wollte er noch das älteste und unberührteste Stück Regenwald im Ndoki-Gebiet an einen befreundeten Holzhändler verschachern. Dieser Waldgürtel war schon seit eh und je in der Verfassung des Landes als geschützt und unveräußerlich festgelegt, als ein Gebiet, das für die Ureinwohner der Zentralafrikanischen Republik in seinem ursprünglichen Zustand zu erhalten sei. Mit diesem Deal hätte sich der Minister eine goldene Nase (oder mehrere) verdienen können. Gott sei Dank wurde das Vorhaben im letzten Moment vereitelt – aber so ganz mittellos dürfte der Minister trotzdem nicht aus seinem Amt geschieden sein.

Meine Idee fruchtete im wahrsten Sinne des Wortes zusehends: Mit Hilfe der Pygmäen gedieh die kleine Baumschule im Lobayegebiet beim Dorf Scad. Die Setzlinge von Acajou, Sapelli und Sipo düngten wir mit Elefantenmist, den wir von der Elefantensaline aus Bayanga mitbrachten. Die Leute belächelten die arme Irre aus Deutschland, die mit Säcken voll Elefantendung mehr als 500 Kilometer durch Bambuswälder, Savannen und Urwald fuhr. Aber es störte mich nicht, für mich zählte nur der Erfolg. Und als ich ein halbes Jahr später 50 Prozent der Bäumchen in Kniehöhe wiedersah, immer noch am Elefantenkot, war das für mich eine größere Freude als das teuerste Parfum von Shiseido.

Die Idee mit den Handarbeiten brachte keine so erfreulichen Ergebnisse. Vor dem dritten Anlauf zwang ich mich zur inneren Ruhe und hämmerte mir ein: Sei geduldig, wenn es wieder nicht klappt, und erkläre es einfach noch einmal. Aber dann kam alles völlig anders. Etwas Unvorhersehbares geschah, und wir konnten froh sein, dass wir mit dem Leben davonkamen.

Bei dieser Reise nahm ich einen jungen Doktor mit, mit dem ich drei Tage lang in der Nähe der Mission auf einer provisorisch eingerichteten Hilfsstation Pian-Patienten verarzten und die überhand nehmenden Bindehauterkrankungen der Augen behandeln wollte. Die Mückenplage war zur Zeit besonders schlimm, und dadurch wurden die weit verbreiteten Augenentzündungen besonders schnell übertragen. Diese Krankheit führte nicht selten zur Erblindung, besonders bei Kindern.

Das rote Kreuz hatte mich bei der Beschaffung der Medikamente unterstützt, und nun konnten wir hier in dieser Gegend ein klein wenig helfen. Die Spritzen gegen den Pian taten nicht weh und hatten überdies den Vorteil, dass sie sehr schnell wirkten. Wir hatten fast eine Woche zu tun, um die vielen Patienten zu versorgen. Schließlich vertröstete ich die restlichen Kranken, schickte sie zur Missionsstation und versprach, in vier Wochen wiederzukommen. Dann brachte mich Nestor nach Bé.mbémà.

Wir stellten den Wagen ab und marschierten durch den Dschungel, der auch hier bereits lichter wurde. In der Nähe des Dorfes machten wir einen Umweg zur Plantage, um die Fortschritte zu begutachten. Doch was für ein Anblick erwartete uns da! Das Unkraut spross genauso hoch wie die Bananenstauden und überwucherte bereits den Mais, in dessen dürren braunen Blättern sich nicht einmal der Ansatz zu einer Fruchtbildung zeigte. Überall wucherten Schößlinge aller Art um die Stiele und erstickten die Pflanzen. Ich wurde so böse, dass ich mich sehr beherrschen musste, um nicht laut meine Enttäuschung hinauszuschreien. Ich verstand es nicht, es war doch so einfach!

15 Leute! Sie hätten sich beim Jäten abwechseln können, dann wäre die Arbeit nicht der Rede wert gewesen. Und man brauchte nicht die mindesten Vorkenntnisse – jedes Kind hätte das fertig gebracht. Auch Nestor fand es unbegreiflich. Warum war das bloß alles so schwer? Ich war schier verzweifelt, wie sollte ich ihnen helfen, wenn sie sich selbst nicht helfen wollten? Das Dorf lag in greller Sonne, kein Schutz durch Bäume oder Büsche, das bedeutete auch, dass die nächtliche Kälte ungehindert durch die Hüttenritzen kriechen konnte. In der Folge würden noch mehr Kinder krank werden. Inzwischen war es schon so weit gekommen, dass jedes zweite Pygmäenbaby starb. Hauptsächliche Todesursachen waren Bronchitis und Parasitenbefall.

Alle Lagerbewohner waren da. Als Erster stürmte mir Mopo entgegen, er freute sich ganz offensichtlich, mich wiederzusehen. Aber ich konnte nicht anders, ich schimpfte sofort los und fragte, wieso sich niemand um die Plantage gekümmert habe. Nun kamen auch die anderen näher und diskutierten miteinander, machten sich gegenseitig Vorwürfe und die Frauen palaverten heftig mit ihren Männern. Die Erklärung lautete in aller Kürze: Es war Raupenzeit, August, und sie konnten am Tag bis zu zwei Kilo Larven pro Hektar sammeln, das waren etwa 600 Stück – ein willkommenes Essen – und obendrein konnte man damit in nahe gelegenen Dörfern Geld verdienen. Da die Mboyo-Bäume, die Hauptlieferanten für Raupen, etwas tiefer im Wald wuchsen, waren sie seit Tagen unterwegs gewesen und hatten dort auch ihr Lager aufgeschlagen.

Wie sollte das bloß weitergehen? Sie konnten ihre alten Wildbeuterinstinkte offenbar nicht an einen neuen Lebensrhythmus anpassen. Also musste ich eine andere Lösung finden, das war mir jetzt endgültig klar geworden. Diese Erkenntnis war wichtig für jede weitere Entwicklungshilfe.

Na ja, wenigstens würden die Handwerkswaren fertig sein. Doch als ich die Frauen fragte, schauten sie betreten zu Boden, sogar Ngonga, die inzwischen wieder genesen war, schüttelte den Kopf. Sie hätten keine Zeit gehabt! Ndokanda übergab mir schließlich ein winziges Körbchen, das ich vor Zorn kaum registrierte. Nestor hatte inzwischen den üblichen Manioksack auf dem Dorfplatz abgeladen und auch meine anderen Geschenke in Form von Seife und Palmöl. Doch ich machte ihm kurz entschlossen Zeichen, alles wieder zusammenzupacken, wir würden es wieder zurück nach Bangui nehmen. Das löste die größte Überraschung bei den Pygmäen aus. Sie konnten sich gar nicht vorstellen, dass ich das ernst meinte, und schauten mit großen Augen und weit geöffneten Mündern, sprachlos vor Entsetzen, den verschwindenden Geschenken nach. Bloß Mopo kannte mich besser, betreten schaute er mich von oben bis unten an und dann dem enteilenden Nestor hinterher. Ja, die Trauer war groß, aber ich blieb hart und erinnerte sie daran, dass ich das alles bereits beim letzten Besuch angekündigt hatte. Schließlich lächelten sie zaghaft und machten so ihren gemischten Gefühlen Luft, sie fanden es irgendwie auch wieder gut, dass ich so streng war, und schüttelten immer noch ungläubig und zugleich bewundernd die Köpfe.

## Die Herrschaft der Patrons

Erst jetzt bemerkte ich, dass einige große Bantu näher gekommen waren. Ich dachte, sie kämen auf ihrem Weg nur zufällig hier vorbei, aber später erfuhr ich, dass die »Besitzer« von Mopo und Mbouka darunter waren, und auch Ekos Patron war im Lager. Es waren schätzungsweise sechs Bantu, die sich plötzlich zusammentaten und laut auf die Pygmäen einschimpften. Ich mischte mich ein und forderte sie auf, Schluss zu machen, die Sache gehe nur mich etwas an. Dann aber zeigten sie wild gestikulierend in Nestors Richtung, plötzlich ging das Palaver in Handgreiflichkeiten und Geschrei über und im Nu war eine wüste Prügelei ausgebrochen. Ich versuchte mich in Sicherheit zu bringen, doch plötzlich tauchten Lanzen auf, Mopo wurde angegriffen und schwer verletzt, und ich befand mich mitten im Kampf. Ich versuchte die großen Schwarzen zu beruhigen, indem ich ihnen den Maniok versprach, wenn sie ihn mit den Pygmäen teilten. Doch sie schrien, dass ihnen sowieso alles gehöre, was den Pygmäen gehöre, auch das, was ich mitbrachte. Das bestritt ich entschieden. Ich rief nach Eko, der sich

# Leibeigenschaft

Wie es dazu gekommen ist, weiß niemand, aber die Bantu haben sich seit eh und je zu Herren über die Pygmäen aufgeworfen. Es ist auch nicht bekannt, ob die Pygmäen sich jemals dagegen aufgelehnt haben, dass sie wie Untermenschen und Leibeigene behandelt werden. Wahrscheinlich ist es nicht, denn sie sind außerordentlich friedfertig und betrachten wohl außerdem, genauso wie die Bantu, die bestehenden Verhältnisse als die natürliche Ordnung der Dinge.

Die Leibeigenschaft wird automatisch vererbt, was bedeutet, dass die Pygmäen dem Teufelskreis praktisch nicht entrinnen können. Wenn der Besitzer »seinen« Pygmäen bei sich im Dorf haben will, dann holt er ihn einfach zu sich, damit er vor Ort für ihn arbeitet. Oder er schickt ihn wieder in den Wald, damit der Pygmäe für ihn jagen geht. Die Bantu selbst sind keine Jäger. Die Beute muss komplett beim Patron abgeliefert werden; als Ausgleich bekommt der Pygmäe geringe Mengen von den Feldfrüchten des Bantu: Kochbananen und Maniok.

Es erscheint auf den ersten Blick unbegreiflich, warum sich die Pymäen dem Zugriff ihrer Patrons, wie die Herren genannt werden, nicht entziehen, denn die Bantus meiden den Wald. Aber es ist nun einmal seit undenklichen Zeiten so und wird akzeptiert. Die Pygmäen gelten als rechtlos. Und natürlich gibt es auch Repressalien seitens der Bantu. Falls sich ein Pygmäe den Anforderungen seines Patrons verweigert und nicht zurückkommt, macht sich der Patron auf die Suche nach ihm. Wenn er ihn findet, droht nicht nur ihm, sondern auch seiner Familie eine harte Strafe.

Das trifft natürlich nur auf diejenigen Gruppen zu, die überhaupt Kontakt zu den Bantu haben. Pygmäengruppen, die im unzugänglichen Regenwald, abseits von Straßen leben, bleiben von der Leibeigenschaft verschont.

Literatur zu diesem Thema:
Armin Heymer, *Die Pygmäen*. München 1995.
Guy Philippart de Foy, *Les Pygmées d'Afrique centrale*.
Roquevaire 1984.
Wolfgang Uhl, *Expedition zu den Pygmäen am Kongo*.
Stuttgart 1988.

wacker schlug, und sagte ihm, dass alle die Unseren zu mir herüberkommen sollten. Ich versorgte Mopos Armwunde, und dann beratschlagten wir, was zu tun sei.

Nestor war inzwischen zurückgekommen, allerdings ohne Maniok. Die großen Schwarzen hatten ihn erobert und in ihre Lehmhütte geschleppt. Die Pygmäen wollten natürlich den Maniok nicht ohne weiteres aufgeben, aber schließlich, auf mein Bitten hin, kapitulierten sie murrend. Ich hatte Angst, dass es zu weiterem Blutvergießen kommen könnte, und das wäre dann schrecklich geworden, die Gemüter waren auf beiden Seiten zu stark erhitzt.

Hier begegnete mir das erste Mal die eigentümliche Leibeigenschaft, in der die Bantu viele Pygmäen halten, und ich sah meine tapferen Jäger in der Rolle der Verlierer. Es wurde mir auch klar, dass bereits viele meiner Geschenke auf ähnliche Weise in die falschen Hände geraten waren. Ich kannte die Tradition dieser Leibeigenschaft zu wenig, als dass ich mich hätte einmischen können. Einstweilen mussten wir das akzeptieren, und später sollten meine Freunde näher an die Missionsstation ziehen, da hätten sie Schutz, bis sich die Situation bessern würde. Sie waren einverstanden.

Zu meinem Entsetzen sah ich im Gewühle Mbeli mit einem roten Plastikbecher. Und so, wie ihr die Flüssigkeit rechts und links aus dem Mund heraus lief, tippte ich darauf, dass sie sich mit Palmwein zuschüttete. Das Geld kam wohl vom Verkauf der Raupen ... Welch ein Jammerbild! Auch Mopo, gerade frisch verbunden, trank nun aus einer Kalebasse Palmwein.

Ich machte, dass ich weg kam. Somba und Ndokanda beglei-
teten mich bis zum Auto, auch die anderen Frauen kamen nach.
Am Auto blieben wir noch lange stehen und diskutierten. Die
Frauen klagten, dass ihnen die großen Bantu alles wegnähmen.

»Aber was bekommt ihr denn von denen? Wenn sie euch
die Sachen nehmen, sind sie Diebe, und dagegen gibt es Hilfe!«, ereiferte ich mich. Doch Nestor, der dieses Problem
genauer kannte, erklärte, dass die Bantu andererseits die Pygmäen auch mit Nahrung versorgten, wenn nichts zu finden sei.
Auch bei Krankheit würden sie sich um sie kümmern.

»Das glaubst du doch selber nicht«, schnaubte ich erbost,
»schau doch, wie krank alle gewesen sind, als wir mit dem
Doktor bei ihnen waren. Das hier ist kriminell, mein lieber
Nestor. Und ich möchte gerne, dass meine Freunde so bald wie
möglich zur Missionsstation ziehen. Bitte erkläre das noch einmal ganz genau!«

Er tat das sehr gewissenhaft, denn er wusste, wie viel mir
daran lag. Ihm gefiel es inzwischen, wie sehr ich mich für die
Pygmäen einsetzte, und er machte das fortan auch zu seiner
Aufgabe.

Das hier ging doch gegen alle Menschenrechte, was wollte
man den Pygmäen noch alles nehmen? Jeder wusste Bescheid,
fand es ganz normal und duldete solch unmenschliche Zustände. Unglaublich! Vor lauter Empörung fehlten mir die Worte,
was relativ selten vorkommt.

Die Frauen stimmten mir zu und versprachen noch mal, sich
um die Handarbeiten zu kümmern. Das versöhnte mich wieder
ein bisschen. Wie mühsam waren diese fünf Schritte vor und
sechs zurück, gefolgt von vier Schritten seitwärts links und acht
nach rechts, und wieder vier zurück. Schließlich war man am
Ende genau einen Schritt vorwärts gekommen. Oder auch nicht.

Doch in der Missionsstation gab es eine erfreuliche Entwicklung. Lucienne führte mich stolz hinter ihr Haus und
durch den Garten, und da sah ich einen großen Rohbau aus
Holz. »Das wird die Schule, Cornelia. Unsere Anstrengungen
haben endlich Früchte getragen! Das Holz wurde letzte Woche
aus Scad geliefert und zwei Tage später kamen die Bauarbei-
ter. Ich wusste gar nicht, wie mir geschah!«

Mit blitzenden Augen schaute sie aus dem sonst so strengen Gesicht, das plötzlich weich wurde durch ein glückliches Lächeln.

»Ja, eine schöne Nachricht, endlich geht es weiter vorwärts!«, gab ich fast ergriffen zurück. Das war Kamals Werk, nach meinen langen Bitten. Er sah schön aus, der Erfolg! Und plötzlich hatten wir uns an den Händen gefasst und hielten sie lange.

## Eine schwer kriminelle Speisekarte

Im Supermarkt von Bangui erwartete mich an der Kasse eine Nachricht. Sangui war zurück und wollte mich treffen. Das würde ein schöner Abschluss dieses Monats werden, der in Bé.mbémà so scheußlich angefangen hatte. Ich freute mich riesig darauf, mal wieder richtig schön essen zu gehen.

Beide Freunde waren gekommen, Lundi und Sangui. Sie hatten sich in Schale geworfen und waren echt fesch. Lundi war dicker geworden und schaute sehr zufrieden drein. Sein rundes Gesicht strahlte, und fast stolz schob er seinen kleinen Bauch vor sich her.

»Das Lokal wird dir gefallen, hier isst man richtig afrikanisch!«

Fröhlich hakte ich mich bei Sangui ein. Es roch herrlich, als wir an dem langgestreckten Grill vorbeikamen, etwas zu süßlich vielleicht, aber es waren ja Spezialitäten! Sangui führte uns sogleich an den schönsten Tisch, den einzigen, der direkt unter dem großen, Kühle spendenden Ventilator stand. Es waren fast nur Schwarze im Restaurant, und sie musterten mich neugierig, aber auch ein wenig stolz darauf, dass eine Weiße offenbar das heimische Essen zu schätzen wusste. Der Kellner kam mit einem wunderbaren kalten Bier und hielt mir die Speisekarte unter die Nase, während ich den ersten Schluck genussvoll durch die Kehle rinnen ließ. Doch fast wäre er mir im Halse stecken geblieben, als ich die erste Seite las: Elefantenrüssel, Krokodilsteak, Affe nach Art des Hauses und Schlangenspießchen waren da geboten – lauter Gerichte aus dem Fleisch geschützter Tiere! Die besondere Spezialität war »Waldpastete«, und ich konnte mir

ausrechnen, dass ich hier alle möglichen animalischen Urwald-
bewohner, die ich aus den verschiedensten Gründen nicht essen
wollte, durch den Wolf gedreht wiederfinden würde. Entrüstet
wandte ich mich an Sangui:

»Sag mal, war das deine Idee, mir den Tag auf diese Weise
zu verderben?«

Auch Lundi, der mit begeisterten Blicken die Speisekarte
durchging, bekam einen bösen Blick ab. Er war irritiert. »Aber
du wolltest doch schön essen gehen in einem typischen Restaurant mit einheimischer Küche!« Der Mund blieb ihm offen
stehen, als er meine Empörung sah.

»Ihr wisst doch, dass ich diese Tiere liebe und alles versuche, sie zu schützen, vor dem Aussterben zu bewahren. Und
ich dachte, dass ihr dieses Anliegen auch vertretet.« Kälte und
Ekel krochen in mir hoch; meine zivilisierten Freunde waren
also auch Barbaren! Ich sah zwei betretene Gesichter und verstand gar nichts mehr.

»Ist das ein Scherz, Sangui? Dann ist er voll daneben gegangen!« Lauernd schaute ich in seine Augen. Er senkte seinen
Blick tief in die Speisekarte. Ich schlug sie ihm aus der Hand.

»Was glaubst du, was passiert, wenn du hier Elefantenrüssel in heller Soße bestellst? Ha? Überleg mal!« Völlig geknickt
schaute Sangui zu mir, wie ein Kind, das nicht weiß, warum
es gescholten wird.

»Aber das sind nun mal typische Landesgerichte, Cornelia,
und du bekommst sie heute nur noch selten. Wir wollten dir eine
Freude machen mit diesen Raritäten. Bei uns gehörte das alles
auf den Speiseplan, bevor die ganzen Bestimmungen und Ein-
schränkungen kamen!« Auch in seinen Augen funkelte es nun
ein bisschen böse, und das brachte mich auf den Boden der Tatsachen zurück. Schließlich, eine Stunde später beim Italiener,
hatten wir uns bei Osso buco, frischem Tomatensalat mit Basilikum und anderen kulinarischen Schätzen wieder versöhnt. Da
legte auf einmal Sangui das Besteck nieder, griff feierlich zu seinem Weinglas, nippte daran und tupfte sich mit der großen weißen Stoffserviette imaginäre Speisereste von den Lippen. Ich gab
mich noch voll dem Genuss an dem herrlichen Essen hin, hatte
aber nebenbei das Gefühl, dass irgend etwas los sei. Lundi ließ

sich nicht stören, er schob gerade das letzte Stück Kalbfleisch auf die Gabel und piekte noch verstreut vorhandene grüne Bohnen dazu und häufte obendrauf die letzten Pommes. Fasziniert beobachtete ich den gefahrenreichen Weg der Gabel zum Mund Lundis, der sie nun einschob wie einen Laster in die Scheune, kurzes Zielmanöver, Ablade, Scheunentor zu.

»Bravo, Lundi, c'est bien arrivé!«, bemerkte ich lachend. Nun prustete auch er los, sodass ich ein wenig in Deckung ging. Wir stießen an und fühlten uns richtig wohl, sorglos und fast übermütig. Ich hatte sie wirklich tief ins Herz geschlossen, diese beiden Freunde, und konnte mich endlich mal bei ihnen bedanken.

»Vielen Dank, ihr beide, für eure Freundschaft, ich werde es nie vergessen! Und sicherlich säße ich ohne euch nicht hier! Merci, mes amis!« Ich bekam feuchte Augen, als ich von Sangui zu Lundi schaute und mein Glas hob: »À nous!«

Wir stießen mit klingenden Gläsern an und dann noch mal, dass es recht laut und unvergesslich klang.

Auch die beiden wurden nun etwas ernster und Sangui räusperte sich mehrmals, rutschte unruhig auf dem Stuhl herum und schien sich nun endgültig etwas von der Seele reden zu wollen. »Sag mal, meine liebe Cornelia ...«

»Da kommt sicherlich etwas ganz Furchtbares, wenn du so anfängst. ›Meine liebe Cornelia‹ – wie das klingt! Worauf willst du hinaus, ›mein lieber Sangui‹?«

Gespannt schaute ich zu ihm hinüber. »Du wirst dich doch nicht noch mal entschuldigen wollen für das Wilderer-Restaurant? Das ist nun wirklich mein eigenes Problem. Ich habe kein Recht, eure Traditionen zu kritisieren. Also darüber kein Wort jetzt, sonst vergeht mir noch mal der Appetit!«

»Nein, meine liebe Cornelia. Ich wollte bloß endlich mit der Überraschung heraus, sonst ersticke ich daran!« Er grinste und fuhr fort: »Also, ich habe einen Flug nach Kòso arrangiert, um dir dort die Savanne zu zeigen, das ist auch ein schöner Teil der zentralafrikanischen Republik. Du musst das unbedingt gesehen haben!«

Mit erwartungsvollen Augen schaute er mich an, und meine Reaktion schien ihn zufrieden zu stellen.

# Überfall in Kòso

Auf dem Flughafen ließ meine Begeisterung schnell nach. Als wir durch den Zoll marschierten und ich meine Carte de Séjour und drei Tausendfrancscheine hinlegte, sah ich durch das winzige Fenster die Rollbahn, an deren Ende ein noch winzigeres Flugzeug stand. Ich drehte mich zu Sangui um und fragte mit sehr gemischten Gefühlen: »Ist das unseres?«

»Oui, oui! Die Beechcraft von Via Air ist o.k. Ganz frisch repariert!«

»Frisch repariert?« Irgendwie stockte mir das Blut, es schien in mir zu suppen wie saure Milch.

»Sie ist vorletzte Woche mit ein paar Diamantenhändlern in Bossangoa auf der Piste verunglückt«, fügte er leicht hinzu.

Ich spürte Lundis Hand auf der Schulter, während mir der kleine dunkle Zöllner mit einem freundlichen »Bon voyage!« die Papiere zurückgab.

»Ich habe etwas vergessen. Ich muss dringend ins Hospital zu meinem Cousin!« Verlegen schaute Lundi mir kurz in die Augen und nickte Sangui zu.

Schief grinsend meinte ich: »Ich hätte auch gerne ein paar Cousins im Hospital!«

Als ich die winzige Maschine von Nahem sah, schien mir das Material einfach viel zu alt, zu leicht, um mich so weit in den Himmel zu tragen. Ein gut aussehender Pilot erklärte kurz die Route, Sangui deutete auf aufziehende Wolken und mahnte zur Eile und schon rollten wir los, sprangen von Schlagloch zu Schlagloch auf der Rollbahn des Flughafens Bangui Mpoko, doch dann entschloss sich der Vogel wider Erwarten aufzusteigen und ab ging die Post.

Nach drei Stunden Flug landeten wir auf einer kleinen Rollbahn, die fast in der einzigen Hütte endete, die dort vergammelt in brütender Savannenhitze lag und vor der ein alter Pickup stand. Da rannte auch schon ein hünenhafter Schwarzer in gebückter Haltung durch den Sog der Propeller und riss die Flugzeugtür auf. Unser Fahrer anscheinend, und er diskutierte sofort hitzig mit Sangui. Mir wurde ganz mulmig, irgendetwas war passiert. Der zur Entspannung unternommene Aus-

flug schien schon wieder eine dramatische Wendung zu nehmen. Entsetzt erfuhr ich, was los war: Wilderer aus dem Sudan
hatten gestern einen großen Angriff gestartet. Andere Schwarze kamen plötzlich dazu und nickten aufgeregt. Sangui übersetzte mir: »Die Sudanesen kommen mit den modernsten
Gewehren und schießen alles Vierbeinige ab, was sich bewegt.
Dann kommen die Familienangehörigen nach und transportieren das Fleisch tonnenweise ab. Für den Export!«

»Aber das ist doch nicht möglich«, entrüstete ich mich, »gibt
es denn keinen Militärschutz für diese Gebiete? Wie schützen
sich denn die Leute hier?«

Der Fahrer antwortete: »Wir ziehen uns so schnell wie möglich zurück, wenn wir diese Banditen sehen, sonst schießen sie
uns auch zusammen, so wie das im Nachbardorf geschehen ist.«

Sangui übersetzte weiter, was ein erregter Dorfbewohner
berichtete: »Sie sind auf ihren Pferden ringsum aus dem Waldrand hervorgebrochen und haben alle Elefanten auf der
angrenzenden Saline zusammengetrieben. Schüsse krachten,
die Elefanten trompeteten laut vor Panik und die Metzelei ging
los. Alle Elefanten wurden abgeknallt. Seine Leute hatten so
viel Angst, dass sie alle wieder ins Dorf geflüchtet sind. Sie hatten ja außer Macheten nur eine einzige alte Flinte, und das
gegen eine Übermacht von ungefähr 20 Sudanesen, die alle
schwer bewaffnet waren. Es war entsetzlich, dieses Schlachten, die jungen Elefanten schrieen verzweifelt und liefen um
die erschossenen Mütter herum. Dann kamen andere Sudanesen nach und holten die Kadaver.«

Was für ein Verbrechen, diese wehrlosen Kreaturen abzu-
schlachten! Mir sprangen die Tränen in die Augen. Und das
Schlimmste daran: Dergleichen ist hier ganz alltäglich. Wie viel
Grausamkeit steckt im Menschen und wieso wird er nicht
bestraft? Mir war speiübel.

Ich fragte, warum sie denn das Militär nicht verständigt hätten? Die seien so schlecht ausgerüstet und auch zahlenmäßig
unterlegen, dass sie gar keine Chance hätten, hieß es. Ich konnte mir das alles nicht vorstellen, das war doch nicht möglich,
alle sahen zu und es ging immer weiter, dieses Morden!

»Aber man muss doch was tun! Ist denn die Regierung verständigt?«, fragte ich empört in die Runde, die sich erregt diskutierend an der Baracke versammelt hatte. Doch auch die Menschen hier hatten Angst, das war ja klar, sie konnten ja auch erschossen werden, wenn sie Widerstand leisteten.

»Ja, der Premier weiß Bescheid und will zusammen mit den Generälen eine Lösung finden. Aber das dauert jetzt schon lange!«, erklärte mir Sangui und schimpfte dann sofort wieder auf Sango mit den Männern.

Fassungslos schaute ich ihn an: »Und was jetzt?«

»Wir können ruhig fahren, unser Gebiet liegt nicht so dicht an der sudanesischen Grenze. Kòso ist hier in der Nähe.«

Der Fahrer nickte und sprang in den Wagen: »Auf geht's!«

Doch ich saß tief betrübt im offenen Jeep und hatte jegliches Interesse verloren, ich sah brüllende Elefanten vor mir mit aufgerissenen Leibern. Nur mit halber Aufmerksamkeit bemerkte ich die Strauße, die in hoppelndem Galopp durch das hohe Gras des sonst karg anmutenden Steppengebietes liefen, den Kopf auf langem Hals höchst arrogant nach oben gereckt. Das sah so albern aus, dass ich kurz meinen Jammer vergaß. Flamingos landeten in rosa Wolken auf einem kleinen Feuchtgebiet, an dem sich schon langhalsige, schwarz-weiß beflügelte Monstervögel balgten. Perlhuhngruppen rannten aufgeregt schreiend im Zickzack vor dem Wagen entlang, anstatt ins Dickicht zu flüchten (»blöde Henne« fiel mir dazu automatisch ein, hier musste der Begriff erfunden worden sein!). Sangui wies mit ausgestrecktem Arm auf die spitzen, gedrehten Hörner der seltenen Nanbüffel, die sich schemenhaft durch die Blätter des dürren Wäldchens zeigten, und langsam entspannte ich mich.

»Ja, du hast Recht, Sangui, hier ist es auch wunderschön. Der Himmel hat mir im Urwald oft gefehlt!«

Kaum hatte ich ausgesprochen, sah ich, wie eine graue Staubwolke auf uns zukam. Pferdegetrappel war zu hören, und nun auch einzelne Schüsse. Ich beugte mich erschrocken weit aus dem offenen Jeep, um besser zu sehen, doch der Pulk war noch zu weit weg. Da warf der Fahrer auch schon das Lenkrad herum und fluchte laut heraus:

»Scheiße, die Sudanesen!«

Wir waren in der Nähe eines Flussufers, und ich konnte gerade noch einen Blick auf die braunen, glänzenden Leiber von Nilpferden werfen, als auch schon die ersten Salven krachten. Ich sah, wie sich ein Flusspferd aufbäumte und eine blutige Fontäne hochspritzte. Und im gleichen Moment wäre ich fast aus dem Auto gestürzt bei einem Manöver unseres Chauffeurs, der in halsbrecherischer Fahrt durch den Wald und auf die Straße zurück kurvte. Ich klammerte mich an die wackelige Tür, die jeden Augenblick aufspringen konnte. Doch Sangui riss mich mit beiden Armen zurück.

Da waren wir auch schon auf der Piste zum Flugzeug, die der Chauffeur laut hupend und schreiend entlangraste. Sangui schrie und gestikulierte zum Piloten rüber, der im Schatten der Baracke schlief. Wie der Blitz sprang er jetzt auf, mit ihm schossen noch andere aus der Hütte und machten die Beechcraft hektisch startbereit. Anscheinend hatten uns die Wilderer nicht weiter verfolgt, wir sahen jedenfalls nichts, hörten nur Gewehrsalven aus der Richtung, von der wir kamen. Die Dorfbewohner waren völlig außer Fassung und palaverten nervös. Der Pilot hatte alles voll im Griff und betätigte bereits den Funk, um unseren Start anzukündigen und auch den Überfall auf uns zu melden.

Und schon starteten wir. Sangui rief den Leuten noch zu, dass wir Hilfe schicken würden, während ich gebannt auf den Waldrand starrte, ob sie nicht doch noch kommen und uns herunterschießen würden, aber nichts dergleichen geschah. Die Schüsse kamen immer noch aus der gleichen Entfernung. Würden sie etwa die ganzen Nilpferde abschießen? Ich wagte nicht, mir das vorzustellen, und was noch schlimmer war: Wir konnten gar nichts tun. Ich fiel in tiefe Verzweiflung, so ähnlich wie damals, als ich die Tragödie in der Papageiensaline mit ansehen musste. Wieso ist der Mensch nur so grausam in seiner Habgier? Ich war aber sicher, dass wir alle dafür bestraft würden. Die Natur hat sich noch immer am Menschen gerächt.

In Bangui wandte ich mich sofort an den Verteidigungsminister, der schon informiert war und eine Truppe von 30 Leuten in das Gebiet fliegen lassen wollte. Er war sich auch bewusst, dass dieses Problem nicht nur in der Gegend von Kòso auftauchte.

»Das ist ein Anschlag auf unser Land, Monsieur le Ministre!«, erklärte ich ihm und fügte hinzu, dass ich mich gerne zur Verfügung stellen und darüber schreiben wolle, um aus Europa oder von internationalen Organisationen Hilfe zu bekommen.

Die Militäraktion verlief im Sande, weil die abgesandte Truppe zu schlecht ausgerüstet war, veraltete Gewehre, zu wenig Autos und zu wenig Sprit hatte.

Bis heute ist es nicht gelungen, Abhilfe zu schaffen, obwohl das Thema journalistisch aufgegriffen wurde und inzwischen weltweit bekannt ist. Und die entsetzliche Bilanz ist, dass täglich tonnenweise »Bushmeat« auf dem schwarzen Markt verkauft wird, Fleisch von geschützten Tieren. Eines der dunkelsten Kapitel in der Geschichte des schwarzen Kontinents!

## Unruhen und neue Pläne

Die politische Situation spitzte sich in Bangui zu, Wahlen sollten stattfinden, und zum ersten Mal in der Geschichte der Zentralafrikanischen Republik waren es freie Wahlen, die zur Demokratie führen sollten! Doch es gab Aufstände, die Parteien bekämpften sich und boykottierten die Wahl mehrmals. In Bangui wurde schwer geschossen und unser Leben war in dauernder Gefahr, denn den Aufständischen folgten Plünderer. Ich hatte mich seit zwei Tagen in meiner Boutique verbarrikadiert, denn der letzte Aufstand war ohne Vorwarnung ausgebrochen und hatte mich hier überrascht. Schüsse peitschten über die Place de la République, es gab viele Tote, Autos wurden angezündet, Leute aus den Taxen gerissen und hingerichtet, Straßenbarrikaden gebaut.

Das Leben wurde immer schwieriger. Trotzdem setzte ich mich wieder in den Urwald ab; ich wollte wissen, wie es meinen Freunden ging, und sicher sein, dass sie tatsächlich zur Missionsstation gezogen waren. Nestor und ich, inzwischen ein eingespieltes Team, hielten zuvor bei Lucienne, der ich Kaffee und Zucker mitbrachte, denn sicherlich kam sie so schnell nicht mehr nach Bangui.

Doch wir fanden zwei verstörte Missionarinnen vor. Auch sie waren überfallen worden, am Vortag erst. Lucienne erzählte aufgebracht, dass Diebe sie in der Dämmerung im Haus überfallen und ihre alte Armbanduhr und ein Halskettchen mit einem geweihten Kreuz, das ihr der heimatliche Bischof geschenkt hatte, vom Körper gerissen hätten. Tränen standen ihr in den Augen, als sie die Geschichte erzählte; das Kreuz war ihr sehr teuer gewesen.

Nestor und ich versuchten, die Spuren der Räuber zu verfolgen, doch die Burschen konnten sich hier überall verstecken. Dieses Erlebnis zeigte mir wieder einmal, wie sehr die Moral des Landes gesunken war. Wie konnte man sich an den Missionarinnen vergreifen, die so viel für die Bevölkerung taten! Ich fand das unbegreiflich. Doch wir rangen dem Tag trotzdem noch etwas Schönes ab, denn wir setzten uns friedlich zusammen und stärkten unsere Freundschaft in langen Gesprächen. Schließlich entwickelten wir auch unser Programm zur Unterstützung der Pygmäen weiter. Wichtig war vor allem die Alphabetisierung, damit sie am öffentlichen Leben teilnehmen konnten.

Ich dachte weiter an mein Projekt »Urwaldapotheke«, das, sobald es in Bangui ruhiger wurde, Konturen annehmen sollte. Ich dachte, dass die Pygmäen, sobald sie schreiben konnten, die Rezepte und Dosierungen notieren und somit ihr immenses Wissen der Naturheilkunde überliefern könnten. Und zählen sollten sie lernen, damit sie kleine Geschäfte betreiben konnten. Lucienne wollte unbedingt die Registrierung der Pygmäen im sozialpolitischen, öffentlichen Netz der Regierung durchsetzen, damit sie eine Art Ausweis bekämen und so offiziell im Land anerkannt würden. Und schließlich sollte der Tauschhandel weiter ausgebaut werden.

Lucienne erzürnte sich, genau wie ich, über diverse unsinnige so genannte Förderungsprojekte von internationalen Gesellschaften, die keine Überlebenschancen hatten, wie zum Beispiel Eingliederung in öffentliche Schulen. Die Pygmäen wurden hier nicht akzeptiert, sie galten als minderwertig. Auch das Für und Wider des Brunnenbaues wurde diskutiert, sowie die Erweiterung des kleinen Hospitals, mit dem Schwerpunkt Geburtshilfe.

Ich versuchte, meine Begeisterung für die Idee der Urwaldapotheke auf Lucienne zu übertragen: »Du wirst bald verstehen, warum! Es gibt dort die unwahrscheinlichsten Geheimnisse und Kräfte, die man einfach nutzen muss.«

Still lächelnd nickte Lucienne und brachte selbst gebrauten Ingwersaft. Bei einem Glas nahmen wir Abschied voneinander, und das Letzte, was ich weiß, war, dass mir die Sinne schwanden, bevor ich zu Boden ging.

»Ja, Cornelia, die geheimen Kräfte der Natur soll man wirklich nutzen!«, lachte mich Lucienne an, als ich wieder zu mir kam. Donnerwetter, ein gefährliches Gebräu …

Mit der Plantage war es leider genauso gekommen, wie Lucienne es prophezeit hatte: Niemand hatte sich darum gekümmert, weil es einfach nicht in das Lebenskonzept der Pygmäen passte. Aber auch mit dem Tauschhandel hatte ich keine Chancen. Sie hatten wieder nichts vorbereitet, absolut nichts, was ich hätte verkaufen können. Schließlich sammelte ich ihre Tragekörbe ein, die konnte ich vielleicht als Blumenkörbe anbieten, denn ich war völlig pleite. Das Leben in Bangui war nicht geschenkt. Mein Geschäft war geschlossen und Geld musste her!

## Erzwungener Abschied

In Bangui wurde es wieder stiller, die Menschen hatten sich ein bisschen beruhigt, aber die Straßen waren nach wie vor äußerst unsicher.

Kontakte und Geldspenden von einheimischen Geschäftsleuten ermöglichten es mir, naive Kunst in Bangui von den jeweiligen Künstlern direkt einzukaufen, um mit dem Wiederverkauf in Europa Geld aufzutreiben: Plastiken, Bambus-Collagen, Gemälde, Stoffe, Kinderspielzeug aus Draht und so weiter. Unterstützung hatte ich vor allen Dingen durch Kamal, der diese Reise mitsamt der großen Fracht finanzierte. Viele Kisten schönen Inhaltes waren mit mir auf dem Weg nach München, ich hatte mindestens 50 Ölbilder dabei, außerdem Plastiken und die schönsten Stoffe, die aufzutreiben waren.

Bevor der große Flug nach Europa losging, sah ich auf das Rollfeld, wo gerade die Maschine der Air Afrique aus Paris gelandet war – das einzige Flugzeug hier, mit dem wir auch wieder losfliegen würden. Vor der Gangway der eben angekommenen Maschine hatten sich Fernsehen, Rundfunk und ein paar Herren im Anzug postiert und warteten in ehrerbietiger Haltung anscheinend auf hohen Besuch. Ich ging etwas näher, um zu sehen, wer da die Treppen herunter kam, und da fielen mir doch vor Staunen fast die Augen aus dem Kopf: Pygmäen mit Sombrerohüten, Baseballmützen, dicken Sonnenbrillen und großen Ghettoblastern auf der Schulter, die Frauen in Glitzerrollis mit Minirock und Handtäschchen!

Das konnte doch nicht wahr sein! Ich fragte meinen Nachbarn in der staunenden Menge, der bereitwillig erklärte, die Pygmäen seien von François Mitterrand zum afrikanischen Tag eingeladen worden und hätten in Paris getanzt!

Der Höhepunkt kam, als ich jetzt Popko, eine alte Bekannte, die mal zu Besuch nach Bé.mbémà gekommen war, zwischen den anderen herunterlaufen sah, als wäre es das Selbstverständlichste der Welt, begleitet von Mopos Vater. Der Kulturminister schüttelte ihnen die Hand und lud sie freundlich in einen Bus, der sie wie VIPs vom Rollfeld fuhr.

Ich wischte mir über die Augen. Wie fanden sie das wohl? Hatte dies vielleicht positiven Einfluss auf meine ganzen Unternehmungen, oder bedeutete das einen zu großen Kulturschock? Am liebsten wäre ich hinuntergelaufen, aber ich hatte noch mit dem Zoll zu tun, der heute sehr streng war.

In Deutschland, vor allen Dingen bei den großen Warenhäusern wie Hertie und Beck, hatte ich sofort Erfolg. Ich durfte die Gemälde und die naive Kunst aus Bangui ausstellen, und vor allem die Stoffe wurden ein Renner: Viele Leute wollten ähnliche Stoffe in diesen schönen bunten Farben und Mustern bestellen. Ich war glücklich.

Doch die Politik warf mal wieder mein gesamtes Leben über den Haufen. Ich kam vorerst nicht mehr zurück nach Bangui, was mir fast das Herz brach. Ein Bürgerkrieg war aufgeflammt und machte eine Rückkehr unmöglich. Meine Trauer war unendlich groß und mein Lebenswille auf dem Nullpunkt. Ich wusste auch gar nicht, wie es mit mir weitergehen sollte, denn ohne Afrika schien mir mein Leben sinnlos.

Die Zentralafrikanische Republik, mein Zuhause, war im Chaos versunken. Meine Kontakte zu Freunden waren völlig abgebrochen, ich sah im französischen Fernsehen, wie Bekannte um ihr Leben rannten, um zum Flughafen, zur letzten Maschine zu kommen, ich sah Feuerwände in der Stadt und geplünderte Geschäfte, das waren Bilder aus den Nachrichten mit dem Kommentar, dass der Bürgerkrieg schrecklich wüte. Ich heulte Tag und Nacht vor Sehnsucht nach Afrika und aus Sorge um meine Feunde.

Langsam machte ich mir klar, dass ich so schnell nicht nach Hause kommen würde. Ich fing an, mein Leben wieder einzurichten, auf Sparflamme zwar, aber es musste irgendwie weitergehen. Ich fing an zu schreiben, begann mit meinem Buch, um mir die Sehnsucht von der Seele zu schreiben. Doch mit jeder Zeile wurde es schlimmer. Ich war unglücklich bis ins Mark, wurde nachlässig und fett und begann jeden Tag mit dem einzigen Gedanken, er möge möglichst bald zu Ende gehen. Ich musste wieder aktiv werden.

Also ließ ich mich in München nieder, in der Nähe meiner Mutter und der meisten Freunde. Ich suchte Arbeit und landete in meinem alten Beruf als Regieassistentin. Das war tatsächlich die volle Ablenkung mit Stress von früh bis spät unter lauter verrückten Leuten. Ich arbeitete wie eine Irre und dachte an nichts anderes, denn mir fehlten meine warmblütigen Freunde aus Bangui, ihre Lebenslust und ihr Optimismus. Manchmal bekam ich Nachrichten aus Bangui: Kamal war sehr krank, Freunde waren überfallen worden. Die Stimmung im Land war immer noch explosiv, es konnte jederzeit wieder losgehen. Bangui war zerstört, und es gab dort für mich keine Chance mehr, Geld zu verdienen.

Zwei Jahre waren vergangen, als schließlich ein Artikel über Waldelefanten, den ich für eine Zeitung geschrieben hatte, beim WWF auf starkes Interesse stieß. Und eine neue Tür tat sich auf.

Ein Dr. Merz meldete sich, der einflussreiche Leiter der Sektion Tropischer Regenwald International beim WWF. Der war so begeistert von all meinen Aktionen, dass er mir vorschlug, im Naturschutzgebiet Dzanga-Sangha in der Zentralafrikanischen Republik eine Lodge am Urwald zu leiten und den Öko-Tourismus zu fördern. Ich jubelte, meine Gebete waren erhört worden. Bereits vor einigen Jahren hatte der WWF gemeinsam mit der GTZ und finanziert von der Weltbank in Bayanga ein kleines Hotel eingerichtet. Mit sanftem Ökotourismus sollte dort nun der Erhalt des Naturschutzgebiets gesichert werden. Auch sollten die Pygmäen vor Ort eine Gelegenheit bekommen, Ausländern Einblick in ihre Kultur zu geben und dadurch etwas Geld und Selbstständigkeit zu erhalten. Das Projekt klang perfekt, war aber bislang noch etwas schleppend gelaufen. Nun schien ich Dr. Merz die Idealbesetzung zu sein, um die Lodge wieder richtig in Schwung zu kriegen. Doch geschenkt war nichts, ich musste Geldgeber finden, die mit mir in dieses Projekt einstiegen, damit ich das kleine Hotel aus- und umbauen konnte, eine Firma gründen und all diesen Kram, den ich absolut nicht mochte. Doch ich fand tatsächlich Sponsoren und konnte noch genügend Eigenkapital zusammenkratzen. So gab ich wieder alles auf und stand am Start in ein neues Leben, das sich plötzlich nach all dem Leid auftat. Ich griff sofort zu, kündigte ohne zu zögern die Wohnung, brach alle Zelte ab und stürzte mich wieder mal ins Ungewisse.

# 5. Neue Hoffnungen,
neue Enttäuschungen

## Meine Lodge im
Dzanga-Sangha-Naturschutzgebiet

Ich landete in der Nähe von Bayanga, dem kleinen Dorf am Rande des Naturschutzgebiets. Diesmal kam ich über Kamerun in die Zentralafrikanische Republik, und als ich durch den Nationalpark fuhr, als sich die Straße gabelte und mein Weg zum Flussufer führte, durch die wunderschöne Anlage mit Hauptgebäude und Bambushütten, mit einem großen Restaurant, das auf einer Holzterrasse über dem Fluss lag, wusste ich: Ja! Hier bin ich zu Hause, hier möchte ich irgendwann sterben. Es war so schön, dass sich meine Augen mit Tränen der Dankbarkeit und des Glücks füllten.

In kürzester Zeit hatte ich mich eingewöhnt. Ich saß auf der Restaurantterrasse und schaute durch die alten Bäume über den glitzernden Sangha-Fluss. Pirogen glitten fast lautlos mit den unbeweglichen Silhouetten der Fischer durch das Wasser. Schwarz hoben sie sich gegen die Abendsonne ab, die in roten Wolkenfetzen für einen dramatischen Abgang sorgte.

Inzwischen habe ich viele Sonnenunter- und -aufgänge gesehen, und jeder war bewegend und einmalig anders, so schön, dass ich hätte staunend mein restliches Leben hier auf diesem Sessel verbringen können. Doch leider hätte mir das niemand bezahlt ...

Ich fand all meine alten Freunde in Bangui wieder, und Gott sei Dank wohlauf. Jedoch hatten sie sich zum Teil stark verändert, einige wirkten ziemlich resigniert, hatten Haus und Geschäft verloren, teils sogar Familienangehörige. Nur langsam kehrte so etwas wie normales Leben zurück, denn der Krieg hatte vieles an Gefühlen und auch an Vertrauen zerstört. Sangui und Lundi ging es gut, Nestor fand ich auch wieder, es war ein großes Wiedersehen voller Freude und mit vielen Tränen.

Mein nächster Weg führte natürlich nach Bé.mbémà. Nestor wartete schon lange auf diese Fahrt und ich war ziemlich gespannt darauf, meine kleinen Freunde nach so langer Zeit endlich wieder zu sehen. Wie mochte es ihnen ergangen sein? Diese Frage hatte ich mir seit drei Jahren immer wieder gestellt.

Diesmal lag ihr Dorf fast am Straßenrand, ungefähr eine halbe Fahrstunde von der Mission entfernt. Es sah fürchterlich heruntergekommen aus. Die zerfallenen Lehmhütten waren überall offen und dem Regen nicht gewachsen, der rote Staub der Straße hatte das letzte Grün völlig überdeckt, und dicht bei den Hütten lag stinkender Abfall. Traurig hockten ein paar Leute auf steinigem Boden, schutzlos in der prallen Sonne. Als das Auto näher kam, bewegten sie sich ein wenig, leichte Neugier kam auf und plötzlich hörte ich hinter dem Auto Kinderschreie mit meinem Namen:

»Cornelia, Cornelia!«

Da kam vollends Bewegung in die kleine Menschenansammlung. Ich war mit einem Satz aus dem Auto gesprungen und sah in die erstaunten Gesichter meiner Freunde, die langsam begriffen, wer da vor ihnen stand. Wir lagen uns sofort in den Armen, und Ngonga klammerte sich so eng an mich, dass sie mir fast die Hose herunterzog. Sie hatte Tränen in den Augen und ließ überhaupt nicht mehr los. Auch die alte Ndokanda, die nicht mehr so schnell laufen konnte, kam heran. Sie schmiegte sich an die anderen, und so wiegten wir uns lange hin und her. Die Frauen lachten und weinten zugleich, zeigten gegenseitig belustigt auf ihre Tränen.

Gott sei Dank waren noch alle da. Nun heulte ich auch los und wollte sie gar nicht mehr los lassen. Meine Blicke fielen auf Nestor, der mit vor Staunen weit aufgerissenen Augen dieses merkwürdige Schauspiel beobachtete. Auch sein Mund stand auf, schräg und zu einem ungläubigen Grinsen verzogen. Eine weiße Frau mit Freudentränen in den Augen, weil ihr ein Bündel Pygmäen um die Hüften hing ... unglaublich. Er schmunzelte vor sich hin und packte die Geschenke aus.

Wir saßen lange zusammen und erzählten, feierten und klagten. Alle waren immer wieder krank geworden, aber die Kinder konnten jetzt in der Station zur Schule gehen. Das beeindruckte sie alle sehr, na ja, mich natürlich auch. Mopo war im Hospital der Missionsstation. Dann kam auch freudestrahlend Mouboma dazu, ihr Kopf war kahl geschoren und sie hatte von irgendwelchen Beeren blaue Lippen. Mir fielen die Beeren ein, die sie mir mal zur Fruchtbarkeit gegeben hatten. Ich sollte sie jeweils vier Tage vor der Regel kauen, dreimal hintereinander, dann würde ich endlich ein Baby bekommen – ob Mouboma jetzt darauf aus war? Ich hatte die Beeren damals gelutscht, weil ich dachte, dass sie vielleicht auch den Mann dazuzaubern, aber nichts geschah!

Ja, alle waren sie da, niemand fehlte. Das war wunderbar. Ich malte ihnen für Bayanga ein Touristenprogramm aus, bei dem sie ihre Traditionen an Besucher würden übermitteln können, indem sie zum Beispiel Touristen die Urwaldapotheke erklärten, ihnen ihre Lieder vorsangen oder sogar mit einigen auf die Jagd gingen. Alle fanden das eine gute Idee und wollten sofort nachkommen. Aber Bayanga liegt fast 500 km südwestlich von ihrem altgewohnten Heimatgebiet entfernt, das würde viele mühsame Tagesmärsche bedeuten – durch Savanne, Sanddünen, Urwaldstrecken, die voll im Wasser lagen, Jahrhunderte alte, undurchdringliche Bambuswälder, die auch auf Feuchtgebieten wuchsen, und unerschlossenes, hügeliges Waldgebiet. Trotzdem wollten sie sich auf den Weg machen. Ein paar Tage später trennten wir uns wieder schweren Herzens, denn ich konnte nicht länger bleiben, ich musste nach Bangui zurück, ein Büro einrichten und die Firma weiter ausbauen. Ich hoffte aber inständig, dass sie zu mir in das Naturschutzgebiet ziehen würden.

Ein paar Monate später hatte ich 20 Angestellte in Bayanga angelernt, sodass wir die kleinen Bungalows in Ordnung halten, das Restaurant führen und auch die touristischen Reiseformalitäten durchführen konnten. Die Lodge wurde schnellstens in umweltfreundlichen Dimensionen ausgebaut, ein Wasserturm errichtet und die Bungalows wurden umgebaut. Meine Idee mit einer Solaranlage scheiterte leider, da wir zu tief lagen und die Bäume zu hoch wuchsen. Also mussten wir nach wie vor das Aggregat zur Stromversorgung benutzen, wobei die Kabel regelmäßig von Elefanten kaputt getrampelt wurden. Denn manche Elefanten kamen bis zur Lodge herunter, wenn es hier reife Früchte gab, und gingen dann auch oft weiter zum Dorf und zu der großen Plantage. Schließlich ließ ich die Einzäunung verstärken, damit die Elefanten auf ihrer Suche nach reifen Maracujas oder Papayas nicht meinen Küchentrakt niederrissen. Mein französischer Maître d'hotel, der schon länger in Bayanga lebte, erklärte mir auf meine besorgte Frage, wie man sie ohne Gewalt wieder los würde, mit einem beruhigenden Grinsen in seinem platten Gesicht: »Wenn die Elefanten plötzlich vor dir stehen, brauchst du sie nur mit ein paar Handbewegungen zu scheuchen und ein lautes ›ssssst‹ dazu zu zischen, dann hauen sie ab!«

Das kam mir doch zu albern vor; sicherlich wollte er mich nur auf den Leim führen, nach dem Motto: Die neue Chefin soll hier mal sehen, wo es lang geht!

Aber es kam anders. Eines Nachts trompetete es durch die Bäume. Im gleichen Moment stand ich senkrecht in meinem Bett und starrte durch das Moskitonetz zum Fenster. Ich hatte Angst um meine neuen Zäune und die schöne Küche mit der offenen Kochstelle, und so nahm ich allen Mut zusammen und rannte im Nachthemd hinaus, begleitet vom schwarzen Nachtwächter Jules, dessen hohe, hagere, lanzenbewaffnete Gestalt drohende Schatten über das mondbeschienene Gelände warf. Der Jahrhunderte alte hohe Bambus bewegte sich wie verzaubert, und sicherlich rüttelte er dabei die vielen grünen Mambas durch, die in ihm wohnten. Solcher Bambus wurde gern als Grenzmarkierung angepflanzt, denn er widersteht allen Naturgewalten.

Es knackte nun laut und lauter hinter dem Küchenzaun, doch ich konnte noch nichts erkennen, als sich Jules schon mutig mit einem scharfen »ssssst!« gegen den Bambus warf und die Lanze hoch in den Himmel schwang. Tatsächlich sah ich jetzt einen grauen Elefantenrüssel zurückschwingen, gefolgt von noch drei weiteren, und schon knackte es wieder davon zum nahen Urwald. Das Rascheln entfernte sich und wurde leiser, und parallel dazu verstummte auch mein Zähneklappern. Aber nun hatte ich sie endlich wiedergesehen, meine geliebten Langnasen! Und eine Elefantensaline war ja auch nicht so weit weg von hier, ich würde sie so bald wie möglich besuchen.

Nun also eröffnete ich die Touristensaison mit meiner neuen Agentur für Reisen in die Zentralafrikanische Republik und mit der Übernahme der Lodge in Bayanga. Stolz nannte ich die neue Firma DOLICOM und pries mit allen möglichen Werbemaßnahmen den Öko-Tourismus an, der sich auf Kleingruppen beschränken sollte, um den Wald so wenig wie möglich zu stören. Es war eine aufregende Zeit voller Hoffnungen, denn meine Pläne wurden jetzt wahr und ich konnte endlich wieder versuchen, aktiv die Pygmäen zu unterstützen. Auch wurde so die Infrastruktur von Bayanga verbessert, weil die einheimische Bevölkerung durch den Tourismus zu Einnahmen kam.

Ich musste mein Programm allerdings vorerst mit den hiesigen Pygmäen verwirklichen und nicht mit meinen alten Freunden, denn das Lobayegebiet war einfach zu weit entfernt. Doch arbeitete ich mit dem WWF zusammen ein größeres Programm aus, das die Pygmäen, die hier im Gebiet lebten, voll einbezog. Ihre Lebensweise war auch nicht viel anders als die der meinen, die Unterschiede in ihren Traditionen und Liedern waren unerheblich, sie arbeiteten lediglich viel mit den Fischern des Sangha-Flusses zusammen. Trotzdem wurde ich mit ihnen nicht warm – ich wollte es, ehrlich gesagt, auch gar nicht, es wäre mir wie Verrat vorgekommen. Meine Liebe gehörte einfach »meiner« Gruppe.

Durch die Zusammenarbeit mit dem WWF, der im Dorf ein eigenes Büro unterhielt, lernte ich eine hochinteressante Frau kennen, Lisa, die für das große Bayanga-Projekt des WWF verantwortlich zeichnete. Sie hielt mit ihrem herben amerikanischen Charme die 40 Ranger, die für den WWF den Park beschützten, unter Kontrolle und musste für alle anfallenden Wildereien und alle kleinen und großen Dramen des Naturschutzgebietes Dzanga-Sangha Lösungen finden. Lisas Engagement für den Natur-schutz war bewundernswert, und obendrein war sie auch noch ausgesprochen attraktiv in ihrer kühlen, blonden Unnahbarkeit. Bei unseren freundschaftlichen abendlichen Begegnungen im Restaurant gab sie sich nur selten entspannt und locker. Meist jagte sie mit ihren hochbewaffneten Männern hinter Wilderern her, die den Schutz des Waldreservats ausnutzten, Gorillas und Elefanten abknallten und in unerlaubten Fallen quälten. Zum großen Teil waren die Wilderer Einheimische, Leute aus dem Dorf, sogar der Souspréfet (so etwas wie ein stellvertretender Landrat) war an einem Gorillagemetzel beteiligt. Das war eine ganz unglaubliche Geschichte, die mir deutlich machte, wie aus-sichtslos der Kampf gegen die Wilderei ist.

## Der Kampf gegen die Wilderei – aussichtslos

An den Ausfallstraßen des Naturschutzgebiets wurde jedes Auto, das den Park verließ, durchsucht. Wildhüter wachten Tag und Nacht an den Barrieren darüber, dass kein gewildertes Fleisch hinausgeschmuggelt wurde. Die Jungs an den Kon-trollpunkten kannten mich inzwischen, denn ich fuhr mindes-tens zwei Mal im Monat die aufreibende Strecke Bayanga-Bangui, und so winkten sie mich einfach durch.

Nestor hatte bei einer dieser Fahrten gutmütig ein Paket des Souspréfet mitgenommen, weil der ihn gebeten hatte, es nach Bangui zu bringen, wo es dann in unserem Büro abgeholt wer-den sollte.

Immer wieder hatte ich allen meinen Mitarbeitern und auch den Touristen eingeschärft, unter gar keinen Umständen irgendwelche Pakete zu befördern, denn man wusste nie, was sich tatsächlich darin verbarg. Meist allerdings wollten die Leu-te hier in Bayanga nur ihre Familien in Bangui unterstützen, weil die Lebensmittel im ländlichen Bayanga nicht einmal die Hälfte kosteten.

So dachte sich Nestor nichts Böses dabei, und außerdem hat-te er Respekt vor dem Souspréfet, der neben dem Bürgermeister hier der bedeutendste Mann war. Als mir während der Fahrt verdächtige Gerüche in die Nase stiegen, beichtete Nestor die Geschichte. Wütend riss ich den Karton auf und blickte auf geräucherte Antilopenschenkel. Das war zwar auch verboten, weil die fragliche Antilope nur aus dem Schutzgebiet stammen konnte, und dort war die Jagd allein mit traditionellen Waffen erlaubt und ausschließlich für Einheimische. Aber es gab Schlimmeres, und nun waren wir schon mal fast in Bangui. Also ließ ich das Paket im Auto, aber ich schimpfte so heftig mit Nestor, dass er schließlich ganz verstockt wurde. An der Stadtgrenze von Bangui wurden wir noch mal vom Zoll gefilzt, eine überflüssige Sache, die hauptsächlich aus Wichtigtuerei stattfand.

Ich war sehr ungnädig, denn der Tag war anstrengend gewesen und ich wollte möglichst schnell nach Hause. 18 Stunden hatte die strapaziöse Fahrt von Bayanga zur Hauptstadt diesmal gedauert, und die badewannengroßen Schlaglöcher hatten meine Knochen dermaßen durchgerüttelt, dass ich das Gefühl hatte, ich müsste sie alle neu ordnen. Ungeduldig beobachtete ich im Rückspiegel, wie die Jungs den Karton öffneten, aber plötzlich erstarrte ich. Unter lautem Geschrei zogen die Männer nach den Antilopenschenkeln auch noch zwei riesige schwarze Gorillahände aus dem Karton und schwenkten sie lachend vor sich her. Eisig schaute ich zu Nestor rüber, doch der war, völlig weiß um die Nase, hinter dem Lenkrad zusammengesunken und schüttelte fassungslos den Kopf. Ich schimpfte wie ein Rohrspatz mit ihm, aber er schwor hoch und heilig, nichts mit dieser üblen Geschichte zu tun zu haben.

Der aufgeplusterte schwarze Oberwichtigtuer winkte mich aus dem Auto und hielt mir eine gewaltige Standpauke. Doch plötzlich entdeckte er zwei Namen auf dem Karton, studierte sie ehrfürchtig mit seinen Kollegen – und schon durften wir weiterfahren. Denn als Absender war der Souspréfet von Bayanga höchstpersönlich angegeben, und adressiert war der Karton an den Kanzler und ersten Berater des Präsidenten, der ihn tatsächlich am nächsten Morgen bei mir zu Hause abholen wollte.

Ich hatte jedoch sofort nach meiner Ankunft in Bangui die faltigen, fleischigen Gorillahände in der Originalschachtel im

278

nächsten Flug mit der Beechcraft nach Bayanga zurückgesandt. Mit schickte ich auch die dringende Aufforderung, den Absender sofort dingfest zu machen. Zur Sicherheit kontaktierte ich Bayanga noch über die Radiostation und schickte eine Mail. Nun sollte man meinen, nichts wäre leichter gewesen, als die Leute zu verhaften, doch es war völlig unmöglich. In Bangui lachte man über mich, denn es war für alle außer mir selbstverständlich, dass hier Gorillas verzehrt werden. Außerdem war Gorillafleisch seit eh und je zu hohen Feiertagen ein beliebtes Geschenk, mit dem man Achtung und Verehrung ausdrückte, obwohl es niemandem besonders schmeckte. Das Gleiche gilt übrigens für Elefantenfleisch. Und so liegt es also an Tradition und Gewohnheit; davon abgesehen, gibt es keine besseren Vorschläge, woher man anderes Festtags-Fleisch nehmen sollte.

Auch kümmerte sich hier niemand um die öffentliche Aufklärung zum Schutz der aussterbenden Arten. Über die beiden Radiosender und über die TV-Station könnte man die Bevölkerung zum Artenschutz anhalten, doch meine Appelle an das Forstministerium verhallten, obwohl ich ziemlich hartnäckig war und sogar selbst den Text dafür aufsetzte. Der gegenwärtige Forstminister – derselbe, der nicht mehr als drei verschiedene Bäume kannte – war eine völlige Null in dieser Besetzung und in der Vergabe und Verlängerung von Waldkonzessionen das Korrupteste, was man sich vorstellen konnte.

Am folgenden Wochenende, bei einem Bankett, an dem ich neben der schönen Frau des Premierministers saß und ihr mein Leid klagte, dass die Bestrebungen des WWF und auch meine Versuche, der Wilderer habhaft zu werden, erfolglos seien, weil die gesamte Bevölkerung bis hinauf zur Regierung den Artenschutz unsinnig finde, versprach sie mir zu helfen. Sie wolle sich auch darum bemühen, dass ich eine Audienz bei ihrem Mann bekäme. Doch hinter vorgehaltener Hand lachte sie mich am Schluss an: »Ich hoffe, du bist nicht böse, wenn ich dir sage, dass ich auch einen Elefantenrüssel im Kühlschrank habe!«

Die Einheimischen sind der Meinung, dass der Wald und somit der Wildbestand ihnen gehört. Und dies ist auch verständlich und deshalb in der Parkordnung festgelegt: Sie können jagen, denn es gibt Gebiete, die für die traditionelle Jagd, also eine Jagd nur mit traditionellen Waffen, vorgesehen sind. Diese Gebiete liegen wie ein Gürtel um den Nationalpark herum. Als nächster Ring legt sich das Gebiet für die offizielle Jagd um den Schutzpark. Da können Touristen für viel Geld und unter Führung eines guten Fährtensuchers, mit Trüffelpastete, Rotwein und Handy ausgerüstet, mit modernsten, nachttauglichen Infrarot-Waffen einem Panther aus einer gepolsterten Sänfte heraus zwischen die Augen schießen, Elefanten abknallen oder gar die hochgeschützten Bongoantilopen mit ihrer wunderschönen weißen Streifenzeichnung erlegen. Oder, noch schlimmer: erlegen lassen, denn meist treffen diese Leute nicht einmal.

Und der nächste Gürtel ist dann für die Holzkonzessionäre gedacht. Dort wird im Wald gerodet, beziehungsweise, wie hier in den Bayanga benachbarten Gebieten, hemmungslos und unkontrolliert abgeholzt. So muss das Wild von da aus durch alle drei Gürtel in den inneren Schutzpark flüchten. Dort versuchen es die Ranger des WWF zu schützen, wobei sie oft das eigene Leben riskieren.

## Pygmäen als Touristenführer

Langsam wurde die Zusammenarbeit mit den Pygmäen im Dzanga-Sangha-Naturschutzgebiet weiter ausgebaut. Mit Begeisterung fungierten sie als Fährtensucher oder Führer durch ihren Regenwald, und zugleich konnte ich die verschiedensten touristischen Aktivitäten und Attraktionen anbieten, die dann wie folgt in meinem offiziellen Programm standen:

- Netzjagd mit den Bayaka-Pygmäen
- Waldelefanten zählen
- Gorillatrekking
- Entdecken der Urwaldapotheke des Regenwaldes
- Angeln eines Yohole (Yohole ist ein Flussungeheuer, das man hauptsächlich erblickt, wenn man zuviel Palmwein getrunken hat)

- Teilnahme bei Tänzen und Gesängen der Bayaka
- Raphiaweinernte in Mossapoula
- Safaris zu Büffeln, Stachelschweinen, Antilopen, Affen und anderen Tieren.

Weiterhin beschrieb ich in meinem neuen Prospekt, auf den ich hochgradig stolz war, auch meine neue Heimat:

*» Die Zentralafrikanische Republik ist einzigartig auf der Welt als Heimat von Waldelefanten, Flachlandgorillas, Oryxantilopen und Schimpansen, und vor allem als Heimat der Pygmäen. Hier, mitten im Regenwald, hat das WWF mit der Weltbank und der GTZ den Nationalpark Dzanga-Sangha eingerichtet. Das Gebiet ist ungewöhnlich abwechslungsreich; die Übergangszone zwischen tropischem Regenwald und offener Savannenlandschaft mit natürlichen Lichtungen, Flüssen und Salinen beherbergt eine außerordentliche Vielfalt an Säugetieren. Das WWF und die Regierung arbeiten hier zusammen an der Erhaltung von ungefähr 4800 Quadratkilometern Tropenwald mit seiner beispiellosen Artenvielfalt: Über 800 Pflanzen und 65 Säugetierarten haben hier ihren Lebensraum. Hier kann das Erlebnisprogramm interessant erweitert werden: Nach der Durchwatung des Urwaldflusses führen uns die Pygmäen zu einer weiten Lichtung in der Wildnis. Nur hier, an den Salztümpeln des Dzanga, kann man die Herden der scheuen Waldelefanten beobachten. Auf einer mehrtägigen Trekkingtour in Begleitung erfahrener Führer gelangen wir in den Lebensraum der Flachlandgorillas. Mit einer Übernachtung in einem Urwaldcamp kann man bei der Netzjagd teilnehmen. Weiterhin ist noch das Heilpflanzenprogramm zu erwähnen, wo Pygmäenfrauen auf einer Erkundungstour den medizinischen Nutzen des Waldes demonstrieren. Schließlich kann man noch eine Tour auf dem Einbaum bis weit hinein in die Sümpfe des Urwaldes machen, um auch diese Seite des tropischen Regenwaldes zu entdecken. «*

Und zur abendlichen Entspannung in der Lodge bot ich europäische und afrikanische Spezialitäten an, vor allem die Gerichte, die ich bei den Pygmäen kennen gelernt hatte: Antilope in Payonusssoße, Yassa-Huhn, Hühnchen mit Zitronenscheiben in Bananenblatt verschnürt und im Ofen gedünstet. Zudem *Capitaine du fleuve fumé*, einen wunderbaren, mindestens einen Meter langen, auf Holz geräucherten Fisch, den mein Koch Michel zwei Tage lang über dem sanft glimmenden Feuer garte. Und nicht zuletzt Ziegenragout, mit Urwaldpfeffer gebeizt. Diese und andere schöne Gerichte, die alle in meinem offenen Holzofen zusammen mit selbstgebackenem Brot zubereitet wurden, machten die Lodge zur wahren Urwaldüberraschung und Gourmet- Freude für die Touristen.

Die Ankunft meiner ersten Gäste in der Lodge war übrigens unter ziemlich merkwürdigen und politisch erzwungenen Umständen geschehen. Sie hatte im Grunde wieder genau der typischen Zufälligkeit entsprochen, die mein Leben in der Zentralafrikanischen Republik prägte. Morgens, als ich mit dem Personal im Restaurant bei der Besprechung saß und versuchte, die schwarzen Burschen mit deutscher Disziplin und französischem Charme vollzudröhnen, ohne dass sie ihre Lustigkeit einbüßten, hörten wir das Brummen eines kleinen Flugzeugs. Das war noch nicht außergewöhnlich, denn hier kommen oft Diamantenhändler her oder Leute, die in der nahe gelegenen Holzfabrik zu tun haben. Man landete mit den kleinen Maschinen auf der kurzen, freigeschlagenen Urwaldpiste von Bayanga. Doch als eine Stunde später die Maschine wieder in der Luft brummte und drei erschöpft aussehende Amerikaner mit vollgepackten Rucksäcken den langen Steg des Restaurants hochkamen, ahnte ich, dass dies wohl meine ersten Gäste waren, und begeistert sprang alles an die Arbeit. Ich verwöhnte die Leute mit einem Ankunftsdrink und erfuhr zu meinem Entsetzen, dass in Bangui wieder Krieg ausgebrochen war und ihr Hotel, das Sofitel, vom gegenüberliegenden Flussufer, das schon zu Zaire gehört, beschossen worden war. Das Land konnten sie nicht mehr verlassen, denn der Flughafen von Bangui wurde nicht mehr angeflogen. Doch schließlich gab der Rezeptionist des Hotels den verängstigten Touristen den Geheimtipp mit Bayanga. Dort würde niemand hinkommen, denn es läge direkt im Urwald und wäre nur in mindestens fünf Tagesmärschen unter schwersten Bedingungen zu erreichen. Das war sicherlich Justin gewesen, dem ich jeden Monat etwas Geld gab, damit er meine Prospekte gut verteilte.

Mit etwas Glück und viel Geld konnten die Amerikaner eine Privatmaschine chartern und entkamen so im letzten Augenblick den blutigen Auseinandersetzungen im Land.

Hier draußen in Bayanga stand die Welt still, wir hatten überhaupt keine aktuellen Informationen, der Radiosender war schlecht zu empfangen, und ich vermisste die Nachrichten auch gar nicht. Offensichtlich waren die Rebellen aus Zaire wieder in die Stadt eingedrungen und machten sie unsicher. Ich wusste, mein kleines hübsches Haus in Bangui mit dem Büro war bei meinem Assistenten Henry in guten Händen, und ich hatte keinen Bedarf, mich in Lebensgefahr zu begeben und mich voll Angst vor Mördern und Diebespack in der Stadt zu verbergen. Für mich war die fatale Sache auch wieder ein Glück, denn die Gäste blieben fast drei Wochen.

Ihnen folgten Gott sei Dank bald weitere Touristen, denn die Lodge war schon von früher bekannt, und zudem rührte ich auch eifrigst die Werbetrommel. Viele Gäste stammten aus Deutschland, sie alle scheuten den langen Weg nicht, um Urwaldabenteuer und die Kultur der Pygmäen zu erleben. Die Lodge kam richtig ins Laufen, und das Management machte mir großen Spaß.

Der Höhepunkt war eines Abends, als wir auf der Terrasse zusammensaßen und die Pygmäen mit lauten Gesängen, mit Klatschen und Tanzen einen kleinen Einblick in ihr traditionelles Leben boten. Denn plötzlich fuhr mit lautem Getöse ein Rover vor. Neugierig ging ich ihm entgegen, und als ich die lustigen Stimmen hörte, rannte ich schneller vor Freude:

»Ihr zwei! Ich kann's gar nicht glauben. Träume ich?«

Chloe und Angélique sprangen aus dem Jeep und direkt in meine Arme. Es wurde ein tolles Wiedersehensfest, und ich konnte mich mit einem schönen Essen ein wenig dafür revanchieren, dass sie mich damals in ihrer Forschungsstation bewirtet und in die Welt der Flachlandgorillas eingeführt hatten. Angéliques Arm sah gut aus, er hatte die fünfte Haut-Muskel-Verpflanzung hinter sich, wie sie erzählte, war zwar dünn und blass, aber ansehnlich. Chloe mit ihrer rauchigen Stimme, dem italienischen Akzent und dem südländischen Temperament war ganz unverändert.

Ich freute mich unbändig, sie wiederzusehen, es brachte etwas Leichtigkeit in mein recht anstrengendes Leben als Managerin. Sie hatten von Placide, ihrem netten Fährtensucher, dessen Angehörige zum Teil hier im Touristenprogramm arbeiteten, Nachrichten über meine neue Tätigkeit in der Lodge gehört und wollten mich unbedingt wiedersehen. Außerdem freuten sie sich auf ein richtig kaltes Bier und ein gutes Essen.

Zu meiner großen Freude hörte ich, dass sich die Gorillafamilie wieder zusammengefunden hatte. Big Boss Silverback, der schlimme Verletzungen an Kopf und Brust erlitten hatte, war von dem einzigen treu zurückgebliebenen Weibchen gesund gepflegt worden, und mit der Zeit waren auch zwei andere Weibchen wieder zurückgekommen, offensichtlich mit Nachwuchs vom Silberrücken. Inzwischen sind es zwei größere Gorillafamilien geworden, die sogar für Touristenbeobachtungen zugänglich sind. Wir drei ratschten glücklich und waren nebenbei andächtig mit der Vernichtung eines wunderbaren Rindsgulasch mit Yamsbrei und einer Flasche Beaujolais beschäftigt, und als der Nachtisch in Form einer Crème brûlée kam, staunten die Mädels nicht schlecht. Auch der tolle Service meiner drei Kellner in den glitzernden Sakkos imponierte ihnen.

»Sag mal, Chloe, müssen deine Touristen da auch Blätter essen und sich auf den Boden rollen?« fragte ich lachend und in lebhafte Erinnerungen tauchend.

»Nein, das ist vorbei!«, grinste Chloe, man könne den Gorillas jetzt, in etlicher Entfernung zwar, aber ohne Gefahr, gut zuschauen. Ihre mitarbeitenden Pygmäen hätten sich verantwortungsvoll in dieses Programm eingearbeitet und würden auch gut Geld damit verdienen. Das verwendeten sie zum Herrichten der Hütten und leider auch für Alkohol. Aber es sei eine allgemeine Umbruchstimmung und man dürfe nicht so streng sein, schloss sie. Ich war da anderer Meinung, ich fürchtete, die Pygmäen würden durch den Alkohol, an den sie nicht gewöhnt waren, aus der Bahn geworfen. Sie rauchten ja obendrein auch berauschende Drogen. Die ansässigen Bauern hier konnten damit einigermaßen umgehen, aber die Pygmäen hatten den Umgang mit Alkohol noch nicht im Griff. Meine Gedanken schweiften zu meinen kleinen Freunden im Lobaye-Gebiet und ich wurde richtig traurig. Ich hatte so wenig Zeit gehabt, mich um sie zu kümmern, und konnte nur hoffen, dass es ihnen gut ging. Zu gerne hätte ich sie hier gehabt, aber beim letzten Besuch hatten sie mir erklärt, dass sie sich nur ungern mit einer anderen Gruppe mischen würden. Denn auch Pygmäe ist nicht gleich Pygmäe.

Chloe hatte bereits ihr drittes Bier vernichtet und war mächtig aufgekratzt. Angélique erklärte mir dazu, dass Chloes Freund morgen aus dem Kongo kommen sollte, wo er im dortigen Nationalpark an einer großen Primatenstudie arbeitete. Zwei Tage später erlebte ich den Burschen und verstand ihre Aufregung; er war ein Bild von einem Mann und genau das Gegenteil von Chloe, blond, ruhig und besonnen. In ihrem Bungalow dürfte das Wiedersehen noch einige Zeit gefeiert worden sein.

## Der gute Geist des Regenwalds

Ich freute mich riesig, als auch Günter Merz, der gute Geist des tropischen Regenwalds, ein paar Wochen später zu Besuch kam und zu meiner engagierten Durchführung der Agentur und dem Ausbau der Doli Lodge gratulierte. So hieß die Anlage inzwischen; ich fand das passend, denn Doli oder auch Duli heißt in Sango, der Umgangssprache des Landes, »Elefant«. Mein Restaurant taufte ich »Sun-Downer«, denn etwas Schöneres als den Sonnenuntergang hier gibt es auf der ganzen Welt nicht. Schon das Klima am Wasser unterschied sich wohltuend von dem Banguis, hier war es angenehm, stets so um die 24 Grad, niemals drückende Hitze. Das einzige Übel war der abendliche und morgendliche Besuch der Anophelesmücken, die in großen Scharen zwischen dem Restaurantboden und der Wasseroberfläche des Sangha auf Opfer warteten. Diese Mücken übertragen beim Stich Plasmodien, welche verschiedene Arten von Malaria hervorrufen. Die schlimmste ist Malaria tropica, aber auch die anderen Erscheinungsformen, nämlich Malaria tertiana und Malaria quartana, sind äußerst unerfreulich. Das alles kann man sich hier locker einfangen, und ich habe auch alles schon gehabt, in leichten und schwersten Ausführungen. Doch wenn man sich rechtzeitig behandelt, zum Beispiel mit dem asiatischen Mittel Assurmax, das damals gerade auf den Markt gekommen war, kann man relativ gut davonkommen. Am besten ist aber eine streng durchgehaltene Prophylaxe.

Doch davon abgesehen waren die Abende hier, genau wie die Morgenstimmungen, dramatisch und überwältigend von der Natur geprägt: der Urwald in schillernden blauen Farben am anderen Ufer des Sangha mit den vielfältigen Schreien und Geräuschen der Dschungeltiere, die Wolkengebilde, die in den einmaligsten Farbkompositionen vorbeizogen und irgendwann in den Fluten des Sangha ertranken, die Düfte der losgerissenen Blüteninseln, die wie winzige bunte Kontinente vorbeitrieben, die kleine Nilpferdfamilie, die schnaubend zum anderen Ufer glitt, um dort zu frühstücken, ein Elefant, der mit erhobenem Rüssel den Sangha durchquerte, Fischer, die in ihren Pirogen wie Schattenrisse in der Flussmitte standen ... Es war unglaublich und unvergesslich schön; hier erfüllte sich meine Sehnsucht nach Weite und Unvergänglichkeit. Auch andere, eigentlich alle, welche die Doli Lodge kennen lernten, erlagen diesem Zauber.

Günter kam später noch zwei Mal nach Bayanga. Er versprach, dass er mir immer helfen würde, wenn ich es brauchte. Er fühlte sich verantwortlich für mich, weil er mich hierher gebracht hatte, aber das war nicht der einzige Grund; er mochte mich auch sehr und schätzte meinen starken Einsatz. Sein Versprechen bedeutete mir viel, denn schließlich war er einer der Großen auf dem Gebiet des tropischen Regenwaldes und wurde von Ministern, Wissenschaftlern, Wildhütern und Ureinwohnern in mehreren Erdteilen gleichermaßen respektiert und geliebt. Dank seines Engagements wurde Bayanga zum größten Projekt des WWF.

24. Februar 2000 – nie werde ich diesen finsteren Tag vergessen, weil er schon so unangenehm anfing. Ein paar deutsche Touristen bedrängten mich mit der Bitte, doch ausnahmsweise

auf dem Aussichtsturm an der Elefantensaline übernachten zu dürfen und bestanden fast eigensinnig auf diesem Wunsch mit der Behauptung, dass Dr. Merz ihnen dies in Deutschland zugesagt hätte. Die Regel war, dass man höchstens drei Stunden vormittags oder nachmittags auf der Plattform bleiben durfte, denn ein längerer Aufenthalt hätte das gesamte Tierverhalten an der Saline stören können. Lisa kam empört in die Lodge gefahren und versuchte den Leuten zu erklären, dass eine Übernachtung dort völlig ausgeschlossen sei, es sei erstens gegen die Sicherheitsbestimmungen des Parks und außerdem völlig unnötig. Doch die Touristen gaben nicht nach. So schickte Lisa schließlich ein Fax nach Frankfurt in Günters Büro und wartete gespannt auf seine Antwort.

Es war Nachmittag geworden und ein schöner, wenn auch heißer Tag, denn der Februar ist auch hier in Bayanga der heißeste Monat. Die Schimpansen von der gegenüberliegenden Flussseite schrieen laut mit kräftiger Resonanz irgendeinen Familienstreit zu uns herüber, und hier in den Bäumen über dem »Sun-Downer« schwangen sich die kleinen Moustache-Affen frech durch die Wipfel und kamen fast bis auf fünf Meter heran. Als dann noch ein Schwarm meiner geliebten Graupapageien schnalzend und pfeifend vorbeiflog, war meine Welt in Ordnung – bis zu dem grausamen Moment, als der Fahrer des WWF-Büros mit heulendem Motor in das Gelände jagte, mit kreischenden Bremsen stoppte und den langen Steg entlang rannte. Sprachlos und mit Tränen in den Augen drückte er mir ein weißes Kuvert in die Hand. Ich erstarrte, das musste etwas ganz Übles sein, fast brannte es in meinen Händen. Doch die Nachricht, die ich lesen musste, war schlimmer als alles, was ich mir hätte vorstellen können: »Dr. Günter Merz heute Nachmittag bei einem Autounfall in Frankfurt ums Leben gekommen.«

Hilflos begann ich zu schluchzen, und es brauchte lange, bis ich mich halbwegs erholte. Alle hier, die ihn kannten, das Personal der Lodge, die Wildhüter und die Leute aus dem WWF-Büro, waren wie gelähmt. Bärige Kerle heulten wie Schlosshunde. Noch schlimmere Einzelheiten kamen in einem späteren Bericht nach: dass sein Auto zwischen zwei LKWs zerquetscht worden war und seine Frau mit schweren Verletzungen im

Krankenhaus lag. Dieser Mann fehlt jetzt an allen Ecken und Enden, bei sämtlichen Projekten des WWF – und mir persönlich ging ein einmaliger Freund verloren.

## Gottestänzer im Teufelskreis

Meine Freundin Christa kam aus München zu Besuch und löste mit ihren Geschenken wie Leberwürste, Vollkornbrot, Gesichtscreme, Nagellack und Zeitungen die heißesten Freudentänze bei mir aus. Ich freute mich wahnsinnig über ihren Besuch, denn sie brachte die intime Verschworenheit, die nur bei ganz engen Freundinnen möglich ist. Und endlich konnte ich wieder einmal Deutsch reden! Sie freundete sich begeistert mit Putzig und Bresig an, meinen Graupapageienbabys, die mir ein kleiner schwarzer Junge eines Morgens am Tor verkauft hatte. Sie waren beide verletzt und schon halbtot, weil sie wohl tagelang in brütender Hitze herumgeschleppt und zum Verkauf angeboten worden waren. Ich beschimpfte den Jungen lautstark, dass so etwas verboten sei und er keine Tiere mehr verkaufen dürfe, sonst würde ich die Polizisten auf ihn hetzen. Das war natürlich lächerlich, denn die würden sich totlachen über mein absurdes Ansinnen, den armen Jungen beim Geldverdienen zu hindern. Aber so weit dachte der Bengel nicht, er rannte, was das Zeug hielt. Auch kleine Warane wurden durch die Stadt geschleppt … Wo sollte man hier anfangen? Aber ich blieb immer optimistisch bei meinen Aufklärungen und dachte, dass auch ein noch so kleiner Weg ein Ziel hat.

Bresig hockte im Freigehege meines Gartens, während meine Civette auf leisen Pfoten aus dem Einkaufskorb (ihrem Schlafzimmer) schlich und versuchte, Bresig oder Putzig die Banane vom Ast zu stehlen. Die Civette, eine kleine Raubkatze, war auch so ein fragwürdiger Kauf. Ich liebte die Tiere, auch ein paar Perlhühner schrieen durch den hinteren Garten, während sie die Erdnüsse ausrupften, die ich für die Papageien angepflanzt hatte. Bernard drohte ihnen ständig mit dem großen bunten Kochtopf, damit sie wussten, was sie erwartete, wenn sie nicht leiser würden.

Mein kleines Haus in Bangui war inzwischen einfach, aber gemütlich eingerichtet, ich lebte ganz intensiv und bewusst in diesem eigenen Reich, wenn ich nicht in der Lodge weilte. Es war hell und bunt, mit den unterschiedlichsten Düften je nach Zimmer, ein Heim wie ein Mutterleib. Ein Heim, aus dem ich nie wieder hinausgeboren werden wollte. Aber leider kam es ganz anders, wie so oft in meinem Leben.

Doch vorerst freute ich mich über Christa, die nicht nur zu Besuch gekommen war, sondern gleichzeitig eine Reportage fürs Fernsehen über mein aufreibendes und vielseitiges Leben vorbereitete. Mit ihr wollte ich auch endlich wieder zu meiner kleinen Gruppe in Bé.mbémà fahren. Auf dem Weg dahin erlebte ich aber leider eine herbe Enttäuschung in der Missionsstation: Lucienne war bereits vor Wochen für immer nach Belgien zurückgekehrt, und ein Pater hatte übernommen. Doch andererseits sah ich auch die positive Seite, nämlich dass die Mission weiter ausgebaut worden war, und zwar mit Spenden von Kamal, wie ich hörte. Also hatten meine Bemühungen endlich doch gefruchtet. Der Pater erzählte auch, dass er inzwischen Eko kennen gelernt hatte, der zur Mission gekommen war, weil Limboko sich schwer verletzt hatte. Er wusste auch, wo genau das Jagdlager war, in dem sich die anderen Männer im Augenblick befanden. Dort wollten wir hin, aber zuerst wollte ich mich mit Christa noch ein wenig in der vergrößerten Mission umschauen.

In dem vollbesetzten Hospital lagen Bantu und Pygmäen mit den hier üblichen Krankheiten wie Meningitis, Ruhr, Keuchhusten und Wurmerkrankungen. Die drei neuen Schwestern, in schneeweißer Tracht auf dunkler Haut, halfen so gut es ging. Der Pater schien aber auch recht engagiert, denn immerhin wurde unter seiner Führung ein weiterer Brunnen gebaut und der Plan gefasst, auch in der Nähe von Mbaìki eine Schule zu gründen. Ein kleines Hospital stand dort bereits in den Grundmauern. Es ging langsam voran, zu langsam, wie ich fand, denn die Zeit drängte, der Wald wurde immer lichter und die Pygmäen mussten in der ansässigen Bevölkerung ihren neuen Platz finden und anerkannt werden.

Vorerst schien mir, dass die Entwicklung ihrer Situation, was

Menschenwürde anbetrifft, hier an der Station negativ verlief. Dort nämlich, neben dem Hospital an der Straße, versammelten sich die ansässigen Pygmäen und begannen für Touristen zu tanzen, gegen Geld und Zigaretten. Es war wie in einem schlechten Film. Die Tänze hatten nichts Traditionelles mehr, Initiationstänze waren gemischt mit Jagdritualen, alles geriet durcheinander. Hauptsache, es gefiel den Touristen. Ich war stark enttäuscht, denn hier hatte sich der Traum von einer guten Integration noch nicht verwirklicht. Aber vielleicht gehörte dies ja zum Übergang. Mister Carrol vom WWF, der mir so viel geholfen hatte, hatte auch gemeint, dass solche Phasen zum Entwicklungsprozess gehörten und vorübergehen würden. Ich erfuhr übrigens jetzt erst, dass er auch der Initiator des Dzanga-Sangha-Naturschutzgebiets war und heute noch wichtige Verhandlungen mit der Regierung führt. Denn die Pacht für das Gebiet kostet ein Vermögen, und der Erhalt des Naturschutzgebiets nach Ablauf der hundert Jahre, die im Vertrag festgesetzt sind, ist noch nicht gewährleistet.

An der hübschen, hellen Schule traf ich zu meiner großen Freude auf die alte Popko mit ihrem dicken Kropf. Ich erklärte Christa, dass sie schon mal kurz Gast im allerersten Lager von Bé.mbémà war und später sogar in Frankreich bei François Mitterrand. Sie war mit ihren drei Söhnen hierher gezogen und bat mich um Geld, damit sie für die Söhne Schulhefte kaufen könne. Eine sehr moderne kleine Mutter. Indem ich ihre vielen hutzeligen Falten zählte, kam ich auf ein bei den Pygmäen hohes Alter von sicherlich 50 Jahren. Die durchschnittliche Lebenserwartung liegt bei 45 Jahren. Sie begleitete uns und freute sich sehr über die Zigaretten, die ihr Christa auf dem Marsch schenkte. Ein langer verliebter Blick blieb dabei an ihren kleinen Goldkreolen hängen.

Wir machten uns auf die Suche nach Bé.mbémà und fanden es auch nicht weit weg. Christa war zwar begeistert und fand es sehr exotisch, doch ich blickte tiefer: Das Barackendorf war verwahrlost, wie schon beim letzten Mal, meine lieben Freunde waren zum Teil krank; alle waren hungrig und mutlos, die Kinder verdreckt. Ein Teil von ihnen war zum Sammeln unterwegs, doch man wollte alle meine Bayaka-Freunde zusammenholen, während ich inzwischen weiterzog, um die Männer zu suchen. Ich fand sie in einem kleinen Jagdlager, auch schmutzig und krank und so weit entfernt von allen schönen Erinnerungen der ersten Expedition. Abgestumpft waren diese kleinen Jäger. Ein Hund drehte sich laut winselnd und bellend in wahnsinniger Geschwindigkeit um sich selbst. Offensichtlich wurde er gerade innerlich von Parasiten zerfressen. Keiner half, keiner war gerührt.

Es war finster, dieses Jagdlager, in jeder Beziehung, obwohl die Freude über meinen Besuch groß war. Eko, Mowe und Boboko waren seit Tagen erfolglos auf der Jagd nach Wild und brachen deshalb mit mir auf, zum Dorf zurück. Dort, wieder vollzählig, beschlossen wir endgültig den Umzug zur Mission, damit alle Kinder die Schule besuchen könnten. Es war ein einziges Elend. Was war aus meinen kleinen, einst so lebensfrohen Freunden geworden! Offensichtlich hatten sie sich bereits mit dem Verlauf des unwürdigen Daseins angefreundet, denn sie kamen nur noch träge, wie in Trance, allen nötigen Arbeiten nach. Deshalb wurde ich beim Abschied richtig böse; sie sollten mir diesmal heiligst versprechen, meinem Rat zu folgen. Ich umarmte sie alle einzeln, und mit Tränen in der Stimme erklärte ich Mopo, der inzwischen Sango gelernt hatte:

»Ihr müsst leben, richtig leben! So glücklich wie früher. Du bist jetzt verantwortlich für die Sippe und musst das ernst nehmen! Ich will, dass ihr in den nächsten Tagen loszieht.«

Mopo versprach es ernsthaft, und als ich sah, dass Ngonga und Mbouka bereits begannen, die Hütten auszuräumen, fuhr ich frohen Herzens wieder ab. Dann würden sie auch fortziehen, diesmal ganz bestimmt!

Doch leider kam es auch diesmal nicht dazu: Bayanga lag einfach doch zu weit entfernt für sie. Sie machten sich nie mehr auf den Weg. Und auch ich schaffte es in der hektischen Folgezeit nicht mehr, die Gruppe zu besuchen. Ohne dass wir es damals wussten, war es tatsächlich ein Abschied für immer. Ich weiß bis heute nicht, mit welchem Erfolg sich meine tapferen kleinen Freunde in die neue Welt einarbeiten konnten. Ich weiß nur, dass ich immer an sie denken werde und sie auch wiedersehen werde, wenn sich je die Gelegenheit ergeben sollte.

Wieder in Bangui, musste Christa zurück nach Europa und ich ging die anstehenden Probleme an. Eine große Begegnung mit dem Premierminister fand statt, bei dem ich durch die Fürbitte seiner Frau eine Audienz erwirkt hatte. Ich trug ihm meine Beschwerden wegen des Schutzgebiets vor: Wilderer, die Touristen zu Tode erschrecken, Patronenhülsen, die im Wald herumliegen, verletzte Tiere, Schüsse, die täglich durch den Urwald peitschen, auch ganz schweres Kaliber dabei, das mit dumpfem, tödlichem Echo in der Luft hängen bleibt ... Da ist dann wieder ein Elefant gestorben!

Dazu die Sorgen um die Pygmäen – es wurden immer mehr, und ich wusste nicht, wie ich alles in den kurzen 20 Minuten der Audienz unterbringen sollte. Der Premier schaute mich interessiert hinter seinen dicken Brillengläsern an und ich dachte unwillkürlich an seine schöne Frau. Ja, er werde sich um die Probleme, die auch Sorgen seines Landes wären, kümmern, denn schließlich wolle die Zentralafrikanische Republik ja den Tourismus unterstützen und in das internationale Geschehen mit aufrücken. Das waren seine schönen, kräftigen Worte, denen aber nicht einmal der laschteste Ansatz einer Tat folgte.

Doch immerhin, mein Tourismusprogramm hatte Erfolg. Ich flog wieder einmal nach Europa, zur EXPO in Hannover, wo ich die Doli Lodge auf unserem Stand der Zentralafrikanischen Republik vorstellte.

Zudem machte ich alles an Werbung, was ging. Fernsehen und Journalisten aus der ganzen Welt kamen, das Modern Art Museum aus New York war sogar in Bayanga, trug alles Interessante ab, schleppte es nach Amerika und machte eine Ausstellung. Anna Roosevelt, eine Nichte des großen Präsidenten, kam anschließend mit einer Forschergruppe nach Bayanga und entdeckte Spuren von Urmenschen, die älter als alles bisher Gefundene sein sollten ... Ja, es tat sich viel! Ich gab Interviews, hielt auch lange Vorträge über Pygmäen und Artenschutz im Naturschutzgebiet in der hiesigen Radiostation, und ich hatte große Hoffnungen, denn mit all den nachfolgenden Reise-Reservierungen und den damit verbundenen Eintrittsgeldern für den Park vergrößerte sich die Garantie für das Überleben des Dzanga-Sangha-Schutzgebietes.

Doch die Wilderei wurde ein immer schlimmeres Problem, das mir größte Sorgen machte und mich voll Trauer stimmte, wenn ich angeschossenem Wild begegnete oder den Berichten der Ranger zuhörte. Nach so einer deprimierenden Woche fuhr ich nach Bangui zurück und sprach mich bei Theo aus. Er fand in afrikanischer Weisheit die richtigen Worte, um mich zu trösten: »Warte ab, es wird alles gut werden. Du hast alles Nötige getan, mehr als jeder Einheimische hier. Gib ein schönes Fest, um dich abzulenken.«

Bonne idée! Schon am nächsten Wochenende lud ich, etwas fröhlicher geworden, alle meine Freunde zu mir in mein Haus in Bangui ein. Wodurch andererseits die Zeit des Abschieds für die Perlhühner gekommen war. Ein kurzes Gurgeln vom anderen Ende meines Gartens läutete das beginnende Fest ein. Putzig und Bresig und die Civette waren ganz aufgeregt, genau wie Bernard, der sich große Sorgen wegen des Essens machte, denn bei ihm musste alles erste Klasse sein. Er wollte mich jeden Tag verwöhnen und ging tatsächlich auf in diesem Gedanken. Er wäre höchst unglücklich gewesen, wenn er mich, seine »Herrin«, die sich um seine Familie kümmerte, Ratschläge gab, an seinem Leben teilnahm, unzufrieden gesehen hätte. So beratschlagte er lange mit Marcelline, der hübschen Gemüsefrau, die fast täglich ihre Ware auf dem Kopf zu uns hertrug, den Ablauf des Menüs. Endlich kamen die Gäste, manche hatten noch weitere Freunde mitgebracht, mein griechischer Freund versorgte uns mit Wein, und Kamal schleppte Champagner an. Und plötzlich, als die ersten Gläser gefüllt wurden, stand ich vor Cathrine, die ein anderer Gast mitgebracht hatte. Das war nicht irgendeine Frau, wie ich erstaunt feststellte: Es handelte sich um Cathrine Bokassa, die zwei Jahre lang Kaiserin des Zentralafrikanischen Kaiserreichs gewesen war. Im Jahre 1977 hatte sich ihr Mann, Jean Bedel Bokassa, selbst zum Kaiser gekrönt; nach zwei Jahren wurde er gestürzt. Sie war eine Frau mit Charisma und auffallender Schönheit, obwohl sie längst nicht mehr jung war; ich schätzte sie auf Anfang sechzig. Von dieser stolzen Frau mit ihrer einmaligen Eleganz und Würde wehte mich eine andere Epoche an. Allein um sie kennen zu lernen, hatte sich das Fest gelohnt! Wir mochten uns auf Anhieb, und im Verlauf der Gespräche interessierte sie sich sehr für meine Probleme und versprach zu helfen, denn noch immer hatte sie gute Kontakte zum Präsidenten und hohen Staatsleuten. Trotz aller Sympathie gab ich nicht viel auf ihre Versprechungen, denn in diesem Lande wurde viel geredet und wenig getan. Ich wusste, dass Cathrine ziemlich mittellos war; andererseits gab es lebhafte Gerüchte über ein Diamantendiadem, ein mit tausend Perlen besticktes Brautkleid und Grundbesitz in der Schweiz. Als ich sie direkt danach fragte, erklärte sie mir mit ihrem animalisch-schönen, ansteckenden Lachen, bei dem sich blitzende weiße Zähne entblößten: »Ah, Cornelia, das Diadem wurde gestohlen und Jahre später auf dem Pariser Flohmarkt beschlagnahmt, und alles andere, was sich zu Geld machen ließ, haben meine vielen Kinder verbraucht, und was ich dann noch locker machen konnte, landete in Spielkasinos, die ich mit meiner Freundin Soraya regelmäßig aufsuchte. Wir waren überall die letzten Gäste und haben alles, bis auf den letzten Centime, ausgegeben!«

Sie schlug sich vor Begeisterung schallend auf die breiten Schenkel und schüttelte den Kopf hin und her vor Lachen, sodass die kunstvolle Hochfrisur gefährlich ins Schwanken geriet. Doch tat das ihrer Würde genauso wenig Abbruch wie ihr lebhaftes Temperament. Ein klein wenig war übrigens wohl doch noch da von dem vielen Geld, denn noch im gleichen Jahr lud sie mich zu einem großen Silvesterempfang mit Tanz ein. Dafür hatte sie sogar den Palast neu streichen lassen ... allerdings nur auf der vorderen Seite, für hinten reichte es dann doch nicht mehr!

Die Doli Lodge in Bayanga entwickelte sich zufriedenstellend, bis auf ein paar Kapriolen meines recht trinkfreudigen Koches Michel, der mal im letzten Moment Kaffee in die Fischsuppe schüttete oder auch die Damen anmachte oder sich einfach mit dem gesamten Essen in der Küche einsperrte, um in Ruhe den Rum zu trinken, mit dem er eigentlich die Bananen flambieren sollte. Ich schmiss ihn schließlich raus, als er mich bei einer Gruppe von 20 Japanern versetzte und zu Hause seinen Rausch ausschlief, während ich Gemüse putzte und Menüs zaubern musste. Dann lernte ich einen neuen Koch aus Bangui an, der leider recht schmuddelig war und das Essen in unansehnlichen Haufen auf die Teller klatschte. Er verbrauchte in sechs Tagen mein Budget für einen ganzen Monat, weil er nicht einteilen konnte. Und schließlich verliebte sich der baumlange Kerl auch noch in eine junge Pygmäenmutter, was fast ein Familiendrama ausgelöst hätte. Tatsächlich wurde der Fall dann mit ein bisschen Gift beigelegt: Mein Koch zog sich mit Magenkrämpfen von Frau und leider auch Kochstelle zurück. So musste ich wieder die Menüs zusammenstellen und für die nötigen Vorräte hier im Urwald sorgen.

Die Pläne mit der Apotheke rückten jetzt wieder in den Vordergrund. Ich wollte sie direkt neben meinen Bungalows einrichten, außerdem wollte ich Künstler aus dem Landesinneren nachziehen, damit die Besucher Handwerk und Schnitzkunst des Landes kennen lernten. Auch die Elefanten wurden zur Attraktion: Immer häufiger kamen sie jetzt in unsere Nähe und in das Dorf; in einer Elefantenkuh erkannte ein junger Mann seine Schwiegermutter wieder, die sich transformiert hatte. Eine ganze Horde Elefanten trampelte eine Bananenplantage nieder; die Besitzerin griff nicht weiter ein, und der WWF bezahlte schließlich den Schaden.

Die Elefanten fühlten sich heimisch im Bayanga-Gebiet, manchmal beobachtete ich amüsiert, wie Touristen aus dem Dorf herunter rannten und eiligst in der Lodge Schutz suchten, während im Hintergrund ein oder zwei überraschte Elefanten zu sehen waren. Auch in der Bananenplantage nebenan standen die Arbeiter oft stundenlang wie gelähmt herum, wenn die Elefanten dort einen Besuch abstatteten und erst in der Dämmerung heimtrotteten und damit den Leuten signalisierten, sie dürften sich wieder regen. Regierungsleute verhöhnten mich, warum wir uns denn so heftig dagegen wehrten, dass gewildert wurde. Es wären doch, wie man sah, viel zu viele Elefanten in dem Gebiet. Aber als ich ihnen erklärte, dass dies eben der Notstand sei, dass sie hierher kämen aus allen möglichen Gebieten, wo es keinen Wald mehr gab, erntete ich nur verächtliches Lachen. Das sei doch alles Unsinn. Andrea Turkallo, die Elefantenspezialistin an der Saline, hatte aber den traurigen Nachweis erbracht, dass meine Theorie stimmte. Sie hatte seit zehn Jahren immer im gleichen Gebiet ihre Untersuchungen gemacht und nun festgestellt, dass ganze Elefantenfamilien bis aus Kamerun herüber kamen!

Auch die aggressiven Erklärungen des unfähigen Forstministers und seines Freundes, dem die Holzfabrik in Bayanga gehörte, stifteten leider viel Unfrieden in der Bevölkerung. Ihre ständigen Attacken auf den WWF untergruben dessen Autorität, und es kam zu dramatischen Übergriffen, als einmal ein gewilderter Elefant ins Dorf gebracht und vor den hungrigen Augen der Bevölkerung verbrannt wurde, als Fanal für den Wildschutz sozusagen. Da brach der Volkszorn gewaltig los, eine Plantagenbesitzerin wurde fast gelyncht, weil sie Elefanten schützte, fünf Leute wurden erschossen, das Militär musste eingreifen. Doch die Situation spitzte sich weiter zu, weil die empörte Bevölkerung vom Forstminister, der auch Abgeordneter für dieses Gebiet war, ständig aufgeputscht wurde mit der Aufforderung, sie sollten ruhig wildern, der Wald gehöre ihnen, den Einheimischen.

Ich versuchte zu schlichten und lud in Bangui alle wichtigen Leute zu mir nach Hause an den grünen Tisch. Doch dieser aberwitzige Forstminister war nicht zur Vernunft zu bringen, und nur die Warnung, dass er gegen die Regierungsverträge verstoße, denn die Regierung hatte mit dem WWF, der GTZ und der Weltbank den Vertrag für den Naturschutzpark unterzeichnet, hielt diesen Schädling seines Landes vorerst von noch schlimmeren Aktivitäten ab.


## Es geht zu Ende

Ich hatte mir bei diesem letzten Besuch in Bayanga eine neue Art Seuche eingefangen und lag gelähmt in meinem Haus in Bangui. Ich konnte weder Arme noch Beine bewegen und hatte große rote Flecken auf der Haut. Keiner konnte helfen und Theo stand vor einem Rätsel. In Bayanga grassierte diese Epidemie bereits seit zwei Wochen, und die vielen Kranken wurden mit Infusionen behandelt.

Diese Krankheit markierte den Anfang vom Ende, das Verhängnis nahm unaufhaltsam seinen Lauf. Nachdem ich mich endlich erholt hatte, bekam Nestor bei einer Fahrt mit sechs Touristen dieselbe Krankheit und musste unterwegs, auf halber Strecke, mit Lähmungen an den Beinen in ein Hospital eingeliefert werden, während ich so schnell wie möglich versuchte, Ersatz zu bekommen. Doch gute und ehrliche Chauffeure waren rar. Mit Mühe fand ich schließlich ein unfähiges Monstrum von Fahrer für den Rückweg und versuchte, in einem zweiten, begleitenden Wagen gute Laune bei den Reisenden zu schaffen, die unbedingt am Abend ihr Flugzeug in Bangui erreichen mussten. Kein Problem, denn wir hatten 12 Stunden Fahrt vor uns, aber jede Menge Zeitreserve. Doch das Schicksal wollte es anders …

Zuerst verfehlte dieses Chauffeursmonster auf der Flussfähre die eisernen Auffahrtsschienen und stürzte mit dem Rover und allen Touristen in den Fluss. Sportlich, wie die meisten meiner Gäste waren, nahmen sie das als Höhepunkt ihres Aufenthaltes in Bayanga hin und lachten darüber. Doch das Lachen verging uns, als wir nach vier Stunden Bergungsarbeiten von insgesamt 18 Schwarzen, die mich zusammen umgerechnet 400 Mark kosteten, wieder im nassen Auto saßen und an die Sanddünen kamen.

Hier stellte sich nämlich heraus, dass der Vierradantrieb kaputt gegangen war, und so blieben wir in dem etwa einen Meter hohen Sand stecken. Es gab kein Vorwärts- und kein Zurückkommen mehr. Wir holten die Bewohner eines kleinen Straßendorfs zu Hilfe und schufteten alle zusammen drei Stunden lang schwer, bis wir den Wagen durch Vor- und Zurückschaukeln aus dem Sand befreit und in den seitlich angrenzenden Wald befördert hatten.

Dann ein kurzes Aufatmen; noch war alles zu schaffen. Wir mussten uns allerdings einen unbefahrenen Weg durch den Dschungel suchen, was äußerst schwierig und zeitraubend war, aber es ging wenigstens vorwärts. Eine Weile zumindest, denn plötzlich war auch dieses Unterfangen gescheitert: Ein Baum war quer über den sowieso schon fast unpassierbaren Pfad gestürzt und dieses Hindernis schien diesmal wirklich unüberwindbar!

Die Männer im Auto, inzwischen ziemlich wortkarg geworden, versuchten den Baum wegzuzerren, doch ich winkte ab. Das war aussichtslos und hätte bei den zum Teil ältlichen Touristen womöglich zu Verrenkungen geführt. Der Chauffeur und ich schlugen also mit den zwei Macheten, die wir dabei hatten, auf den Baum ein, und nach zwei weiteren Stunden war die Piste wieder frei.

Die Touristen wurden allmählich unruhig, denn wir waren dem Flughafen noch kaum näher gekommen. Endlich aber ging es wieder auf die breite Straße, der Umweg um die Dünen war geschafft und wir konnten Gas geben – oder hätten Gas geben können, wenn nicht plötzlich der Motor gebockt hätte. Und schon bald blieb er ganz stehen und widerstand hartnäckig allen Startversuchen.

Ja, wäre Nestor dabei gewesen! Motorhaube auf, Absaugen, Andrücken und Weiterfahren – für Nestor kein Problem. Aber so verbog unser Trottel von Aushilfschauffeur das einzig brauchbare Stößelteil und brach es schließlich durch, und so musste ich im zweiten Wagen ins nächste Dorf fahren, um es schweißen zu lassen. Als ich endlich ein Dorf fand und dann noch einen Menschen dazu, der schweißen konnte, fehlte uns nur noch das Schweißgerät, das gerade irgendwo ausgeliehen war. Auch das spürte ich auf, doch wo gab es nun den nötigen Sauerstoff für das Gerät? Chez Gustave, sagte jemand, doch Gustave hatte die Flasche gestern an einen kleinen Bastler verliehen, und der wohnte im nächsten Dorf … Aber irgendwann war der Stößel dann doch geschweißt, und ich kehrte zu meinen inzwischen hochgradig verärgerten Touristen zurück. Die weitere Reparatur war in 30 Minuten erledigt und es ging endlich weiter.

Wir fuhren diesmal fast zwei Stunden, jetzt ging es durch die Savanne, und es blieben noch etwa acht Stunden zu fahren. Ich sah langsam schwarz für den Flug, und noch schwärzer sah ich, als ein schlagendes Geräusch in den Wagen drang – ein platter Reifen. Na ja, ein kleineres Übel eigentlich, normalerweise. Doch normalerweise gab es an diesem Tag nicht, denn es stellte sich heraus, dass das Reserverad eine Felge für fünf Schrauben hatte, und wir brauchten eine Vier-Schrauben-

Felge. Na wunderbar! Aber schließlich hatten wir ja noch das Reserverad vom zweiten Auto. Doch aus dem Kofferraum gähnte uns nichts entgegen als vollkommene Leere; nicht nur das Reserverad war verschwunden, sondern auch das gesamte Gepäck. Als die Leute unseren Rover aus dem Sand schoben, hatten sie offenbar die Gelegenheit benutzt, um uns auszuplündern. Diese Schweinebande!

Nun wurden die Touristen richtig aggressiv, ich hätte sie in lebensgefährliche Situationen gebracht, sei völlig unfähig und so weiter. Ich lud schweigend das Reserverad mit den fünf Schraubenlöchern in meinen Wagen und tauschte es im nächsten Dorf mithilfe einer Zuzahlung von 200 Mark gegen ein vierlöchriges mit einem x-mal geflickten Reifen.

Damit noch lange nicht genug. Beim Reifenwechsel wurden wir von einem Wolkenbruch überrascht, der alles übertraf, was ich bisher an tropischen Güssen erlebt hatte, und uns dazu verdammte, im Schritttempo weiterzukriechen, weil die Sintflut uns die Sicht nahm. Ja, und als Krönung des Tages, der an Krönungen schon so reich gewesen war, dass ich eine Steigerung nicht für möglich gehalten hätte, ging das Benzin aus. Die Reservekanister hatten wir schon geleert, und so blieb nur noch ein lächerlicher Fünfliter-Behälter. Die Plackerei im Sand hatte unendlich viel Sprit gefressen. Und anstatt jetzt so schnell wie möglich Richtung Bangui zu fahren, mussten wir wieder zurück nach Nola, zur einzigen Tankstelle hier in der Gegend. Ich hoffte nur, dass sie noch auf hatte, denn es war inzwischen Abend und zu allem Überfluss Sonntag. Ich setzte die Leute in einer kleinen Kneipe ab und fuhr los. Eine langwierige Suche nach dem Tankstellenbesitzer begann, und als eine Stunde später endlich der Stutzen im Tankloch steckte und 85 Liter Diesel eingeschlotzt wurden, kostete mich das noch mal 300 Mark, Schwarzmarktpreis. Diskussionen wären gänzlich unnütz gewesen, weil ich auf der Verliererseite stand, ganz eindeutig.

Ganz eindeutig war nun auch, dass wir den Flug versäumen würden, und so klingelte ich auch noch den Besitzer der Telefonbaracke aus dem Bett und zahlte noch mal 50 Mark, bis ich endlich mit dem Flughafen von Bangui verbunden war, um die Flüge zu annullieren und umzubuchen. Ich hoffte, dass mir so keine weiteren Kosten entstehen würden. Die Verbindung war schlecht und ich sollte die ganzen deutschen Namen durchbuchstabieren. Das war nun wieder wegen der Finsternis in der Baracke nicht möglich. Schließlich gelang es mir, die einzige alte Funzel so einzustellen, dass sie einen Fleck auf dem Boden notdürftig beleuchtete. So streckte ich mich denn laut schimpfend auf dem Boden aus, blätterte in sechs deutschen Pässen und brüllte Namen wie Drumsatzki, Hirschwetzer und von Eibesfeldhofen wild gestikulierend in die Telefonmuschel. Bis ich fertig war, hatten sich ungefähr zwanzig johlende und grinsende Zuschauer auf dem Dorfplatz versammelt und genossen erfreut das Spektakel, das ich ihnen bot. Anscheinend war hier sonst nichts los, oder ich war tatsächlich so komisch. Mir war der Sinn für Humor aber restlos abhanden gekommen.

Völlig erledigt stieg ich ins Auto. Schließlich waren wir alle wieder unterwegs und hatten schon beinahe Bangui erreicht, als erneut ein Reifen platzte. Nun waren alle am Ende, manche drohten ernsthaft, handgreiflich zu werden, und ich flehte die Leute bloß an, irgendwie Platz in dem anderen Wagen zu suchen. Insgesamt waren wir acht Personen, dazu kam das noch verbliebene Gepäck, und als wir neben- und übereinandergeschichtet waren, ging die letzte Etappe los, in der ich atemlos auf jedes Geräusch des Wagens lauschte. Den anderen Wagen ließ ich einfach stehen. Es war mir völlig klar, dass am nächsten Tag bestenfalls noch die Karosserie übrig sein würde. Gegen drei Uhr morgens lud ich die Leute im Novotel in Bangui ab, wo ich auch nur mit weiteren 200 Mark Zimmer bekam.

Diese Touristen wollte ich auf keinen Fall noch einmal sehen, und so überließ ich es Henry, diese unglaubliche Geschichte zu Ende zu bringen. Aber sie war nicht zu Ende, noch lange nicht! Am gleichen Tag wurde der gesamte Treibstoff in der Stadt von der Regierung konfisziert, da kein Nachschub mehr aus dem Osten kam. Wenn ich diese Geschichte später erzählte, bekam ich regelmäßig Lachkrämpfe, aber im Moment war es grauenhaft. Der ganze Spaß kostete mich ein Vermögen an Schadensersatz und Ersatzflügen und Hotelkosten, denn erst nach einer Woche konnte wieder eine Maschine aufgetankt werden.

Mit diesem denkwürdigen Erlebnis wurde, wie gesagt, die Endrunde meines Touristenprojektes eingeläutet. Ich hätte mich von diesem Schlag wohl wieder erholt, doch das Land fing an zu brodeln, der Treibstoffstopp war nur der Auftakt gewesen. 15 Tage war das Land ohne Sprit, es konnte kein Brot mehr gebacken werden, die Bevölkerung hungerte, 80 Prozent aller Betriebe standen still. Es kam zu Aufständen. Die Bevölkerung tobte. Ich bekam eine schlimme Infektion und verlor in sechs Tagen acht Kilo, was reichlich lebensgefährlich ist. Bernard versuchte mich zu pflegen, denn Weiße sollten nicht mehr auf die Straße gehen, und so konnte ich nur telefonisch in Kontakt mit meinen Freunden bleiben, aber auch sie wussten keinen Rat. Als ich schon fast im Koma lag, schickte mein Nachtwächter in höchster Verzweiflung nach einem einheimischen Heiler. Der saß lange an meinem Bett, untersuchte die Handtemperatur in der Innenseite und schaute in jeden Winkel meiner Augen. Dann verschwand er und brachte etwas später einen scheußlich schmeckenden Saft. Zwei Tage später ging es mir wieder besser. Mir war vollkommen klar, dass ich ohne die Hilfe meiner schwarzen Freunde, des Wächters, Bernards und Henrys, sicherlich nicht überlebt hätte.

Dabei muss ich erwähnen, wie schlecht das Personal hier von Weißen behandelt wird, wie Sklaven eigentlich: Hol mal, mach mal, tu mal … Da gibt es nur die Befehlsform. Sogar bei einem Großteil meiner hiesigen Freunde habe ich das bemerkt. Es hat mir jedes Mal einen Stich gegeben, wenn ich sah, wie die Schwarzen den Befehlen nachkamen und dabei wenigstens in der Haltung versuchten, ein klein bisschen Würde zu retten. Ich liebte meine Leute und verdanke ihnen wie gesagt mein Leben, besonders in der nun folgenden Zeit, als der Krieg ausbrach.

Ich kannte keinen Krieg, kannte nicht einmal die Angst davor, aber diese Gefühle kamen ganz schnell nach, als die ersten Raketen durch Bangui schossen und die Menschen auf den Straßen randalierten. Seit den letzten Wahlen hatte es im Land immer wieder gegärt. Doch jetzt hatte die Partei von Präsident Patassé Feuer von der alten Partei Kolingbas bekommen, der, so munkelte man, von den Franzosen bei seinem Putsch unterstützt wurde.

An manchen Tagen, an denen es ruhiger war, dachte ich, der Spuk wäre vorbei, es würden keine Bomben mehr ins Nachbargrundstück fallen und keine Splitter durch meine Fenster fliegen, es würde wieder Strom geben, man müsste sich nicht mehr kriechend durch das Haus bewegen, um nicht von verirrten Kugeln getötet zu werden, und die Papageien müssten nicht mehr schreien vor Angst. An so einem Tag lief ich zum nahe gelegenen Palais Cathrines, um Neuigkeiten zu hören und Freunde zu treffen, denn die Telefonmasten waren schon längst umgestürzt und die Leitungen abgeschnitten. Und wider Erwarten gab es hier plötzlich einen gewaltigen Lichtblick für mich in dieser schweren Zeit. Ich lernte dort eine interessante Frau kennen, die mir endlich meinen sehnlichsten Wunsch erfüllte: Bébiana, eine Angolesin, die die große Patronin von PNUD, der Gesellschaft für Entwicklungsprogramme der Vereinten Nationen (Programme des Nations Unies pour le Développement) in Bangui war. Nach einigen Treffs und Vorbereitungen, Briefen und Projektvorschlägen nahm sie mich bereitwillig in das Programm der UNO auf, vorerst einmal mit einem kleinen Projekt zur Unterstützung der Minderheiten mit diversen Schwerpunkten wie mobilen Schulen, die dem nomadisierenden Leben der Pygmäen angepasst wären, Brunnenprojekten und amtlicher Registrierung der Pygmäen.

Nun hatte ich endlich den offiziellen Status, um meine Mission auch an öffentlichen Stellen weiter zu bringen. Doch auch hier musste erst einmal Geld beschafft werden, denn der vorhandene Etat reichte gerade so weit, dass ich zur Missionsstation fahren konnte. So ging wieder einmal eine Tür auf, als sich die andere schloss, aber man muss die Türen auch aufspüren, um sie irgendwann einmal aufstoßen zu können, oder um zu bemerken, dass sie sich ganz sachte von selbst öffnen.

Ich war froh, nun hatte ich wieder etwas zu tun; denn das Touristengeschäft lag völlig darnieder, die Botschaften verhängten Einreiseverbot über das Land und außerdem hatte die Regenzeit begonnen, da war sowieso fast fünf Monate Flaute. Eine nicht unerhebliche Frage lautete: Wovon sollte ich leben? Ich hatte nicht einmal eine Krankenversicherung. Also stürzte ich mich mit frischem Schwung auf die neue Aufgabe und arbeitete ein Programm aus. Eine starke Freundschaft entwickelte sich zu Bébiana, wir entdeckten viele Ähnlichkeiten, zum Beispiel unser Verhältnis zu Männern. Wir stellten fest, dass wir beide nicht bereit waren, für einen Mann unsere Lebensweise aufzugeben. Aber mit Gelächter beendeten wir damals die Diskussion, als wir feststellten: Wenn der EINE käme!! Dann würden wir alles stehen und liegen lassen!

Die Hoffnung, dass die Lage sich beruhigen würde, war trügerisch; es ging wieder los, schlimmer als je zuvor. Ich kam vor Angst nicht vom Fußboden hoch, wagte nicht einmal aus dem Fenster zu schauen, denn man hätte mich ja sehen und auf mich schießen können. Soldaten oder anderes Gesindel kletterten über meine hohen Mauern und wollten die Tür eintreten und das Haus plündern. Doch mein Wächter stellte sich in seiner hünenhaften Größe vor sie und verhinderte das Schlimmste. Er gab ihnen sogar einen Teil seines Lohnes, den ich ihm am Morgen ausgezahlt hatte, damit sie wieder abzogen.

Als ich am nächsten Tag vorsichtig vom oberen Fenster herausschaute, sah ich gerade, wie in einer Ansammlung von Menschen ein Mann erschossen wurde. Er versuchte noch wegzukriechen, brach dann aber zusammen und blieb liegen, direkt neben den anderen Leichen, die dort schon tagelang unbeachtet im Rinnstein lagen. Ständig fuhren Panzer durch die Straßen, und im Radio hörte ich, dass die Innenstadt völlig zerschossen sei. Diesmal würde es keinen Pardon geben. Und somit stellte sich mir wieder die Frage, wo sollte ich hin, wo konnte ich arbeiten? In diesem kaputten Land war es mir unmöglich geworden, hier konnte ich gar nichts erreichen. Doch wie könnte ich mein Zuhause aufgeben, meine Freunde und Tiere im Stich lassen? Das kam mir wie Verrat vor.

Lange diskutierte ich mit Bébiana, bis ich unter Tränen erkannte, dass ich fort musste. Hier hatte ich keine Chance mehr, irgendetwas Produktives anzufangen. Straßensperren und Ausgangssperre machten das Leben immer schwerer und isolierten uns täglich mehr, Lebensmittel wurden knapp.

Als ich den schweren Entschluss einmal gefasst hatte, handelte ich wie in Trance. Ich buchte einen Flug über Paris nach

München und versuchte dann meine Tiere in gute Hände zu geben, was unter diesen Umständen schwer war. Heimlich schickte ich nachts den Wächter mit gekritzelten Nachrichten los und war froh, als nach einer Woche alles geregelt war und ich Freunde gefunden hatte, die an einem Sonntagnachmittag bei Waffenruhe Putzig, Bresig und die Civette abholten. Aber als ich den Pick-up zum Tor hinausfahren sah, konnte ich die Tränen nicht mehr halten. Jeden Abend fiel ich heulend ins Bett und jeden Morgen, wenn ich durchs Haus ging, war es leerer. Der Beschuss ließ wieder nach, er kam, wie mir schien, immer irgendwie in Wellen. Je näher der Abreisetermin rückte, desto unvorstellbarer wurde es mir, diese Heimat Afrika zu verlassen. Doch dann kam der Tag des Abflugs. Der 16. August 2001. Wortlos verabschiedete ich mich von meinen Freunden, und als ich von meinem Haus wegfuhr, war es wie ein langsames, leises Sterben.

Aber ich gebe nicht auf. Solange ich kann, werde ich kämpfen. Kämpfen für den Erhalt des Regenwaldes, für den Schutz seiner Tiere und vor allem für die Herren des Waldes, die Gottestänzer, meine geliebten Gefährten und Freunde.

# PNUD – Das Entwicklungsprogramm der Vereinten Nationen

*Mit dem folgenden Schreiben nahm Bébiana D'Almeida meinen Einsatz für die Pygmäen in das Entwicklungsprogramm der Vereinten Nationen (PNUD) auf:*

Reg.nr.: 0463-2001                    Bangui, 4. Mai 2001

Hiermit möchte ich eine dringende Empfehlung für Madame Cornelia CANADY aussprechen, eine Deutsche und ausgebildete Journalistin.

Frau Canady hat mehrere Jahre in der Zentralafrikanischen Republik gelebt und sich intensiv mit den Lebensbedingungen von Minderheiten beschäftigt, insbesondere mit denen der Pygmäen, der ursprünglichen Bevölkerung des Gebiets der Zentralafrikanischen Republik.

Über diese Minderheiten hat sie mehrere Reportagen und weitere sehr wertvolle Veröffentlichungen verfasst.

Das Entwicklungsprogramm der Vereinten Nationen konzentriert sich im Rahmen seiner Zusammenarbeit mit der Zentralafrikanischen Republik auf zwei primäre Aufgabengebiete: die Verbesserung der Verwaltung und den Kampf gegen die Armut. Auf beiden Gebieten geht es letztlich darum, die Würde des Menschen zu bewahren. Leider unterliegt das PNUD strengen finanziellen Beschränkungen, doch wir unterstützen Frau Canadys Initiative, finanzielle Mittel für ein Programm zu Gunsten der Pygmäen zu mobilisieren, nach Kräften.

Von seiner Seite gewährt das Entwicklungsprogramm der Vereinten Nationen jede notwendige Unterstützung bei der Realisierung dieses Projekts, denn letztlich zielt es darauf ab, die elementarsten Menschenrechte der ursprünglichen Bevölkerung dieser Region anzuerkennen und zu bewahren.

Dieses Empfehlungsschreiben soll das politische Gewissen wecken helfen und dazu beitragen, Handlungen anzuregen, die zur Realisierung eines Programms führen, das sich auf folgende zentrale Aspekte konzentriert:

- Formulierung eines gesetzlichen Rahmens zum Schutz und zur Förderung der Pygmäen. Dieses Dokument würde dem nationalen Parlament zur Verabschiedung durch die gewählten Repräsentanten des Volks vorgelegt.
- Durchführung einer Volkszählung, die erstens verlässliche Daten über diesen Teil der Bevölkerung verfügbar machen und zweitens erlauben würde, die Siedlungsgebiete der Pygmäen genau zu bestimmen.
- Schutz der Minderheiten innerhalb der Minderheiten auf subregionaler Ebene.

Déolinda Bébiana D'Almeida
Ständige Vertreterin des Entwicklungsprogramms der Vereinten Nationen
Ständige Koordinatorin der operationalen Aktivitäten der Vereinten Nationen in der Zentralafrikanischen Republik

# Spendenmöglichkeiten

## WWF Patenschaften

Eine sinnvolle Spendenmöglichkeit ist die Übernahme einer WWF-Patenschaft. Genaue Informationen und Formulare erhalten Sie beim:

WWF Deutschland
Stichwort Patenschaftsprojekte
Rebstöcker Straße 55
60328 Frankfurt a.M.
Tel.: 069/7 91 44-0
Fax: 069/61 72 21

Zu den Tätigkeiten des WWF bezüglich der Waldelefanten und der Gorillas hier die Patenschaftsprogramme in Auszügen:

## Für den Afrikanischen Waldelefanten

Für Maßnahmen zum Schutz des Afrikanischen Waldelefanten und seines Lebensraumes brauchen wir Unterstützung. Der WWF Deutschland beteiligt sich maßgeblich an der Entwicklung von entsprechenden integrierten Konzepten. Mit der Übernahme einer Patenschaft helfen Sie mit, diese Konzepte in die Tat umzusetzen und repräsentative, großflächige Waldgebiete in Zentralafrika zu erhalten – eine Voraussetzung für das Überleben des Waldelefanten.

Die Herausforderung:
• Entwicklung eines grenzüberschreitenden zusammenhängenden Schutzgebietskomplexes, der Waldflächen in Kamerun, in der ZAR und im Kongo einschließt
• Neuausweisung weiterer Schutzgebiete auf einer Gesamtfläche von 444 000 Hektar
• Entwicklung von Bewirtschaftungsformen außerhalb der Schutzgebiete

- Einbindung der Bevölkerungsgruppen in den Planungs- und Umsetzungsprozess

Um die erforderlichen Maßnahmen umsetzen zu können, werden jedes Jahr folgende finanzielle Mittel benötigt:
1. Aufbau, Ausrüstung und Training der Aufsichtsbehörden: DM 300 000
2. Entwicklung und Umsetzung angepasster Ökotourismus-Programme: DM 300 000
3. Durchführung von Bestandserhebungen und wissenschaftlichen Studien: DM 100 000
4. Entwicklung und Umsetzung von Maßnahmen zum Schutz von Regenwaldflächen einschließlich Maßnahmen zur nachhaltigen Bewirtschaftung von tropischem Regenwald außerhalb der Schutzgebiete: DM 700 000

Der WWF Deutschland übernimmt die Projektverantwortung in der zentralafrikanischen Region. Die Umsetzung der einzelnen Maßnahmen erfolgt in enger Zusammenarbeit mit den entsprechenden afrikanischen Partnerorganisationen, der lokalen Bevölkerung und mit Zustimmung der davon betroffenen Regierungen und Behörden.

## Für den westlichen Flachlandgorilla

*An der äußersten südöstlichen Spitze Kameruns liegt der Lobeke Nationalpark – ein Schutzprojekt des WWF. (...)*
Gemeinsam unterstützen der WWF und die Gesellschaft für Technische Zusammenarbeit (GTZ) die Bemühungen Kameruns, die Wald-Ökosysteme im Südosten des Landes zu erhalten. (...)
Mit der Übernahme einer Patenschaft helfen Sie mit, das Überleben des westlichen Flachlandgorillas und seinen Lebensraum zu sichern. Der WWF Deutschland arbeitet hier besonders intensiv an folgenden Problemen:

1. Festlegung und Markierung der Grenzen des Schutzgebietes
2. Etablierung eines effizienten Patrouillensystems
3. Ausbildung, Ausrüstung und Schulung von Wildhütern
4. Vervollständigung des Mitarbeiterstabes, um optimalen Schutz zu bieten
5. Unterhaltung von fünf Kontrollstationen an neuralgischen Grenzabschnitten
6. Aufklärung und Lobbyarbeit
7. Reduzierung der Buschfleischjagd und des Handels, auch mit Gorillafleisch
8. Entwicklung des sanften Tourismus

Die Kosten: Für den Schutz der Wälder und Tiere in Lobeke setzen sich der WWF Deutschland und der WWF Niederlande finanziell ein. Die Gesamtkosten zur Durchführung des Schutzprogramms, welches 1996 begann und bis ins Jahr 2003 gehen soll, belaufen sich auf insgesamt 1,4 Millionen DM.

Der WWF unterstützt neben Projekten in Kamerun auch das Gorilla-Habituierungsprogramm im Dzanga-Sangha-Waldreservat, das von Chloe Cipoletta geführt wird.

# Weiterführende Literatur

Bahuchet, Serge: *Les Pygmées Aka et la forêt centrafricaine.* Paris 1985.

Cavalli-Sforza, Luca: *African Pygmies.* New York 1986.

Dupre, W.: *Die Babinga-Pygmäen.* In: Ann. Lateranensi, S. 1–321; (ohne Ort, vermutlich) Rom, 1962.

Eibl-Eibesfeldt, Irenäus: Territorialität und Aggressivität der Jäger- und Sammlervölker. In: *Die Psychologie des 20. Jahrhunderts,* Bd. VI, S. 477–494. München 1978.

Fischer, E.: Über die Entstehung der Pygmäen. In: *Z. Morph. Anthropologie 42,* S. 149–167.

Foy, Guy Philippart de: *Les Pygmées d'Afrique centrale.* Roquevaire 1984.

Heymer, Armin: *Die Pygmäen.* München 1995.

Heymer, Armin: Bayaka-Pygmäen (Zentralafrika). Geben, Nehmen, Teilen und Rangordnungsdemonstration im Kontext dieser Verhaltensweisen. In: *Homo 31,* S. 252–265, HF 86, 1980.

Heymer, Armin: Der Fluch der Zivilisation. Infektionskrankheiten bedrohen die Pygmäen Zentralafrikas. In: *Umschau 81,* S. 589–591. 1981.

Kuhlmann, G. und Bartel, G.: Der tropische Regenwald stirbt. In: *Information 103,* WWF Deutschland 1990.

Motte, Elisabeth: *Les Plantes chez les Pygmées Aka et les Monzombo de la Lobaye (Centrafrique).* Paris 1982.

Neuwinger, H. D.: *Afrikanische Arzneipflanzen und Jagdgifte.* Stuttgart 1994.

Putnam, Anne Eisner, with Allan Keller: *Eight Years With Congo Pigmies.* London 1955.

Putnam, P.: The Pygmies of the Ituri Forest. In: Coon, E. S.: *Reader in General Anthropology,* S. 322–342. 1948.

Rupp, A.: Der Zwerg in der ägyptischen Gemeinschaft. In: *Chronique d'Egypte 40,* S. 260–305. 1965.

Sarno, Louis: *bayaka.* The Extraordinary Music of the Babenzélé Pigmies. Roslyn, NY, 1995.

Sarno, Louis: *Der Gesang des Waldes.* Mein Leben mit den Pygmäen. München 1993.

Schebesta, Paul: *Bambuti*. Die Zwerge vom Kongo. Leipzig 1932.

Schebesta, Paul: *Der Urwald ruft wieder*. Meine 2. Forschungsreise zu den Ituri-Zwergen. Salzburg 1936.

Schweinfurth, Georg: *Im Herzen von Afrika*. Reisen und Entdeckungen im Centralen Aequatorial-Afrika während der Jahre 1868–1871. Leipzig 1874. Neudruck Leipzig 1986.

Stanley, H. M.: *In Darkest Africa*. London 1890.

Turnbull, Colin Macmillan: *The Forest People*. New York 1961.

Turnbull, Colin Macmillan: *Molimo*. Drei Jahre bei den Pygmäen. Köln 1963.

Uhl, Wolfgang: *Babinga*. Chancen für die Zwergmenschen von Afrika? Stuttgart 1987.

Uhl, Wolfgang: *Expedition zu den Pygmäen am Kongo*. Stuttgart 1988.

Wolff, H. F.: Die kultische Rolle des Zwerges im Alten Ägypten. In: *Anthropos 33*, S. 445–414. 1938.